ALIDA LEIMBACH

Tod unterm Nierentisch

ALIDA LEIMBACH

Tod unterm Nierentisch

Kriminalroman

GMEINER

Immer informiert

Spannung pur – mit unserem Newsletter informieren wir Sie regelmäßig über Wissenswertes aus unserer Bücherwelt.

Gefällt mir!

Facebook: @Gmeiner.Verlag
Instagram: @gmeinerverlag
Twitter: @GmeinerVerlag

MIX
Papier aus verantwortungsvollen Quellen
FSC® C083411

Besuchen Sie uns im Internet:
www.gmeiner-verlag.de

Im Ehnried 5, 88605 Meßkirch
Telefon 07575/2095-0
info@gmeiner-verlag.de

1. Auflage 2021

Lektorat: Katja Ernst
Herstellung: Mirjam Hecht
Umschlaggestaltung: U.O.R.G. Lutz Eberle, Stuttgart
unter Verwendung eines Fotos von: © mauritius images / imageBROKER; Zeitschalter gGmbH / Umspannwerk Recklinghausen – Museum Strom und Leben, Recklinghausen
Druck: CPI books GmbH, Leck
Printed in Germany
ISBN 978-3-8392-2862-3

1. KAPITEL

Donnerstag, 17.06.1954

Otto Korittke stellte seinen kleinen Koffer neben dem Garderobenständer ab. Er schnupperte die wohlbekannten, aber längst vergessenen Düfte nach Haarspray, Shampoo, Bartwachs und Rasierwasser. Noch ein weiterer Geruch mischte sich hinein, den er aus besseren Zeiten kannte und der ihn an seinen Großvater erinnerte: Es roch würzig-herb und sehr aromatisch nach Zigarre.

Fein war der Salon, eine andere, fremd gewordene Welt. Wie lange mochte es her sein? Jahre? Jahrzehnte? Ihm war der Bezug zu einem normalen Leben völlig abhandengekommen.

»Augenblick, ich bin gleich bei Ihnen«, rief der Friseur aus dem hinteren Teil des Salons.

»Keine Eile«, winkte Korittke ab.

Im Radio lief ein Schlager. »Es liegt was in der Luft«, sangen eine Frau und ein Mann im Duett. Leise summte er mit.

Vor der Kassentheke wies ein Reklame-Aufsteller in verschnörkelter Schrift auf das Angebot des Salons hin:

Schmalstiegs Haarpflege, erstes Spezialgeschäft für moderne Frisuren und Schönheitspflege

Haarschnitt für Damen, Herren und Kinder, elektrische Gesichtsmassage, Kopfmassage gegen Haarausfall und Schuppen, Shampooing, Haartinkturen, elektrische Trockenhaube, Ondulation. Eigene Anfertigung aller vorkommenden Haararbeiten wie Perücken, Toupets, Zöpfe,

Locken. Reiche Auswahl in echt und imitiert an Schildpatt-Haarschmuck, Haarbürsten, Zahnbürsten, Parfüm, Seifen, Schminken, Puder und sonstigen Toilettenartikeln.

Hinter der Kasse hing eine gerahmte Fotografie eines schönen, aber kühl wirkenden Mannequins. Eine Weile stand er davor und versuchte, seine Lieselotte in dem Bild wiederzuerkennen.

Er fragte sich, wie Schmalstieg so schnell zu Geld gekommen war, dass er sich einen eigenen Salon leisten konnte. Lange war das mit der Währungsreform noch nicht her. Überhaupt war es erstaunlich, wie viele neue Geschäfte es plötzlich in Osnabrück gab. Sie alle waren prallgefüllt mit Waren. In den Schaufenstern präsentierte sich eine wahre Luxuswunderwelt, als hätte es den Krieg und die mageren Jahre danach nie gegeben.

»Momentchen noch«, rief wieder der Friseur. »Legen Sie schon mal ab und machen Sie es sich bequem!«

Leise pfeifend, um seine Nervosität zu überspielen, sah sich der Kunde nun genauer um. Auf einem nierenförmigen Tisch waren in fächerförmiger Anordnung Illustrierte ausgebreitet. Otto Korittke kannte die Zeitschriften alle nicht. Er kam sich vor wie ein Kind, das die Welt entdeckte.

»Quick« entzifferte er, »Bunte«, »Gong« und »Er – die Zeitschrift für den Herrn«. Das Männermagazin zeigte auf dem Titelblatt eine hübsche Dame, nur mit einem Handtuch bekleidet, die sich in den Dünen eines weißen Sandstrands sonnte. Wie schön müsste es sein, einmal das Meer zu sehen, einen Sonnenuntergang auf der Promenade zu erleben, mit Lieselotte an seiner Seite.

Der Friseur kam auf ihn zu – ein großgewachsener, breitschultriger Mann in einem weißen Kittel. Er sah erstaunlich gut aus, viel besser, als Korittke erwartet hatte.

»Sie wünschen?«, fragte er mit einem professionellen Lächeln, das jedoch sogleich einfror, als er das schmuddelige Erscheinungsbild seines Kunden bemerkte.

Otto Korittke musste wegen des Größenunterschiedes zu ihm aufblicken. »Tja«, begann er zaghaft lächelnd und gab sich Mühe, seine Unsicherheit zu überspielen. »Da bin ich nun also.«

Der Friseur musterte ihn von oben bis unten. »Was kann ich für Sie tun?«, fragte er mit frostiger Stimme. Offensichtlich hielt er ihn für einen Bettler oder Hausierer.

»Ich möchte ... ich würde gern ...«, stammelte Korittke und drehte seine Kappe in den Händen.

»Nur damit Sie es wissen: Schmalstieg ist mein Name. Ich bin hier der Chef, kann Ihnen aber keinen Rabatt einräumen, sosehr ich es auch bedaure. Hundert Meter weiter, am Ende der Johannisstraße, bekommen Sie einen Haarschnitt zu einem günstigeren Preis. Ich hoffe, Ihnen damit gedient zu haben. Schönen Tag noch, der Herr!«

»Ondulation«, sagte Korittke schnell, »ich hätte gerne eine Ondulation. Wird doch bei Ihnen gemacht?« Er deutete mit dem Kopf zum Reklameaufsteller. »Zumindest steht es da!«

Schmalstiegs Augen verengten sich. »Eine Ondulation ist die chemische Einbringung von Locken ins Haar, auch Dauerwelle genannt, und leider nur für das Frauenhaar vorgesehen.«

Korittke lächelte spröde, nahm auf dem mittleren Stuhl im Männerbereich Platz und angelte sich den Zeitungshalter mit der aktuellen Tagespost. »Bedienen Sie ruhig Ihren Kunden weiter, ich habe Zeit«, sagte er, ohne den Blick vom Blatt zu nehmen. »Viel zu viel Zeit, um genau zu sein, aber das interessiert Sie sicher nicht.«

Der Friseur seufzte übertrieben. »Es kommt gleich jemand.« Im Stechschritt durchquerte er den Damensalon und verschwand hinter einem dicken grünen Vorhang. Dort läutete er mit einer Glocke und rief: »Kundschaft!«

Korittke schlug die Zeitung auf. Das Bild der deutschen Fußballmannschaft, die am Abend spielen sollte, fiel ihm ins Auge. Er hatte die Jungs vorhin schon in einem Schaufenster gesehen. Ein Radiogeschäft warb mit Fernsehgeräten. Sie kosteten ein Vermögen, aber vielleicht wäre es ihm ja möglich, darauf zu sparen. Erst einmal musste er Arbeit finden. Lange hatte er davorgestanden, bis sein Mund trocken wurde und er beschloss, in ein Wirtshaus zu gehen. Dort hatte er sich mit Bier und Korn etwas Mut angetrunken und von seinem Begrüßungsgeld ein kleines Schnitzel bestellt. Nach wenigen Bissen war er satt gewesen, sein Magen war so klein geworden.

Als er einen Schatten vor sich bemerkte, blickte er auf.

»Hoffentlich mussten Sie nicht so lange warten!«, sagte eine nette Frauenstimme.

Vor ihm stand eine Angestellte, etwa 20 Jahre alt. Ihr Gesicht kam ihm bekannt vor, auch ihre Stimme hatte einen seltsam vertrauten Klang. Ob das etwa Bettine …? Er traute sich nicht, sie darauf anzusprechen, so heruntergekommen, wie er war.

»Wieso dauerte das so lange?«, herrschte Rolf Schmalstieg die junge Frau an. »Wo bleibst du denn, Tine?«

»Entschuldige, ich musste oben helfen, Salate vorbereiten, Schnittchen schmieren und Eier dekorieren. Bald beginnt das Spiel gegen die Türkei. Wir sind aber fast fertig.« Zu dem Kunden im Wartebereich, der gerade die Zeitung am Holzstiel weghängte, sagte sie: »Sie dürfen dann, mein Herr.« Auch sie musterte ihn kritisch. Otto Korittke wusste, dass ihr sein Aussehen missfiel. Seine Kleidung war abgetragen und schlotterte um seinen mageren Körper, die Schuhe dreckig, der Koffer abgestoßen. Er kam direkt vom Bahnhof, hätte sich gerne vorher frisch gemacht, wusste aber nicht, wo. Nach jahrelanger russischer Gefangenschaft hatte er kein Zuhause mehr.

»Liebes Fräulein, ich würde gerne Frau Korittke sprechen«, sagte er, »Frau Lieselotte Korittke.«

Rolf Schmalstieg unterbrach sein Gespräch mit dem Kunden. »Um was handelt es sich?«

»Diese Adresse wurde mir genannt. Hier soll ich sie finden. Stimmt das nicht?«

Der Friseur hob sein Kinn und starrte ihn düster an. »Was wollen Sie von ihr? Sie schneidet keine Haare!«

»Ich muss sie sprechen. Es ist wichtig.« Mit beiden Händen hielt Korittke seine Kappe fest. Den Koffer hatte er zwischen seine Beine geklemmt.

»Meine Tochter Bettine wird Sie bedienen.« Der Friseur verteilte Rasierwasser in seinen Händen und klopfte es energisch gegen die glatt rasierten Wangen des Kunden. Klatschende Geräusche waren zu hören, als würde er Backpfeifen verteilen. Der Kunde gab einen missfallenden Brummton von sich. »Genießen Sie es, Herr Schulte! Leichte Schläge fördern die Durchblutung!«

»Ihre Tochter?«, fragte Otto Korittke und wurde blass.

*

»Das Rührei bitte mit Kräutern und etwas Speck, kross gebraten, dazu zwei Scheiben Toast, nur mäßig braun«, wies Möbelfabrikant Walter Kettler das Hausmädchen Katharina an. Er war gerade aus der Fabrik gekommen und nahm nur eine leichte Mahlzeit ein, weil er Magendrücken hatte. Schon vor dem Krieg hatten sie eine Gründerzeitvilla am Westerberg bezogen, die sie vornehm eingerichtet hatten, mit schweren orientalischen Teppichen, Seidentapeten und Ölgemälden in Jugendstil- und Barockrahmen. Sie saßen im Salon, einem großen Zimmer mit einer Flügeltür zum Garten hin und einer weißen Blumenbank, auf der Giselas Kakteensammlung aufgereiht war. Der Salon, der Wintergarten und das angrenzende Speisezimmer waren noch mit schweren Vorkriegsmöbeln ausgestattet. Gisela drängte längst auf moderne leichte Möbel, aber für sein gemütliches Heim wollte er nicht auf die gewohnte Eichenvollholzqualität verzichten. Nur bei der Sitzgruppe hatte er sich auf einen Kompromiss eingelassen und beschwingt wirkende Sofas und Sessel in Bonbonfarben fertigen lassen. Das Kaminfeuer knisterte – es war ein kühler und regnerischer Tag – und im Radio lief Swingmusik.

»Ach, und, Katharina, bitte denken Sie daran, dass wir nachher eine kleine Gesellschaft erwarten. Das Spiel beginnt um 18 Uhr. Spätestens zur Halbzeit sollte für acht Personen alles gerichtet sein.«

»Sehr wohl«, gab Katharina mit einem Knicks zurück. Ihr Blick verriet, dass sie für den Abend eigentlich etwas anderes vorgehabt hatte. Mit verschlossener Miene verließ das Mädchen den Raum.

»Musste das sein, Walter?« Gisela verzog das Gesicht. »Wir haben sie in dieser Woche schon zweimal abends beansprucht. Wenn sie kündigt, müssen wir wieder mühsam jemanden einarbeiten. Dazu habe ich keine Lust.«

»Natürlich musste das sein.« Walter straffte seine Zeitung und verschaffte sich einen Überblick über die Artikel. Die Osnabrücker Rundschau war an diesem Tag voll mit Berichten über die Fußballweltmeisterschaft. »Sie wird nicht kündigen, Liebes, sie weiß genau, was sie hier hat. Ein hübsches Zimmer mit einem eigenen Bad *en Suite* findet sie so schnell nicht wieder. Dazu gute Speisen und ein Gehalt, von dem sie sogar zu Hause etwas abgeben kann.«

»Das ist heutzutage nichts Besonderes mehr. Sogar unsere Arbeiter und Fabrikangestellten verdienen besser. Ihr bleiben nach Abzug von Kost und Logis nur 100 Mark.«

»100 Mark sind mehr als genug.« Er vertiefte sich in einen Sportartikel.

Gisela nestelte am silbernen Zigarettenetui, nahm eine Eckstein heraus und ließ sich von ihrem Mann Feuer geben. »Du bist mir noch eine Antwort schuldig, Walter. Wie war es gestern beim Friseur? Was sagt er zu der Sache? Mich würde interessieren, wie er die schockierende Nachricht aufgefasst hat.«

Der Fabrikant ließ die Zeitung sinken. »Er wirkte nicht sonderlich überrascht, eher so, als störe ihn der Umstand überhaupt nicht, dass sein minderjähriges Töchterchen ein Kind von einem Mann erwartet, mit dem sie nicht verheiratet ist und der in keiner Weise ihrem Stand entspricht.«

»Jetzt spann mich nicht auf die Folter. Was hat er gesagt?« Sie nahm einen tiefen Zug.

»Natürlich erwartet er, dass Edmund sie heiratet. Das war abzusehen.«

»Vernünftig von ihm, oder? Ich denke, das Kind gehört in eine richtige Familie. Edmund ist alt genug, und Bettine … Nun ja, sie wird es lernen, Mutter zu sein und einen Haushalt zu führen.« Sie stockte. »Was ist? Warum schaust du so? Deinem Stirnrunzeln entnehme ich, dass du nicht damit einverstanden bist. Aber warum nicht, Walter?«

»Edmund wird es nicht tun, er wird sie nicht ehelichen, er darf es nicht. Das ist er seinem guten Namen schuldig. Wir müssen ihn auf jeden Fall davon überzeugen, dass er einen Fehler macht, wenn er nicht auf uns hört. Edmund ist jung, erst 21 Jahre alt. Da bleibt genug Zeit, die Richtige zu finden. Ich habe auch das Gefühl, er liebt diese Bettine nicht wirklich. Unser Sohn hat eine bessere Partie verdient.«

»Das können wir nicht beurteilen, Walter.«

Der Fabrikant wiegte den Kopf. »Die Richtige wird kommen. Edmund braucht eine Frau aus gutem Hause, die etwas mitbringt, die Möbel Kettler voranbringt und nicht umgekehrt schröpft.«

Gisela fröstelte beim Anblick der Kondenstropfen, die sich am Glas bildeten. »Legst du bitte Holz nach, Darling? Es ist nur noch wenig Glut im Kamin. Und es regnet ununterbrochen.«

Verständnislos zuckte er mit den Schultern. »Wir haben Sommer, kalendarisch seit zwei Tagen schon. Ich finde, es ist warm genug im Raum, aber wenn du meinst …« Seufzend begab er sich zum Holzlagerfach, nahm einige Scheite heraus und warf sie ins Feuer. Mit dem Schürhaken stocherte er nach.

»Die Konkurrenz ist groß und nimmt beständig zu«, fuhr er fort, während er ächzend Platz nahm. Er hatte seit der Währungsreform fast 20 Kilo zugenommen. Die Schneiderin hatte unentwegt zu tun, die zu eng gewordene Kleidung zu ändern. Seine Frau versuchte es bereits mit Diäten, aber er hielt nichts davon, war froh, dass es wieder genug zu essen gab, und genoss die reiche Auswahl auf dem Tisch. »Wir brauchen Mittel, um zu investieren. Die Maschinen sind nicht die modernsten und genügen den heutigen Ansprüchen in keiner Weise. Die Kunden verlangen Kunststoffmöbel, kein Echtholz mehr. Sie wollen Farben, die aussehen wie Bonbons oder Eissorten. Das schaffen wir mit unseren Maschinen nicht. Kurz gesagt, wenn schon eine Schwiegertochter, dann eine aus gutem Hause.«

Walter Kettler lehnte sich zurück und verschränkte die Arme vor dem Wohlstandsbauch. Es war noch gar nicht lange her, nicht einmal zwölf Jahre, da hatte er mit leeren Händen vor seinem zerstörten Betrieb gestanden. Eine Bombe hatte das Zentrallager in Bramsche getroffen. Nichts war ihm geblieben. Und heute besaß er eine florierende Firma, die munter auf der Wirtschaftswunderwelle mitschwamm. All das hatte er selbst fertiggebracht, mit Weitsicht, Fleiß, Klugheit und einer gewissen Portion Egoismus. Sicher, die Zeit war ihm zu Hilfe gekommen, die große Nachfrage der Kunden, die Tatsache, dass er auf das richtige Pferd gesetzt und in Möbel investiert hatte. Aber vor allem hatte er es seiner Tüchtigkeit zu verdanken, dass es seiner Familie heute so gut ging. Walter Kettler hatte das richtige Gespür für die Zeichen der Zeit. Die Leute waren wie wild auf neue Möbel, Teppiche und Stoffe, um ihre Wohnungen geschmackvoll und modern einzurichten. Sie hatten auch keine Scheu mehr wie früher, auf Pump zu leben. Im Gegenteil, Ratenkauf war sehr beliebt. Deshalb würde es sich lohnen, in Werbung zu investieren. Sein Eintrag im Branchenbuch der Stadt Osnabrück war 16 Jahre alt und wirkte mittlerweile bieder und antiquiert:

Kettler, Walter, Möbelfabrik. Vornehme, geschmackvolle Wohnungseinrichtungen von einfachster bis reichster Art in gleicher, erstklassiger Ausführung unter Verwendung nur besten Materials. Die Herstellung geschieht in eigener Fabrik, wodurch jeder persönliche Wunsch berücksichtigt werden kann. Einrichtung ganzer Häuser sowie einzelner Zimmer mit Vertäfelungen, Holzdecken und so weiter. Eigenes künstlerisches Atelier. Ständige Ausstellung von zahlreichen fertig eingerichteten Musterzimmern, in Holz und in Kunststoff, Gemälden, Radierungen, großes Stoff- und Teppichlager, Maschstraße.

Zufrieden war er damit nicht. Er wusste, dass die Nachfrage nach Holzvertäfelungen, Holzdecken und Vollholzmöbeln stetig zurückging. Zigarettenrauch waberte durch den Salon und überdeckte Giselas Tosca-Parfüm.

Er war auf dem Weg, ein reicher Osnabrücker Bürger zu werden. Seit bald 20 Jahren besaßen sie diese prächtige Villa am Westerberg aus der Gründerzeit. Inzwischen würde Gisela lieber einen schicken komfortablen Neubau mit Zentralheizung beziehen. Aber Walter Kettler war ein Mann mit konservativen Ansichten, der Wert auf Gediegenheit und Qualität legte. Er fuhr einen großen Wagen, seine Frau ein Cabriolet, der Junge hatte zu Weihnachten einen Volkswagen bekommen, bevorzugte allerdings immer noch das Moped, mit dem er sich verwegener fühlte, wie er stets betonte. Undankbar war die Jugend.

»Du unterstellst Bettine etwas, ohne sie richtig zu kennen. Hast du dich mal längere Zeit mit ihr unterhalten als in den 20 Minuten, in denen sie dir die Haare schneidet?«

»Die 20 Minuten reichen mir bereits, um mir ein Bild zu machen.«

»Und? Welches Bild hast du dir gemacht?«

Kurz ging er in sich. »Sie ist ein Fräulein aus einfachem Hause, hübsch, aber liederlich und flatterhaft und zudem völlig unvermögend. Der Vater ein vermisster Koch, die Mutter eine ehemalige Friseuse, nun Hausfrau. Mit einem Haufen Kindern und der Großmutter hausen sie in beengten Verhältnissen. Ich möchte nicht wissen, wie die hygienischen Bedingungen bei denen aussehen. Es heißt, wo mehr als sechs Köpfe unter einem Dach leben, sind Läuse und Krätze nicht weit. Und jetzt kommt's: Einige Geschwister sind älter als Bettine, andere jünger. Viel jünger, um nicht zu sagen: richtig klein. Ein Windelmatz ist auch darunter. Und nun sag mir bitte, von wem sind die wohl? Vom verschwundenen Ehemann der Mutter gewiss nicht, der soll noch irgendwo in Russland sein!«

Gisela Kettler griff nach ihrer geblümten Kaffeetasse mit Goldrand, streckte ihren kleinen Finger aus, was Walter nicht leiden konnte. »Und wenn es so wäre, Walter? Dinge dieser Art passieren nun einmal, sie geschehen öfter in unruhigen Zeiten. Wer wartet denn schon zehn Jahre auf seinen Ehemann? Das kann man nicht von einer Frau verlangen. Niemand hält das aus. Allein ist es schwer, besonders mit Kindern. Irgendjemand muss doch das Brot verdienen. Es sei ihr gegönnt, dass sie wieder einen Mann an ihrer Seite hat.«

»Es sind uneheliche Kinder, Gisela. Mann und Frau leben in wilder Ehe zusammen, in ungeordneten Verhältnissen. Was sind das für Zustände? Das geht doch nicht! Die Kirche hat eine Onkelehe nicht gewollt und heißt sie nicht gut. Auch die Gesellschaft duldet so etwas nicht. Welcher Ruf geht diesen Leuten voraus! Es wird ein schlechtes Licht auf uns werfen, wenn Edmund sich weiter mit diesem Mädchen abgibt.« Je länger er darüber nachsann, was ihm und seiner Familie bevorstand, desto nervöser wurde er. Mit dem Fuß stupste er die Siamkatze weg, die sich gerade auf seinem Schoß niederlassen wollte. Stattdessen suchte sie nun mit beleidigtem Blick Giselas Nähe, sprang zu ihr aufs Sofa und ließ sich das weiche Fell kraulen.

Ärgerlich betrachtete er das innige Bild, das sich ihm bot. Gisela lag mit angezogenen Beinen auf der Couch. Sie trug ein grünes, tiefdekolletiertes Abendkleid, dazu eine Perlenkette und auffälligen Ohrschmuck, der bei ihrer kurzen Lockenfrisur gut zur Geltung kam. Eine vornehme und äußerst gepflegte Frau war sie, zu der ihre Siamkatze Miranda gut passte. Seine Frau war vollauf mit sich selbst beschäftigt, vor allem damit, immer jung zu wirken. Ihr Tag spielte sich hauptsächlich in Kosmetik- und Frisiersalons ab, in teuren Modeateliers, bei Modenschauen und bei Cocktailpartys. Gisela war eine attraktive, elegante Frau, aber sie berührte ihn nicht mehr. Er fühlte keine Liebe mehr für sie. An manchen Tagen konnte er sie nicht einmal ertragen. Mittlerweile verstand er sogar Männer, die ein heimliches Techtelmechtel mit ihrer Sekretärin hatten. Schon lange träumte auch er von einer Geliebten, hatte es in der Firma zwei-, dreimal bei den Schreibfräuleins versucht, leider ohne Erfolg. Die Damen trugen ihre Nasen heutzutage höher als ihre Brüste.

»Du kannst nicht ernsthaft wollen«, sagte er, »dass unser Sohn in so eine Familie einheiratet. Wie stünden wir da? Reden würden die Leute, verspotten würden sie uns! Die Kunden kaufen dann bei der Konkurrenz. Willst du das? Möchtest du anderen Möbelhäusern in die Hände spielen und unser Familienglück riskieren, nur um ein kleines Enkelkind im Arm zu halten? Lass nicht immer dein Herz sprechen, Gisela, das war noch nie der richtige Weg. Romantische Gefühle sind unsinnige Gefühle, sie haben keinen Bestand. Was allein zählt, ist der Erfolg. Vergiss nie: Bei allem, was du tust, bei jedem Schritt, den du gehst, überlege, ob es im Sinne unserer Firma ist.«

Ihr Gesicht verdüsterte sich.

»Na siehst du«, interpretierte er ihre nachdenkliche Stimmung, »ich wusste, dass du nicht naiv bist. Rede mit Edmund. Überzeug ihn davon, dass sein Weg nicht der richtige ist. Auf dich wird er eher hören als auf mich. Eines Tages wird er uns dankbar sein.«

»Wie hast du es eigentlich erfahren?«, wollte Gisela Kettler wissen und rauchte nervös.

»Was denn, Liebling?«

»Na, die Nachricht von ihrer Schwangerschaft.«

Er räusperte sich. »Beim Haareschneiden war das. Sie hat wortwörtlich gesagt: ›Guten Tag, Herr Kettler, wissen Sie, dass Sie bald Großvater werden? Und sehr wahrscheinlich sogar mein Schwiegervater?‹ Da hat es mir förmlich die Sprache verschlagen. Demnächst werde ich mir Herrn Schmalstieg persönlich vorknöpfen. Ich werde ihm ein Angebot unterbreiten, das er nicht ausschlagen kann.«

Es klopfte. Katharina brachte auf einem Silbertablett die warme Zwischenmahlzeit. »Ich hoffe, es ist recht so«, sagte sie mit verkniffenem Mund und stellte das Tablett auf einer Anrichte ab. »Vielen Dank, Katharina.«

Mit gesenktem Kopf entfernte sie sich, blieb aber in der Tür stehen.

»Was ist denn noch?«, fragte der Möbelfabrikant mit einem Anflug von Ungeduld.

»Ich hätte da eine Frage, verzeihen Sie bitte.«

»Nanu?« Er zog die Augenbrauen hoch.

Das Dienstmädchen machte einen Knicks und lüftete die weiße gestärkte Spitzenschürze. »Ich hoffe, es ist nicht allzu aufdringlich, aber ich wollte fragen, ob alles recht ist.«

Walter Kettler lachte leise. »Natürlich ist es das, vielen Dank.«

»Wer spielt eigentlich heute?«

»Wir gegen die Türkei«, sagte er. »Ein wichtiges Spiel. Es wird zeigen, ob wir überhaupt eine Chance haben. Ich rechne mit nichts. Wir müssen uns gewaltig ins Zeug legen, um mit den anderen Mannschaften mitzuhalten. Wenn wir das nicht tun, sind wir schneller wieder draußen, als wir denken können.«

Katharina bedankte sich, trat aber immer noch nicht den Rückzug an.

»Noch etwas?«

Sie räusperte sich, knickste noch einmal. »Ich wollte einfach nur mal fragen, ob ich vielleicht, einmal, ein einziges Mal, bitte verzeihen Sie meine Aufdringlichkeit ... Das Spiel würde mich sehr interessieren! Es wäre so schön, wenn ich dabei sein dürfte, Herr Kettler! Ich habe doch in der Kellerküche kein Radio.«

Er schmunzelte. »Das lassen wir mal schön sein. Schuster, bleib bei deinen Leisten. Aber wenn Sie uns nett bedienen, richtig nett, bekommen Sie eventuell das eine oder andere Tor mit!«

2. KAPITEL

Otto Korittke stützte seinen müden Kopf auf. Hunger hatte er nicht. Das Wiedersehen mit seiner Lotte schlug ihm auf den Magen. Minutenlang konnte er nichts sagen, bis seine Frau, ja, das war sie immer noch, damit begann, die Platten wegzuräumen und den Tisch zu decken.

»Das ist das Teeservice, das ich dir zur Hochzeit geschenkt habe«, bemerkte Otto mit rauer Stimme und sah zu, wie sie ein Sahnekännchen dazustellte. Er fühlte sich vernichtet. Verraten und verkauft. Er hatte gehofft, dass sich alles als Irrtum herausstellen würde. Nie hätte er damit gerechnet, dass sie nicht auf ihn warten würde! Wie auch? Schließlich hatte er sie nicht freiwillig verlassen, sondern war gezwungen worden, sich bei der Wehrmacht zu melden. Er hatte ihr versprochen, so schnell wie möglich gesund zurückzukommen. Sie hatte ihn bei ihrem letzten Abschied nach einem Heimaturlaub lange in den Arm genommen und geweint. Wie hätte er damit rechnen sollen, dass sie es nicht ernst meinte, sondern sich den Nächstbesten schnappte, der an ihr vorbeilief, um heimlich mit ihm erst ein Techtelmechtel zu haben und dann ein neues Leben zu beginnen?

»Ich weiß«, sagte Lieselotte. »Ich halte es in Ehren.«

»Das tust du nicht«, platzte es aus ihm heraus. »Du benutzt es mit einem anderen Mann, diesem Friseur. Er trinkt aus meinen Tassen und isst von meinen Tellern. Was ist mit deinem Ehering? Du hast ihn abgenommen?«

Sie blickte auf ihre Hände, als suche sie ihn dort. »Willst du ihn wiederhaben?«

Bekümmert schüttelte er den Kopf. »Behalte ihn ruhig. Bewahre ihn für Bettine auf. Ich habe keine Verwendung dafür.«

»Ach, Otto.«

»Es ist, wie es ist. Du brauchst mich nicht zu bemitleiden.«

Eine Weile saßen sie sich schweigend gegenüber und tranken Tee. Als das Essen fertig war, gab sie ihm eine ordentliche Portion direkt aus der Pfanne und sah zu, wie er aß. Beim Anblick der fettigen Bratkartoffeln hatte er doch Appetit bekommen. Sie bot ihm einen Nachschlag an, aber er lehnte ab.

»Wie soll es jetzt weitergehen?« Er legte das Besteck quer auf den Teller und schob ihn ein Stück zur Seite. »Ich habe mich so auf unser Wiedersehen gefreut!«

»Ich mich doch auch, Otto, das musst du mir glauben! Lange habe ich davon geträumt, dass du zurückkehrst. Ich habe mich an der Hoffnung festgehalten, dass alles gut werden wird. Ich habe mir vorgestellt, wie es sein würde, wenn wir uns in die Arme fallen, wie du dich anfühlst, wie deine Haut riecht. Aber irgendwann … Hörst du, es war nicht leicht für mich. Hinter uns liegen schwere Zeiten. Ich musste doch an unsere Kinder denken. Der Hungerwinter 1947 war furchtbar, wir waren alle krank und bekamen keine Medizin. Ich weiß nicht, wie wir diese Zeit überhaupt überlebt haben.« Sie machte eine kurze Pause, sah ihn an. »Gerd ist tot, weißt du das überhaupt?«

Entsetzt hob er den Blick. »Nein, das wusste ich nicht. Mein erstgeborener Sohn tot? Was ist geschehen? Ist er gefallen?«

Sie nickte. »Ich will jetzt nicht darüber sprechen, sonst muss ich wieder weinen, und das will ich nicht.«

Verlegen kratzte er sich am Nacken. »Ich könnte die Wut kriegen, wenn ich noch die Kraft dafür hätte. Er war ein Kind, unerfahren, übermütig, gutgläubig. Am Ende haben sie auch die ganz Jungen geholt.«

»Gerd fehlt mir so sehr«, sagte sie. »Es gibt Momente, in denen ich besonders an ihn denke. Dann zerreißt es mich jedes Mal aufs Neue. Aber es geht vielen so. Man darf nicht ständig jammern.«

»Ich verstehe dich. Wir müssen nach vorne schauen, Lieselotte.« Seine Lippen bebten. »Was ist mit den anderen? Was macht Karl?«

Ihre Miene erhellte sich. »Eva studiert. In Hamburg«, sagte sie stolz. »Sie will Lehrerin werden!«

»Das ist ja großartig. Wie hat sie das denn geschafft? Sie war immer schon ehrgeizig, eine gute Schülerin, aber dass sie studiert? So ein Studium kostet doch eine Unmenge Geld!«

»Ihr Lehrer unterstützt sie. Er hat dafür gesorgt, dass sie ein Stipendium bekommt. So müssen wir das Hörergeld nicht bezahlen, zumindest für die ersten vier Semester. Die Miete für ihr Zimmer bezahlt Rolf. Das geht schon. Die 25 Mark kann er erübrigen.«

»Rolf. Ja«, sagte Otto. »Rolf hat genug, ich sehe schon. Dein Rolf scheint richtig im Geld zu schwimmen. Da kann ein ehemaliger Hotelkoch wie ich nicht mithalten. Und Karl? Wie geht es Karl?« Röte schoss ihm ins Gesicht. Er wollte keine Hiobsbotschaft mehr hören. Es war genug.

Sie zögerte, sah an ihm vorbei. »Karl ist im Moment in einer etwas schwierigen Phase. Er ist laut und frech. Nun ja, er ist 19, kein einfaches Alter. Oft eckt er bei Rolf an. Die zwei sind wie Hund und Katz. Aber er hat Glück gehabt«, fuhr sie munterer fort. »Das Hotel Hohenzollern hat ihn genommen, nachdem er vom Elektriker, vom Herrenschneider und vom Buchbinder wegen Unpünktlichkeit und Aufsässigkeit gefeuert worden ist. Er tritt in deine Fußstapfen, Otto, macht eine Lehre als Koch, ist im zweiten Lehrjahr, verdient schon 60 Mark. Die Hälfte davon gibt er uns als Kostgeld ab. Rolf wollte ihm nur 10 Mark lassen, das sei genug Taschengeld, meint er, aber das konnte ich verhindern, denn Karl spart auf einen Motorroller. Es gefällt ihm im Hotel, darüber bin ich sehr froh. Ich bete jeden Tag, dass er endlich bleiben kann. Schon länger habe ich keine Klagen mehr gehört. Vielleicht ist das seine Berufung!«

»Das ist schön«, sagte Otto lächelnd. »Ich wusste, dass er eines Tages meinen Weg einschlägt und im Hotel arbeitet. Als Kind wollte er immer Kellner sein, weißt du noch? Das war sein Lieblingsspiel.«

Sie schmunzelte bei der Erinnerung daran.

»Verkaufstüchtig war er immer schon. Wie geht es deiner Mutter?«

»Ausgezeichnet. Sie ist froh, wieder eine Aufgabe zu haben.«

»Eine Aufgabe? Was meinst du damit?« Sein Gesicht wurde ernst.

Sie schluckte hörbar. »Wo warst du überhaupt?«, fragte sie schnell. Sie rieb ihre Fingerknöchel, bis sie weiß wurden. »All die Jahre, ohne etwas von dir hören zu lassen. In Russland?«

Otto griff nach seiner Teetasse und nickte. »Fast zehn Jahre Gefangenschaft. Ich habe dir geschrieben, sehr oft sogar. Hast du meine Briefe nicht bekommen?«

»Anfangs ja. Ich habe zurückgeschrieben, aber irgendwann hast du nicht mehr geantwortet. Was ist passiert, Otto?«

»Ich möchte nicht darüber reden.«

Sie rührte die Kandisbrocken in ihrer Teetasse um, immer wieder, bis sie sich langsam auflösten. Eine Weile war nur das knisternde Geräusch zu hören, das der Löffel beim Umrühren der Zuckerstücke in ihrer Tasse verursachte. »Ich muss dir etwas sagen«, sagte sie und atmete tief durch. »Du würdest es ja doch erfahren.« Kurz sah sie zu ihm hin, es fiel ihr sichtlich schwer zu sprechen, aber es half nichts. »Ich habe zwei weitere Kinder bekommen. Sie sind noch sehr klein, Karin und Peter, sechs Jahre alt und fast drei. Sie geht schon zur Schule, ist Ostern eingeschult worden. Ihr Mund steht den ganzen Tag nicht still. Der Kleine hat erst spät angefangen zu laufen, ist noch etwas unsicher auf den Beinen. Meine Mutter ist mit ihnen unterwegs. Ich rechne jede Minute damit, dass sie zurückkommen.«

Er erstarrte. »Mit ihm? Mit diesem Friseur?« Er deutete mit dem Daumen in Richtung Küchentür. Pure Verzweiflung stand ihm ins Gesicht geschrieben, als erfasse er erst jetzt das Ausmaß der Katastrophe. »Es ist also vorbei mit uns?«

Sie nickte traurig. »Ja, Otto. So ist es. Rolf und ich sind ein Paar, wir leben zusammen wie Mann und Frau. Endlich ist es raus. Es bleibt dir nichts anderes übrig, als dich damit abzufinden.«

»Du kommst nicht zurück zu mir? Ist das endgültig?«

»Ja, Otto.«

»Seid ihr verheiratet?«, presste er atemlos hervor.

»Noch nicht. Aber wir werden es wohl bald sein.«

»Und wir? Was ist mit uns?« Seine Stimme brach. Seine Augen wurden rot und schienen vor Erschöpfung zufallen zu wollen.

»Es tut mir so leid. Ich dachte, du würdest nie wiederkommen, und deshalb habe ich mir ein neues Leben aufgebaut. Zusammen mit Rolf.« Draußen ratterte die Straßenbahn vorbei. Sie wartete, bis es ruhiger wurde. »Was hätte ich denn tun sollen? Mit den Kindern allein bleiben? Wie hätte ich sie ernähren sollen? Die Kinder brauchen einen Vater und ich brauche einen Mann! Ich bin nicht geschaffen für ein Leben als alleinstehende Frau. Das wollte ich nicht, Otto.«

»Und in diesem Leben habe ich keinen Platz«, schlussfolgerte er. »Darin habe ich nichts mehr zu suchen.« Er streifte seinen Ehering ab und legte ihn auf den Küchentisch. »Den brauche ich wohl nicht mehr. Er passte sowieso nicht so gut wie am Anfang, war mir zu weit geworden.«

»Bitte versteh doch und verzeih! Wenn ich wenigstens gewusst hätte, dass du noch lebst! Ich kann es nicht ändern, Otto, auch wenn ich wollte! Es ist zu spät! Ich habe mit Rolf zusammen eine neue Familie. Mach es uns nicht schwerer, als es ist!«

»Dann werde ich jetzt gehen«, sagte er traurig und nahm seine Kappe. »Ich habe hier nichts mehr verloren.« Er trank den Tee aus, nahm sein Gepäck und ging, ohne sie eines weiteren Blickes zu würdigen.

»Komm bitte nicht wieder, hörst du? Glaub mir, es ist am besten so. Du wirst eine andere Frau finden und mit ihr glücklich werden, bist ja noch jung genug«, rief Lieselotte ihm hinterher, aber er antwortete nicht.

Auf der Stiege begegnete er seiner Noch-Schwiegermutter Wilma, die ein Kleinkind auf dem Arm trug. Schnell zog er seine Kappe tiefer ins Gesicht und murmelte einen Gruß. Hinter ihr tauchte ein Mädchen mit hellem Bubikopf auf. Sie sang mit ihrer hellen Kinderstimme ein Lied, das er gut kannte, denn seine Schwiegermutter hatte es auch mit den älteren Enkeln oft gesungen: »Im Frühtau zu Berge wir ziehn, fallera«. Das Mädchen stoppte sofort, als sie ihn erblickte. »Oma, wer ist dieser fremde Mann?«, fragte sie und schaute ihn mit großen Augen an.

»Ich weiß es nicht«, sagte Wilma, erwiderte aber kurz seinen Gruß.

Unten angekommen, drehte Otto Korittke sich um und sah der kleinen Gruppe hinterher. Wilmas Haare waren weiß geworden, und die der Kleinen waren blond, nicht braun wie die der anderen vier Kinder. Mit hängenden Schultern durchquerte er den Salon. Hinten öffnete sich eine Tür, und heraus kam Karl. Er erkannte ihn sofort. »Karl«, rief er, »Karl!« Kurz standen sie sich gegenüber. Karl war inzwischen ein paar Zentimeter größer als er. Er hatte eine aufgeplatzte Augenbraue, eine rote Wange und einen frischen Erguss unter einem Auge. Otto zuckte erschrocken zurück. »Was ist los?« Er wollte ihn am Arm festhalten, aber Karl schien nicht zu wissen, wer er war, machte sich los und ging, ohne ein Wort zu sagen, an ihm vorbei in Richtung Privatwohnung.

3. KAPITEL

Johann Conradi war froh, dass der Tag endlich seinem Ende zuging. Lang und kräftezehrend war er gewesen, Probleme mit seinem Chef, Vorwürfe, er würde seine Arbeit nicht genau genug nehmen, habe sich nicht gründlich genug eingearbeitet – dabei war er schon seit mehr als vier Wochen auf seiner neuen Dienststelle in Osnabrück. Auch sei er mit seinen Gedanken oft woanders. In diesem Punkt musste der Kriminalkommissar seinem Vorgesetzten leider recht geben. Er dachte oft an Frederike, seine Frau, und vermisste sie schmerzlich. Noch nie in seinem Leben hatte er einen Menschen so sehr vermisst wie sie.

Frau Westermann, bei der er zur Untermiete wohnte, hatte ihn im Treppenhaus abgefangen und zum Essen eingeladen. Sie habe ein paar Bratkartoffeln mit Bohnen und Speck übrig. Aber er hatte dankend abgelehnt, weil ihm nicht nach Gesellschaft war. Inzwischen bereute er seine Entscheidung. Das bisschen, was er in seinem Regalfach von gestern Abend übrig hatte – etwas Brot, Gewürzgurken und eine Büchse Ölsardinen –, würde nicht reichen. Aber nun hatte er sich entschieden, und dabei blieb es auch. Der Kriminalkommissar suchte im Radio nach einem Klassiksender. Dann setzte er sich an seinen Schreibtisch, nahm einen Schreibblock zur Hand und tauchte seinen Füllfederhalter ins Tintenfass.

Liebe Frederike,
ich sitze am Fenster, höre Radio und denke an dich. Stell dir vor, ich wohne wieder in der Lotter Straße. Es war ein großer Zufall. Aus alter Gewohnheit habe ich

bei Feinkost Remme ein Heringsbrötchen gekauft und mitbekommen, dass eine ältere Dame einen Untermieter für ein möbliertes Zimmer suchte. Wie du dir denken kannst, habe ich die Gelegenheit beim Schopf gepackt und sie angesprochen. Ich muss wohl einen guten Eindruck hinterlassen haben, denn sie hat mich sofort mitgenommen.

Die Miete von 20 Mark im Monat ist nicht zu viel verlangt, finde ich. Es ist ein hübsches Zimmer mit Dachschrägen, zwar ohne fließendes Wasser, aber für den Anfang geht es. Es hat eine Rosentapete und Vorhänge mit Rosenmuster. Das ganze Jahr grünt und blüht es hier. Manchmal scheint es mir, als könne ich die Rosen sogar riechen. Was du wohl dazu sagen würdest? Über meinem Bett hängen weiße Tauben in einem Blumenbouquet und daneben starrt mich ein röhrender Hirsch im Herbstblätterwald an. Beide Bilder stecken in vergoldeten Rahmen, solche verschnörkelten, du weißt schon. Ich weiß, du hättest die Tiere abgehängt, aber ich bringe es nicht übers Herz.

Was dir ebenfalls nicht gefallen würde: Es gibt kein Badezimmer wie bei uns früher. Weißt du, was Frau Westermann mir zur Antwort gab, als ich sie danach fragte? »Mit der Linie eins kommen Sie bequem zum Badehaus am Pottgraben. Dort gibt es Duschen und Wannenbäder für zwei Groschen!« Ich habe mir ein Lachen verkniffen, denn ich wollte sie nicht beleidigen. Vielleicht finde ich bald eine Unterkunft mit fließend warmem Wasser, das wäre komfortabler. Zwar bin ich Luxus nicht mehr gewohnt, aber kaum lebe ich wieder zivilisiert, möchte ich am liebsten sofort an unser früheres Leben anknüpfen und es behaglich und schön haben.

Ich versuche mal, dir meine Vermieterin zu beschreiben. Sie ist eine gute Seele mit Küchenschürze und Brille auf der spitzen Nase, verwitwet und mindestens 70 Jahre alt. Ihre Haare sind silberweiß und zu einem dünnen Dutt gezwirbelt. Energisch ist sie und pingelig, was Geräusche anbelangt, denn du weißt ja, dass ich gerne Opern höre, und das am liebsten ziemlich laut. Im Großen und Ganzen bin ich zufrieden, denn ich habe alles, was ich brauche. Besonders schätze ich den gemütlichen Ohrensessel vor dem Fenster, in dem ich nach der Arbeit lese und Musik höre, wie jetzt gerade. Das Grundig-Radio, das auf dem Schreibtisch steht, habe ich letzte Woche bei Wischott gekauft, es war im Sonderangebot, hat einen prima Empfang, viel besser als unser altes Gerät. Kein Rauschen mehr, kein Verwackeln der Sender. Der Ton der Musik ist so brillant, als würde ich mich in einem Konzertsaal befinden, und die Stimme des Sportmoderators klingt glasklar, als wäre er direkt nebenan. Die Fußballweltmeisterschaft ist nämlich im Gange, eine wunderbare Abwechslung vom schnöden Alltag. Spannende Spiele, auf die ich mich freue. Heute spielte Deutschland gegen die Türkei und hat tatsächlich 4:1 gewonnen. Das hätte ich nie für möglich gehalten! Du hättest dich vermutlich währenddessen mit deinen Freundinnen ins nächste Café verdrückt, Fußball hat dich ja nie wirklich interessiert.

Inzwischen ist es fast neun am Abend. Eben habe ich eine Pause gemacht, um Abendbrot zu essen. Frau Westermann besteht darauf, morgen für mich zu kochen. Es gibt eine kräftige Rinderbouillon und zum Nachtisch eingelegte Pflaumen. Dank ihrer guten Pflege habe ich schon acht Pfund zugenommen. Es könnte mittlerweile auch mehr sein, denn eine Waage gibt es nur im Pottgrabenbad, und da war ich seit einer Woche nicht mehr, ich Schweinchen. Ich sehe dich den Kopf schütteln und mit mir schimpfen. Beruhige dich, Fredi, morgen gehe ich wieder und bleibe so lange in der Wanne, bis ich schrumpelig werde. Vorübergehend leistet die Waschschüssel gute Dienste, und dank Eau de Cologne hat sich noch niemand im Büro beschwert. Frau Westermann denkt, dass ein Kriegsheimkehrer wie ich viel Nachholbedarf hat, dabei war ich ja nicht mal in Russland, aber die Unterschiede sagen ihr nichts. Sie will sogar zu meinem Geburtstag am nächsten Mittwoch eine Buttercremetorte für mich backen. Ich freue mich, weiß aber auch, dass ich danach Magendrücken haben werde.

Du, ich habe Angst vor meinem Geburtstag. Ein weiterer Geburtstag ohne dich. Ich schließe die Augen und stelle mir vor, wie du zur Tür hereinkommst, mir einen Kuss gibst, dich auf meinen Schoß setzt und deine Arme um meinen Hals schlingst. Ich höre deine Stimme, sehe deine lachenden Augen, deine Grübchen und die zarte Röte deiner Wangen. Ich fühle deinen Kopf in meiner Halsbeuge, deine braunen verwuschelten Haare, die weichen Rundungen deines Körpers. Ich erinnere mich noch an deinen Duft. Den vergesse ich nie, ein wenig nach Mandeln, Vanille und Honig. An meinem Geburtstag werde ich besonders an dich denken, voller Sehnsucht, mein Engel. Ich werde mich nach dir verzehren, wenn ich mit vollgeschlagenem Bauch auf dem Bett liege und die Rosen an der Tapete zähle. Ach, du, Fredi, wenn du wüsstest, wie sehr du noch immer in meinem Herzen bist! Hätte ich einen Wunsch frei, dann würde ich mir wünschen, dich noch einmal in den Arm zu nehmen und ganz lange festzuhalten, nein, für ewig festzuhalten und niemals mehr freizugeben.

In ewiger Liebe
Dein Johann

4. KAPITEL

Mittwoch, 23.06.1954

Die Ladenglocke bimmelte, als der Mann die Tür aufstieß. Im Salon befanden sich nur zwei Personen, Friseur Rolf Schmalstieg und ein männlicher Kunde.

»Augenblick, ich komme gleich!«, rief Schmalstieg, ohne von seiner Arbeit aufzusehen.

»Keine Eile«, sagte der Mann und blieb hinter dem Garderobenständer stehen.

Der Kunde rauchte. Strenger Zigarrendunst waberte durch den Salon und überdeckte die parfümierten Düfte.

»Jetzt noch Kundschaft?« Die Stimme des Rauchers war etwas heiser. Er räusperte sich. »So kurz vor dem Spiel?«

Der Mann hinter dem Garderobenständer zuckte zusammen. Er kannte diese Stimme. Er kannte sie gut.

»Einen Haarschnitt werde ich noch schaffen«, sagte Schmalstieg. »Die Spiele sind im Moment so langweilig, dass ich nicht unbedingt von Anfang an dabei sein muss. Meine Frau wird mir davon erzählen. Ich hoffe nur, dass nicht gleich in den ersten paar Minuten ein Tor fällt. Dann würde ich mich vielleicht ein klein wenig ärgern.«

Der Kunde ließ ein beifälliges Grunzen ertönen.

Der Mann konnte keinen klaren Gedanken fassen. Am Garderobenhaken hingen mehrere Jacken, Mützen und Hüte, darüber ein Hinweisschild, man möge bitte auf seine Garderobe achten. Anscheinend hatten einige Kunden das so wenig getan, dass sie ihre Sachen dort vergessen hatten. Es gab alles wieder im Überfluss. Wirtschaftswunder, sie waren mittendrin. Niemand musste mehr Löwenzahn und Brennnesseln sammeln für die Suppe am Abend, Kartoffeln vom Feld organisieren oder Beeren pflücken, um Kompott daraus zu machen.

Draußen rumpelte ein Lastwagen vorbei. Eine Frau schrie mit gellender Stimme hinter einem Kind her. Es schien noch einmal gut gegangen zu sein, denn auf ihren Schrei folgten wüstes Geschimpfe und daraufhin das durchdringende Brüllen eines Kleinkindes.

»Sie wollten mir noch etwas sagen«, stellte der Raucher fest, nachdem sich die Situation draußen beruhigt hatte.

Der Mann hinter dem Garderobenständer hielt den Atem an.

»Lieber ein anderes Mal, wir sind nicht allein.« Der Friseur räusperte sich und dämpfte seine Stimme. »Vielleicht morgen früh in meinem Büro. Um 8 Uhr, da ist noch keine Kundschaft da. Wird nicht lange dauern.«

»Bitte verschonen Sie mich mit einer weiteren Hiobsbotschaft.«

»Na ja ... Stellen Sie sich darauf ein, dass es kein gemütlicher Kaffeeklatsch wird.«

Für ein, zwei Minuten war nur das Schaben des Rasiermessers zu vernehmen, dann folgten trappelnde Schritte und die helle Stimme eines Kindes. »Dauert's noch lange? Mutti will das wissen. Oben ist alles fertig. Das Spiel fängt gleich an.«

»Sag ihr, ich brauche noch etwas Zeit. Einen Herren bediene ich noch, dann mache ich zu.«

»Gut, aber wirklich bald kommen«, sagte das Kind und ging wieder.

Der Mann hinter dem Garderobenständer ballte seine Hände zu Fäusten, die sich plötzlich eiskalt und taub anfühlten, als gehörten sie nicht zu ihm. Kalt wurde sein ganzer Körper, während sein Herz hart in seiner Brust schlug. »Mutti will das wissen ... Das Spiel fängt gleich an«, dröhnte es in seinen Ohren. Es ging nicht anders. Er musste es tun. Die Zeit drängte. Es gab kein Zurück mehr.

*

Lieselotte Korittke blickte betrübt aus dem Fenster. Vom Sommer keine Spur. Es war kühl, regnerisch und windig. Jagende Wolken bedeckten den Himmel, der dunkel und schwer über der Stadt lag. Nachdenklich zog sie die Gardine zu und staubte den niedrigen Nussbaumschrank ab. Äußerlich wirkte er wie eine hübsche, etwas größere Kommode, aber sein Innenleben war eine Überraschung, mit der niemand rechnete: ein nagelneuer Telefunken befand sich darin, außerdem Radio und Schallplattenspieler! Es war eine Sünde, die sie sich eigentlich nicht leisten konnten. Sie und Rolf lebten über ihre Verhältnisse. Was hatten sie sich allein in den letzten zwei Jahren alles gegönnt! Allem voran den Salon, sie hatten ihn eigenhändig modernisiert und viel Arbeit hineingesteckt. Rolf hatte den Führerschein gemacht und sich den Traum von einem fabrikneuen Volkswagen erfüllt. Die Miete für den Salon und die dazugehörige Wohnung war teuer, denn die Wohnung verfügte sogar über eine Zentralheizung und ein Badezimmer mit Badewanne und Fliesen.

Lieselottes größter Wunsch war eine moderne Einbauküche mit Kühlschrank und Elektroherd gewesen. Auch hier hatte Rolf sich großzügig gezeigt. Die neue Küche war wunderbar, denn nun hatte sie alles Wichtige auf engstem Raum zusammen und musste nicht mehr ständig hin und her laufen, um zu kochen und zu spülen. Für jeden Handgriff brauchte sie sich nur umzudrehen, eine großartige Zeitersparnis! Leichtsinnigerweise hatte sie überdies bei Neckermann eine vollautomatische Waschmaschine bestellt, die drei Wochen später, kurz vor Weihnachten, geliefert wurde. Sie hätte sich ein wenig länger gedulden sollen, weil der Schuldenberg immer größer wurde, aber ihre Nachbarin hatte schon eine gehabt und in den höchsten Tönen geschwärmt! Bei jedem Zusammentreffen mit ihr hatte sie damit angegeben. Außerdem bot Neckermann einen Ratenkauf mit niedrigen Zinsen. Wenn Lieselotte ehrlich war, war dies ihre größte Errungenschaft, noch wertvoller als die Einbauküche! Hätte sie vorher gewusst, wie viel Zeit sie damit einsparte, hätte sie alle anderen Dinge aufgeschoben, nur nicht die Waschmaschine. Keine schwieligen, roten, runzligen Hände mehr, keine Rückenschmerzen vom vielen Bücken, keine hässlichen Haare vom Dunst in der Waschküche. Lieselotte wusch nun die Kleidung der Familie öfter und regelmäßiger und schimpfte nicht mehr so viel mit den Kleinen, wenn sie ihre Sachen dreckig machten.

Auf den Fernseher hatten sie eigentlich noch zwei oder drei Jahre warten wollen, bis sie einen Großteil der Schulden abbezahlt hätten. Aber Rolf hielt sich nicht daran. Die Fußballweltmeisterschaft war sein Antrieb. Er wollte unbedingt das Endspiel sehen, nicht nur hören. Vor zwei Tagen war er zu Radio Wischott gegangen und hatte den teuersten Fernsehschrank für sage und schreibe 748 Mark gekauft. Lieselotte war außer sich, dass er sich über ihre Bedenken hinweggesetzt und sogar ihre Mutter angepumpt hatte. Die schenkte ihm trotz ihrer mageren Rente 100 Mark dafür. Das war ihr erster großer Streit gewesen. Rolf sagte, dass er ein Leben lang der Dumme gewesen sei, der nichts besessen hatte, außer einer winzigen ungeheizten Wohnung ohne Badezimmer. Die Kunden würden nun sehen, dass er es weit gebracht hatte und sich viel mehr leisten konnte als die Konkurrenz, einfach, weil er erfolgreicher war. Er freute sich auf das triumphale Gefühl, von Fernsehsendungen zu erzählen, die seine Kunden nur vom Hörensagen kannten, wenn überhaupt. Es war schön, endlich etwas zu haben, mit dem er angeben konnte.

Dieses Argument leuchtete ihr schließlich ein. Lieselotte musste zugeben, dass der Fernsehschrank auch in geschlossenem Zustand überaus apart war und sich hübsch dekorieren ließ. Nach der Politur stellte sie eine Blumenvase mit drei weißen Nelken darauf und goss den Gummibaum, dessen große Blätter ein wenig Staub angesetzt hatten. Morgen würde sie sie mit Schmierseife bearbeiten.

Bettine, die 19-jährige Tochter, und Großmutter Wilma brachten Teller und Platten mit belegten Schnittchen, russischen Eiern und Frikadellen herein und stellten Bowle- und Biergläser bereit. Aus dem Kinderzimmer am Ende des Flurs, nur durch einen dicken Vorhang vom Schlafzimmer abgetrennt, drangen helles Lachen, Quietschen und Juchzen, weil die Kleinen sich gerade ihre Schlafanzüge anzogen und vor lauter Freude darüber, dass sie ausnahmsweise einmal länger aufbleiben durften, auf den Betten herumsprangen.

Im Vogelkäfig, der an einer Stange vor dem Wohnzimmerschrank hing, zwitscherte Coco, der blaue Wellensittich. An Weihnachten war er eingezogen und forderte seitdem sein abendliches Beschäftigungsprogramm ein. Bettine gab ihm ein Salatblatt von der Garnitur ab und kraulte durch die Gitterstäbe hindurch sein Köpfchen. »Coco brav, Coco brav?«, gurrte sie und pfiff ihm etwas vor. Der Vogel antwortete mit lautem Zwitschern. Ein bisschen klang es, als wolle er die menschliche Stimme nachahmen.

»Händewaschen nicht vergessen«, mahnte Lieselotte, während sie rasch noch etwas Ordnung im Wohnzimmer machte, die »Hörzu« weglegte und die Kissen auf der Couch mit einem ordentlichen Knick in der Mitte versah.

Plötzlich hielt sie inne und fragte nach Rolf. Die sechsjährige Karin, die gerade das Zimmer betrat, zog rasch ihr Schlafanzug-Oberteil auf die richtige Seite, bevor ihre Mutter sie dafür tadelte und möglicherweise sogar ins Bett schickte. Man konnte nie wissen.

»Papa hat noch einen Kunden«, sagte die Kleine. »Ich war eben unten und wollte ihn holen. Ich soll euch sagen, es dauert noch ein bisschen.«

Lieselotte warf seufzend einen Blick auf die Wanduhr. Es war kurz vor sechs, eigentlich wollten sie längst alle zusammen auf der Couch sitzen und es sich gemütlich machen. »Einen Kunden? Er hat versprochen, pünktlich Feierabend zu machen. Und nun will er lieber arbeiten, ach, du liebe Zeit!«, sagte sie zu ihrer Mutter. »Ich verstehe ihn nicht. Willst du nicht mal nachsehen, Bettine, wie weit er ist? Karin hat schon ihren Schlafanzug an und kann sich unten so nicht zeigen.«

»Warum nicht?«, fragte die Sechsjährige, bekam aber keine Antwort.

»Gleich«, sagte Bettine, rollte die Augen und ging in die Küche, um Knabbergebäck in Schälchen zu füllen.

Lieselotte klappte den Fernsehschrank auf und drehte den oberen Knopf nach rechts, bis das erwartete Knacken ertönte. Gespannt blieb sie vor dem Apparat stehen, ob sie auch alles richtig gemacht hatte. Das schwarz-weiße Testbild wackelte und war grobkörnig. Sie zog den Apparat ein paar Zentimeter hervor und richtete die Antenne aus, stellte sie immer wieder um. Das Bild wurde klarer. Dabei blieb es aber. »Gleich sehen wir Fußball in echt«, sagte sie.

Bettine hatte an der Schwelle mitgehört. »Das glaubst auch nur du. Ich habe gehört, dass wir nicht alle Spiele sehen können, wahrscheinlich sogar nur das Endspiel. Die deutschen Spiele werden nicht gezeigt. Man kann sie nur am Radio verfolgen und später in der Wochenschau.«

Lieselotte fuhr herum. »Das kann doch nicht sein! Dann hätte Vati nicht so viel Geld ausgegeben!«

Bettine zuckte mit den Schultern und drehte sich auf dem Absatz um. »Nur am Radio, du wirst schon sehen. Und beim Endspiel sind wir sowieso nicht mehr mit dabei! Wir werden viel früher ausscheiden. Das Geld hätte er sich sparen können.«

»Freches Gör«, schimpfte Lieselotte und richtete erneut die Antenne aus.

Als Bettine mit zwei weiteren Schalen aus der Küche kam, schaltete Lieselotte gerade das Radio ein. Es kamen die 18-Uhr-Nachrichten.

Dann war es so weit. Der Sprecher Herbert Zimmermann stellte die deutsche Mannschaft vor, mit den besonderen Stärken und Schwächen der einzelnen Spieler. Auch die gegnerische Mannschaft wurde genau unter die Lupe genommen. Wortreich legte er Chancen, Risiken und Fallstricke dar. Lieselotte setzte sich kerzengerade auf einen der beiden neuen Cocktailsessel und vergaß fast zu atmen. Noch immer hoffte sie darauf, dass Herbert Zimmermann auch auf dem Bildschirm erscheinen würde, aber das war nicht der Fall. Außer dem Testbild war nichts zu sehen. Enttäuscht drehte sie den Apparat schließlich aus.

»Und?«, fragte Bettine provozierend. »Wer von uns beiden hatte nun recht?«

Lieselotte winkte ab. Herbert Zimmermann war viel interessanter, wenn auch im Radio. Leider sah es nicht gut aus: Die Deutschen würden es gegen die Türken nicht leicht haben. Sie mussten sich gewaltig ins Zeug legen, um das desaströse Spiel gegen Ungarn vom Sonntag wieder wettzumachen.

Großmutter Wilma kam zur Tür herein, nachdem sie mehrmals zwischen Küche und Wohnstube hin- und hergelaufen war. »Was sagt er? Wie sieht's aus heute?«

»Zimmermann meint, dass eine Chance besteht, weil Sepp Herberger die wichtigsten Spieler noch geschont hätte.«

»Denn man tau«, murmelte Wilma Müller, während sie ihrer Tochter ein Glas Bowle mit frischen Erdbeeren reichte.

Dann verteilten sich alle auf die Sofas und Sessel. Die beiden Kleinen quetschten sich dazwischen und wurden regelmäßig ermahnt, still zu sein.

»Peter, noch einmal, und es geht in die Klappe!«, sagte Großmutter Wilma streng.

*

Schwungvoll stieß der Mann die Ladentür auf. Ihn konnte nichts mehr aufhalten. Mit wenigen Schritten war er bei der Verkaufstheke, hinter der Rolf Schmalstieg gerade Geld zählte. Die Scheine knisterten in seinen Händen. Es musste ein guter Tag gewesen sein. Die Blicke der beiden Männer begegneten sich.

»Geschlossen!«, sagte Schmalstieg mit frostiger Miene. »Wir haben geschlossen. Ich bin nur noch nicht dazu gekommen, abzusperren.«

»Das macht nichts«, sagte der Besucher. Seine Stimme klang selbst in seinen Ohren fremd. Er war vorhin schon mal da gewesen, nur wenige Minuten war das her. Er musste sich zwischendurch ein wenig frische Luft verschaffen. Nun war er sich sicher. Nicht mehr denken, nur noch handeln. Keine Gefühle mehr. Er war eine Maschine. Und die hatte zu funktionieren. Schnell und reibungslos.

Mit einer langsamen Bewegung tauchte er seine Hand in die Jackentasche und fühlte den geriffelten Griff der Pistole. Sein Herz klopfte. Es hatte nicht zu klopfen.

»Ich bitte Sie, zu gehen!«, sagte Rolf Schmalstieg eisig. »Und kommen Sie nicht wieder! Ich will Sie hier nicht noch einmal sehen.«

Jetzt. Na los. Es wird nicht lange dauern. Nur wenige Sekunden, dann wäre alles vorbei.

Zwei Schritte nach vorne, die Finger am Abzug.

Der Friseur öffnete seinen Mund, schwieg aber.

Die Finger fest am Metall. Die Hand, die die Pistole aus der Tasche zog. Schwer war sie. Und gefühllos, wie der ganze Mensch in diesem Augenblick. Nur das Herz klopfte. Es klopfte, als hätte es etwas zu sagen. Kurzer Wechsel in die andere Hand.

Ein Auge zu, das rechte fixierte das Ziel.

Dann fiel ein Schuss. Es gab einen dumpfen Schlag, als der leblose Körper gegen die nierenförmige Theke sackte. Sonst kein Geräusch, kein Schrei, kein Klagelaut, nichts.

Ein blutiges Rinnsal. Er konnte nicht hinsehen.

*

Lieselotte Korittke nahm eine Zigarette aus dem fächerförmigen Spender und zündete sie an. Sie trug noch immer ihre schwarzen spitzen Pumps mit den Bleistiftabsätzen und den Satinschleifen, obwohl ihre Füße schmerzten. Aber Hausschuhe tolerierte sie nur, solange sie noch im Morgenmantel war. Rolf mochte es nicht, wenn sie sich gehen ließ. Ihm gefiel es, wenn Frauen mit ihren Reizen spielten, wenn sie sich Mühe gaben mit ihrem Erscheinungsbild, wenn sie zeigten, wie wichtig ihnen der Mann war. Heute trug sie ein flaschengrünes, weit ausgeschnittenes Kleid mit auffälliger Brosche am Revers. Der Ansatz ihrer Brüste war sichtbar. Rolf gefiel das.

Inzwischen war sie beim zweiten Glas Erdbeerbowle angelangt. Die Kinder tranken auch Erdbeerbowle, allerdings ohne Alkohol.

»Langsam werde ich unruhig«, sagte sie. »Mein Gefühl sagt mir, dass etwas nicht stimmt. Wo bleibt nur Rolf? Wir haben uns solche Mühe gegeben, all die feinen Sachen hier vorbereitet.« Ihr Blick fiel auf die Teller und Schüsseln, aus denen sich vor allen Dingen die Kinder bedienten. Sie nahm einen tiefen Zug von der Zigarette und blies den Rauch langsam aus. »Ich habe dich schon vor einer halben Stunde gebeten, nach ihm zu sehen«, sagte sie und warf ihrer Tochter Bettine einen vorwurfsvollen Blick zu.

»Wenn ihn das Spiel interessieren würde, wäre er längst da, oder? Wahrscheinlich hat er Wichtigeres zu tun, Abrechnung oder so. Ich möchte nichts verpassen. Rolf ist schließlich kein kleines Kind, dem man hinterherrennen muss. Wenn er keine Lust auf das Spiel hat, ist das seine Sache.«

»Sei nicht so frech! Du bist bald wie Karl, mit dem gibt es auch nur Ärger! Und sag gefälligst Vater oder Vati und nicht Rolf, hast du verstanden? Ich bin die Einzige, die ihn beim Vornamen nennen darf!«

»Er ist nicht mein Vater.«

»Er ist es, zum Donnerwetter! Wenn du ihn ablehnst, brauchst du dich nicht zu wundern, wenn er die Kleinen bevorzugt.«

»Also gut, dann sage ich dir klipp und klar, dass es mir egal ist, ob Rolf da ist oder nicht!«

Lieselotte hob die Hand, nahm bereits Schwung zum Ausholen, senkte sie aber wieder, als sie Wilmas strengen Blick wahrnahm.

»Komm, Kind, rede dich nicht um Kopf und Kragen«, sagte die Großmutter ruhig zu Bettine, »geh doch einfach runter und sieh nach, was er macht. Ärgere deine Mutter nicht.« Wilma saß in ihrer angestammten Sofaecke und hatte wie immer Strickzeug in den Händen. So wie es aussah, sollte es ein Pullover für Peter werden, den Jüngsten. Er wuchs so schnell und wollte die kratzigen Sachen nicht anziehen, die sein großer Bruder Karl in dem Alter getragen hatte.

Bettine trollte sich beleidigt.

Der Friseursalon lag im Erdgeschoss, sie musste nur die steile Treppe hinuntergehen, die von einer winzigen Funzel ausgeleuchtet wurde. Kühl und feucht war es an dieser Stelle des Hauses, auch im Sommer, da niemals ein Sonnenstrahl ins Treppenhaus drang. Unten angekommen, schob sie den dicken grünen Samtvorhang beiseite, der den privaten von dem öffentlichen Bereich trennte.

Schon beim Betreten des Geschäftes hatte sie das Gefühl, dass etwas nicht stimmte. Der Salon war hell erleuchtet, wirkte aber wie ausgestorben. Es war vollkommen still, auch von oben drangen keine Geräusche hinunter. Selbst von der Straße, auf der es tagsüber oft dröhnte und rumorte, wenn ein Lastwagen oder ein Pferdefuhrwerk über das Kopfsteinpflaster rumpelte, hörte sie keinen Ton. Die Weltmeisterschaft fegte ganz Osnabrück leer. Jeder sah zu, die Spiele entweder im heimischen Wohnzimmer oder in einer Wirtschaft zu verfolgen.

Es roch seltsam. In die üblichen Düfte des Salons nach Seife und Haarspray mischte sich ein unangenehmer Geruch, metallisch, ekelerregend, nach Blut oder Urin oder beidem. Übelkeit stieg in ihr hoch. Als sie sich dem Kassenbereich näherte, sah sie etwas Rotes, das unter der Theke hervorquoll. Sie schlug beide Hände vor den Mund und war sekundenlang wie erstarrt.

5. KAPITEL

»Ich muss mit Ihnen reden«, sagte Drescher, »setzen Sie sich bitte. Wir müssen uns kurz über Ihre Situation unterhalten.« Drescher war Mitte 30 und in den Rängen der Polizei rasch aufgestiegen. Er war nicht sehr groß und viel zu zierlich für einen Mann.

Mit einem mulmigen Gefühl nahm Conradi Platz. Was wollte der Chef von ihm? Beim Hinsetzen warf er einen verschämten Blick auf seine Uhr. Er ärgerte sich, dass er aufgehalten wurde. Ihn zog es nach Hause, so schnell wie möglich, zu seinem abgewetzten Ohrensessel am Fenster und dem neuen Radio mit dem erstklassigen Empfang. Zwei Flaschen Bier hatte er in seiner Waschschale bereits kaltgestellt. Wenn er die Straßenbahn in 20 Minuten erwischte, wäre er noch rechtzeitig vor dem Spiel zu Hause. Aber im Moment sah es nicht danach aus. Albert Drescher fing an und hörte nicht mehr auf. Er redete und redete. Johann Conradi hörte kaum zu. Er beobachtete, dankbar für jede Ablenkung, einen Marienkäfer, der sich am Rand der Schreibtischplatte von seinem Flug erholte. Gerade hob der Winzling seine Beinchen und putzte die rotgepunkteten Flügel.

»Es geht um Sie, Herr Inspektor Conradi«, stellte Albert Drescher klar, nahm seine Brille ab und polierte sie mit einem karierten Taschentuch. »Ihre Zukunft als Polizist steht auf dem Spiel. Ich habe Sie gerade gefragt, und das nicht zum ersten Mal, warum Sie oft so gleichgültig wirken und unkonzentriert. Ich lese in Ihrem Gesicht, dass es Sie keinen Funken interessiert, was ich Ihnen erzähle.« Mit einer fahrigen Handbewegung setzte er die Brille wieder auf. Die Gläser wirkten nun verschmierter als zuvor. Sein Gesicht hatte bereits die schlaffen Züge eines älteren Mannes.

»Verzeihung«, sagte Conradi räuspernd. Er versuchte sich nicht anmerken zu lassen, was er von dem zwölf Jahre jüngeren Chef hielt, der seine rasche Beförderung Gerüchten zufolge einem Onkel zu verdanken hatte. Jeder auf der Etage beneidete ihn um sein repräsentatives Büro, ein helles Eckzimmer mit Radierungen von Franz Hecker an den Wänden und gediegenen Möbeln aus glänzendem Mahagoni.

Albert Drescher ließ den Deckel seiner bunten Zigarrenkiste aufschnappen. »Schauen Sie sich ruhig um, Herr Conradi, hier kann man es weit bringen, wenn man fleißig, diszipliniert und ehrgeizig ist.«

Johann Conradi atmete tief durch und betrachtete seine Hände auf der Stuhllehne. Am Morgen, nach dem Aufstehen, hatte er endlich, nach langem Zögern, seinen Ehering abgenommen. Wo er gesessen hatte, war nun ein heller Abdruck zu sehen.

Seit einem Monat war er zurück in Osnabrück. Von Anfang an hatte es Spannungen zwischen ihm und Drescher gegeben. Vielleicht war es tatsächlich besser, er beendete die Probezeit von sich aus und ging woandershin. Die Polizeiarbeit war überall gleich, und Osnabrück erkannte er sowieso kaum wieder. Die Silhouette der Stadt hatte sich völlig verändert. Überall Ruinen und Schuttberge, wo mal prächtige Villen und Geschäftshäuser gestanden hatten. Dafür gab es jetzt einstöckige Behelfsbauten, schnell gebaut und zweckdienlich. Am Nikolaiort und im Schlossgarten waren Siedlungen mit Nissenhütten aus Wellblech entstanden. Viele Familien und Flüchtlinge lebten dort, die ihr Zuhause verloren hatten. Besonders der Neumarkt war nicht wiederzuerkennen. Die Plätze waren durch die Bombardierung so verändert, dass sie nicht mehr zu Osnabrück passten und sich auch in einer anderen Stadt hätten befinden können.

Aus dem Nichts entstanden in den Randbezirken Neubaugebiete mit grauen gesichtslosen Mehrfamilienhäusern, Doppel- und Reihenhäusern. Sie waren praktisch gebaut und zweifellos modern, aber längst nicht so schön wie die Gebäude, die er aus seiner Kindheit und Jugend kannte. Alles war anders. Selbst die Menschen waren ihm fremd geworden. Osnabrück war nicht länger seine Stadt, war keine Heimat mehr. Sogar das Heimweh, das ihn in den Jahren der Kriegsgefangenschaft geplagt hatte und auch noch danach, war auf einmal nicht mehr wahr. Es musste ein Irrtum gewesen sein oder ein Traum. Johann Conradi fragte sich, wonach er sich verzehrt hatte. Die Menschen, die er geliebt hatte, waren tot. Das, was jetzt war, hätte er sich niemals ersehnt. Danach konnte man kein Heimweh haben.

»Sie sind zur Probe eingestellt worden und von meinem Wohlwollen abhängig. Ob Sie bleiben dürfen, entscheide ich, vergessen Sie das nicht!« Albert Drescher nahm eine Zigarre aus der Kiste, schnitt die Spitze ab und zündete sie an, ohne Conradi eine anzubieten. »Menschenskinder, Conradi, was soll ich nur von Ihnen halten. Es fällt mir schwer, meine Enttäuschung zu verbergen. Was habe ich mich auf Sie gefreut! Ein erstklassiger Polizist seien Sie, wurde mir gesagt, jung, sportlich, ambitioniert.« Er rauchte manieriert mit gespreizten Fingern und blies eine Wolke gen Zimmerdecke. Seine großen leicht abstehenden Ohren wackelten dabei. Conradi fand, dass er Ähnlichkeit mit einer Spitzmaus hatte. Dazu passten auch sein schmaler Kopf, die leicht hervorstehenden Augen hinter den dicken Brillengläsern und die fusseligen Haare.

»Gewissenhaft, rechtstreu, fleißig, einer der Besten, die die Polizei zu bieten hätte«, fuhr der Chef mit verkniffenem Mund fort und stieß ein heiseres Lachen aus.

Das Büro lag bereits im blauen Dunst. Conradi mochte den Geruch nur, wenn er selbst rauchte.

»Jaja, und dann diese Enttäuschung. Himmel, hätte ich auch nur geahnt, wen sie mir da schicken, hätte ich gewiss eine andere Entscheidung getroffen.«

Conradi fühlte sich, als hätte ihm jemand einen Schlag in die Magengrube verpasst. »Es tut mir leid, dass Sie so unzufrieden mit mir sind«, sagte er geistesabwesend. Er wollte nichts mehr hören. Nur noch eine Dreiviertelstunde bis zum Spiel Deutschland gegen die Türkei. Er wollte, dass dieses unangenehme Gespräch endlich ein Ende fand, er wollte nichts als nach Hause.

Dass er Geburtstag hatte, schien niemanden zu interessieren. 47 war er geworden. Zwei Drittel seines Lebens waren vorbei. Sein Vater hatte einmal gesagt, die Jahre um die 50 seien die schönsten in seinem Leben gewesen. Ein gutes Alter, wie ein gereifter Wein. Die Jugend, mit all ihren Unsicherheiten und Unwägbarkeiten, war vorbei und die Beschwerden des Alters lagen noch in weiter Ferne. Im Alter von 52 Jahren hatte er sich noch einmal verliebt und Sophie geheiratet. Sie lebten glücklich und zufrieden bis an ihr gemeinsames Lebensende im Januar 1944, als eine britische Fünfzentnerbombe ihr Haus getroffen hatte. Sie hatten keinen Luftschutzkeller aufgesucht, weil Sophie ihren kleinen Terrier nicht im Stich lassen wollte, den sie nicht mitnehmen durfte. Johann Conradi hatte von ihrem Tod erst Jahre später erfahren.

»Kann ich jetzt gehen?« Conradi veränderte seine Sitzhaltung. Vielleicht half das.

»Warten Sie, nicht so eilig. Also gut, eine Chance gebe ich Ihnen noch. Eigentlich sollte das Starnke machen. Ein Schmugglerring in einem Kraftfahrzeugbetrieb. Lesen Sie sich heute noch ein. Da wird hochwertiges Material außer Landes gebracht, vormontierte Armaturenbretter, Schrauben, Türmodule. Die Ware geht nach Holland. Der Betrieb hat Anzeige erstattet. Dann zeigen Sie mal, was Sie draufhaben.«

»Jetzt sofort?«

Drescher klappte die Akte zu. »Ich habe gleich noch einen Termin«, stellte er klar und machte eine Wischbewegung mit seiner Zigarre.

Als der Marienkäfer um die Schreibtischlampe herumkrabbelte, entdeckte Drescher ihn. Schon hielt er seine Hand über ihn, um ihn zu erschlagen.

Aber Conradi war schneller. »Verzeihung«, rief er, »lassen Sie mich das bitte machen.«

Perplex starrte Drescher ihn an. Conradi nahm eine Karteikarte aus einem Holzgestell und schob sie vorsichtig unter das Tierchen. Damit trug er es zum Fenster. Den Hebel nach links, dann gab es da noch diesen Haken an der Seite und … Mit einem Quietschen ließ der Rahmen sich schließlich öffnen. Conradi streckte den Arm ins Freie. Zufrieden sah er zu, wie das Insekt seine Flügel ausbreitete und davonflog. »Gute Reise, Kleiner«, murmelte Conradi.

Beim Schließen des Fensters merkte er, dass es aus den Angeln geraten war. Mit etwas zu viel Kraft wollte er es zurück in die Verankerung drücken. Dabei löste sich die Scheibe und zersplitterte krachend auf dem Fußboden. Fassungslos starrte Conradi auf die zahllosen Scherben. Dass er sich am Unterarm verletzt hatte, merkte er erst, als er das Blut sah. Zum Glück hatte er ein sauberes Stofftaschentuch dabei und drückte es dagegen. Langsam drehte er sich um und sah Drescher den Kopf schütteln.

»Ein Depp sind Sie, Conradi, ein Depp!«

*

Als Conradi zu seinem Schreibtisch zurückkehrte, lief das Radio. Fritz Starnke pfiff leise mit. Der Schlager handelte von einer Orangenverkäuferin aus Italien, von Sonne, Wärme und Liebe, alles Dinge, von denen sie in ihrem kleinen muffigen Büro nur träumen konnten.

»Bleiben Sie auch länger, Herr Starnke? Ich habe noch einen Vorgang bekommen.«

Der junge Kommissar nickte. Er hatte ein fein geschnittenes Gesicht und war im Sitzen fast einen Kopf größer als Conradi. »Ja, aber es macht mir nichts aus. Hier habe ich mehr Ruhe als zu Hause. Meine Mutter hat ständig kleine Aufträge für mich, seit mein Vater nicht mehr da ist.«

»Wartet sie immer noch jeden Sonnabend mit ihrem Schild am Bahnhof?«

»Allerdings. Ich sehe sie freudig aufgeregt weggehen, wenn ein Transport aus Russland angekündigt ist, und bedrückt wiederkommen. Furchtbar ist das. Eine sehr belastende Situation, und das seit nunmehr zehn Jahren. In mir sieht sie eine Art Ersatz-Ehemann. Mal soll ich eine Glühbirne auswechseln, dann einen kaputten Wasserhahn reparieren oder ein Regal an die Wand dübeln. Nicht, dass ich das ungern mache, aber manchmal wird es mir zu viel, und heute geht nun einmal der Fußball vor. Das versteht sie nur leider nicht.«

»Ich muss gestehen, dass ich zwei linke Hände habe«, meinte Conradi kleinlaut. »Ich könnte das gar nicht. Meine Frau hat sich häufig über mich lustig gemacht. Für jeden Handgriff musste sie einen Handwerker holen.«

»Sie haben bestimmt andere Qualitäten«, meinte der junge Polizist schmunzelnd.

»Anscheinend habe ich gar keine. Wissen Sie, was mir eben passiert ist? Ich habe Dreschers Fenster ruiniert.«

»Sie haben … was? Ich habe mich schon über Ihren seltsamen Verband gewundert.« Er deutete auf Conradis Arm mit dem zusammengeknoteten Taschentuch und dem durchscheinenden Blutfleck. »Haben Sie sich verletzt?«

»Halb so wild, ist nur ein Kratzer.« Conradi erzählte die Geschichte mit dem Marienkäfer und dem Fenster.

»Na, da haben Sie ja jetzt einen neuen Freund gewonnen.«

»Ich mache mir eher Sorgen um das kaputte Fenster.«

»Cheffe wird sich bei dem Regenwetter hoffentlich eine Lungenentzündung holen und lange krank zu Hause bleiben.«

Conradi verzog zerknirscht den Mund.

»Na, wenigstens haben Sie ein Leben gerettet«, meinte Starnke und zwinkerte ihm zu. »Der Marienkäfer wird es Ihnen auf ewig danken.«

»Und Drescher wird mich auf ewig hassen.«

»Das tut er doch sowieso schon, wo ist der Unterschied?«

Conradi grinste.

»Machen Sie sich nichts draus, Herr Conradi, der Kerl mag niemanden außer sich selbst. Aber wir haben uns inzwischen daran gewöhnt. Liebe holen wir uns woanders, nicht wahr?«

Conradi lächelte gequält und schlug die Akte auf, die Drescher ihm gegeben hatte. Liebe gab es nicht mehr, jedenfalls nicht für ihn.

Ein paar Kollegen aus der Abteilung hatten sich dazugesellt, um das Spiel gemeinsam zu verfolgen.

Die Tür flog auf und eine Duftmischung aus starkem Tabak und Eau de Toilette wehte herein. Albert Drescher lehnte sich gegen Conradis Schreibtisch und mischte sich sofort ein. Conradi bedachte er mit keinem einzigen Blick. »Was fiel Sepp Herberger ein, gegen Ungarn mit so einer miserablen Mannschaft anzutreten«, regte er sich auf. »Ungarn spielte in Bestbesetzung, dagegen hatten wir nicht die geringste Chance. Nach 20 Minuten bereits 0:3, unfassbar, so eine Katastrophe!« Wieder erwähnte er den Leserbrief, den er an die Redaktion der Osnabrücker Tagespost geschickt hatte, mit Kopie an Sepp Herberger, Mannschaftshotel Belvédère in Bern. Die »faulen Spieler« sollten ihr Fett wegbekommen, jeder einzelne. Er war stolz, die Adresse des Hotels herausgefunden zu haben, und fest davon überzeugt, mit dem Brief etwas bewirken zu können. »Die sollen mal aufwachen, die Jungs, die sollen sich warm anziehen und in die Pötte kommen, kann doch nicht so schwer sein! Zwei Kriege verloren und nun auch noch eine Niete im Fußball!«

Conradi bedachte ihn mit einem ärgerlichen Blick. Ihm gefiel es nicht, dass sich Drescher zu ihnen gesellt hatte.

»Im Grunde können die einpacken, diese Waschlappen«, polterte Drescher und steckte seine Hände in die Hosentaschen. »Es ist gelaufen, so muss man das leider sehen. Aus und vorbei, keine Chance mehr.«

»Vielleicht ja doch«, meinte Starnke mit wenig überzeugtem Gesichtsausdruck. »Nach dem Spiel ist vor dem Spiel«, dozierte er wie ein Alter. Den Satz hatte er sicher schon dutzende Male von seiner Mutter und seinem Großvater gehört.

»Abwarten«, sagte Drescher, »abwarten. Was glauben Sie denn, Herr Conradi, wer gewinnt das heutige Spiel?«

Inspektor Conradi zuckte mit den Schultern. »Der Bessere, würde ich sagen.«

»Haben Sie überhaupt Ahnung von Fußball?«, dröhnte Drescher. »Jetzt still sein, es geht los, ich will was mitkriegen!«

Im Büro wurde es ruhig. Alle stellten die Arbeit ein, legten die Bleistifte weg, brachten die Hängeordner in die Registraturen und in die Aktenschränke, schlossen ab und verriegelten ebenfalls die Schreibtische. Zigaretten wurden herumgereicht und angezündet. Bier wäre auch schön gewesen, aber im Büro herrschte strenges Alkoholverbot. Da wurde auch heute keine Ausnahme gemacht.

Nach fünf Minuten Spielzeit stieß Drescher einen gellenden Schrei aus. Conradi, in Gedanken versunken, fuhr zusammen.

»Ottmar Walter, klasse Junge! Mensch, das erste Tor«, frohlockte Drescher, sprang auf und schlug sich auf die dürren Oberschenkel. »Weiter so, Bursche, zeig es den Türken!« Er riss die Arme in die Höhe und ballte die Fäuste.

Auch Fritz Starnke strahlte übers ganze Gesicht und jubelte, wenngleich auch dezenter.

Als in der zwölften Minute das zweite Tor fiel, geschossen von Hans Schäfer, hielt die Kollegen nichts mehr auf den Stühlen. Sie wirbelten herum, schrien, tänzelten vor den Schreibtischen, klatschten sich ab. Conradi fühlte sich ausgeschlossen. Er war hin- und hergerissen. Für ihn gab es noch keinen Frieden und wegen der Vorkommnisse der letzten Jahre keinen Grund, fröhlich zu sein. Ihm war nicht nach ausgelassener Partystimmung. Der Nationalstolz war ihm fremd geworden, auch wenn er sich darüber freute, dass Deutschland zum ersten Mal seit 16 Jahren bei der WM mitspielen durfte. Und dennoch: Das Deutschlandlied, das Fahnenschwenken, die Kampfbereitschaft … Er hatte das alles so satt! Der Krieg war erst knapp neun Jahre her und steckte ihm immer noch in den Knochen. Die anderen konnten nicht wissen, wie es in ihm aussah, denn er sprach nicht darüber. Die wussten nichts von seinem Schicksal, nichts von seiner Trauer. Ratlos blickte er zu seinen Kollegen hin, die nicht aufhören wollten, sich zu freuen.

Erst als die Türkei aufholte und ein Tor für sich verbuchen konnte, wurden die Mienen ernster und es herrschte Totenstille im Raum. Der Jubel setzte aber sofort wieder ein, als Max Morlock kurze Zeit später für ein 3:1 sorgte. Ihn und weitere Spieler hatte Sepp Herberger zuvor geschont. Sie sollten erst zu strategisch wichtigen Spielen eingesetzt werden. Der Plan schien aufzugehen. Conradi verschränkte die Arme vor der Brust und beobachtete etwas distanziert seine Kollegen, wie sie abermals kurz davor waren, die Fassung zu verlieren. Je fröhlicher und ausgelassener sie wurden, desto trauriger wurde er selbst. Es tat ihm leid für die anderen, aber er konnte es nicht ändern.

»Tooor!«, schrie Drescher und entblößte sein blasses Zahnfleisch beim Lachen. Die Schlaffheit war von ihm gewichen, auf einmal sah er viel jünger aus, seinem Alter entsprechend und nicht wie ein alternder Mann. »Tor, Tooor, Tooor!«, freute er sich, »begnadet, der Kerl, ein As! Ich fasse es nicht! Herbergers bestes Pferd im Stall, und den hast du uns vorenthalten, du Schweinehund! Morlock, Walter, Schäfer, Donnerwetter, Granaten seid ihr, die Besten, ihr seid Weltklasse! Menschenskinder, was für ein Tag, was!« Er boxte sich in die flache Hand und drehte sich um die eigene Achse, was bei seiner mickrigen Statur an einen Derwisch erinnerte.

»Das Spiel ist noch lange nicht zu Ende«, warf Conradi mit einem schiefen Lächeln ein. Auch er freute sich über den Erfolg der deutschen Mannschaft, aber er ärgerte sich noch immer über das Gespräch mit Drescher. Die Arbeit konnte noch so schön sein, wenn der Chef einem das Leben schwermachte, war alles nichts.

»Ach was! Wie schon gesagt, die Türken können nach Hause fahren.« Drescher winkte ab. »Und morgen kümmern Sie sich um das verflixte Fenster!«

6. KAPITEL

In der Halbzeit klingelte das Telefon. Starnke zog eine Grimasse und stellte das Radio leiser. Albert Drescher und die Kollegen hatten sich wenige Minuten zuvor in den Feierabend verabschiedet, um das Fußballspiel am heimischen Radio weiterzuverfolgen. Auf dem Sofa war es gemütlicher, und Bier floss sicher auch in rauen Mengen.

Conradi war ebenfalls im Begriff, das Büro zu verlassen. Mit einer Kopfbewegung in Richtung Tür gab er seinem jungen Kollegen zu verstehen, dass er nicht mehr zu sprechen sei, und schnappte sich Aktentasche, Hut und Trenchcoat. Während er sich anzog, verdüsterte sich Starnkes Miene, was nichts Gutes bedeuten konnte, erst recht nicht, als er ihm mit energischem Gesichtsausdruck und der freien Hand zu verstehen gab, dass er ihn brauchte. Schließlich schob Starnke ihm das Telefon quer über den Schreibtisch zu und reichte ihm den Hörer. »Ein Toter in einem Friseursalon«, zischte der Kollege hinter vorgehaltener Hand. »Johannisstraße. Kopfschuss.«

Conradi hielt sich sein freies Ohr zu, um besser zuhören zu können. Eine junge Frau berichtete in knappen, abgehackten Sätzen, was vorgefallen war, immer wieder von heftigem Schniefen unterbrochen. Er reichte Starnke den Mithörer, eine Hörmuschel aus grauem Bakelit.

»Ich war allein«, sagte die junge Frau. »Ich wollte ihn holen, weil er nicht kam. Dann habe ich bemerkt, dass etwas nicht stimmte. Rolfs Beine schauten unter dem Tresen hervor. Ich habe mich erst gar nicht hingewagt, dann aber doch. Er blutete stark aus dem Kopf. Ich glaube, jemand hat ihn erschossen. Ich konnte kaum hinsehen.« Sie brach ab. Sekundenlang war nur ein unterdrücktes Schluchzen zu hören. Es klang wie eine Störung in der Leitung.

»Wann war das?«

»Vor einer halben Stunde etwa. Ich konnte erst nicht … Ich war wie gelähmt. Meine Großmutter meinte, ich soll den Arzt rufen.«

»Und? Was sagt der Arzt?« Johann Conradi musste die Frage wiederholen, bis sie sich so weit beruhigt hatte, dass sie wieder sprechen konnte.

»Er ist gerade weg«, antwortete sie schließlich mit erstickter Stimme. »Kam schnell, wohnt ja um die Ecke. Rolf ist tot. Er ist tot! Dr. Cordes hat einen Totenschein ausgestellt.«

»Sie hätten erst uns rufen sollen, hat Ihnen das der Doktor nicht gesagt?«

Sie verneinte.

»Ist jemand bei Ihnen?«

»Ja, meine Oma.«

»Gut. Ich bin auf dem Weg. Wo finde ich Sie?«

Bettine Korittke nannte ihm die Adresse.

»Fassen Sie bitte in der Zwischenzeit nichts an, verändern Sie nichts, und sagen Sie das auch Ihren Angehörigen. Wir machen uns auf den Weg!«

»Wir haben aber schon …«

Conradi warf den schweren Hörer auf die Gabel.

»Das Feierabendbier muss warten«, raunte Conradi seinem jungen Kollegen zu. »Kommen Sie!«

Fritz Starnke tippte sich an die Brust. »Ich auch?« Mit verstimmter Miene hängte er den Mithörer zurück.

»Aber selbstverständlich! Den Ausgang des Fußballspiels können Sie morgen der Tagespost entnehmen«, schmetterte Conradi ihm ungerührt entgegen. Insgeheim musste er schmunzeln. Es war gemein. Es war unerhört! Ein Mordfall mitten im Fußballspiel! Er wusste, dass Starnke ihm am liebsten an die Gurgel gegangen wäre. Das Radio auszuschalten war im Moment die schlimmste Strafe, die man ihm antun konnte. Der junge Mann schwieg enttäuscht. Er hatte gelernt, dass er seine persönliche Meinung und seine Gefühle zu unterdrücken hatte. Seine Ausbildung war wesentlich härter als die von Conradi vor vielen Jahren gewesen. Die Reform der Polizeiausbildung hing mit der politischen Vergangenheit zusammen. Fritz Starnke war unter dem Eindruck des Nationalsozialismus stark militärisch erzogen worden. Nach seinem Grundausbildungsjahr bei der Polizeiakademie in Osnabrück folgte die dreijährige Kasernierung bei der Bereitschaftspolizei. Dort wurden Drill und unbedingter Gehorsam gefordert. Starnke, ein sensibler Bursche, hatte sehr unter dem rauen Ton gelitten, der dort herrschte, sodass er am liebsten abgebrochen und das Fuhrunternehmen seines Vaters übernommen hätte. Sein Vater galt als vermisst, und sein Onkel, dessen Bruder, hatte sich das Unternehmen unter den Nagel gerissen.

Mit hochroten Ohren schaltete Fritz Starnke das Radio aus, löschte das Licht und trottete hinter Conradi aus dem Büro.

Draußen hatte es aufgefrischt. Die letzten Tage waren ohnehin ungewöhnlich kühl für die Jahreszeit gewesen, immer wieder hatte es geregnet und gerade fing es an zu nieseln. Schon lange hofften sie auf sommerliche Temperaturen, denn besonders abends wurde es recht ungemütlich. Aber Innentemperaturen von 15 bis 17 Grad galten als gesund und dienten der Abhärtung. So hatte es erst letzte Woche in der Zeitung gestanden. Die Bürger sollten Kohle und Briketts sparen. Die Bewohner der modernen Wohnungen mit Zentralheizung wurden aufgefordert, diese auf die unterste Stufe herunterzudrehen, um mit Erdöl nicht verschwenderisch umzugehen.

Der Fuhrpark der Polizei war übersichtlich. Hauptsächlich bestand er aus Fahrrädern und Mopeds. Ein paar Autos verloren sich im hinteren Teil, da sie nicht oft gebraucht wurden, darunter vier schwarze Volkswagen und mehrere BMW aus der Vorkriegszeit. Ein grauer Mannschaftswagen diente zum Gefangenentransport, und die beiden Opel Olympia in Mausgrau wurden lediglich von den Chefs gefahren. Überhaupt gab es nur wenige Kollegen, die einen Führerschein besaßen. Johann Conradi und Fritz Starnke waren nicht darunter.

Sie nahmen eines der Mopeds, eine NSU Max. Fritz Starnke war ein geübter Motorradfahrer, der in seiner Freizeit gerne über die Landstraßen bretterte und es sogar schon einmal bis nach Italien geschafft hatte. So wurde nicht lange diskutiert, wer fuhr und wer auf dem Sozius Platz nahm. Das Moped, schon etwas in die Jahre gekommen, knatterte gewaltig, schnaufte, ruckelte und stotterte, sobald sie zum Stehen kamen und wieder anfahren mussten.

Conradi und sein Assistent Fritz Starnke fanden die Adresse in der Johannisstraße auf Anhieb. Es dauerte eine Weile, bis die Ladentür entriegelt wurde. Eine Frau mit silberweißen Locken öffnete. Conradi wunderte sich über den ungetrübten Ausdruck in ihrem Gesicht. Fast lächelte sie zur Begrüßung. Auch trug sie kein Schwarz, sondern einen bunt geblümten Kittel, aus dem die kurzen Ärmel eines gelben Strickpullovers herausschauten.

»Haben wir miteinander telefoniert?«, fragte er und zeigte seine Polizeimarke.

»Das muss meine Enkelin gewesen sein, Bettine.«

»Und wer sind Sie?«

Ihre blassblauen Augen blitzten auf. »Wilma Müller. Warten Sie, Herr Wachtmeister, ich hole meine Enkeltochter.« Mit ihren leicht krummen Beinen durchquerte sie den

Laden, verschwand hinter einem grünen Samtvorhang und rief einen Namen. Zusätzlich läutete sie mit einer Glocke.

Conradi nutzte die Gelegenheit, um sich umzusehen. Ein schicker Salon, elegant eingerichtet. Den Körper des Toten entdeckte er erst, als er sich über den Tresen beugte. Er war mit einem weißen Laken zugedeckt, das an einigen Stellen durchgeblutet war. Als Conradi hinter den Tresen ging, stach ihm der typisch süßlich-metallische Geruch nach Blut in die Nase. Ein wenig roch es auch nach Urin. »Was sagt der Arzt?«, fragte er die ältere Frau, die plötzlich wieder vor ihm stand.

»Dr. Cordes war nicht lange da. Eine kurze Untersuchung, dann war alles klar. Er hat den Totenschein ausgefüllt. Mehr war nicht zu tun. Mein Schwieger- …, also der Bekannte meiner Tochter, ist umgebracht worden. Oder hat sich selbst gerichtet, wie auch immer.«

Conradi horchte auf. »Wie kommen Sie auf Suizid? Gab es dafür Anzeichen? War er depressiv oder hat damit gedroht, sich umzubringen?«

»Zu keiner Zeit. Er war stolz auf seinen Laden, hat es in kurzer Zeit zu viel gebracht. Meiner Tochter ging es gut. Uns allen ging es hervorragend. Wir hatten keine Sorgen, mussten nicht mehr hungern und konnten uns wieder etwas leisten.«

»Nun, warum dann Suizid? Haben Sie die Tatwaffe und einen Abschiedsbrief gefunden?«

»Das nicht, aber wer schießt denn einem anderen in den Kopf? Das macht doch kein normaler Mensch.«

Conradi ging zu der Leiche und schlug die Decke zurück. Mit geübtem Auge verschaffte er sich einen ersten Überblick. »Wenn er sich das Leben genommen hätte, müsste ihm die Schusswaffe aus der Hand geglitten sein. Ich sehe hier aber keine Waffe.«

»Ich auch nicht.«

»Könnte es sein, dass Ihre Enkelin sie an sich genommen hat oder jemand anders?«

Wilma Müller schüttelte entschieden den Kopf.

Der Friseur war durch einen gezielten Kopfschuss in die rechte Schläfe zu Tode gekommen. Das Projektil war wieder ausgetreten. Es lag drei Meter entfernt links vom Toten, von Conradi aus gesehen rechts. Er hob es auf und betrachtete es lange. Dann holte er eine kleine Tüte aus der Aktentasche und steckte es ein. Der Inspektor suchte nach weiteren Einschüssen, es waren aber keine zu erkennen, auch keine Fehlversuche. Offenbar war Rolf Schmalstieg vom Täter überrascht worden, hatte sich nicht gewehrt. Wie es aussah, hatte ein einziger Schuss ausgereicht, um ihn zu töten. Ein heimtückischer Mord, auf den die Höchststrafe stand. Zudem ein Präzisionsschuss, der Täter musste Ahnung vom Schießen haben. Die Art der Tötung erinnerte an eine Hinrichtung. Wer hat den Friseur hingerichtet und warum?

»Wo haben Sie Ihren Schwiegersohn gefunden? Hier, an Ort und Stelle?«

»Er ist nicht mein Schwiegersohn. Lieselotte und er waren nicht verheiratet. Sie hätten es aber getan, wenn es möglich gewesen wäre.«

»Warum war es nicht möglich?«

»Lieselotte ist bereits verheiratet. Ihr Mann war lange … nun ja, er war lange in Gefangenschaft.«

»Und heute? Ist er wieder da?«

»Ich weiß nichts davon, da müssen Sie mit meiner Tochter sprechen.«

»Nun gut, zurück zu meiner Frage. Wurde der Tote bewegt?«

»Wir haben ihn nur ein bisschen zurückgezogen und zugedeckt. Er war an der Kasse, wollte wohl gerade die

Abrechnung machen. Die Lade stand offen. Ich habe sie geschlossen.«

»Fehlt etwas?«

»Darüber könnte Ihnen vielleicht meine Enkelin Auskunft geben, die arbeitet als Friseuse mit im Geschäft.«

»Wer noch? Ich sehe hier sieben Frisierplätze. Da muss es doch weitere Mitarbeiter geben.«

»Ja, Frau Nolte. Aber die hat heute frei wegen Fußball. Rolf hat den Laden extra so groß geplant, weil er gehofft hat, irgendwann mehr Mitarbeiter einstellen zu können. Das war bisher nicht möglich. So gut hat er auch wieder nicht verdient.«

»Wo ist Ihre Tochter? Ich würde sie gerne sprechen.«

»Meine Tochter hat einen Nervenzusammenbruch erlitten. Sie liegt oben und weint. Mit Mühe habe ich sie die Treppe hochgeschafft. Der Arzt wollte nach ihr sehen, aber sie ließ ihn nicht zu sich. Sie will allein sein. Es geht ihr sehr schlecht.«

Der Kriminalkommissar nahm das Laken ab und schlug den grauen blutbeschmierten Kittel zurück, riss Schmalstiegs Hemd auseinander und bemerkte wenige zartviolette Flecken auf dem Oberkörper, die auf Druck verschiebbar waren. Die Körpertemperatur war noch mäßig warm, hatte sich aber bereits abgekühlt. Die Augen des Toten waren geschlossen, der Mund stand halb offen. Die Gesichtsfarbe war gelblich-grau, wie wächsern. Der Tote hatte sein menschliches Antlitz verloren.

»Haben Sie die Augen geschlossen?«, wollte Conradi von Wilma Müller wissen.

»Nein, das war der Arzt.«

Johann Conradi fuhr sich mit der Hand über die kurzgeschnittenen dünnen Haare. Der Haaransatz ging immer weiter zurück, was ihn ärgerte. Noch versuchte er, die kahlen Stellen mit Haarsträhnen zu verdecken, aber bald würde ihm das nicht mehr gelingen. Sein Vater hatte in seinem Alter eine Glatze gehabt. Er vermisste ihn.

Die wichtigsten Menschen in seinem Leben hatten sich innerhalb weniger Jahre verabschiedet.

»Wir müssen von einem Gewaltverbrechen ausgehen. Haben Sie einen Verdacht?«

Die zierliche alte Dame zupfte die silbernen Löckchen zurecht. Dabei baumelten ihre goldenen Ohrringe mit grünen Schmucksteinen hin und her. »So etwas macht nur ein Irrer.« Sie machte eine abwehrende Handbewegung.

Kurz darauf erschien eine junge Frau mit geröteten Augen.

»Sie sind Bettine?«, brachte sich Fritz Starnke ins Spiel.

Sie nickte.

»Bettine … und wie weiter?«

»Eigentlich Korittke. Aber ich soll Schmalstieg sagen. Die Kunden kennen mich nur so. Manche sagen aber auch Fräulein Bettine zu mir.«

»Sie wohnen hier?«

Wieder ein Nicken. Gesicht und Hals waren vom Weinen rotgefleckt, die Haare zerzaust.

»Können wir irgendwo in Ruhe reden?« Mit einem Fingerzeig machte Starnke klar, dass er damit nur sich, seinen Kollegen Conradi und Bettine meinte.

Sie ging voran, führte die Polizisten über eine steile Treppe nach oben in die Privatwohnung und dirigierte sie ins Wohnzimmer. Das Radio lief noch. Ein völlig aufgelöster Sprecher schrie mit sich überschlagender Stimme etwas von sieben Toren und einem glücklichen Tag für die deutsche Mannschaft, von einer großartigen Leistung und Erfolg auf der ganzen Linie, von der Hoffnung auf den Endsieg der Fußballweltmeisterschaft 1954. Bettine schaltete es aus. Bei einem Seitenblick auf seinen jungen Kollegen bemerkte Conradi die Enttäuschung in dessen Gesicht. Wohl zu gerne hätte er es sich vor dem Radiogerät bequem gemacht, bei den Schnittchen zugegriffen und die letzten Minuten sowie die nachfolgende Berichterstattung in allen Zügen genossen.

Bettine schloss die Zimmertür, setzte sich aufs Sofa und bot den beiden Polizisten an, auf den bonbonfarbenen Sessel Platz zu nehmen. Conradi staunte über die moderne Einrichtung. Ähnliche Sessel mit abstehenden Beinen hatte er erst kürzlich im Reklameteil der Osnabrücker Tagespost gesehen, leider nur gezeichnet und in Schwarz-Weiß. Auch das dunkelrote Sofa, die niedrige Schrankwand, der Nierentisch und die Beistelltische wirkten wie frisch aus einem Möbelgeschäft.

»Sehe ich das richtig, unten wurde ein Mensch erschossen und Sie hören hier oben in aller Ruhe Radio?«

»Nein«, sagte Bettine ruhig. »Wir haben einfach nicht wahrgenommen, dass der Apparat noch lief. Sonst hätten wir ihn ausgeschaltet.«

Conradi gab sich mit der Antwort zufrieden. »Sie sagten am Telefon, Sie seien allein gewesen, als Sie ihn fanden. In welcher Beziehung standen Sie zueinander?« Er ordnete seine feinen Haare, als er den prüfenden Blick der jungen Friseurin bemerkte. Sicher würde sie ihm für den dünner werdenden Ansatz ein Toupet empfehlen.

»Er war mein Chef. Und mein Stiefvater. Der Lebensgefährte meiner Mutter.«

»Verheiratet waren die beiden nicht?«, fragte er, obwohl er die Antwort bereits wusste. Aber er wollte ihre Reaktion zu dem Thema sehen.

»Nein, das nicht.«

»Kennen Sie Ihren leiblichen Vater?«

»Natürlich. Ich erinnere mich an einen Mann, der mich

oft im Hof herumgeschleudert hat, wie in einem Karussell, das war schön. Es kann aber auch sein, dass mir das nur erzählt worden ist. Mein Vater war lange in russischer Gefangenschaft.«

»War? Ist er wieder da? Es sollen viele Männer in letzter Zeit zurückgekehrt sein.«

»Nein, er war nicht darunter. Vielleicht kommt er ja noch.«

Conradi stockte für einen Moment, ehe er fortfuhr, Fragen zu stellen. Er war sich nicht sicher, ob er die junge Frau damit überforderte. »Wie war das Familienleben mit Ihrem Stiefvater? Gab es öfter Streit?«

Die junge Friseurin überlegte. »Nun ja, das kommt in jeder Familie vor.«

»Verstehe«, sagte Conradi und wartete erst mal ab, weil er aus Erfahrung wusste, dass es oft gar nicht nötig war, direkte Fragen zu stellen.

»Es ging oft recht turbulent zu. Ich habe mich immer rausgehalten.« Erneut sah sie an Conradi vorbei auf den Tisch, als interessiere sie sich für die weißen Nelken, die in einer trichterförmigen Blumenvase steckten. Daneben stand eine Anordnung von kleinen Tellern und Schälchen mit Süßem und Salzigem.

»Sie haben sich aus jedem Streit rausgehalten?«, bohrte sein Assistent nach. »Geht das denn?«

»Meistens ja«, sagte Bettine mit rauer Stimme.

»Erinnern Sie sich an die letzte Begebenheit?«

»Ich glaube, da ging es um Karl, meinen Bruder. Meinem Stiefvater passte es nicht, dass er oft Regeln ignoriert und abends lange wegbleibt, um sich mit Freunden zu treffen. Herumtreiben und Gammeln nannte er das.«

Conradi schaltete sich wieder ein. »Wie hat Ihr Vater, also Ihr Stiefvater, dann reagiert? Hat er Karl bestraft?«

Die Wanduhr schlug mit einer kleinen Melodie zur halben Stunde. Draußen bellten Hunde.

Conradi wartete, bis wieder Ruhe eingekehrt war. »Ich sehe an Ihrer Reaktion, dass ich mit meiner Frage gar nicht so falschliege. Kann das sein? Wurde er schnell wütend, vielleicht sogar jähzornig?«

Sie senkte den Blick, ordnete mit ihren Händen ihren knielangen dunkelblauen Tellerrock, zupfte einen Fussel ab. »Nein, nicht so«, sagte sie ausweichend.

»Wie denn?«

»Ich bin hundemüde und möchte im Moment nicht reden. Es ist schlimm genug, was mit Rolf passiert ist! Da kann ich nichts Schlechtes über ihn sagen.«

Conradi tastete nach seiner Brusttasche, in der er eine Zigarettenpackung fühlte. Er hätte gerne geraucht, beherrschte sich aber. Er nickte Starnke zu, der das Ruder übernehmen sollte. Der hatte sich aber gerade einen Salzcracker in den Mund gesteckt. »Ging Ihr Vater oft außer Haus, ohne zu sagen, wohin?«, fragte der junge Kommissar kauend.

»Eigentlich nicht. Er arbeitete viel, war sehr ehrgeizig, wollte der beste Friseur in Osnabrück werden. Er hatte Träume. Sein Traum war zum Beispiel, weitere Läden zu eröffnen in den nächsten Jahren, auch in anderen Stadtteilen.« Bettines Gesichtszüge wirkten entspannter, ihre Augen klarer. Die roten Flecken verschwanden.

Fritz Starnke verschluckte sich an dem Keks und hustete einen Krümel auf den Tisch. Er murmelte eine Entschuldigung und sammelte sich kurz, bevor er zur nächsten Frage kam. »Ihre Großmutter sagte vorhin, die Ladenkasse habe offen gestanden. Fehlt etwas? Haben Sie nachgesehen?«

»Erst dachte ich ja, aber es scheint alles in Ordnung zu sein. Die Kasse stimmt, soweit ich das auf die Schnelle beurteilen konnte. Aber wenn der Typ es auf Geld abgesehen hätte, hätte er wohl alles mitgenommen.«

»Wie kam es überhaupt dazu, dass Sie Ihren Stiefvater gefunden haben?«, setzte Starnke die Befragung fort. »Was wollten Sie unten?« Er freute sich über Conradis anerkennendes Nicken.

»Meine Mutter hat mich runtergeschickt, weil mein Vater nicht kam. Erst haben wir es gar nicht bemerkt, weil wir alle so aufgeregt waren wegen des Spiels. Das war von Anfang an spannend. Meiner Mutter fiel plötzlich auf, dass Rolf noch nicht da war. Sie meinte, er wäre wohl immer noch wütend, weil die Deutschen es am letzten Sonntag so vermasselt haben. Trotzdem wunderte sie sich und machte sich plötzlich Sorgen. Erst schickte sie meine kleine Schwester runter und dann mich.« Sie räusperte sich kräftig, kurz davor, wieder zu weinen.

»Was sagte Ihre kleine Schwester?«

»Sie meinte, dass Rolf bald käme. Er hätte noch einen Kunden.«

»Erinnern Sie sich an die Uhrzeit?«, fragte Conradi und sah sie mitfühlend an.

Bettine konnte sich nicht länger beherrschen. Tränen rannen ihr über die Wange. Vor lauter Weinen konnte sie nicht sprechen, nickte nur und schluckte mehrmals hintereinander. »Ich habe so etwas noch nie erlebt, ich habe noch nie einen Toten aus direkter Nähe gesehen. Nach Bombenangriffen lagen sie manchmal auf der Straße, aber da habe ich weggeschaut, bin einfach weitergelaufen. Das mit Rolf war etwas völlig anderes! Es kam so plötzlich, so unerwartet!«

Conradi ließ ein paar Sekunden verstreichen, bevor er weitersprach. »Wie spät war es, als Sie ihn gefunden haben?«, fragte er noch einmal.

Erneut schluckte sie, hustete. »Warten Sie. Es waren schon Tore gefallen, also war es so ungefähr … Ich kann es Ihnen nicht sagen. Schauen Sie mal auf den Totenschein, da steht es doch.«

»Hier ist 18.20 Uhr vermerkt.«

»Ja, dann war es so. Dr. Cordes war etwas später da.«

»Wann genau?«

»Vielleicht um 20 vor sieben.«

»Wann war Ihre Schwester unten?«

»Die genaue Uhrzeit weiß ich nicht. Das war während der Vorberichte im Radio.«

Conradi warf ihr einen langen Blick zu und einen kurzen in Richtung seines Kollegen. Der starrte trübsinnig auf das tote Radio. »Herr Starnke«, mahnte er leicht kopfschüttelnd, da zuckte der junge Kollege zusammen und war wieder präsent.

»Sie haben den Schuss aus der Waffe nicht gehört, Fräulein Korittke?«, fuhr Conradi fort.

»Nein. Alle waren laut, weil Deutschland kurz hintereinander so viele Tore geschossen hat. Es kann sein, dass der Schuss mit dem letzten Tor zusammenfiel und im Jubel unterging. Wir hören sowieso nie Geräusche aus dem Laden. Der Lärm, der von der Straße kommt, übertönt alles. Wenn ein Laster über das Kopfsteinpflaster rumpelt, klingt das, als ob eine Granate einschlägt. Auch die Straßenbahn ist nicht gerade leise, weil der Lokführer oft direkt vor unserem Haus hupen muss.«

»Na, ich gehe mal davon aus, dass diese Geräusche, die Sie mir schildern, nicht gleichzeitig aufgetreten sind. Ist Ihnen sonst etwas aufgefallen? War er allein, als Sie nach ihm sahen?«

»Als ich Feierabend gemacht habe, ein paar Minuten nach 17 Uhr, war noch ein Kunde da.«

Conradi merkte auf. »»Kennen Sie den Kunden? Wissen Sie seinen Namen?«

Achselzucken.

»Sonst befand sich niemand im Salon?«

Bettine Korittke schien nicht verstanden zu haben, sodass Conradi die Frage wiederholte.

»Nein, niemand«, sagte die junge Frau schließlich.

»Sie wirken auf mich verunsichert. Zeigen Sie mir bitte mal den Terminkalender.«

»Für den heutigen Tag ist nichts eingetragen.«

»Sie arbeiten nicht auf Termin?«

»Nur wenn Kundinnen eine Dauerwelle oder eine neue Haarfarbe wünschen. Haarschnitte machen wir so. Dafür ist immer Zeit. Die Kunden warten gerne.«

»Ich möchte den Kalender trotzdem sehen.«

»Er ist unten im Laden.«

»Na gut. Beschreiben Sie mir bitte mal den letzten Kunden. Wie sah er aus?«

»Mittelgroß, etwas kräftig«, gab Bettine knapp zur Auskunft, um dann wieder für ein paar Sekunden in Schweigen zu verfallen.

»So wie ich?«

»Stehen Sie mal auf«, sagte sie.

Das tat er.

»Ja, so in etwa.«

»Haarfarbe? Besonderheiten?«

»Dunkle Haare, eigentlich grau, er lässt sie hier ab und zu tönen. Er hinkt.«

»Kriegsverletzung?«

Sie zuckte mit den Schultern. »Der Mann interessiert mich nicht.«

Conradis Nicken zeigte, dass er sich zunächst mit ihrer Antwort zufriedengab. »Gehen wir mal die Situation durch. Was war Ihr erster Gedanke, als Sie Rolf Schmalstieg fanden?«

»Ich habe nichts gedacht. Oder doch: Warum ausgerechnet jetzt, er hat sich doch so auf das Spiel gefreut? Wobei meine Mutter ja behauptet, er hätte sich wegen des Spiels vom Sonntag mehr geärgert als gefreut.«

»Verständlich. Wer aus Ihrer Familie ist noch da? Sie sagten vorhin, Sie hätten sich alle zusammen vor dem Radio versammelt, als es passierte. Wen können wir noch sprechen außer Ihrer Großmutter? Wer hat sich zur Tatzeit im Wohnzimmer aufgehalten?«

»Meine Mutter will nicht gestört werden.«

»Wer noch?«

»Die Kleinen waren kurz mit dabei.«

»Haben Sie noch mehr Geschwister?«

»Mein Zwillingsbruder Karl hat unsere beiden kleinen Geschwister zur Nachbarin gebracht, damit sie nichts mitbekommen.«

Conradi machte eine auffordernde Handbewegung. »Schauen Sie doch bitte nach.«

Bettine Korittke erhob sich. Im Flur rief sie mehrmals den Namen ihres Bruders. Danach kam sie mit einem bedauernden Gesichtsausdruck zurück. »Tut mir leid. Wahrscheinlich ist er noch bei der Nachbarin.«

Johann Conradi reichte ihr eine kartonierte Visitenkarte. »Er soll sich morgen früh bei uns auf der Wache melden. Die Anschrift steht auf der Karte. Unser Revier befindet sich am Markt, in der Nähe des Rathauses.«

»Ja, ich weiß.«

»Umso besser. Wer gehört außerdem zur Familie?«

»Meine Schwester Eva. Aber die wohnt nicht mehr hier. Sie studiert in Hamburg, hat ein Stipendium bekommen. Leider sehe ich sie nicht oft. Eva kommt nur alle paar Wochen nach Osnabrück, wenn überhaupt.«

Conradi notierte ihren Namen. »Ich möchte jetzt gerne

noch ein paar Fotos machen. Wir brauchen das für die Beweisführung.«

Bettine wurde blass. »Welche Beweisführung?«

»Wir müssen doch den Fall aufklären, nicht wahr?«

»Wie werden Sie das machen?«, fragte sie leise.

»Zunächst einmal, indem ich mich frage, was für ein Mensch Rolf Schmalstieg gewesen ist. So könnte man dem Motiv auf die Spur kommen. Warum wurde Rolf Schmalstieg getötet? Wer wollte ihn aus dem Weg haben und aus welchem Grund? Vielleicht gibt es einen, den Sie mir im Moment nicht nennen wollen. Vielleicht gab es großen Ärger um irgendeine Sache.«

Bettine starrte ihn mit halb offenem Mund an.

7. KAPITEL

Sie saßen nebeneinander auf einem schmalen Bett mit einem hellgelben Überwurf. Es war eher eine Kammer als ein Zimmer, mit krummen Wänden, wenig Mobiliar und schiefem Boden. Anfangs hatte sie oft das Gefühl gehabt, seekrank zu werden. Wenn Eva am Schreibtisch saß und einen Bleistift fallen ließ, musste sie ihn vor der Zimmertür wieder einsammeln. Wenn sie ein Glas vor sich stehen hatte, sah das Wasser darin aus wie auf dem Deck eines Schiffes bei Windstärke zehn. Eva Korittke wohnte zur Untermiete bei einem Ehepaar mit Baby in Hamburg-Uhlenhorst. Kürzlich hatte sie das Glück gehabt, im Sperrmüll ein Bild mit Engeln zu finden sowie einen zerschlissenen Armlehnstuhl, den sie mit einer selbst bestickten Decke verschönert hatte. Außerdem sorgten Kerzen für ein bisschen Gemütlichkeit.

Geschirr durfte sie in der Küche der Webers ausleihen, sie musste es nur hinterher abwaschen und ordentlich zurückstellen.

Werner hatte eine Flasche Kupferberg Gold mitgebracht, eine Aluminiumdose mit belegten Broten und eine zweite mit Kuchen sowie einer Tafel Suchard-Schokolade. Er verwöhnte sie bei jedem Besuch, zeigte sich großzügig und liebevoll, und doch hätte sie es gerne anders gehabt.

»Du siehst heute wieder bezaubernd aus«, sagte er, aber sein Blick wollte nicht so recht zu seinen Worten passen. Er hob sein Glas und prostete ihr zu. Etwas schien ihm auf der Seele zu liegen. Er war ungewöhnlich still und blickte ernst und betrübt vor sich hin.

»Das sagst du nur, weil du nicht willst, dass ich weiter nachbohre.«

»Das will kein Mann«, sagte er mit unbewegtem Gesicht.

Eva stellte ihr Glas ab und schmiegte sich an ihn wie eine Katze. »Es ist doch nur, weil ich dich liebe, du abscheulicher Brummbär. Ich möchte einfach, dass du mir vertraust und mir alles erzählst.« Sie sprach rasch und ein wenig zerstreut. Zwar war sie nicht mehr so ängstlich und nervös wie zu Beginn ihrer Beziehung, aber jede Begegnung mit Werner löste dennoch starkes Herzflattern in ihr aus. Auch wenn er ihr oft Komplimente machte, konnte sie nie sicher sein, was er für sie empfand. Sie selbst war sich anfangs ihrer Gefühle nicht so sicher gewesen. Zu sehr belasteten sie lang zurückliegende Ereignisse, die ihre Jugend abrupt ausgelöscht hatten. Es war nicht allein der Krieg, der alles Zarte und Empfindsame in ihr zerstört hatte. Es war danach passiert. Fast acht Jahre war das jetzt her. Sie hatte geglaubt, sie könnte sich nie in einen Mann verlieben.

»Was soll ich dir denn erzählen? Was möchtest du hören?« Er streichelte und küsste ihr kastanienbraunes Haar, das sie kurz und gelockt trug.

Sie sah ihn mit großen, rehbraunen Augen an. »Manchmal frage ich mich, warum ich dein Zuhause noch nicht kenne, warum du mich nie zu dir einlädst. Du scheinst nicht gerade arm zu sein. Als Professor verdienst du doch sicher gut. Ich möchte so gerne einmal deine Wohnung sehen!«

»Das wirst du auch, Prinzessin. Ich möchte nichts übers Knie brechen. Das Gerede der Leute, du weißt schon.«

»Was kümmert mich das Getratsche, ich liebe dich, Werner!«

»Ich dich auch, aber im Gegensatz zu dir habe ich einen Ruf zu verlieren. Das muss nicht unbedingt sein. Wir haben doch Zeit, oder nicht?« Er fuhr mit seiner Hand ihre Taille auf und ab.

Sie starrte vor sich hin. »Ich möchte wissen, ob du eine andere hast.«

»Wie kommst du denn darauf, hm?« Er zog sie näher an sich heran und begann, ihren Halsansatz zu küssen und ihre Bluse aufzuknöpfen.

Sachte schlug sie ihm auf die Finger. »Lass das. Ich will das jetzt nicht.«

»Was willst du denn?«

»Ich will reden, nicht schmusen.«

Er spielte mit ihren Locken. »Nur reden willst du? Dein Blick sagt mir aber etwas anderes.«

Sie errötete, vermied es, ihn anzusehen. »Dann täuscht dich dein Blick.« Es war tatsächlich so. Erinnerungsfetzen aus einer dunklen Vergangenheit waren aufgetaucht. In der letzten Zeit passierte das öfter, und wenn es so war, dann hatte sie keinen Sinn für Zärtlichkeit, für Nähe.

Im Hause hörte man jetzt verschiedene Geräusche. Seltsamerweise beruhigte sie das. Die Welt draußen war laut und anstrengend, aber sie war nicht allein. Sie kam aus einer großen Familie und hasste das Gefühl von Einsamkeit. Werner war bei ihr, und das war gut. Nur heute war sie nicht in Stimmung.

In väterlichem Ton sagte er: »Man kann nicht alles haben, was man möchte. Das wirst du auch noch lernen müssen, meine Kleine.«

»Dann sag mir endlich: Gibt es nur mich?«

»Wenn ich sage, ich liebe nur dich, ist es auch so. Ich lüge dich nicht an. Eva, meine freche, kleine, reizende, anmutige Eva! Du bringst mich um den Verstand, weißt du das?«

Er näherte sich ihrem Gesicht und küsste sie hauchzart auf die Nasenspitze.

Sie seufzte, schlang die Arme um seinen Hals, küsste ihn auf die Wange, dann sanft auf den Mund, schließlich brachte sie ihn mit ihren kleinen, spitzen, schnellen Küssen dazu, den Mund zu öffnen. Seine Hände waren überall, auf ihren Hüften, ihren festen Brüsten, ihrem Hals, ihrem Gesicht. Sie biss ihn zärtlich ins Ohr, leckte ihn am Ohrläppchen und am Hals. Immer heftiger wurde sein Atem, immer schneller. Eva ließ es zu, dass er ihre Bluse aufknöpfte, die Spitzen ihres Büstenhalters küsste, ihr den Rock auszog und die Unterhose, dass er ihre Beine spreizte und seine Hose öffnete. Sie ließ sich lieben, bis sie alles um sich herum vergaß, die dunklen Wolken aus der Vergangenheit, die Probleme in Osnabrück mit Bettine, Karl und Rolf, die ständigen Auseinandersetzungen, Streitereien, Ängste und Sorgen. All das vergaß sie nun in Werners Armen. Es war gut, dass sie das konnte.

*

Conradi ließ sich den Terminkalender zeigen. Tatsächlich war für den heutigen Tag kein einziger Termin eingetragen worden. Er nahm seine Leica aus der ledernen Fototasche, legte einen frischen Agfa-Film ein und fotografierte den Körper des Toten von allen Seiten, aus allen Perspektiven. Die Einschussstelle knipste er aus nächster Nähe. Dunkles Blut war an der Stelle herausgequollen. Das Einschusszeichen war klar abzugrenzen. Vorsichtig bewegte er den Kopf des Toten. Auf der linken Seite fand sich der Ausschuss mit Ausstülpung. Die Wunde war größer auf der Austrittsseite. Die Haare waren verklebt von Blut. »Glatter Durchschuss«, murmelte er. Fritz Starnke stand unschlüssig daneben. »Sie können das gleich mit der Daktyloskopie übernehmen«, schlug Conradi vor.

Als er mit den Fotos fertig war, streute sein jüngerer Kollege mithilfe eines Einstaubpinsels großzügig Rußpulver auf und neben den Körper des Toten. Auch der Tresen und die Registrierkasse wurden damit bedacht. Überschüssiges Pulver nahm er vorsichtig mit dem Abstaubpinsel wieder ab. Neben ihm befand sich der aufgeklappte Spurensicherungskoffer mit den benötigten Utensilien.

»Was macht er da?«, wollte Bettine wissen.

»Es handelt sich um eine Fingerspurensicherung«, klärte Conradi sie auf. »Mit dem pulverisierten Kohlenstoff können wir Fingerspuren sichern und sie mit den archivierten Spuren unserer Täterkartei vergleichen.«

»Täterkartei? Glauben Sie, der Täter ist polizeibekannt?«

»Das wissen wir nicht, aber mit etwas Glück finden wir ihn schnell. Mit weniger Glück finden wir ihn langsam. Aber seien Sie versichert, wir finden ihn.« Er lächelte ihr aufmunternd zu. »Wo ist eigentlich Ihre Großmutter?«

Bettine zuckte mit den Achseln. »Wahrscheinlich bei meiner Mutter. Oder oben in ihrem Zimmer. Sie hat ihr eigenes kleines Reich unterm Dach.«

*

»Versprichst du mir das?« Karl saß am Fußende des schmalen Bettes seiner Großmutter und blickte sie flehentlich an. Wilma Müller lag im Bett, mit der glänzenden Tagessteppdecke zugedeckt, und hielt ihre kleinen abgearbeiteten Hände über der Brust gekreuzt. Das Mansardenzimmer roch nach Kölnisch Wasser und etwas streng nach Essigessenz. Damit hatte Wilma wohl gerade erst geputzt. Viel eigenes Mobiliar besaß die alte Dame nicht mehr. Über dem Sessel hing ein Bild mit einer Heidelandschaft, ein paar Schafen und einem langbärtigen Schäfer. Am anderen Ende des Zimmers gab es eine Frisierkommode mit Waschschüssel, darüber einen Spiegel mit einem Brett, auf dem sie ihre Pflegeutensilien deponiert hatte, ihre Tiegel und Cremetöpfe, ihre Flacons und ihr Zahnputzzubehör. Daneben hingen ihre rosafarbenen Handtücher mit Rosenmuster am Saum und ihr rosaroter Morgenmantel. Eine Fotogalerie schmückte die Wand über dem Bett. Wilma und ihr Mann Rudolf als Hochzeitspaar, sie im schwarzen Kleid mit weißem Schleier, er im schwarzen Anzug mit steifem Vatermörderkragen. Dann die vielen Kinderbilder, Lieselotte in verschiedenen Altersstufen, als nackter Säugling auf einem Eisbärenfell, dann mit Matrosenkleid und großer Schleife im Haar und als Konfirmandin mit schwarzem

Kleid und Gesangbuch, immer fein gemacht. An der anderen Wand gab es Bilder der Enkel. Auf Gerd, den Erstgeborenen, war sie besonders stolz gewesen, denn von ihm gab es die meisten Fotos, als Baby, als fröhliches Kleinkind, als stolzes Schulkind mit glänzender Zuckertüte, als Soldat in Uniform mit ernstem Gesicht. Die gerahmten Erinnerungen wurden von Kind zu Kind weniger. Von den beiden Kleinen existierte nur ein einziges gemeinsames Bild, das sie mit einem Schaukelpferd zeigte.

»Ich war früher hier, als die anderen denken. Sie wissen es nicht, aber für alle Fälle brauche ich deine Bestätigung.«

»Ich vertraue dir, hoffe nur, dass ich nicht vor Gericht schwören muss, denn ein Meineid wird schwer bestraft.«

Er spielte mit ihrem weinroten Samtkissen, drückte und knuffte es, boxte schließlich hinein. »Eine alte Frau werden sie schon nicht ins Gefängnis stecken.«

Sie lachte. »Du bist gut, natürlich werden sie das. Da nehmen die keine Rücksicht drauf, glaub mir. Bald beginnen die Prozesse gegen die Nazis, da wird auch keiner geschont.«

»Du bist aber keine Nazi-Oma.«

»Himmel, nein, das schon gar nicht. Auch wenn ich nicht immer ein reines Gewissen habe, aber das interessiert die Polizei wahrscheinlich nicht.«

»Also, Oma, du erzählst, dass ich am Abend um kurz nach sieben todmüde von der Arbeit gekommen bin und mich sofort schlafen gelegt habe. Zu dem Zeitpunkt wusste ich nicht, dass Rolf tot ist. Ich habe nichts von dem Durcheinander mitbekommen.«

Wilma Müller schlug sich plötzlich die Hand vor den Mund. »Du warst nicht da, Karl! Du warst nicht im Bett. Du liebe Güte, wo bist du gewesen?«

»Mit den Jungs aus dem Haus noch eine rauchen.«

»Mit welchen Jungs?«

»Omi, ist doch egal. Die halten dicht, die wollen keinen Ärger.«

»Hat dich jemand außer den Jungs gesehen?«

»Nein, niemand. Wir waren im Hof hinter den Mülltonnen. Ich bin hinter dem Arzt reingekommen. Bettine hat es nicht einmal gemerkt. Die waren alle beschäftigt. Oma, du weißt, dass der Verdacht sofort auf mich fällt. Mein Verhältnis zu Rolf war sehr angespannt. Er hat mich gehasst und ich ihn. Mich würde es nicht wundern, wenn das jeder weiß, auch die Kunden.«

Wilma Müller seufzte. »Die Kleinen könnten reden, Peter und Karin, sie könnten sagen, wie es gewesen ist, dass du nicht im Bett warst, sondern später dazugekommen bist. Die beiden könnten auch sagen, dass ihr zwei wie Hund und Katz gewesen seid. So doof sind sie nicht, dass sie nichts mitbekommen haben.«

»Das werden sie nicht tun, glaube ich. Außerdem befragt die Polizei nicht so kleine Kinder. Peter kann noch nicht richtig sprechen, er plappert alles nach, was er so hört. Er ist fast noch ein Baby.«

»Aber Karin, die hat Energie für zwei. Bei ihr steht der Mund nicht still. Ich würde meine Hand nicht dafür ins Feuer legen, dass sie lügt, wenn sie von der Polizei gefragt wird.«

»Oma, mach mir keine Angst, ja? Karin ist sechs Jahre alt. Sie ist als Zeugin nicht brauchbar. Die Polizei wird sich nicht die Blöße geben, mit Knirpsen zu plaudern. Oder doch? Soll ich mal mit ihr reden, was meinst du?«

»Junge, lass das besser. Sonst wirkt sie nicht mehr glaubwürdig, sollte sie am Ende doch vernommen werden. Ein Kind verrät sich viel schneller als ein Erwachsener. So abgebrüht sind sie noch nicht.«

Er dachte nach. »Vielleicht hast du recht. Hat Mutti gesehen, dass mein Bett leer war?«

»Ich glaube nicht. Sie hatte so viel zu tun.« Sie drehte an ihren beiden Eheringen, die sie übereinander trug, seit sie ihren Mann verloren hatte. Nachdenklich blickte sie zur Zimmerdecke. »Jetzt mal im Ernst: Warum sagst du nicht einfach die Wahrheit? Lügen haben kurze Beine. Jede Unwahrheit fliegt irgendwann auf. Wenn du unschuldig bist, ist die Sache schnell erledigt.«

»Du weißt, ich hätte einen Grund gehabt, Rolf zu töten. Jeder hier weiß das.«

»Hör auf, ich will nichts mehr darüber hören.«

»Du musst nur dabei bleiben, was wir besprochen haben. Ich lag im Bett und habe gepennt wie ein Stein.«

»Kein Mensch kann auf Dauer dichthalten, irgendwann verplappert man sich. Die vom Hohenzollern wissen genau, wie du gearbeitet hast. Um 18.20 Uhr war Rolf bereits tot.«

»Eben, Oma, das sag ich ja: Ich habe kein Alibi, wenn du mir nicht hilfst.«

»Aber die werden das herausfinden, Karl! Und dann stehst du dumm da! Du machst die Sache durch die Lüge viel schlimmer! Wer weiß, in was du dich am Ende hineinreitest. Wer soll dir da noch helfen, wenn wir für dich die Unwahrheit sagen müssen?«

Karl steckte sich das Kissen hinter den Kopf und seufzte tief auf. »Im Hotel hat niemand mitbekommen, wie ich gegangen bin, glaub mir, Oma. Ich sollte eigentlich bis 19 Uhr bleiben, aber ich bin eine Stunde früher gegangen.«

»Also doch schon um sechs. Warum? Du bist in der Lehrzeit, Junge, du kannst dich nicht einfach vom Acker machen, wenn du keine Lust mehr hast.«

»Ich konnte nicht mehr, Oma, ich fühlte mich nicht so.«

»Hast du Bescheid gesagt?«

»Eben nicht. Ich habe mich einfach verdrückt.«

»Und keiner hat etwas mitbekommen?«

»In der Küche lief das Radio, und es war gerade Schichtwechsel. Da ging es drunter und drüber. Alle wollten den Anpfiff des Spiels mitbekommen. In dem Moment war ich völlig unwichtig, ehrlich.«

»Du musst dich doch irgendwo abmelden. Habt ihr keine Stechuhr?«

»Nein, das nicht. Ich habe dem Küchenchef zugerufen, dass ich gehe, und er hat nicht reagiert. Diefenthal hat mich nicht mal angesehen, die anderen auch nicht. Die waren alle aufgeregt. Die waren vollkommen irre an dem Abend.«

Verzweifelt sah sie ihn an. Am liebsten wäre sie aus dem Bett gekrabbelt, hätte sich neben ihn gesetzt und ihn in den Arm genommen wie früher, als er zu ihr gekommen war, um in ihrer Nähe Schutz zu suchen. Aber sie traute sich nicht, er fühlte sich zu groß dafür und wies sie und ihre Berührungen oft ab.

»Ist die Polizei eigentlich noch da?«

»Ich glaube schon. Bleib besser hier sitzen, bis Bettine hochkommt. Dann reden wir zu dritt in Ruhe über alles.«

»Du hilfst mir doch, Oma?« Seine Augen hatten einen kindlichen Ausdruck, besonders, wenn er sie so aufriss.

»Ich versuche es. Und ich kann nur hoffen, dass alles gut wird. Ich glaube an das Gute im Menschen, und ich glaube auch nicht, dass du irgendwas mit der Sache zu tun hast. Dafür bist du zu feinfühlig, mein Junge.«

8. KAPITEL

Fritz Starnke war dazu übergegangen, mit Klebestreifen vorsichtig die Fingerspuren abzunehmen und sie anschließend auf weißes Papier zu kleben. Das nahm einige Zeit in Anspruch.

»Was geschieht nun mit ihm?«, fragte Bettine und deutete auf den Toten.

Conradi verstaute seine Kamera in der ledernen Fototasche und schlug ein dünnes Filztuch darüber, ehe er den Reißverschluss schloss. »Haben Sie einen Fernsprechanschluss?«

»Ich habe Sie doch angerufen.«

»Verzeihung.« Conradi schlug sich gegen die Stirn.

»Folgen Sie mir bitte!« Bettine beeilte sich, vor ihm ins Büro zu gehen, das sich neben einem der beiden Lagerräume hinter dem grünen Samtvorhang befand. Er wartete, bis sie den Raum verlassen hatte, und schloss die Tür hinter ihr. Die Wählscheibe des schwarzen Telefons schnarrte, als er auswendig die Nummer der Vermittlung anwählte. Er ließ sich mit einem Osnabrücker Bestattungsunternehmen verbinden.

Nach etwa einer halben Minute meldete sich ein Bestatter aus der Martinistraße. Conradi erteilte ihm den Auftrag, eine Leiche in der Johannisstraße abzuholen und in die Gerichtsmedizin zu bringen.

*

Bettine atmete auf, als die Polizei endlich verschwunden war. Sie klopfte an der Tür ihrer Großmutter und gab Bescheid, dass sie noch einmal das Haus verlassen müsste. Erstaunt blickte sie auf Karl, der auf Wilmas roséfarbenem Sessel saß und in der »Hörzu« blätterte. Seit Neuestem war darin nicht nur das Rundfunk-, sondern auch das Fernsehprogramm zu finden, was ihn brennend interessierte, obwohl er außer der Tagesschau bisher keine einzige Sendung gesehen hatte. »Was machst du hier?«, wollte sie von ihm wissen. »Wo warst du die ganze Zeit?«

»Hier, warum?«

»Du weißt genau, was ich meine.«

»Nee, weiß ich nicht. Ich war arbeiten und dann im Bett. Ich bin erkältet.« Er hustete demonstrativ.

Sie sah ihn düster an. »Aha.«

»Jetzt willst du noch mal fort?«, fragte Wilma Müller, erwartete aber keine Antwort.

»Ist die Polizei noch da?«, fragte Karl ängstlich.

»Gerade gegangen.«

»Haben sie schon etwas rausgefunden?«

»Nein, gar nichts.«

»Was hast du denen gesagt?«

»Nichts. Das heißt, doch: Ich habe von Erwin Bartsch erzählt.«

Er atmete auf. »Das klingt gut. Den können sie gerne mal verhören. Wer weiß, vielleicht ist der Fall dann ja ratzfatz gelöst.«

»Vielleicht. Vielleicht auch nicht.« Bettine warf ihm einen herausfordernden Blick zu und schloss behutsam die Tür. Auf Socken schlich sie die Treppe herunter, zog sich erst unten die Schuhe an und verließ den Friseursalon durch die Hintertür.

Im Hof stand ihr Fahrrad. Gut, dass ihr Bruder erst am Vortag die Reifen aufgepumpt und ein neues Kleidernetz angebracht hatte. Es war lästig, mit Röcken und Kleidern

Fahrrad zu fahren. Da hatten es die Jungs bedeutend leichter. Viel lieber hätte auch sie Hosen getragen. Neulich hatte sie ein Mannequin damit in der »Constanze« gesehen. So eine Hose würde ihr auch gefallen, an den Fesseln schmal und oben weiter geschnitten, aber damit durfte sie ihrer Mutter und Großmutter nicht kommen. Seit Wochen kämpfte sie für einen modernen Kurzhaarschnitt, denn sie hatte ihre langen, pflegeintensiven Haare satt. Und unmodern waren sie sowieso. Wenn sie erst einmal volljährig war, in weniger als zwei Jahren, würde sie tun und lassen können, was sie wollte, enge Hosen und kurze Haare tragen, rauchen und Cocktails mit Alkohol trinken, aber bis dahin war es noch lange hin. Vor allem wollte sie so schnell wie möglich heiraten, damit sie ausziehen und auf eigenen Füßen stehen konnte.

Ihr Weg führte sie quer durch die zerstörte Stadt. Noch immer hatte sich Bettine nicht an den Anblick der Häuserruinen und Bruchsteinberge gewöhnt, auch wenn sie allmählich kleiner wurden. Es ging langsam, viel zu langsam voran. Sie fragte sich, wie die Alten so viel Geduld aufbrachten. Sie hatte diese Geduld nicht. Es sollte alles wieder so aussehen wie vor dem Krieg! Die Häuser sollten gefälligst heil und schön sein wie in der Straße, in der Edmund lebte. Dort war alles unverändert. Als hätte es den Krieg nie gegeben. Nur dort kam Bettine zur Ruhe, nur dort konnte sie aufatmen, an eine Zukunft glauben und sich auf sie freuen!

Als sie ihr schwarzes Damenfahrrad gegen die Mauer lehnte, bemerkte sie, dass sich im oberen Stock die Gardine bewegte. Sie blickte hoch und sah Edmund am Fenster stehen. Schnell schloss er die Gardine wieder, noch ehe sie zum Gruß ansetzen konnte. Edmund Kettler wohnte in einem herrschaftlichen Gründerzeithaus in der Friedrichstraße, mit Dienstboten und einem parkähnlichen Grundstück dahinter. Geduldig wartete sie vor der Tür, bis er ihr öffnete. »Was ist passiert, Daisy?«, fragte er, als er ihr Gesicht sah. »Hast du geweint?« Er nannte sie bei diesem Kosenamen, weil sie bei ihrer ersten Begegnung wie die Comicfigur eine große Schleife im Haar getragen hatte.

»Er ist tot«, sagte sie und hoffte, dass er sie in den Arm nehmen würde.«

»Wer?«

»Rolf.«

»Rolf? Oh nein! Wie das? Was ist passiert?«

Sie erzählte es ihm. »Darf ich hereinkommen?«

»Es geht nicht, Tine. Wir haben Besuch, und außerdem wollen meine Eltern nicht, dass du herkommst. Sei nicht traurig, Daisy-Liebes, ein anderes Mal, ja?«

Fassungslos musterte sie seine Mimik. »Und du? Was willst du?«, fragte sie ängstlich.

Er wand sich. »Ich habe dich gerne um mich«, sagte er verlegen. »Das weißt du ja. Du bist wie die süße kleine Schwester, die ich gerne gehabt hätte. Aber vielleicht lieber woanders? Bei euch zu Hause? Das wäre mir lieber. Hier ist es nicht so günstig.«

Süße kleine Schwester, hatte er das wirklich gesagt? Meinte er das so? »Aber warum?« Ihre Augen füllten sich mit Tränen. »Ich erwarte ein Kind von dir, Edmund!«

Er seufzte leise. »Ich weiß.«

»Ja, aber ich hatte das Gefühl, du hast die Nachricht gar nicht richtig aufgenommen. Zumindest hast du nicht einen Funken Freude gezeigt.«

»Ja ... doch, klar freue ich mich. Ich liebe kleine Kinder!«

»Du hast gesagt, du heiratest mich!«

Er seufzte. »Daisy, mein Liebes, was mache ich nur mit dir? Na, dann komm halt mit rauf«, sagte er schließlich, sah sich nach allen Seiten um und schloss rasch die Tür hinter ihr. »Meine Eltern sind ja zum Glück beschäftigt und werden es nicht merken. Ich kann dir ein neues Stück auf dem Saxofon vorspielen. Ich habe es selbst komponiert. Es klingt ein wenig traurig. Magst du es hören?«

»Nach Herzschmerz?«

»Ja, vielleicht auch das.«

*

»Und Ihnen ist nichts aufgefallen?« Johann Conradi befragte den siebten Nachbarn von Rolf Schmalstieg, einen hageren älteren Herrn, der seine Brötchen mit dem Schneidern von Oberhemden verdiente.

»Nein, absolut nichts. Ich habe das Fußballspiel am Radio verfolgt und nebenbei genäht. Im Moment habe ich viel zu tun. Die Herren der Schöpfung leisten sich wieder etwas. Durch das Rattern der Maschine höre ich nichts von der Straße. Und das Radio habe ich laut gestellt, damit ich überhaupt etwas mitbekomme. Es tut mir leid, dass ich Ihnen nicht helfen kann.«

Johann Conradi und Fritz Starnke bedankten sich und gingen ein Haus weiter, in dem mehrere Parteien wohnten. Aber auch hier Fehlanzeige. Schließlich klingelten sie bei einer Maßschneiderin. Die Frau winkte ab. Sie habe nichts gehört und nichts gesehen. Ihr strubbeliger kleiner Terrier kläffte während der kurzen Befragung die Beamten wütend an. Er wollte nicht aufhören mit dem Gebell, bis die Schneiderin schließlich in die Küche ging und ihm ein Stück trockenes Brot zuwarf. Endlich war Ruhe. Das brachte die Kommissare aber nicht weiter. Wenige Minuten später gingen sie wieder, klingelten an Wohnungstüren und befragten die Bewohner. Sie waren nicht mehr allein. Über Funk hatte Conradi in der Zwischenzeit Kollegen angefordert, die bereits ausgeschwirrt waren, um sich auf die Suche nach verdächtigen Personen und Zeugen zu begeben. Sie gingen von Haus zu Haus, suchten in Mülleimern, Hausecken und Vorgärten nach Spuren. Fast wollten sie aufgeben, da bekamen sie von einem Steinmetz den Hinweis, er habe beim Nachhausekommen vom Gesangsverein einen schwarzhaarigen Mann auf einem Moped gesehen, der aus der Hofeinfahrt neben dem Friseursalon gekommen sei und ihn fast überfahren habe. »Passen Sie doch auf, Sie Lümmel«, habe er hinter ihm hergerufen, aber der Motorradfahrer schien ihn gar nicht wahrzunehmen, als wäre er betrunken. Johann Conradi bedankte sich für den Hinweis und machte sich Notizen. Er wollte wissen, um welchen Fahrzeugtyp es sich handelte, aber darauf hatte der Zeuge leider nicht geachtet.

Auf dem Rückweg zum Salon fiel Conradi ein kleiner Zettel im Rinnstein auf. Als er ihn aufhob, sah er, dass es die Visitenkarte eines Arztes in der Lotter Straße war. »Dr. Bernhard Ritter«, stand in feiner Schrift auf der geknickten Karte, »Facharzt für Nerven- und Gemütskrankheiten«. Conradi steckte sie in seine Jackentasche und leuchtete vorsorglich mit seiner Taschenlampe den Rinnstein bis zum Neumarkt ab. Starnke nahm sich die entgegengesetzte Richtung bis zum Rosenplatz vor. 90 Minuten später trafen sie sich wieder und brachen die Suche ab.

*

Die Straßenbahn hatte glücklicherweise drei Minuten Verspätung. Im Laufschritt erreichte Conradi sie. Er war auch schon einmal besser in Form gewesen, stellte er fest, als er sich schnaufend vor Anstrengung auf den Einzelsitz hinter dem Fahrer gleiten ließ. Dabei ignorierte er das Schild *Platz freizuhalten für Gebrechliche und Kriegsversehrte*. Sollte jemand mit einem Krückstock oder einer Armbinde kommen, die ihn sichtbar als Blinden auswies, würde er den Platz räumen. Aber das war um die Uhrzeit eher ungewöhnlich.

Regentropfen perlten von den beschlagenen Scheiben, als Johann Conradi ein Stück freiwischte, um hinauszusehen. Es war ein Tag im Juni, einer der längsten Tage des Jahres, die Bäume standen in vollem Laub, in den sattgrünen Mittelstreifen des Heger-Tor-Walls blühten Levkojen, Bartnelken, Lilien und Rosen und weckten die Vorfreude auf einen schönen Sommer. Aber der wollte sich einfach nicht einstellen. Conradi schob seine trübe Stimmung auf das Wetter. Dabei wusste er genau, dass es den geringsten Anteil daran trug. Müde fühlte er sich, gehetzt und abgespannt.

Als die Tram vom Wall in die Lotter Straße einbog, stieß sie fast mit einem schwarzen VW Käfer zusammen, dessen Fahrer beim Hupton erschrocken das Lenkrad verriss. Der Straßenbahnführer drosselte das Tempo, leierte das Fenster herunter und brüllte ein paar derbe Schimpfwörter. Auch das Vierergespann, das direkt vor ihnen herfuhr und Bierfässer transportierte, war aus dem Takt geraten. Die Pferde wieherten und brachen aus. Der Bierkutscher hatte Mühe, sie wieder unter Kontrolle zu bekommen.

Auf der Höhe des Königlichen Realgymnasiums, in dem Conradi die letzten Jahre seiner Schulzeit verbracht hatte, zockelte die Bahn in einem gemächlichen Tempo weiter. Das Gespann mit den vier kräftigen Friesen war in die Bergstraße zur Brauerei abgebogen. Der kräftige Malzgeruch des Osnabrücker Bergquellpilseners wehte für einen Moment durch die gekippten Fenster und weckte Conradis Lust auf ein Feierabendbier.

Kurz hinter Feinkost Remme vertiefte er sich in die Osnabrücker Tagespost. Er wollte die Ruine nicht sehen, konnte es nicht ertragen, dass sein früheres Glück nur noch aus einem Haufen Steine bestand. Ein einziges Mal war er noch an dieser Stelle gewesen, kurz nach seiner Ankunft in Osnabrück vor etwa fünf Wochen, hatte vor den Trümmern gestanden, die Augen geschlossen und wie ein kleines Kind gebetet, dass alles lediglich ein Albtraum war. Erst als ihm schwindlig wurde, fasste er sich ein Herz, näher heranzutreten. Seine alte Wohnung lag im Erdgeschoss. Der früher gepflegte Rasen im Vorgarten war von Disteln und Unkräutern überwuchert. Fenster und Türen waren kaputt und notdürftig mit Pappe vernagelt, Möbel gab es kaum noch, die brauchbaren waren offenbar geplündert worden, aber die Tapeten … zumindest die Reste davon … Ihm war es gelungen, an jedem Fenster ein Stück Pappe zu entfernen. Am meisten schmerzte die bunte Kindertapete mit dem Schneewittchen-Motiv. Er konnte kaum hinsehen, musste seine aufsteigenden Tränen unterdrücken. Auch das Badezimmer mit den schwarzen Fliesen weckte Erinnerungen in ihm. Im rosafarbenen Handstein hatte seine Frederike vor Jahren das Baby gebadet. Es hatte gejuchzt und mit Ärmchen und Beinchen gestrampelt. Nur beim Herausnehmen aus dem herrlich warmen Nass hatte es mit Geschrei protestiert. Ruhe stellte sich erst wieder ein, als Frederike es in ein auf dem Ofen vorgewärmtes Badetuch wickelte, herzte und küsste. Jeden Sonnabend heizten sie den hohen Kupferboiler an, um nacheinander in der freistehenden Badewanne ein Vollbad zu nehmen. Als Lilly größer wurde, durfte sie als Erste rein. Dann gab es Abendessen, zu dritt in der Wohnstube mit der hellen Streifentapete. Während Frederike die Kleine zu Bett brachte, machte er Feuer im Kamin. Der Anblick des ursprünglich weinroten Sofas mit der geschwungenen Holzlehne, auf dem er beim gemütlichen Licht der Stehlampe mit Frederike gesessen, Radiomusik gehört und gelesen hatte, während sie handarbeitete, war fast unerträglich. Schutt lag auf dem Sofa, zerschlissen war der Stoff, zerbrochen die Holzumrandung, vor lauter Dreck war die Farbe undefinierbar geworden, sah nun eher aus wie braungrau. Dann das Zimmer zum Osten hin mit der Veilchentapete … Sein Herz machte einen Satz. Oft hatten sie sich am späten Abend in dem großen massiven Ehebett geliebt. Die Schlafzimmermöbel hatte Frederike von ihren Großeltern geerbt, aber die zartblaue Tapete hatten sie gemeinsam ausgesucht. In Fetzen hing sie von der Wand und erinnerte an eine glücklichere Zeit. Möbel waren nicht mehr vorhanden, bis auf einen Schemel mit drei Beinen. Es zerriss etwas in ihm, das alles in diesem Zustand zu sehen und endgültig Abschied zu nehmen. Er hatte versucht, noch einmal, ein letztes Mal, in die Wohnung zu gelangen und einen Gegenstand zu retten, ein Erinnerungsstück, aber es hatte keinen Zweck – die wenigen Sachen, die noch da waren, waren unbrauchbar geworden, und er wollte sie ohnehin eigentlich gar nicht. Nicht nur das Haus war ein Trümmerhaufen, sondern auch der alte Hühnerstall im Garten, in dem Lilly vor dem Abendbrot mit Begeisterung Eier gesucht hatte. Die Erinnerung an unbeschwerte Tage war fast körperlich greifbar, und er fühlte einen bohrenden Schmerz, der wie ein Messer in seine Brust schnitt. Nicht nur das Haus, sondern sein Leben war ein Trümmerhaufen.

Damals hatte er nicht geahnt, dass die Zeit mit Frederike und Lilly die schönste in seinem Leben gewesen war. Der Höhepunkt auf seiner Lebensleiter war sang- und klanglos verstrichen, und er hatte es nicht einmal bemerkt. Sie hatten es schön miteinander gehabt, eine gute Zeit, aber viel zu kurz. Vorbei, es war vorbei. Johann Conradi hätte gerne an der Uhr gedreht, alles auf Anfang gesetzt und jeden Tag, jede Stunde und jede Minute zurückgeholt. Nun blieb ihm nur, die Augen zu schließen und seinen Kopf wegzudrehen, wenn die Straßenbahn die frühere Adresse passierte.

Ich kann nicht mehr lieben, dachte er, mein Herz ist tot, und das ist kein Wunder. Ich bin einsam, wie ich es noch nie in meinem Leben war, und ich werde für immer einsam bleiben.

Sein neues Zuhause war nur eine Haltestelle entfernt. Es fiel ihm wieder ein, dass er Geburtstag hatte, knapp zwei Stunden noch. Viel Zeit blieb ihm nicht, um noch etwas daraus zu machen. Er war allein und sah keinen Grund zu feiern. Vielleicht wäre es bei sommerlichen Temperaturen einfacher gewesen.

An der Haltestelle Depot stieg er aus. Am Kiosk kaufte er nicht nur die Abendzeitung wie gewöhnlich, sondern außerdem eine kleine Flasche Kupferberg Gold, eine Tafel Schokolade und eine Zigarre. Hinter ihm wartete eine Frau, die damals mit Mann und Kind auf der gleichen Etage gewohnt hatte. Er lupfte seinen Hut, wusste aber nicht, was er sagen sollte, und wollte auch nichts sagen. Sie schaute ihn unter ihrem schwarzen Regenschirm verdutzt an, grüßte aber nicht zurück. Wahrscheinlich hatte sie ihn nicht erkannt. Kein Wunder, er war lange nicht in seiner Heimatstadt gewesen.

Während er die Lotter Straße entlangschlenderte und der Regen ihm in den Kragen rann, fragte er sich, ob ihm seine Wirtin etwas vom Abendessen übriggelassen hatte. Ob sie an die Buttercremetorte gedacht hatte? Lieber wäre ihm ein Schokoladenkuchen, aber das hatte er sich nicht zu sagen getraut.

9. KAPITEL

In Hedwig Westermanns Wohnung brannte noch Licht. Die Witwe ging selten vor Mitternacht zu Bett, oft wartete sie noch auf ihn und freute sich über seine Gesellschaft und die Möglichkeit, vor dem Schlafengehen gemeinsam einen Eierlikör zu trinken. Kaum hatte er die Wohnungstür aufgeschlossen, stand sie schon im Flur, wie immer in ihrer schwarzen Witwentracht. Die dünnen weißen Haare hatte sie zu einem Kranz geflochten und um den Kopf gelegt. Ihre Augen lachten hinter den kleinen runden Brillengläsern.

»Endlich sind Sie da, Geburtstagskind, ich warte seit Stunden auf Sie! Herzlichen Glückwunsch, lieber Herr Inspektor Conradi!«

Sie führte ihn in die Küche. Auf dem gescheuerten Holztisch stand ein Gugelhupf mit vier Kerzen und sieben Pralinen. »Die Kerzen stehen für jedes Lebensjahrzehnt«, sagte sie und zündete sie an. »Die Pralinen für die Jahre dahinter. Dann passt das!«

Es duftete nach Kohlrouladen. Stundenlang musste sie das Essen auf dem Herd warmgehalten haben. Conradi lief das Wasser im Munde zusammen. Mit dem Handrücken fuhr er sich über die feuchten Augen und schüttelte immer wieder den Kopf. »Frau Westermann«, sagte er gerührt, »dass Sie daran gedacht haben!«

»Natürlich! Ihren Geburtstag habe ich in meinem Kalender notiert! Nehmen Sie es mir nicht übel, dass ich nicht auf Sie gewartet habe. So spät würde mir das Essen nicht bekommen. Nun setzen Sie sich aber fix hin, bevor die Kohlrouladen noch zerfallen.«

Er ließ sich auf dem knarzenden Holzstuhl nieder und sie bediente ihn. »Mussten Sie unbedingt vor dem Essen rauchen?« Angewidert rümpfte sie die Nase.

»Ich bekenne mich schuldig«, sagte er lachend und wischte sich verstohlen eine Träne weg. »Aber ich konnte nicht ahnen, was mich zu dieser späten Stunde erwartet.« Der Tisch war hübsch gedeckt, feines Porzellan, kristallgeschliffene Weingläser, gestärkte Stoffservietten, frische Nelken in einer Vase.

»Ich weiß ja, wie Ihnen heute zumute ist«, meinte sie und schenkte ihm Rotwein ein, wenn ihm auch Bier lieber gewesen wäre. »An solchen Tagen denkt man immer an die Menschen, die nicht mehr da sind. Das geht mir mit meinem Karl-Heinz auch so. Besonders schlimm ist es an Weihnachten. Da denke ich nicht nur an ihn, sondern auch an meine lieben Eltern. Ich träume davon, wie schön es doch wäre, wenn wir alle wieder in der guten Stube beieinandersäßen! Aber, Herr Conradi, das Leben ist nun mal kein Wunschkonzert. Was sollen wir machen, jammern hilft nicht, wir müssen da durch. Vermissen Sie Ihre Frau und Ihr Kind denn immer noch so sehr oder geht es inzwischen?« Sie schaufelte eine Kohlroulade mit viel brauner Sauce und zwei handgerollte Knödel auf den Teller.

Conradi blickte auf die Knödel und lächelte. Ihre Frage ließ er unbeantwortet im Raum stehen. Er wollte mit ihr nicht über seine Gefühle sprechen, nicht an diesem Tag.

Nebenan hörte er jemanden niesen.

»Oh, Verzeihung, Herr Conradi, eine Sache habe ich glatt vergessen. Ich habe Ihnen gar nicht erzählt, dass lieber Besuch da ist.« Sie ging in den angrenzenden Raum. Als sie zurückkam, brachte sie eine junge Frau mit.

»Das ist Fräulein Hubschmied, meine Nichte«, sagte sie strahlend. »Sie ist ab heute Ihre Zimmernachbarin, wohnt direkt gegenüber. Machen Sie sich doch mal gegenseitig bekannt! Ich will Ihnen noch schnell ein Geheimnis verraten: Für Sie beide habe ich zum Nachtisch eine Buttercremetorte im Keller stehen!«

»Nein! Frau Westermann, ich muss doch sehr bitten«, sagte er mit einem Seitenblick auf die junge Frau, »Sie mästen mich! Schauen Sie mich mal an, mein Hemd spannt bereits!«

»Da haben Sie nicht ganz unrecht. Aber mein Karl-Heinz war auch gut gepolstert. Mir gefällt das! Da hat man was zum Anpacken, ich will doch nicht harte Rippen zu fassen kriegen! Na ja, inzwischen hat sich das erübrigt. Aber früher war ich kein Kind von Traurigkeit.«

Erst jetzt fiel ihm auf, dass er die junge Dame ungeniert angestarrt hatte. Wenn der erste Eindruck zählte, dann gefiel sie ihm nicht. Eine markante Hornbrille dominierte das schmale Gesicht. Ihre mittelblonden Haare hatte sie am Hinterkopf zusammengesteckt, was ihr ein strenges Aussehen verlieh. Ihre Kleidung war bieder, sah noch sehr nach 40er-Jahre aus. Sie trug einen fast knöchellangen Faltenrock, einen kurzärmligen Pullover mit Puffärmeln und altmodische Schuhe. Steif streckte sie ihm die Hand entgegen, und er stand auf, um sie mit einer knappen Verbeugung zu ergreifen. Ihre Haut war kalt und feucht.

»Pauline Hubschmied«, sagte sie kühl. »Sekretärin, aber derzeit leider arbeitslos.«

Conradi nickte höflich, kam um den Tisch herum, um ihr einen Stuhl zurechtzurücken. Dann nahm er seinen Platz wieder ein und räusperte sich nach einem kurzen Blickwechsel mit seiner Vermieterin.

»Sie freuen sich sicherlich, dass Sie nun etwas Gesellschaft haben, nicht wahr?« Die alte Dame füllte zwei weitere Gläser mit italienischem Wein. »Dann wollen wir mal auf Ihren Geburtstag anstoßen«, sagte sie feierlich und hob ihr Glas. »Zum Wohl, lieber Herr Conradi, auf Ihre Gesundheit!«

»Von mir auch«, sagte Pauline Hubschmied schüchtern. Sie prostete ihm zu.

Johann Conradi bedankte sich höflich, trank einen Schluck und nahm dann sein Besteck auf. Der Wein schmeckte süß, zu lieblich für seinen Geschmack.

»Sie haben schon gegessen?«, wandte er sich an die junge Frau.

»Vor mehr als drei Stunden«, meinte sie lächelnd. Aber von der Buttercremetorte würde ich noch ein Stück nehmen.«

»Gefällt Ihnen Ihr Zimmer?«, begann er schwerfällig die Konversation. Lieber hätte er seine Ruhe gehabt. Er war müde nach dem langen Tag und verspürte nicht die geringste Lust auf belanglose Gespräche.

»Ich bin froh, dass ich es habe. Meine Eltern leben nicht mehr. Ich habe eine Weile bei Verwandten in Hamburg gelebt, wollte aber lieber zurück nach Osnabrück. Zum Glück hat meine Tante noch ein Zimmer frei gehabt.«

»Meine Abstellkammer«, sagte Hedwig Westermann augenzwinkernd, »aber meine Nichte ist genügsam. Meine Koffer und die Kiste mit dem Weihnachtsschmuck durften sogar drinbleiben.«

Johann Conradi suchte etwas in Pauline Hubschmieds Augen, etwas, das ihn fesselte, reizte, seine Neugier weckte, aber da war nichts. Sie wirkte zu bemüht und angestrengt, um locker mit ihm zu plaudern. Sie hatte nichts Interessantes zu erzählen und stellte ihm keine Fragen, die ihn unter Umständen angeregt hätten, von sich zu berichten. Er seinerseits war zu abgespannt nach den ersten Ermittlungen, die der neue Fall mit sich gebracht hatte.

Beim zweiten Glas Rotwein zeigte sie dann doch Interesse. Ihre Tante ging in den Keller, um die Torte zu holen.

»Sie sind Kommissar, habe ich gehört«, sagte Pauline. »Was macht ein Kommissar den ganzen Tag? Gibt es viele Verbrecher in Osnabrück?«

Er schmunzelte. »Wo gibt es die nicht?« Niemals redete er über einen Fall, das hatten sie ihm in der Polizeischule eingetrichtert.

»Als der Krieg vorbei war, dachte ich etwas naiv, wir wären endlich in Sicherheit«, sagte sie, »aber das war trügerisch, da ging es erst richtig los mit Plündereien, Wohnungseinbrüchen und so weiter. Wer von Bombenangriffen verschont geblieben war, wurde plötzlich Opfer von Straftaten. Es hört nicht auf. In den Köpfen vieler Menschen ist immer noch Krieg. Sie morden und rauben und tun sich gegenseitig Gewalt an. Und die Polizei sieht tatenlos zu! Die Mörder laufen frei herum, gehen ihrem Alltag nach und tun so, als hätten sie alles richtig gemacht.«

Conradi schwieg betroffen. Pauline hatte leider recht. Die Besatzer machten ihnen das Leben schwer, mischten sich in ihre Belange ein und wollten überall mitreden. Die Polizei war nicht mehr das, was sie mal gewesen war. Sie müsste sich von Grund auf neu strukturieren. So schnell würde sich nichts ändern. Und ausgerechnet heute hatte sich eine weitere Gewalttat ereignet. Er würde sich hüten, davon zu erzählen. Wenigstens war die Polizei wieder bewaffnet. Auch das war kurz nach dem Krieg verboten gewesen.

»In meinem Zimmer in Hamburg wurde ich nachts überfallen«, fuhr Pauline fort. »Ein maskierter Mann hat mir das Wenige genommen, was mir geblieben war. Er hätte mir sogar Schlimmeres angetan, wenn meine Nachbarin nicht wach geworden wäre. In Osnabrück soll es nicht viel besser aussehen. Wann hört das endlich auf?«

Johann Conradi faltete seine Serviette und legte sie ordentlich neben dem Teller ab. »Wir geben uns Mühe, glauben Sie mir bitte, Fräulein Hubschmied. Leider waren wir in den ersten Nachkriegsjahren unterrepräsentiert. Viele ehemalige Kollegen kommen jetzt erst aus der Gefangenschaft zurück oder sind noch nicht rehabilitiert. Auch war es so, dass der britische Sektor uns ins Heft diktieren wollte, wie wir uns zu strukturieren hatten. Es ging drunter und drüber, das muss ich zugeben. Wobei ich selbst erst seit wenigen Wochen zurück im Dienst bin. Wir sind guten Mutes. Wir werden uns neu sortieren und in naher Zukunft von den Besatzungsmächten emanzipieren. Eine Weile wird das leider noch dauern, bis es so weit ist. Aber dann wird Osnabrück wieder ein sicherer und guter Ort zum Leben sein. Das verspreche ich Ihnen!«

»Schön, dass Sie sich rehabilitieren konnten«, sagte sie und griff nach ihrem Weinglas. »War es schwer? Konnten Sie den Engländern beweisen, dass Sie eine weiße Weste haben?«

»Nun, ich konnte zumindest beweisen, dass ich kein Nazi war. Ich wollte mit denen nichts zu tun haben. Das war nie meine Welt.«

»Ich glaube Ihnen sogar«, sagte Pauline. Nach einer kleinen Pause fügte sie hinzu: »Ich würde Sie gerne einmal unter vier Augen sprechen.«

»Tun wir das nicht gerade?«

»Länger als im Moment. Wäre das möglich?«

»Gewiss«, sagte er unmotiviert. »Wir werden die Gelegenheit dazu sicher bald haben. Heute war ein anstrengender Tag, ich bin in Gedanken noch bei der Arbeit.« Er milderte seine kleine Abfuhr mit einem Zwinkern ab.

Hedwig Westermann kehrte zurück, schaufelte großzügig bemessene Tortenstücke auf Kuchenteller und stellte sie vor sie hin. »Lassen Sie es sich schmecken!«

Das taten sie, wobei Conradi ab der Hälfte mit der zuckrigen, buttrigen Masse zu kämpfen hatte.

Noch einmal stieß er mit Pauline Hubschmied an und sagte nicht sonderlich charmant, dass er bereits zwei Fräuleins sehe und gedenke, sich auf sein Zimmer zurückzuziehen.

*

Als die anderen Familienmitglieder längst ins Bett gegangen waren, saßen Bettine und ihre Mutter im Wohnzimmer bei einem Glas heißer Milch mit Honig beisammen. Das Licht war gedämpft und die Radiostation sendete ruhige Musik zur Nacht.

»Mutti, ich frage mich, ob es nicht Vater gewesen sein kann. Er muss Rolf doch gehasst haben! Stell dir mal vor, wie es dir gehen würde, wenn du nach langer Zeit nach Hause zurückkehrst, und dann ist da ein anderer Mann, nein, eine andere Frau bei deinem Mann, ich komme ganz durcheinander. Wie würde es dir da ergehen?«

Lieselotte schwieg und zupfte an ihren manikürten Fingernägeln. »Natürlich nicht gut«, sagte sie leise.

»Siehst du, und Vater ging es sicher ähnlich, als er das mit dir und Rolf erfahren hat! Kannst du dir vorstellen, wie groß seine Wut gewesen ist? Du hast seine Hoffnung zerstört und damit sein Leben!«

Lieselotte schluckte. Harte Linien traten in ihrem Gesicht hervor.

Bettine setzte sich aufrecht hin. »Was willst du eigentlich, Mutti? Möchtest du, dass Vater zurückkommt und wieder bei uns lebt?«

»Nein, auf keinen Fall. Das ist alles zu lange her. Ich habe mich richtig entwöhnt nach so langer Zeit, er ist mir fremd geworden.«

»Mir auch«, gab Bettine seufzend zu. »Ich habe ihn überhaupt nicht wiedererkannt, als er plötzlich im Laden stand. So hatte ich ihn nicht in Erinnerung. Er sah aus wie ein Bettler oder Hausierer. Ich wollte ihn nicht einmal bedienen, so abstoßend fand ich ihn!«

»Ja, so sehen Kriegsheimkehrer nun einmal aus. Sie haben jahrelang nicht genug zu essen bekommen und konnten Krankheiten nicht richtig auskurieren, das hinterlässt Spuren. Ein wöchentliches Vollbad war sicherlich auch nicht drin. Und was sie erlebt haben, an der Front und in der Gefangenschaft, darüber sprechen sie nicht. Es müssen grauenhafte Dinge gewesen sein. Deswegen wissen wir Frauen gar nicht, wie ihnen zumute ist und warum sie so merkwürdig geworden sind. Frau Huber und Frau Ritter erzählen das Gleiche von ihren Männern. Sie erkennen sie nicht wieder, vom Aussehen her nicht und auch nicht vom Wesen. Am liebsten würden sie sich scheiden lassen.«

Nachdenklich trank Bettine einen Schluck Milch und wischte sich anschließend den Mund ab. »Was meinst du, wird die Polizei ihn vernehmen?«

»Ich weiß es nicht. Es tut mir leid für ihn und ich habe Schuldgefühle ihm gegenüber. Lassen wir ihn am besten in Ruhe.«

Bettine warf fast ihr Glas um. »Wie meinst du das, was verstehst du unter Ruhe?«

»Wir müssen nicht unbedingt erwähnen, dass Otto wieder da ist, oder? Nur wir beide wissen davon und Oma. Aber ihr ist klar, wann sie den Mund zu halten hat. Die kennt sich aus mit Obrigkeiten.«

»Wenn du meinst …«

»Auch Karl brauchst du es nicht zu sagen, wer weiß, wie er damit umgeht. Nachher zieht es ihn zu Vater hin, die beiden hatten früher ein besonderes Verhältnis. Das will ich nicht. Auf keinen Fall. Und Karin und Peter kennen ihn nicht einmal. Für sie ist er ein Fremder. Ich will das alles nicht, es überfordert mich. Wäre er bloß nicht wiedergekommen!«

»Gut«, sagte Bettine, »machen wir es so, wie du willst.«

Eine Weile saßen sie schweigend nebeneinander. Der Wellensittich im Käfig schlief längst, und die Wanduhr schlug zur halben Stunde. »Komm, Kind«, sagte Lieselotte, »trink deine Milch aus und dann gehen wir in die Falle. Es ist weit nach Mitternacht durch, halb eins schon. Morgen steht uns ein anstrengender Tag bevor, ich muss Karl auf die Polizeiwache begleiten.«

Bettine rieb sich die Augen, stand auf und stellte das Radio aus.

*

Liebe Frederike,

meinen Geburtstag habe ich halbwegs überstanden. Nun ist er zum Glück vorbei, es ist halb eins in der Nacht, und er war nicht so schlimm, wie ich befürchtet habe. Natürlich grummelt mein Magen von der Buttercremetorte, aber ich bin heimlich an Frau Westermanns Medizinschränkchen gegangen und habe etwas von ihren Hoffmannstropfen genommen. Trotzdem geht es mir nicht gut. Du fehlst mir, Fredi, und wie du mir fehlst! Ich dachte, es würde irgendwann aufhören oder zumindest besser werden. Es heißt ja, die Zeit heile alle Wunden. Aber für mich ist das Gegenteil der Fall, es wird von Tag zu Tag schlimmer. Ich fühle mich wie in zwei Teile zerbrochen, seit du aus meinem Leben verschwunden bist. Du warst für mich der wichtigste Mensch, mein Lebensmittelpunkt. Allein bei dir zu sein war genug, mehr brauchte ich nicht zum Glücklichsein. Ich fühlte mich wohl mit dir zusammen in der winzigen Küche, am warmen Ofen, vor dem wir gegessen und geplaudert haben.

Eine Szene ist mir besonders in Erinnerung geblieben, daran musste ich gerade heute wieder denken. Wir saßen unter der Petroleumlampe, weil der Strom ausgefallen war, und haben Krabben gepult, weißt du noch? Das heißt, ich habe dir gezeigt, wie es geht, denn du konntest nichts damit anfangen, wusstest nicht einmal, wie die Dinger schmecken und ob du sie magst. Und sie schmeckten dir himmlisch! So oft musste ich sie dir danach von Remme mitbringen, und bald konntest du sogar schneller pulen als ich.

Ich vermisse dich so, meine Zauberfrau. Als ich dich das erste Mal sah, wie du zwischen den Kaffeetischen im Schweizer Haus hin und her gingst, auf der Suche nach einer Freundin, mit der du verabredet warst, wusste ich sofort, dass ich dich eines Tages heiraten würde. All meinen Mut habe ich zusammengenommen und dich angesprochen, dir meine Karte gegeben. Eine Woche später hast du mir einen kurzen Brief geschrieben. Alles war gleich klar zwischen uns. Ein Leben ohne den anderen war fortan nicht mehr möglich.

Lilly war dann die Krönung für unser Glück. Sie hat uns mit ihrer Leichtigkeit und Fröhlichkeit angesteckt. Du ahnst nicht, wie sehr auch sie mir fehlt.

Als wir uns das letzte Mal sahen, warst du verzweifelt. Du brauchtest neue Schuhe für die Kleine, weil ihre Füße so schnell gewachsen waren. Es gab nir-

gendwo welche, es gab in den Geschäften überhaupt nichts mehr zu kaufen. In den Schaufenstern standen Pappschilder oder es fanden sich nur alte, gebrauchte Sachen zum Tauschen darin. Du hast schließlich Schuhe für Lilly gefunden, die ihr noch viel zu groß waren. Es ging nur mit drei Paar Socken übereinander. Dafür hast du schweren Herzens einen Ring und eine Brosche deiner Großmutter hergegeben. Wenn du wüsstest, wie voll die Geschäfte nun wieder sind, wie prächtig die Auslagen der Schaufenster, wie groß die Augen der Passanten, die davorstehen.
Du fehlst mir so, Fredi. Deine Güte und Milde fehlen mir, deine warmen Augen, dein sinnlicher Mund, deine Grübchen, wenn du lachst, deine weiche Haut, deine schönen Kurven, deine zärtlichen Hände.

Mit dem Gedanken daran schlafe ich nun ein, traurig und ein wenig getröstet zugleich. Dein dich liebender Johann

10. KAPITEL

Donnerstag, 24.06.1954

Vor ihm stand eine dampfende Tasse Kaffee, die ihm seine Sekretärin Irmgard Zerhusen gebracht hatte. Johann Conradi schätzte sie auf Anfang 60, eine fleißige, ehrgeizige Frau. Er bewunderte ihre außergewöhnlichen Fähigkeiten in Stenografie und auf der Schreibmaschine. Vor wenigen Wochen hatte sie an einer Meisterschaft im Stenografieren teilgenommen, die die Industrie- und Handelskammer ausgeschrieben hatte. Die IHK hatte kürzlich ihren Standort am Neuen Graben bezogen, nachdem das alte Gebäude 1944 ausgebombt worden war, und sorgte durch spektakuläre Aktionen wie den Wettbewerb für Aufmerksamkeit. Irmgard Zerhusen hatte einen soliden 16. Platz belegt, was für ihr Alter wirklich bemerkenswert war.

Conradi öffnete gerade seine blecherne Frühstücksbox, die ein Butterbrot und einen kleinen runzligen Apfel enthielt, als sie erneut anklopfte und Besuch vermeldete. »Herr Karl Korittke ist soeben erschienen«, sagte sie. »Gemeinsam mit seiner Mutter Frau Lieselotte Korittke.«

»Haben Sie vielen Dank, Frau Zerhusen. Ich brauche Sie gleich mit Ihrem Stenoblock!«

»Selbstverständlich, Herr Conradi!«

»Ach, noch etwas«, rief er ihr hinterher. »Bringen Sie doch den beiden Zeugen auch eine Tasse Kaffee und ein paar Butterkekse, das wäre sehr freundlich von Ihnen!« Sie machte ein überraschtes Gesicht, weil ein solcher Empfang nicht üblich war, aber sie sagte nichts dazu. Johann Conradi war neu im Präsidium und wusste vieles nicht.

Conradi ließ sich die Pässe der beiden Besucher zeigen und wandte sich dann zunächst an Karl Korittke. »Ihre Schwester habe ich ja bereits kennengelernt«, sagte er. Während der junge Mann ein paar unverständliche Worte murmelte, hatte der Kommissar Gelegenheit, ihn zu mustern. Die Unsicherheit, Verklemmtheit und Hemmung der Jugend stand ihm ins Gesicht geschrieben. Der hochaufgeschossene, picklige Junge litt unter Minderwertigkeitskomplexen, das war deutlich zu sehen. Der schwarze, zu klein gewordene Anzug und die kurzgeschorenen Haare betonten diesen Gesamteindruck noch.

»Meine Schwester hat ihn gefunden«, stammelte er. »Ich bin froh, dass ich es nicht war.« Er starrte die Fotowand an. Conradi folgte seinem Blick. Dort hingen die Lichtbilder aus dem Friseursalon, die Conradi am Tatabend gemacht hatte. Karl wandte sich schaudernd ab.

»Ich habe noch nie einen Toten gesehen«, sagte er leise.

»Nicht mal im Krieg?«

»Ich war noch zu jung. Meine Mutter ist froh darüber. Ich weniger. Ich hätte gerne gekämpft.« Er sah zu seiner Mutter hin, die nicht reagierte. Ihr Gesicht war plötzlich wie versteinert.

»Natürlich hat man Sie nicht genommen. Vor neun Jahren waren Sie entschieden zu jung.«

»Eben«, sagte der Junge beleidigt.

»Wie haben Sie den gestrigen Tag erlebt?«, wollte Conradi wissen. Seine Sekretärin erschien mit einem kleinen Tablett, setzte zwei Tassen mit einem ziemlich dünnen Gebräu ab, stellte Kekse hin. Freundlich distanziert lächelte sie, nahm dann mit ihrem Stenoblock hinter den Zeugen Platz und zog ihren gespitzten Bleistift hinter dem Ohr hervor.

»Ich habe gearbeitet«, sagte Karl. »Ich bin zurzeit in der Hotelküche eingesetzt.«

»In welcher?« Conradi gab ein Stück Würfelzucker und Dosenmilch in den Kaffee, verzog aber dennoch das Gesicht, als er den ersten Schluck nahm. Es war Kaffeeersatz.

»Mein Sohn macht eine Lehre im Hotel Hohenzollern«, antwortete Lieselotte Korittke an seiner Stelle.

»Als Koch«, sagte Karl, »aber noch bin ich für alles Mögliche zuständig: die Gäste mit Handwagen vom Bahnhof abholen, das Gepäck aufs Zimmer bringen, die Herrschaften mit Kaffee, Gebäck und Süßigkeiten versorgen, in der Küche helfen, Salat waschen, Gemüse schnippeln, den Köchen zuarbeiten und so weiter. Keine allzu aufregenden Sachen.«

»Du bist immer so ungeduldig«, sagte Lieselotte streng.

»Wann hatten Sie gestern Feierabend?«

»Um 19 Uhr. Ich war ziemlich fertig und habe mich sofort schlafen gelegt.«

»Dann müssten wir uns ja begegnet sein.«

»Ich habe den Kellereingang genommen, weil ich noch eine rauchen wollte.«

»Sie haben sich also nicht sofort schlafen gelegt.«

»Doch, danach schon.«

»Sind Sie noch einmal aufgestanden?«

»Nein, ich habe durchgeschlafen bis zum nächsten Morgen«, versicherte er.

»Das stimmt nicht, Herr Korittke«, entgegnete der Kommissar. »Als ich zum Tatort gerufen wurde, waren Sie nicht da.«

Der Junge suchte Hilfe bei seiner Mutter, aber die sah ihn nicht an.

»Wo sind Sie gewesen?«

»Mein Sohn hat die beiden Kleinen zu Nachbarn gebracht«,

antwortete seine Mutter nun an seiner Stelle. »Sie waren sehr aufgewühlt und sollten nicht alles mitbekommen.«

»Als Sie von der Arbeit kamen, müssen Sie die Aufregung mitbekommen haben. Ihr Vater war zu der Zeit bereits tot.«

Karl verneinte und behauptete wiederum, er sei gleich ins Bett gegangen.

»Hat Sie jemand geweckt?«

Hilflos sah Karl erneut zu seiner Mutter.

»Mein Sohn sollte die Kinder fortbringen, weil Bettine dazu nicht in der Lage war. Wir standen alle unter Schock.«

Johann Conradi versuchte, in den Gesichtern der beiden zu lesen. »Sie wohnen noch bei Ihren Eltern oder haben Sie ein Zimmer im Hotel Hohenzollern?«

»Ich wohne bei meinen Eltern, habe aber auch ein Zimmer im Hotel, falls es mal spät wird.«

»Arbeiten Sie mit im Geschäft?«, richtete Conradi das Wort an Lieselotte Korittke.

»Ab und zu kommt es vor, dass ich an der Anmeldung bin oder kassiere. Früher habe ich auch Haare geschnitten und frisiert, aber das mache ich schon lange nicht mehr.«

»Warum nicht?«

»Ich habe es zu selten gemacht, kam aus der Übung und habe es verlernt.«

»Ihr Kerl wollte nicht, dass sie arbeitet«, brummte Karl.

Lieselotte warf ihm einen warnenden Blick zu.

Conradi blieb gelassen. Er wusste, dass es den meisten Männern ein Dorn im Auge war, wenn ihre Ehefrauen einer bezahlten Beschäftigung nachgingen. Sie waren der Überzeugung, andere würden glauben, dass sie nicht in der Lage wären, ihre Familie allein zu ernähren. Und die Frauen hatten ohne Zustimmung des Mannes keine Chance, eine Stelle zu finden, denn er musste den Arbeitsvertrag für sie unterschreiben. Conradi verstand es nicht. Er hätte seiner

Frau niemals vorgeschrieben, was sie zu tun und zu lassen hatte, aber er war nun einmal nicht wie andere Männer. Frederike war nach der Heirat selbstverständlich weiter als Kindergärtnerin tätig gewesen. Er griff nach Lieselottes Pass, besah sich das Foto. Lieselotte Korittke war am 21.06.1910 geboren, also gerade 44 Jahre alt geworden. Sie hatte ein jugendliches, attraktives Gesicht, rotblonde, kurze Locken, eine sehr weibliche Figur mit schönen Kurven. Er konnte sich vorstellen, dass es viele Männer gab, die gerne mit ihr ausgehen würden.

»Gab es gestern oder in den Tagen davor Auffälligkeiten im Verhalten Ihres Bekannten? Erschien er nervöser als sonst oder streitlustiger?«

»Nein, er war so wie immer.«

»Wie war er denn immer?«

»Fleißig und strebsam, aber auch schnell aufbrausend, wenn es nicht nach seiner Mütze ging. Er forderte Gehorsam von den Kindern, aber das erwarten ja die meisten Väter.«

Karl stieß ein zischendes Geräusch aus.

»Wie alt ist Ihre Tochter Bettine?«

»So alt wie Karl, 19. Die beiden sind Zwillinge. Bettine hat vor zwei Jahren ausgelernt und ist eine große Stütze im Salon. Ich war nie so eine gute Friseuse wie sie. Meine Tochter hat ein unglaubliches Talent. Sie kann es weit bringen. Auch viel weiter als Rolf. Alle Damen im Salon wollen am liebsten von ihr bedient werden.«

»Wie viele Kinder haben Sie?«

»Ich habe sechs Kinder geboren, von denen eins nicht mehr lebt. Gerd, der Erstgeborene, wäre jetzt 26 Jahre alt. Er ist im Krieg gefallen.«

Conradi murmelte eine Beileidsbekundung. Der Krieg war neun Jahre her, damals war Gerd demnach erst 17 Jahre alt.

Lieselotte erzählte ihm die Geschichte. Ihr Sohn Gerd hatte eine Lehre beim Bäcker gemacht. Im Herbst 1944 hatten Offiziere der Waffen-SS die Schüler der Berufsschule besucht und fünf Schüler ausgewählt, deren Namen und Adressen sie notierten. »Darunter war auch Gerd«, sagte sie mit gesenkter Stimme. »Im Frühjahr 1945, kurz vor Kriegsende, bekam er den Einberufungsbefehl. Er sollte sich im tschechischen Kurort Bad Luhatschowitz einfinden, um dort eine Kurzausbildung im Umgang mit Waffen zu absolvieren. Gerd sollte auf die Schnelle zusammen mit Gleichaltrigen zum Soldaten ausgebildet werden, um die Rote Armee an der tschechischen Grenze aufzuhalten. Mein Sohn war viel zu jung und unerfahren, um sich dem Feind zu stellen. Er hatte keine Chance. Beim Versuch zu fliehen wurde er von Soldaten der Waffen-SS zusammen mit seinem Freund Erich ergriffen, in den Wald geführt und dort erschossen. – Die Benachrichtigung über seinen Tod habe ich immer noch«, sagte Lieselotte leise. »Sie steckt hinten im Fotoalbum der Kinder. Das war der Tiefpunkt meines Lebens. Am liebsten wäre ich ihm in den Tod gefolgt.«

»Soll ich alles mitschreiben?«, fragte die Stenotypistin.

Conradi winkte ab. »Lassen Sie mal. Ich gebe Ihnen ein Zeichen, wenn es wieder nötig ist.« Er wartete ab, bis Lieselotte Korittke weitersprach.

»Zwei seiner vier Freunde aus der Berufsschule haben den Krieg überlebt und alles mitbekommen«, sagte sie mit spröder Stimme. »Sie haben mir hinterher erzählt, was geschehen ist. Einer von ihnen fragte noch: ›Wo geht ihr hin?‹, als er gesehen hatte, dass die Soldaten mit meinem Jungen und seinem Freund Erich durchs Dorf zogen. Wissen Sie, was mein Sohn geantwortet hat?«

Conradi schüttelte schmallippig den Kopf.

»›Zum Sterben‹, soll er gesagt haben. »Können Sie sich das vorstellen? Zum Sterben! Es zerreißt mir bis heute das Herz, wenn ich daran denke. Er war noch ein Kind! Mein Kind!«

Conradi nickte betroffen.

»Warum ich Ihnen all das erzähle: Meinen Lebenspartner Rolf hat das überhaupt nicht interessiert. Es hat ihn ungerührt gelassen. Soll ich Ihnen sagen, was seine Reaktion auf dieses tragische Ereignis war, als ich es ihm erzählt habe? ›Immerhin ein Esser weniger‹, hat er gesagt. Ist das nicht grausam? Er hat Gerd nie kennengelernt und war wohl froh darum. Wie herzlos von ihm! Mein Karl reichte ihm schon. Und Eva und Bettine interessierten sich für sein Friseurgeschäft. Eva zumindest am Anfang, dann ist sie andere Wege gegangen.«

»Ich verstehe«, sagte Conradi.

»Am liebsten hätte ich mich auf der Stelle von ihm getrennt, als er das gesagt hat, aber wir hatten schon die gemeinsamen Kinder, Karin und Peter. Und dann muss es ja vorwärts gehen, immer weiter. Im Krieg habe ich gelernt, dass man scheußliche Dinge so schnell wie möglich hinter sich lassen sollte. Wer nicht vergessen kann, hört nicht auf zu leiden, Herr Wachtmeister. Dann hört das Ganze nie auf. Wir müssen stark sein. Ich möchte über diese schlimmen Dinge nie wieder reden. Karl hört zum ersten Mal davon. Entschuldige, Karl!«

Ihr Sohn nickte mit gesenktem Kopf.

»Ich verstehe Sie vollkommen. Es war eine schlimme Zeit. Ich hoffe, dass wir so etwas niemals mehr durchmachen müssen!«

»Sie fangen doch schon wieder an«, klagte Lieselotte. »Sie rüsten wieder auf, als hätten sie nichts gelernt, diese Halunken. Sie werden mir eines Tages auch mein jüngstes Kind wegnehmen, mein Peterle. Ich könnte heulen vor Wut!«

»Das ist nicht gesagt. Ich denke, dass sie in Zukunft vorsichtiger sein werden. So leicht riskiert niemand einen neuen Krieg!« Nervös geworden, griff er nach seinen Zigaretten und zündete sich eine an. Er hielt Lieselotte Korittke die Packung hin. Die schüttelte den Kopf.

»Lesen Sie keine Zeitung? Sie rüsten auf, diese Himmelshunde. Es wird wieder Krieg geben! Ich will nicht noch eines meiner Kinder verlieren.« Resigniert ließ Lieselotte ihre Hände im Schoß sinken.

»Ein Kind geht, ein Kind kommt«, warf Karl plötzlich ein. »Der Lauf des Lebens. Bald ist noch mehr Leben in der Bude. Bettine wird Mutter!«

Lieselotte herrschte ihn an: »Hältst du wohl den Rand, du Bengel! Ich könnte dich …« Sie hob die flache Hand.

Karl presste den Mund zusammen, blieb ansonsten äußerlich ungerührt. Seine Schüchternheit schien verflogen zu sein.

»Also ist es wahr?«, fragte Conradi, dem der zart gerundete Leib bei Bettine aufgefallen war. »Ihre Tochter ist in anderen Umständen?«

Lieselotte Korittke schwieg ärgerlich. Karl grinste.

»Sie kennt diesen Mann noch gar nicht lange«, sagte Lieselotte schließlich. »Erst seit vorigem Jahr. Er ist eigentlich ein Freund von unserem Karl, ging bei uns wie selbstverständlich ein und aus. Warum musste er sie gleich schwängern?«

»Gab es zu Hause Streit deswegen?« Conradi zog an seiner Zigarette und blies den Rauch durch die Nasenlöcher aus.

»Natürlich war es uns nicht recht. Noch immer haben wir uns nicht an den Gedanken gewöhnt. Meinem Mann … also meinem Bekannten war es allerdings ein Dorn im Auge. Er hat sich sehr geärgert, als er gehört hat, dass dieser Edmund ein Auge auf unsere Bettine geworfen hat.«

»Er hat getobt«, sagte Karl und lächelte verschmitzt.

»Nun übertreib mal nicht. Also gut, er hat sich furchtbar aufgeregt.«

»Dann sag auch, was er von Bettine verlangt hat.«

Lieselottes Augen wurden eisig.

»Was denn?«, wollte Conradi wissen und aschte in den Zinnbecher. »Was hat er von ihr verlangt?«

Sie wand sich, brauchte ein paar Sekunden Bedenkzeit. »Er wollte mit ihr zu so einer Frau gehen, aber das habe ich nicht erlaubt. Nun, auch mir fällt es nicht leicht. Auch ich bin hin- und hergerissen, was in dem Fall zu tun ist. Offen gestanden mache ich mir Sorgen um meine Tochter, wirklich große Sorgen. Edmund will sie nicht heiraten. Wie steht sie denn da als ledige Mutter? Was soll aus ihr werden? Ich fürchte mich vor dem Klatsch und Tratsch der Leute. Bald kommt keiner mehr zu uns, wir können schließen. Wir werden nicht mehr eingeladen. Das geht nicht. Wir brauchen unsere Stammkunden und können es uns nicht leisten, dass die schlecht über uns reden.«

»Und wenn? Ist doch egal«, maulte Karl.

»Ja, dir ist alles egal.«

»Ihr Mann hat verlangt, dass sie abtreibt?«, hakte Conradi nach.

Lieselotte nickte. »Ja, aber das wollte ich nicht. Ich traue diesen Engelmacherinnen nicht. Meine Freundin hat das damals nicht überlebt. Sie war auch in so einer Situation.« Sie senkte den Kopf.

»Ich muss Ihnen eine Frage stellen, die Sie bitte nicht persönlich nehmen. Aber ich muss Sie das fragen. Wo waren Sie am Mittwochabend zwischen 18 und 19 Uhr?«

Fassungslos starrte sie ihn an.

»Wie gesagt, ich muss Sie das fragen, Frau Korittke. Das hat nichts mit Ihnen als Person zu tun!«

»Im Wohnzimmer«, sagte sie und schluckte hörbar.

»Wer kann das bezeugen?«

»Alle – die ganze Familie.«

Conradi reckte sein Kinn in Karls Richtung. »Und Sie?«

»Ich habe fest geschlafen«, kam die Antwort mit einem leichten Zögern. Karls Mimik zeigte keine Regung. »Das habe ich Ihnen schon gesagt.«

»Das stimmt«, bekräftigte Lieselotte.

»Sie haben vorhin gesagt, Sie mussten nicht schießen im Krieg. Können Sie denn schießen?«

»Nee, damit will ich nichts zu tun haben«, wehrte Karl ab und öffnete seine Hände. »Und?«, fragte er mit neckischem Grinsen. »Bin ich der Mörder? Verhaften Sie mich?«

»Ich möchte Sie bitten, das Protokoll zu unterschreiben«, erklärte er mit einem Seitenblick auf seine Sekretärin. »Wenn es denn fertig ist.«

»Ich könnte Ihnen vielleicht sagen, wer der Mörder ist«, bemerkte Karl und schlug ein Bein über das andere. »Falls es Sie interessiert.«

Conradi nickte ihm zu.

»Ich weiß zum Beispiel, dass es kurz vor dem Tod meines Stiefvaters Streit gegeben hat mit einem Kunden.«

Conradi machte ein überraschtes Gesicht. »Nanu? Erzählen Sie mal.«

»Dieser Kunde heißt Bartsch, Erwin Bartsch. Ein Kohlenhändler aus der Altstadt. Im Krieg hat er ein Bein verloren, deshalb hinkt er. Und gibt dafür Rolf die Schuld. Angeblich hätte mein Ziehvater ihn im Schützengraben allein gelassen, ohne sich um ihn zu kümmern. Rolf hat behauptet, das wäre Unsinn. Er wäre davon ausgegangen, Erwin Bartsch sei tot. Aber Bartsch kam immer wieder, um meinen Vater vorzuführen.«

»Wie oft?«

»Einmal die Woche bestimmt.«

»Was verstehen Sie unter ›Vorführen‹?«

»Er ist durch den Laden gehumpelt, auf und ab, auf und ab, hat laut mit seinem Stock aufgestampft, immer wieder seinen hässlichen Stumpf gezeigt, dann hat er Geld verlangt, um sich eine Mahlzeit zu kaufen, wollte einen Haarschnitt, eine Tönung, eine Rasur, Pflegemittel … ach, was ihm gerade so einfiel, alles für umsonst. Er war laut und unverschämt. Mein Stiefvater hat ihm oft mit der Polizei gedroht. Er war immer froh, wenn das Wetter umschlug. Denn dann kommt Erwin Bartsch nicht. Phantomschmerzen, so nennt er das. Das abbe Bein schmerzt höllisch und er muss zu Hause bleiben.«

»Das amputierte Bein schmerzt? Sie meinen, der Stumpf?«

»Wahrscheinlich.«

»Warum hat Ihr Stiefvater Bartsch nicht einfach vor die Tür gesetzt?«

»Der ließ sich nicht rausschmeißen. Der blieb einfach sitzen und klopfte mit seinem Stock auf dem Boden herum. Rolf hat irgendwann nichts mehr gesagt, er wollte keine Szene vor den Kunden.«

Conradi blickte Karl direkt ins Gesicht. »Sie halten Bartsch für den Täter?«

»Sonst wüsste ich keinen.«

»Hatte Bartsch denn schon einmal eine Waffe dabei? Hat er damit gedroht?«

Karl sackte ein wenig in sich zusammen, als strenge es ihn plötzlich an, aufrecht zu sitzen.

»Ja oder nein?«

»Weiß nicht.«

»Wo finden wir diesen Erwin Bartsch?«

»Schauen Sie mal ins Adressbuch der Stadt Osnabrück. Da steht er sicher drin. Rolf hat nie Geschäfte mit Bartsch gemacht. Wir beziehen unsere Kohlen woanders her.«

11. KAPITEL

Nach der Vorladung aufs Polizeirevier lud Lieselotte ihren Sohn auf einen Kaffee in einem kleinen Gasthaus am Markt ein. Besorgt sah sie ihm zu, wie er seine großen ungelenken Hände an einem Becher Schokolade mit Sahne wärmte und in Gedanken versunken auf den kopfsteingepflasterten Marktplatz schaute. Wie gerne würde sie ihm helfen, aber sie wusste nicht, wie. Hinter Karl lagen schwere Zeiten. Lieselotte wusste, dass sie ihm durch ihre Verbindung mit Rolf viel zugemutet hatte. Von Anfang an hatte Rolf ihn abgelehnt. Entweder hatte er ihn ignoriert oder wegen einer Kleinigkeit zusammengestaucht. Auch geschlagen hatte er ihn mehrmals, obwohl Karl seinen Stiefvater sogar in Schutz nahm und irgendwelche fadenscheinigen Erklärungen für seine Blessuren fand, er sei zum Beispiel die Treppe hinuntergefallen oder hätte sich beim Sport verletzt. Lieselottes Mutter Wilma wusste es besser und hatte ihr eines Tages die Augen geöffnet. Lieselotte schämte sich, aber konnte es nicht ändern, so sehr hatte sie sich bereits in Rolfs Abhängigkeit begeben und genoss die wirtschaftlichen und gesellschaftlichen Vorteile. Je mehr sie sich leisteten, desto weniger wollte sie dieses neue, komfortable Leben missen. Nie wieder wollte sie in die Armut zurückkehren, in die sie hineingeboren worden war und in der sie die ersten Jahre ihres Erwachsenenlebens verbracht hatte.

»Geht es dir gut?«, fragte sie Karl, der nachdenklich schwieg. Er nickte, doch sie wusste, dass das nicht stimmte. Ihre Gedanken kehrten zurück zu einem der letzten Abende mit Rolf, eine Woche bevor er gewaltsam ums Leben gekommen war. An dem Tag war Otto aus der Gefangenschaft zurückgekehrt und hatte ihr neues Leben, in dem sie sich gemütlich eingerichtet hatte, gehörig durcheinandergewirbelt.

*

Donnerstag, 17.06.1954

Nach dem Abendessen zog sich Rolf Schmalstieg mit seiner Frau ins Wohnzimmer zurück, während Bettine und die Großmutter die Küche aufräumten und die beiden Kleinen zu Bett brachten. Rolf schaltete den neuen Fernseher ein, um ein Fußballspiel zu sehen, und war enttäuscht, dass sie nicht sendeten, sondern er sich mit dem Radioempfang begnügen musste. In der Halbzeitpause stand er auf, um den Ton leise zu drehen, sodass der Sprecher kaum noch zu hören war.

»Ich habe etwas mit dir zu bereden, Lotte«, sagte er ernst. »Einen Asbach?«

»Du hast mir versprochen, nicht mehr zu trinken. Du weißt, wie das endet.«

»Nur einen, Lotte. Dabei bleibt es. Du willst nichts?«

Sie schüttelte den Kopf. Dann klappte er die Bar in Form einer Weltkugel auf, entnahm ihr ein Glas und schenkte ein. Noch bevor er sich setzte, begann er zu trinken. Nervös wartete sie ab, was er mit ihr zu besprechen hatte. Eigentlich wusste sie es bereits.

»Du hast gesagt, du wärst Witwe«, kam Rolf ohne Umschweife zur Sache.

»Ich war selbst sprachlos, als Otto plötzlich vor mir stand«, erklärte sie nach etwas Zögern. »Ich habe nicht damit gerechnet, dass er noch lebt. Es war eine … eine Überraschung.«

»Das hättest du aber tun müssen. Solange du keinen gegenteiligen Bescheid hast, musstest du davon ausgehen, dass er eines Tages wiederkommt. Es war zu früh, ihn für tot erklären zu lassen. Jetzt weiß ich auch, warum du mich nicht heiraten wolltest.« Seine Lippen waren noch schmaler als sonst. Er öffnete den Mund kaum beim Sprechen. Sein rechtes Auge zuckte nervös.

»Das hatte einen einfachen Grund: Wir hätten dann auf meine Witwenrente verzichten müssen«, sagte sie kleinlaut. »Die kommt dir doch auch zugute, Rolf. Ich will dir nicht mit meiner Familie auf der Tasche liegen.«

»Eine Onkelehe bist du mit mir eingegangen, na bravo. Du hast mich angelogen, Lotte. All die Jahre über hast du mir etwas vorgemacht. Du hast behauptet, er sei tot. Ich habe dir geglaubt. Ich habe dir vertraut.« Als er schluckte, bewegte sich sein Adamsapfel.

»Es tut mir leid, wirklich, Rolf. Ich schwöre dir, dass ich, seitdem ich mit dir zusammen bin, nicht mehr an ihn gedacht habe. Ich habe ihn schlichtweg vergessen. Du bist mir wichtig, du und das neue Leben, das ich mit dir und den Kindern führe.«

Er lachte. »Vor allem das neue Leben. Der Wohlstand, die Bequemlichkeit.« Er trank und rauchte abwechselnd. »Ich war so großherzig, dich aufzunehmen, dich, deine Mutter und Eva, Bettine und Karl. Dafür war ich gut genug. Ich habe euch einen Lebensstil ermöglicht, den andere noch längst nicht haben, wenn sie ihn denn überhaupt jemals erreichen. Das hätte ich bestimmt nicht getan, wenn ich gewusst hätte, dass es ihn noch gibt.«

Vor ihr auf dem Couchtisch lag ein Stapel Illustrierter. Am liebsten hätte sie in der »Constanze« geblättert, um ihm nicht in die Augen sehen zu müssen, aber sie wusste, das hätte ihn rasend gemacht.

»Und jetzt? Wie soll es weitergehen zwischen dir und mir? Dein Ehemann ist wieder da. Du bist seine Frau, daran hat sich nichts geändert. Mit mir bist du nicht verheiratet. Du bist frei und kannst zu ihm zurückgehen. Nimm deine Waschmaschine mit und fang neu an mit ihm!«

»Wo denn?«, fragte sie dummerweise, denn sie sah an seinem zornigen Blick, dass er sie am liebsten auf der Stelle aus dem Haus gejagt hätte, sie, ihre Mutter und die Kinder, bis auf seine eigenen vielleicht. Die hätte er behalten. An denen hing er. Wenn überhaupt.

»Na, da wird sich doch sicherlich etwas finden lassen. Wenn nicht sofort, dann in einem Monat oder einem Vierteljahr. Kriegsheimkehrer werden schnell zur Arbeit herangezogen, sofern sie nicht krank sind. Geld erhalten sie auch von der Regierung, Wiedergutmachung, und das nicht zu knapp. Und sie bekommen eine Wohnung zugewiesen. Wird doch überall wie der Teufel gebaut. Was stand heute in der Zeitung? In der Wüste, einem bisher brachliegenden Stadtgebiet, entsteht ein neues Viertel mit Reihen- und Doppelhäusern, und im Schinkel entstehen Wohnungen mit Balkon, Zentralheizung und Duschbad, beschlagnahmungsfrei sogar. Die Alliierten haben keinen Anspruch darauf. Nicht nur die Heimkehrer, auch die Flüchtlinge können sich freuen. Die Baugesellschaft sucht im Übrigen noch Trockenmieter für ein paar Monate. Man sollte bereit sein, schnell wieder auszuziehen, wenn man schon für wenig Geld oder sogar umsonst die Wohnung für andere Leute trocken wohnt. Das brauchtet ihr bei mir nicht. Was habe ich mich abgestrampelt, um diese Wohnung zu ergattern. Ich habe keine Zuschüsse bekommen wie die da.«

»Beruhige dich, Rolf. Ich möchte nicht weg von dir. Wir haben zwei gemeinsame Kinder. Karin und Peter kennen nichts anderes. Sie kennen nur dich als Vater. Das hier ist ihr Zuhause.«

»Mit ihm hast du vier.«

»Nur noch drei, Rolf.«

»Eins mehr als mit mir.«

Sie sah ihm dabei zu, wie er den Rest des Cognacs runterkippte und gleich zur Bar ging, um nachzuschenken. »Was soll das, warum rechnest du auf? Das spielt doch keine Rolle, wie viele Kinder ich mit jedem von euch habe!«

»Weil ich in deinen Augen sehe, dass du ihn noch liebst. Und mich schon lange nicht mehr.« Er öffnete die beiden oberen Hemdknöpfe und riss ein wenig am Ausschnitt. Gekräuselte helle Haare kamen zum Vorschein. Seine Gesichtsfarbe war dunkelrot.

»Das stimmt so nicht, Rolf. Ich will ihn nicht zurück. Ich liebe dich, aber … warum bist du immer so hässlich zu Karl? Er kann doch nichts dafür. Er ist ein Halbstarker, der sich ausprobieren will. Etwas wild und unbeherrscht vielleicht. Er meint es bestimmt nicht böse. Karl hat nichts gegen dich, aber du beziehst alles, was er tut, auf deine Person.«

»Verteidige ihn ruhig, du weißt nicht, was du tust. Mit deiner Nachgiebigkeit bringst du ihn noch einmal ins Gefängnis. Karl braucht eine feste Hand.«

»Du meinst den Vorfall neulich? Als er ein Auto aufgebrochen und damit eine Spritztour gemacht hat? Fast totgeschlagen hast du ihn, wenn meine Mutter nicht im letzten Moment dazwischengegangen wäre. Und dabei hat er den Wagen unbeschadet zurückgegeben! Es ist nichts passiert! Niemand wurde verletzt, und der Volkswagen hat nicht einmal einen Kratzer abbekommen. Sogar eine Tankfüllung hat er bezahlt, von seinem kleinen Lehrlingsgehalt, hat also den Schaden wiedergutgemacht! All das siehst du nicht, willst du nicht sehen, weil du keine Geduld mit ihm hast!« Sie rauchte noch ein paarmal und drückte dann die Zigarette aus. »Und heute hatte er wieder eine aufgeplatzte Braue, rotblaue Fle-

cken am Arm und eine geschwollene Wange mit einem Bluterguss unter dem rechten Auge. Er behauptet, er habe einen Fahrradunfall gehabt. Ich glaube ihm nicht.« Ihre Stimme zitterte vor Erregung.

Rolf Schmalstieg begab sich zum Fernsehgerät und drehte am Lautstärkeregler. Es lief die Tagesschau.

In diesem Moment dachte sie an Karl. Karl hatte das Wohnzimmer schon lange nicht mehr betreten. Das fiel ihr gerade erst auf. Dabei hatte er anfangs die moderne Einrichtung gelobt und war oft bei ihnen gewesen.

Ihr wurde bewusst, dass sie Rolf nicht liebte, aber sie liebte ihr neues Heim. Darauf war sie stolz, und das würde sie nicht so schnell wieder hergeben. Es hatte ihr Spaß gemacht, durch die Möbelgeschäfte zu streifen und Geld auszugeben. Rolf war großzügig, sie durfte sich aussuchen, was ihr gefiel, solange sie im Bett gefügig war, gut und ausreichend kochte und die Wohnung in Ordnung hielt. Lieselotte hing an ihrem neuen Zuhause. Gleichzeitig wusste sie, was sie Rolf zu verdanken hatte. Er hatte ihr dieses sorglose Leben ermöglicht, hatte sie aufgefangen in einer Zeit, als sie nicht mehr weitergewusst, keine Perspektive gesehen hatte. Elende Tage lagen hinter ihr, voller Selbstzweifel und Angst vor der Zukunft. Und gerade in dieser dunklen Phase war Rolf aufgetaucht, wie ein Lichtstreif am Horizont. Sie hatten in einer langen Warteschlange vor der Deutschen Bank gestanden und auf die Auszahlung ihrer 40 Mark gewartet. Es war die Stunde 0 am 20. Juni 1948, als alles auf Neuanfang stand, als für eine kurze Zeit alle Westdeutschen gleich gewesen waren. Zwei Monate später hatte es noch einmal 20 Mark für jeden gegeben, und ab da trennte sich die Spreu vom Weizen. Rolf Schmalstieg hatte Glück gehabt, dass seine Mutter einen kleinen Teil ihrer Ersparnisse gegengerechnet bekam. Sie hatte den Betrag kurz vor ihrem Tod ihrem ein-

zigen Sohn geschenkt. Genug, um den Laden in der Johannisstraße zu mieten und einzurichten. Es war tatsächlich so: Die Währungsreform hatte sie zusammengebracht. Rolf war ihr Glück, zumindest in materieller Hinsicht. Sie, ihre Kinder und sogar ihre Mutter waren seitdem abgesichert. Sie liebte sein Portemonnaie, aber sie liebte nicht ihn, das spürte sie mit jeder Faser ihres Körpers. Sie hatte ihn nie geliebt, nicht einen einzigen Moment. Nicht, wenn er sie geküsst und gestreichelt hatte oder wenn er sich im Bett an ihr abrackerte. Sie liebte ihn nicht. Er berührte ihre Haut, nicht aber ihr Herz. Sie wusste es schon lange, aber heute wurde es ihr besonders klar. Lag es an Otto? Sie sah sein Gesicht vor sich, ausgemergelt und blass. Sie spürte seinen vorwurfsvollen Blick, der ihr sagte, dass er sie noch liebte und begehrte, dass er Angst vor der Zukunft hatte und sie sich an seiner Seite wünschte, so, wie sie es bei der Heirat versprochen hatte. In ihrem Unterleib zog es sich kribbelnd zusammen. Sie wollte nicht mehr an Otto denken, es hatte keinen Zweck und strengte sie zu sehr an. Insgeheim hoffte sie, dass sie alles nur geträumt hatte, dass es ein Albtraum war, nicht real, unwirklich. Wäre er bloß nicht zurückgekommen! Warum konnte er sie nicht in Ruhe lassen? Vielleicht wäre dann alles wie immer, sie und Rolf würden ein wenig Radio hören, sich mit einem Cognac entspannen und nicht gegenseitig mit Vorwürfen traktieren. Bisher war sie damit zufrieden gewesen. Liebe, was bedeutete das schon …

Rolf leerte sein zweites Glas in einem Zug und setzte es hart auf. »Er hatte es verdient«, sagte er heiser und ging zur Globusbar. »Er hat den Schlüssel zu meinem Wagen genommen und ihn erst Stunden später zurückgebracht. Nicht zum ersten Mal. Das letzte Mal ist nicht lange her, es war kurz vor Weihnachten, als ich Geschenke für euch besorgen wollte und die Delle an der Stoßstange entdeckte.« Erneut füllte er *sein Glas. »Und diesmal ist es leider nicht gut ausgegangen. Das schöne Stück hat eine Schramme am rechten Kotflügel abbekommen. Der Lack ist zerkratzt. Ich werde morgen einen Termin in der Werkstatt vereinbaren.«*

»Ist das wirklich so schlimm? Ich meine, wir könnten doch alle zusammenlegen. Wir bringen es gemeinsam wieder in Ordnung.«

»Das müssen wir zum Glück nicht mehr. Ich habe endlich eine Lösung gefunden.«

Sie straffte sich und sah ihm entsetzt in die Augen. »Das meinst du nicht ernst!«

»Oh doch, meine Liebe.«

Sie seufzte leise. »Bitte nicht, Rolf. Tu mir das nicht an! Ich liebe meine Kinder, alle, jedes einzelne. Jetzt schau nicht so. Es ist nur ein Haufen Blech, ein Auto. Daran kann doch ein Herz nicht hängen! Man kann es ersetzen. Selbst wenn es kaputt wäre, könnten wir noch mit dem Fahrrad fahren oder mit der Straßenbahn und dann auf einen neuen Wagen sparen. Leben ist so viel wertvoller, es kommt nicht zurück, diese Erfahrung habe ich selbst leidvoll machen müssen.«

»Ein Haufen Blech – wenn ich so etwas höre, könnte mir auch bei dir die Hand ausrutschen, Lieselotte.«

»Versuch es nur«, sagte sie ruhig, während ihr Herz zum Zerspringen klopfte. »Einmal, ein einziges Mal, und ich bin weg mit den Kindern. Auch mit Karin und Peter.«

Sein Nacken verfärbte sich nun auch puterrot, seine Halsschlagader schwoll an. Er kippte den dritten Cognac in einem Zug herunter. »Es ist mein Auto, Lotte, hörst du, meins, ich habe lange auf den Käfer gespart, er ist mir nicht in den Schoß gefallen, auch wenn du das denkst. Er gehört mir, mir allein. Und wenn er wagt, ihn noch einmal anzurühren, dann … dann garantiere ich für nichts!« Seine Zunge wurde schwer, er lallte. Noch einmal ging er zur Bar, kam torkelnd mit dem Glas in der Hand zurück. Mit triefenden Augen blieb er vor ihr stehen. »Anfangs warst du froh, dass ich bereit war, auch für deine drei großen Kinder die Vaterrolle zu übernehmen. War das nicht so?«

»Da warst du noch anders, netter, verständnisvoller. Aber nicht so. So geht es nicht. So gefällst du mir nicht. Bitte sei wieder wie am Anfang, als wir uns kennengelernt haben. Versuch es wenigstens, mir zuliebe! Und hör endlich auf zu trinken, das verträgst du nicht!«

Er betrachtete sie mit müdem Blick. Das Weiße in seinen Augen war gelblich verfärbt. »Komm ins Schlafzimmer, Lotte, ich warte auf dich.« Er stand auf und stolperte hinaus. Im Flur rief er dreimal laut ihren Namen.

Sie wusste, dass sie gehorchen musste, damit er seine Wut nicht an einem der Kinder ausließ. Es blieb ihr keine andere Wahl.

12. KAPITEL

Donnerstag, 24.06.1954

»Gehen wir«, sagte Conradi und griff nach Trenchcoat und Hut.

Fritz Starnke steckte den Bleistift in den Stifteköcher zurück. Er hielt penibel Ordnung auf seinem Schreibtisch. Füllfederhalter, Federschale, Tintenfass, Stifte stets säuberlich gespitzt, Notizzettel, Papierschere, Brieföffner, Anspitzer, Gutenberg Gummierstift und selbst die Polaroidkamera – alles hatte seinen festen Platz und wurde sofort nach Gebrauch zurückgelegt. Er regte sich auf, wenn die Reinigungsfrau die Utensilien nur um einen Zentimeter verrückte. Conradi, auf dessen Schreibtisch es manchmal aussah wie Kraut und Rüben, beneidete ihn um sein Ordnungssystem.

»Wohin?«

»Kohlen kaufen.«

»Kohlen kaufen?« Fritz Starnkes Ausdruck wechselte innerhalb von Sekunden zwischen Frage- und Ausrufezeichen. »Ach, ich verstehe.«

»Stecken Sie am besten Ihre Überzieher ein. Es dürfte schmutzig werden.«

»Nehmen wir die Max?«

»Wir könnten auch laufen. Gerade regnet es nicht.«

»Wir könnten auch fünf Minuten Zeit sparen.«

Conradi seufzte. »Also gut, nehmen wir die Max.«

Auf dem Flur begegneten sie Albert Drescher. »Moment«, sagte er, »nicht so schnell. Wo wollen Sie denn hin?«

Conradi teilte es ihm mit. Er bemühte sich, ihm nicht zu zeigen, wie gestört er sich fühlte.

»Was hat die Befragung gestern Abend im direkten Umfeld des Opfers ergeben?«

»Bisher nicht viel. Ich sehe allerdings einen Anfangsverdacht in der Familie des Opfers.«

»Ach ja? Und warum?«

»Das Paar war nicht verheiratet, die Kinder stammten teilweise nicht von ihm. Das birgt viel Konfliktpotenzial.«

Drescher streckte sich, erreichte die beiden Polizisten jedoch nur auf Schulterhöhe. »Wie ich gehört habe, soll der Friseur nicht besonders beliebt gewesen sein. Er hat es zu schnell zu weit gebracht. Damit weckte er Neid und Eifersucht. Sehen Sie sich in seinem Kollegenkreis um. Nehmen Sie die Sache ernst! Vermasseln Sie es nicht!«

Erleichtert ging Conradi weiter.

»Warum wollen Sie eigentlich nicht den Autoführerschein machen?«, fragte Starnke auf der Treppe, während er seine Tweedjacke schulterte.

Conradi warf ihm ein dünnes Lächeln zu. »Noch hat mich die Elektrische immer von A nach B gebracht. Und ich habe zum Glück zwei gesunde Füße, mit denen ich überall hinkomme. Außerdem kann ich mir ein Fahrrad leihen. Tatsächlich bin ich, wenn es drauf ankommt, mit dem Rad schneller, als ich es mit einem Automobil wäre. Und Sie? Spielen Sie mit dem Gedanken?«

Starnke grinste. »Nee, dazu fahre ich viel zu gerne Motorrad. Ich mag es, wenn mir der Wind um die Nase weht, ich mag den Gesang des Motors, wenn ich ihn aufheulen lasse, und das Staunen der Damen, wenn ich an ihnen vorbeipresche. Besonders mag ich es, wenn mich ein Mädchen auf dem Sozius von hinten umschlingt und den Kopf an meine Schulter legt. Das alles hätte ich im Auto nicht.«

»Geben Sie nicht so an. Haben Sie eigentlich Zeit für das andere Geschlecht?«

Starnke wurde rot. »Aber sicher, erst am letzten Sonnabend hatte ich das Vergnügen. Kino, Milchbar und eine kleine Spritztour zum Attersee.«

Misstrauisch und ein wenig neidisch musterte Conradi ihn. »Na dann!«

Als sie beim Fuhrpark angekommen waren, wollte Starnke wissen, warum Conradi den Täter im direkten Umfeld des Opfers vermute.

»Weil das meistens der Fall ist«, brummte Conradi, »und weil ich es merkwürdig finde, dass keiner in der Familie so richtig trauert. Oder haben Sie einen anderen Eindruck gewonnen?«

Fritz Starnke schüttelte den Kopf, schwang sich auf das Moped und startete den Motor.

*

»Warum hast du mit Conradi über mich gesprochen?«

»Keine Ahnung, dass du schwanger bist, oder was meinst du?« Karl lehnte im Hinterhof an einer Mülltonne und rauchte. Verwegen wirkte er, wie ein amerikanischer Filmstar, mit der Lederjacke, der weiten schwarzen Hose und seiner Schirmmütze, die er wegen seiner zu kurz geratenen Haare trug. Im Schatten sah man seine Pickel kaum, auch nicht, dass er schnell errötete, wenn er sich aufregte. Im Moment erschien er ihr wie ein richtiger Mann, nicht mehr wie ein Junge. Er hielt Bettine die Zigarettenpackung hin. Eigentlich durfte sie nicht, weil sie ein Mädchen war und noch nicht volljährig, aber sie griff zu. Er gab ihr Feuer.

»Was denkt er jetzt über mich?«

Karl ließ das Feuerzeug zuschnappen. »Seit wann kümmert dich das? Du konntest nicht früh genug schwanger werden. Mit meinem besten Freund hast du dich eingelassen. Ich hätte nie gedacht, dass er hinter dir her ist.«

»Hm«, meinte Bettine und rauchte schweigend.

»Liebst du ihn?«

»Ich denke schon, wenigstens ein bisschen. Aber bei ihm bin ich mir nicht sicher. Er ist oft komisch, finde ich.«

»Wie meinst du das?«

»Erst wollte er mich heiraten, dann wieder nicht. Jetzt zieht er sich komplett zurück, tut so, als hätte es nie etwas gegeben zwischen uns. Ich verstehe ihn nicht.«

»Dann liebt er dich nicht«, beeilte sich Karl zu sagen.

Verständnislos zog Bettine die Augenbrauen zusammen. »Warum bist du in letzter Zeit so gehässig? Früher hast du immer zu mir gehalten.«

Karl kratzte sich unter der Kappe. »Das siehst du falsch, ich bin nicht gehässig, nur realistisch. Edmund kann ich mir nicht als Ehemann vorstellen, ehrlich gesagt. Er muss erst einmal erwachsen werden, aber ich glaube, das will er gar nicht.«

Eine Weile schwiegen sie, jeder in Gedanken versunken.

»Bist du erleichtert, dass Rolf nicht mehr da ist?«, fragte Bettine, die froh war, das Thema zu wechseln.

»Was soll die Frage?«

»Was hast du gestern noch mit Oma besprochen? Als du in ihrem Zimmer warst? Sie wirkte so verschwörerisch mir gegenüber, als hättest du ihr ein Geheimnis anvertraut.«

»Unsinn. Ich war ein wenig aufgewühlt wegen der ganzen Sache und sie hat mich beruhigt. Das ist alles.«

»Wenn dir etwas auf der Seele brennt, kannst du es mir ruhig sagen. Bei mir ist es gut aufgehoben.«

Er schnippte die Asche weg und blickte sie kurz von der

Seite an. »Das glaube ich dir sogar. Dir konnte ich immer vertrauen. Aber da ist nichts, Schwesterherz.«

Bettine rauchte ein paar Züge und schaute einer Nachbarin hinterher, die mit einem Wäschekorb aus dem Waschkeller kam und zügig den Hof überquerte. Ihre Holzpantinen klapperten auf den Pflastersteinen. Nach ein paar Metern drehte die Frau sich um.

»Müsst ihr hier Maulaffen feilhalten und die Luft verpesten? Ich will meine Kochwäsche aufhängen, und die soll nach frischer Sommerluft riechen und nicht nach Zigarettenrauch!«

Karl paffte ein paarmal extra in ihre Richtung. »Wir sind bald fertig«, rief er. Etwas leiser fügte er hinzu: »Na ja, so bald auch wieder nicht. Wir haben Zeit.« Er lachte demonstrativ.

Eine Weile sahen sie der Hausbewohnerin beim Wäscheaufhängen zu. Sie trug einen weißen Kittel und darunter offensichtlich nur einen Büstenhalter und eine taillenhohe Unterhose. Ihre Fettpolster, die an den Seiten hervorquollen, waren deutlich zu sehen. Wahrscheinlich wusste sie nicht, dass ihr Kittel leicht durchsichtig war. Karl stupste Bettine an und kicherte etwas zu laut. Die Frau tat zum Glück so, als hätte sie nichts gehört.

»Weißt du noch«, fragte sie, »wie wir uns früher unter einer Bettdecke heimlich Gruselgeschichten erzählt haben, wenn wir nicht einschlafen konnten?«

»Ich musste sie erzählen«, korrigierte er. »Dich konnte man so schön erschrecken. Schon, wenn ich meine Stimme verstellt habe, fingst du an zu zittern. Das war lustig.«

»Hauptsächlich für dich. Und Weihnachten, erinnerst du dich? Wir mussten den Tag irgendwie rumkriegen, bis es Abend war. Stundenlang durften wir nicht in die Stube. Erst als es dunkel war und der Tannenbaum angezündet wurde, durften wir rein. Kein Tag war so lang wie dieser.«

»Nun trifft es die Lütten, wir sind zum Glück zu groß für diesen Quatsch. Aber die Geschichten, die wir uns vor Langeweile erzählt haben, waren lustig«, schloss Karl. »Auch du hast dir plötzlich die tollsten Dinge ausgedacht.«

»Bis Rolf in unser Leben trat«, schloss Bettine. »Da war es mit einem Schlag anders. Wir mussten leise sein, durften uns kaum bewegen. Alles hat ihn aufgeregt. Ich habe mir eine Kappe gewünscht, die einen unsichtbar werden lässt. Einmal war das sogar mein Weihnachtswunsch.«

»Das ist wahr«, sagte Karl und trat seine Zigarette aus. »Da war das schöne Leben vorbei.«

»Seid ihr immer noch nicht fertig?«, geiferte die Nachbarin. »Ich werde mal ein ernstes Wörtchen mit eurer Mutter reden.«

»Hängen Sie Ihre riesigen Büstenhalter und Unterhosen lieber woanders auf!«, schrie Karl zurück. »Meine kleinen Geschwister werden sonst vom Anblick Ihrer Reizwäsche verdorben!« Er griff nach Bettines Hand. Gemeinsam gingen sie ins Haus zurück.

*

»Kohlen Bartsch«, stand in verwitterter Schrift an einem alten Haus in der Bierstraße, dessen rötlicher Putz abbröckelte. Conradi und Starnke durchquerten einen Hinterhof mit Ställen und Schuppen. Es roch nach Landwirtschaft, nach Pferden, Heu und Dung. Sie erreichten einen düsteren, feuchten Lagerraum, aus dem Geräusche drangen. Geräucherte Forellen hingen an einer Leine über dem Kamin.

Sie entdeckten einen Mann hinter einem mannshohen Kohlenhaufen. Nur seine blaue Schiffermütze war zu sehen. Als sie sich näherten, bemerkten sie die Kohlenfuhre, aus der er das Heizmaterial wohl eben gekippt hatte. Sein linker

Fuß steckte in einem klobigen braunen Lederschuh. Holzkrücken, die er sich unter die Arme geklemmt hatte, gaben ihm Halt. Das rechte Hosenbein war umgeschlagen und in den Bund seiner Arbeitshose geschoben. Traurig baumelte es um den Stumpf herum. Der Kohlenmann hatte sichtlich Mühe, mit einem Spaten Kohlen in einen Jutesack zu schippen und dabei das Gleichgewicht zu halten. Er schwankte, ächzte und schwitzte vor Anstrengung. In seinem rußigen Gesicht fielen die stahlblauen Augen umso mehr auf. Als er merkte, dass er beobachtet wurde, drehte er sich um und geriet dabei noch mehr ins Straucheln. Fast wäre er gefallen, konnte sich im letzten Moment noch halten. »Sie wünschen?«, fragte er unwirsch und wischte sich mit dem Hemdsärmel den Schweiß von der Stirn.

Conradi tippte zum Gruß an seine graugrüne Polizeimütze. Fritz Starnke tat es ihm nach. »Sind Sie Erwin Bartsch?«

»Was wollen Sie von mir? Hat sich ein Kunde über mich beschwert? Zu wenig Kohlen im Sack?« Sein Mund stand vor Anstrengung offen. Er spielte mit einem Seil, das er in der Hand hielt. Mit einer ruckartigen Bewegung zurrte er den Sack damit zu. Seine Hände waren schwarz und rissig, mit blutigen Kratzern übersät.

»Ich bin ein wenig unter Zeitdruck«, eröffnete Conradi das Gespräch, wie um sein Revier zu markieren. »Sagt Ihnen der Name Rolf Schmalstieg etwas?«

Bartsch machte eine abrupte Kopfbewegung. »Ja klar. Weshalb fragen Sie? Hat er mich angezeigt?«

Johann Conradi ließ ihn zappeln, ehe er zu einer Antwort ansetzte. »Nein, Herr Bartsch. Er kann Sie nicht mehr anzeigen.«

Heftig atmend stützte sich Bartsch auf seine Krücken. »Was soll das bedeuten?«

»Er ist tot.«

Der Kohlenhändler lehnte sich an die Fuhre. Auf seinem Gesicht zeigte sich ein ungläubiges Grinsen, Schwarze Zahnstummel waren sichtbar, einige Zähne fehlten. »Kann nicht sein«, entfuhr es ihm. »Der ist doch nicht tot! Der Schmalstieg? Niemals! Sie erzählen mir Schauermärchen. So einer ist nicht totzukriegen. Schmalstieg nicht. Nee, nee, der nicht!« Er stieß ein heiseres Lachen aus.

Conradi blieb ruhig. »Wir sind nicht hergekommen, um Sie auf den Arm zu nehmen. Wir sind hier, um einen Fall zu lösen, und hoffen, dass Sie uns dabei helfen können.«

»Einen Fall? Was für einen Fall?«, überlegte Bartsch laut.

»Es war kein natürlicher Tod. Rolf Schmalstieg ist ermordet worden.«

Der Händler riss die Augen auf. »Jetzt hören Sie aber auf!«

»Bitte, Herr Bartsch, wir können auch gerne ins Haus gehen und in Ruhe reden.«

»Nicht nötig.«

»Dann antworten Sie mir bitte. Wann haben Sie ihn das letzte Mal gesehen?«

»Gestern.«

»Ach ja? Erzählen Sie mal. Können wir uns irgendwo …«, Conradi sah sich suchend um, »… in Ruhe unterhalten?«

»Hier stört uns niemand«, sagte der Händler, nahm seine Mütze ab und kratzte sich am speckigen Hinterkopf. »Ich frage mich wirklich, wer diesen Lump erschossen haben könnte.«

»Um welche Uhrzeit haben Sie Schmalstieg gesehen und wo?«

»Gestern Morgen gegen 8.30 Uhr war ich bei ihm, hab meine Haarpracht stutzen lassen. Einmal Maschinenschnitt zwei Millimeter, raspelkurz wie immer. Mit einem Meckischnitt fühle ich mich am wohlsten bei der Hitze hier.« Er fuhr sich über den geschorenen Kopf. »Da war alles normal.«

»Was bedeutet für Sie normal? Dass Sie ihn erpresst haben mit Ihren alten Geschichten?«

Erwin Bartschs Kinnlade rutschte herunter. »Hat er Ihnen das erzählt?«

Conradi kam einen Schritt näher und stützte die Hände in die Seiten. Ein übler Geruch nach Schweiß und kaltem Rauch stieg ihm in die Nase. »Was werfen Sie ihm vor?«

Erwin Bartsch verlagerte sein Gewicht, ließ dabei aber seinen Haltepunkt an der Kohlenfuhre nicht los. Mit einer Krücke deutete er auf sein amputiertes Bein. »Da! Sehen Sie? Das hat er mir angetan. Ein Krüppel bin ich durch ihn, kann nicht mehr richtig arbeiten. Das Bein, also der Rest davon, macht mir jeden Tag das Leben zur Hölle, habe Schmerzen ohne Ende, besonders nachts und wenn das Wetter umschlägt. Wenn es übermorgen regnet, spüre ich das heute im Stumpf. Es zieht, hämmert und pocht ohne Ende. Verstehen Sie? Nein, das können Sie nicht verstehen.«

»Ich verstehe«, sagte Conradi trotzdem. »Erzählen Sie mir, was passiert ist. Ich höre zu.«

»Na schön, also der Reihe nach. Wir waren in einer Truppe, haben zusammen gekämpft an der Front. In Frankreich war das. Er hat gesehen, wie ich eine Granate abbekommen habe. Er hat es genau gesehen, vor seinen Augen ist das passiert. Ich habe geschrien wie eine abgestochene Sau. Er kam noch zu mir und hat gefragt, ob er helfen kann. Eine Weile blieb er notgedrungen bei mir, hat auf mich eingeredet von wegen durchhalten und Hilfe holen und so und hat sich dann einfach verpisst. Ich habe noch gedacht, er will wirklich Hilfe holen, mich fortbringen, irgendwohin, wo mir geholfen wird, aber er hat mich im Dreck liegen gelassen und ist nicht mehr wiedergekommen. Haben

Sie Töne? Aus dem Staub gemacht hat er sich, der Held.« Voller Zorn funkelte er Conradi an. Durch dessen Nicken fühlte er sich ermuntert, fortzufahren.

»Übrigens war ich nicht der Einzige, dem es so ergangen ist«, sagte Bartsch und spielte mit seiner Krücke an seinem hochgekrempelten Hosenbein herum. »Andere sind auch getroffen worden. Ich habe die gellenden Schmerzensschreie der Männer um mich herum bis heute im Ohr. Ich rieche noch das Blut, wissen Sie, wie das riecht? Nach rostigem Metall und nach Verwesung. Nach Tod riecht das. Ich weiß, wie der Tod riecht. So etwas vergisst man bis an sein Lebensende nicht, das bleibt immer im Kopf.« Er tippte sich an die Mütze, die er inzwischen wieder aufgesetzt hatte.

Conradi suchte Blickkontakt mit Starnke, der sich etwas abseits hielt. Er hatte keine Fronterfahrung und fühlte sich bei den Schilderungen sichtlich unwohl.

»Nachts wache ich manchmal auf von meinem eigenen Gebrüll«, fuhr Bartsch fort. »Mein Herz klopft zum Zerspringen und ich finde nicht mehr in den Schlaf zurück. Muss aufstehen und zwei, drei Stumpen Schnaps runterkippen, dann geht es wieder. Aber zurück zum Thema. Irgendwann kam endlich jemand und hat mein Bein abgebunden. Ich weiß nicht, wer das war. Da war ich schon weg, fast tot. Der Arzt im Lazarett konnte mein Bein nicht retten. Er sagte mir, wenn der erste Helfer die verwundete Stelle ordnungsgemäß abgebunden und sofort Hilfe geholt hätte, wäre das Bein nicht abgestorben. Dann hätte es nicht amputiert werden müssen. Und dieser erste Helfer war Schmalstieg. Ein Hasenfuß, eine Memme, ein Feigling vor dem Herrn.« Er spuckte aus. »Soll ich Ihnen noch was erzählen über diesen Mistkerl? Wollen Sie noch mehr hören? Mit Vergnügen. In den letzten Kriegswochen ist Schmalstieg desertiert. Hat mir ein Kunde verraten, der ihn gut kennt und den ich regelmäßig mit Kohlen beliefere. Er ist vom fahrenden Zug abgesprungen, in Deutschland, als er zum nächsten Einsatz gebracht werden sollte. Von März 1945 bis Kriegsende hat er sich irgendwo versteckt. Ein typischer Mitläufer, dieser Schmalstieg, ein Waschlappen. Er sagte immer: ›Wer was gesagt hätte, wäre erschossen worden.‹ Ich finde es eine seltsame Ironie des Schicksals, dass das jetzt tatsächlich so gekommen ist.« Erwin Bartsch grinste von einem Ohr zum anderen. »Sie nicht?«

Conradi wurde übel von seinem Mundgeruch. Er trat zwei Schritte zurück. »Schmalstiegs Witwe hat mir erzählt, aus gesundheitlichen Gründen wäre er vom Militärdienst freigestellt worden und hätte seine Arbeit wieder aufnehmen dürfen.«

»Das ist eine Lüge. Schmalstieg wurde nicht freigestellt. Er hat sich selbst befreit. Ein feiger Hund ist das, nichts weiter. Nicht, dass Sie mich falsch verstehen, ich hasse den Krieg, aber ich hasse auch Deserteure. Die einen machen sich das Hemd nass, setzen Leib und Leben aufs Spiel, und die machen sich feige aus dem Staub, tun so, als hätte das alles nichts mit ihnen zu tun. Egoisten sind das, Feiglinge. Ich hasse solche Typen! Ich finde sie rücksichtslos und erbärmlich, ohne jede Moral. Ich verabscheue sie zutiefst!« Erneut spie er aus.

Conradi fühlte sich ein wenig ermattet von Bartschs Gefühlsausbruch. Er hatte den Eindruck, dass er ihn mit Empathie für sich gewinnen könnte. »Ich verstehe Sie vollkommen, das geht nicht an. Da wäre ich auch aufgebracht gewesen, vielleicht sogar verbittert. Tut mir von Herzen leid für Sie! Wie geht es Ihnen denn im Moment mit dem Stumpf? Haben Sie gerade Beschwerden?«

»Klar, immer, jeden Tag, jede Nacht. Nichts hilft, außer ab und zu ein Korn oder ein Schnaps. Ich bin fertig, am

Ende, habe alles verloren. Frau weg, Kind weg, Freunde weg, Kunden auch größtenteils weg, schönes Leben weg. Meine Frau ist mit dem Sohn in eine andere Stadt gezogen. Ich weiß nicht einmal, wo sie heute lebt. Fast alle, die mir mal etwas bedeutet haben, sind fort, haben sich aus dem Staub gemacht oder sind tot. Wenn du nichts mehr hast, giltst du auch nichts mehr. Dann bist du nur noch ein Häufchen Dreck. Die anderen vergessen dich. So schnell kannst du nicht einmal um die Ecke gucken, wie du in Vergessenheit gerätst. Du bist Luft für sie. So ist das nun einmal mit den lieben Mitmenschen.« Er zog einen Flachmann aus der Jackentasche und nahm einen tiefen Zug. Dann rülpste er. »Das ist nun mein Leben«, sagte er tief ausatmend, »der klägliche Rest davon, ein Überleben von Tag zu Tag. Mehr bleibt mir nicht.«

»Ich verstehe«, sagte Conradi. Bei allem Verständnis ging ihm der Mann mit seinem Gejammer auf die Nerven. »Verzeihen Sie, aber ich muss das Ganze ein wenig abkürzen. Wo waren Sie gestern Abend zwischen 18 und 19 Uhr?«

Erwin Bartsch glotzte ihn an. Mit seinem schmutzigen Zeigefinger deutete er zwischen den beiden Polizisten hin und her. »Ist das Ihr Ernst? Und Ihr Lakaie da sagt gar nichts? Ist schmückendes Beiwerk, oder wie?«

»Ich höre zu«, sagte Fritz Starnke schüchtern und wechselte das Standbein. »Das ist viel mehr, als Sie denken.«

»Was für eine Tugend, selten geworden heutzutage! Wer kann schon noch zuhören?«, sagte Bartsch und lachte ihn dröhnend aus. »Na, dann mal los! Hören Sie zu und lernen Sie was!«

»Vielleicht antworten Sie einfach meinem Kollegen mal?«, wagte sich Starnke mutig aus seiner Deckung. »Wir wollen doch alle fertig werden, oder nicht? Danach können Sie auch weitermachen mit Ihren Kohlen!« Er deutete auf die Fuhre.

Bartsch funkelte ihn wütend an. »Haben Sie überhaupt schon was zu sagen mit Ihrem Milchgesicht? Sie sind doch bestimmt noch in der Lehre. Mit Ihnen rede ich gar nicht!«

»Dann beantworten Sie eben *meine* Frage«, sagte Conradi ruhig. »Ich möchte das Gleiche von Ihnen wissen wie mein Kollege. Der ist im Übrigen längst fertig mit seiner Ausbildung und hat das gleiche Recht, Fragen zu stellen, wie ich.«

»Sie glauben, ich habe ihn umgebracht? Ich, der Krüppel?« Er fuhr sich durch die dunklen Haare. »Schön wäre es, wenn ich das geschafft hätte. Aber nun gut. Die von Ihnen genannte Zeit ist Abendbrotzeit bei mir, wie früher, als noch alles gut war«, sagte er trübsinnig. »Ich habe oben gesessen, in der Küche, Bier getrunken und Schmalzbrote gegessen. Dann ein, zwei Korn runtergekippt und ab in die Falle. Kein Fußball. Die hektischen Stimmen machen mich kirre. Abends bin ich so müde, da lockt mich nur noch mein Bett. Sobald die Hühner auf dem Nachbargrundstück mit ihrem Gegacker aufhören, ist auch für mich Schicht im Schacht.«

»Wann ist das denn?«, erkundigte sich Starnke.

»Himmel, Sie sehen aus, als hätten Sie Ihr Leben nur am Schreibtisch verbracht!«

»Und Sie? Haben Sie keine Uhr?«

»Ich brauche so was nicht. Ich weiß, wann die Sonne am höchsten steht, das reicht mir.«

»Sie waren also allein in der Küche«, stellte Conradi fest.

»Menschen stören mich. Ich vertraue niemandem mehr.«

»Besitzen Sie eine Waffe? Vielleicht aus dem Krieg?«

Erwin Bartsch schluckte. Seine Augen waren rot vor Müdigkeit und Anstrengung. »Nein!«, sagte er und schob sich von der Fuhre ab. »Ich muss jetzt los. Ein Kunde hat diesen Sack hier bestellt. Der muss ausgeliefert werden. Sonst kriege ich Probleme. Und das will ich nicht. Hab genug davon am Hals.« Demonstrativ kickte er mit dem klobigen Bein gegen den schweren Sack.

»Wie bringen Sie die Kohle zu den Leuten? Sind Sie motorisiert?«

Bartsch lachte höhnisch auf. »Ja, mit einem PS«, sagte er. »Das alte Friesenmädchen Paula wartet brav im Stall auf mich. Das einzige Lebewesen, auf das Verlass ist!«

13. KAPITEL

»Setz dich zu mir an den Kamin, mein Sohn«, sagte Walter Kettler und bot Edmund den besten Platz auf dem Sofa an. »Whisky?«

»Warum nicht?«

»Dachte ich mir schon, dass du nicht ablehnst, du bist ja dem Alkohol nicht abgeneigt, egal, welche Tageszeit wir gerade haben.« Er schickte ein süffisantes Lächeln hinterher.

Edmund verkniff sich einen Kommentar.

»Ich frage mich, warum du nicht mit uns zusammen die Spiele verfolgst«, sagte Kettler senior.

»Ich habe es aufgegeben, Vater. Nach der Niederlage in Basel sind die Spieler unmotiviert. 8:3 für Ungarn, was für eine unfassbare Blamage! Ich schäme mich für unsere Mannschaft. Unsere Jungs haben den Fußball verlernt«, meinte Edmund. »Es macht keinen Spaß mehr.«

»Das dachte ich auch erst«, sagte Walter Kettler ernst. »Aber man darf nicht vergessen, dass wir vor vier Jahren nicht mit dabei waren und etwas eingerostet zu sein scheinen. Mit dem Spiel gegen die Türkei hat sich das Blatt gewendet und wir sind im Viertelfinale. Wer weiß, vielleicht passiert ja noch ein Wunder. Jetzt sicher nicht, aber vielleicht in vier Jahren bei der nächsten Weltmeisterschaft!«

»Wir sind im Viertelfinale? Tatsächlich? Das habe ich gar nicht mitbekommen! Dann scheine ich ja etwas verpasst zu haben.«

Walter Kettler holte tief Luft. »Ich möchte dir ein Lob aussprechen, mein Sohn.«

»Aha?«

»Ich habe deine Fotografien gesehen. Sie gefallen mir, ja wirklich, ich denke, dass sie durchaus das Zeug hätten, in einer Ausstellung gezeigt zu werden.«

»So plötzlich? Woher der Sinneswandel?«

Walter Kettler reichte ihm ein Glas, halb gefüllt mit dem bernsteinfarbenen Getränk.

»Nun, Sinneswandel würde ich es nicht nennen, ich bin nur überrascht, wie künstlerisch deine Bilder sind. Das hat jedoch nichts damit zu tun, dass ich dich gerne wieder öfter im Betrieb sehen würde. Noch immer habe ich die Hoffnung nicht aufgegeben, dich zum Juniorchef von Möbel Kettler zu machen.«

Edmund seufzte und nippte am hochprozentigen Getränk. Hart stellte er das Glas auf, bevor er antwortete: »Das würde nicht funktionieren, Vater. Aus dem einzigen Grund, dass ich nicht zum Verkäufer tauge. Ich bin zu introvertiert, mag nicht gerne auf Menschen zugehen.«

»Oh, da habe ich aber einen ganz anderen Eindruck gewonnen. Du lässt doch keine Feier aus, überall, wo etwas los ist in Osnabrück, bist du mit von der Partie! Oder irre ich mich?« Walter Kettler verschränkte die Arme vor dem fülligen Oberkörper.

»Das ist etwas anderes. Ich liebe Musik und bin gern unter Leuten. Nur ansprechen mag ich sie nicht. Ich bin froh, wenn sie mich in Ruhe lassen.«

»Edmund, du kannst deine Liebhaberei behalten. Die Fotografie ist eine schöne Sache – für das Wochenende, für den Urlaub. Es ist eine ausgezeichnete Freizeitgestaltung, aber kein Broterwerb!«

»Ich möchte aber, dass ein Beruf daraus wird! Viele Leute verdienen heutzutage damit ihr Geld. Gerade in der Modeindustrie werden gute Fotografen gebraucht!«

»Lächerlich, Modeindustrie. Wozu soll das gut sein? Schön, dann mach das nebenbei! Arbeite tagsüber für mich und fotografiere abends!«

»Da habe ich etwas Besseres zu tun.«

»Ausgehen, ich weiß. Du treibst dich in Bars und Musikschuppen herum, wo du auf einfache Mädchen triffst, wie Bettine Schmalstieg!«

»Das ist nicht wahr. Ich habe sie nicht dort getroffen. Es geht mir nicht darum, Mädchen kennenzulernen, ich will nur Musik hören und mich ein wenig amüsieren. Lass mir doch mein Vergnügen!« Er dachte nicht daran, die Sache mit Bettines Nachnamen aufzuklären. Im Salon kannte sie jeder als Fräulein Bettine. Dass sie keine Schmalstieg war, brauchte niemanden zu interessieren.

Der Fabrikant lächelte dünn und schwenkte sein Glas.

»Vater, du bist mit deinem kleinen langweiligen Leben in der Fabrik zufrieden. Mir jedoch würde es nicht reichen. Wer soll an einem Alltag Freude haben, der so grau und eintönig ist? Ich versuche auf meine Art und Weise, meinen Unterhalt zu verdienen und dennoch ein wenig Glanz und Flitter, ein wenig Leichtigkeit und Sonnenschein in mein Leben zu lassen. Was kann daran verkehrt sein, in so einem kurzen Dasein?«

Walter Kettler schlug die Beine übereinander. »Es kommt mir seltsam vor, ungerecht den Toten und Verwundeten gegenüber. Ich weiß nicht, ob das der richtige Weg ist. Man kann nicht so tun, als sei nichts gewesen. Der Krieg ist erst neun Jahre her. Mir ist das zu oberflächlich.«

»Verzeihung, aber ich bin anderer Ansicht. Vater, du vergisst, auch ich habe andere Zeiten erlebt. Alle, mit denen ich ausgehe, haben im Luftschutzkeller gesessen, haben gefroren, geschwitzt, Hunger und Durst gelitten, gebetet, sich gesorgt. Die Väter waren draußen auf dem Schlachtfeld. Alle haben sie einmal Angst gehabt und keine Hoffnung mehr auf bessere Zeiten, und jeder fürchtet sich im Grunde davor, dass es eines Tages wieder so werden könnte. Darum wollen sie vergessen, was man eigentlich nicht vergessen kann, auch ich, Vater. Ich will nur vergessen und mich mit der Welt aussöhnen. Mein Leben liegt noch vor mir. Kannst du das nicht verstehen?«

Edmund Kettler starrte in sein Whiskyglas.

»Übrigens wollte ich mit dir noch über eine andere Sache reden«, sagte der Möbelfabrikant und kniff seine Augen zusammen. »Habe ich dir erzählt, dass ich, kurz bevor Schmalstieg getötet wurde, bei ihm im Salon war?«

Edmund schluckte. Mit großen Augen sah er seinen Vater an. »Nein, hast du nicht!«

»Ich habe mich rasieren lassen. Irgendetwas lag ihm auf der Seele, über das er mit mir reden wollte. Wir waren aber nicht allein und so hat er mich auf den nächsten Tag vertröstet. Ich sollte vor der eigentlichen Öffnungszeit zu ihm ins Büro kommen. Aber dazu kam es leider nicht mehr. Um was könnte es sich gehandelt haben? Ich zerbreche mir seitdem den Kopf.« Herausfordernd suchte er Edmunds Blick.

»Schade, Vater«, sagte Edmund leise«, »dass du es nun nie erfahren wirst. Vielleicht wollte er nur mit dir über die Hochzeit von Bettine und mir plaudern. Die nicht stattfinden wird.«

»Wirklich nicht?« Der Fabrikant hatte Mühe, sein erleichtertes Lächeln unter Kontrolle zu bekommen.

»Wirklich nicht.«

»Sie wird nicht stattfinden, weil etwas passiert ist. Ihr Vater ist tot.«

»Wer ist tot?«

»Schmalstieg. Übrigens war er nicht ihr richtiger Vater, sondern hat sie nur bei sich aufgenommen.«

Walter Kettler zuckte zusammen, als würde er gerade aufwachen. »Rolf Schmalstieg ist tot? Warum das?«

»Bettine war kurz bei mir, um mir die unglückselige Nachricht zu überbringen. Er ist erschossen worden, in seinem eigenen Salon.«

»Du redest im Wahn, Junge! Ich kann mir das nicht vorstellen! Der Krieg ist vorbei und Schmalstieg wird erschossen? Unmöglich!«

»Es ist so, wie ich sage. Bettine sagt, die Polizei würde ermitteln.«

»Ermitteln? Gegen wen?«

»Gegen seinen Mörder. Ich möchte mich in der nächsten Zeit da nicht blicken lassen, und ich möchte dich bitten, dich ebenfalls vom Salon fernzuhalten. Es würde kein gutes Licht auf uns werfen, auch wenn wir beide mit der Sache nichts zu tun haben.«

»Natürlich nicht, Edmund. Natürlich nicht.« Kettler stürzte das hochprozentige Getränk hinunter. »Mit einem

Verbrechen wollen wir nichts zu tun haben. Der Laden ist von nun an für mich gestorben. Es gibt zum Glück noch andere Salons in Osnabrück.« Seine Hand zitterte, als er das Glas abstellte.

»Eben. Entschuldige mich bitte, Vater, ich muss mal telefonieren.«

*

Auf Höhe der treppenförmigen Giebelhäuser am Markt stöckelte eine junge Frau im blauen Kostüm vor den beiden Kommissaren her. Sie hatte einen anmutigen Gang, trug einen kleinen gelben Hut, eine farblich passende Handtasche sowie hochhackige Pumps. Conradi musste immer wieder hinsehen, weil sie ihn von hinten an Frederike erinnerte. Der gleiche Gang, die gleiche Figur, in etwa die gleiche Körpergröße, nur die Haarfarbe war anders. Sehnsucht regte sich in ihm. Ach, wenn sie es doch wäre! Ein paar Minuten, nur fünf Minuten sich mit ihr unterhalten! Wie hell wäre dann sein Tag, wie froh er selbst. Schnell schaute er weg und blickte zum Rathaus, das erst vor wenigen Jahren nach völliger Zerstörung wiedereröffnet worden war. Glücklicherweise waren in weiser Voraussicht wertvolle historische Teile der Inneneinrichtung während des Krieges ausgelagert worden und so erhalten geblieben. Bilder, Schriften, Dokumente, Teppiche und Wandbehänge – fast alles konnte gerettet werden.

Als Conradi über einen lockeren Pflasterstein stolperte, löste sich die Sohle seines Schuhs, die vorher schon beschädigt gewesen war. Früher hatte er drei Paar besessen, aber das war lange her. Er war es nicht mehr gewohnt, in Geschäfte zu gehen und für sich etwas auszusuchen. Ohne Frederike machte es ihm keinen Spaß.

Sie erreichten die Wache, grüßten den diensthabenden Schutzmann hinter der Glasscheibe und nahmen die Treppen in den zweiten Stock.

Im Büro standen sie lange vor der Fotowand mit den Schwarz-Weiß-Bildern, die Johann Conradi am Tatabend aufgenommen hatte. Er kniff die Augen zusammen. »Das Einschussloch bei Rolf Schmalstieg ist rechts«, sagte er. »Der Täter muss an dieser Stelle gestanden und genau aus dieser Position geschossen haben.« Er markierte mit dem Bleistift einen Kreis. »Links ist die Kugel wieder ausgetreten. Ein glatter, gezielter Durchschuss. Was sagt Ihnen das?«

Starnke stellte sich dicht vor die Wand und zog die schmalen Schultern hoch.

»Wäre es nicht natürlicher, wenn er die Verletzung an der anderen Schläfe hätte?«

»Ein Linkshänder«, kam die Antwort etwas verzögert. »Es wäre denkbar, dass er mit der linken Hand geschossen hat. Mit der rechten hätte er von diesem Schusswinkel aus nicht so gezielt treffen können.«

Conradi nickte. »Womit hat der Kohlenhändler sich immer wieder über die Stirn gewischt? Haben Sie darauf geachtet?«

Starnkes Gesicht leuchtete auf. »Mit der linken Hand!«

»Womit hat er auf sein Bein gedeutet?«

»Mit der linken Krücke? Sicher bin ich mir leider nicht.«

»Gut, Starnke! Und haben Sie seine Reaktion beobachtet, als ich nach der Waffe gefragt habe?«

Der junge Mann nickte. »Wirkte nicht sehr überzeugend, seine Ausrede«, meinte er. »Er hat zu lange gezögert, um glaubwürdig zu sein. Ich glaube, er besitzt eine.«

»Eine andere Frage finde ich viel entscheidender: Woher wusste Bartsch, dass Schmalstieg erschossen wurde? Wir haben es ihm nicht gesagt.«

Starnkes Wangen färbten sich rot. »Da haben Sie recht! Das ist Täterwissen!«

Conradi zog Luft durch die Zähne ein. »Er verhält sich höchst verdächtig, und so einiges spricht für ihn. Die Indizien sind nicht von der Hand zu weisen.«

»Jetzt, wo Sie es sagen … Er hat zudem kein Alibi. Der Kohlenhändler ist unglücklich. Er fühlt sich von allen betrogen, besonders von Rolf Schmalstieg. Den hat er gehasst. Bartsch hat nichts mehr zu verlieren. Er betrachtet sein Leben als verpfuscht.«

»Das ist genau mein Eindruck.«

»Was ist? Holen wir uns einen Durchsuchungsbeschluss?«

Conradi überlegte. »Ich halte das trotz der erdrückenden Indizien für verfrüht. Warten wir erst die Ergebnisse aus der Gerichtsmedizin ab. Durchsuchen können wir immer noch. Ich glaube nicht, dass Gefahr in Verzug ist.«

»Warum abwarten? Was ist, wenn Bartsch türmt?«

»Das wird er nicht tun. Ich habe das Gefühl, ihm wäre es recht, wenn wir ihn mitnehmen. Und genau dieser Aspekt lässt mich zögern. Er ist auf jeden Fall verdächtig, wenn nicht gar der Hauptverdächtige. Er hat ein starkes Motiv und kein Alibi. Außerdem hatte er die Gelegenheit zu töten, denn er ging als Kunde bei Schmalstieg ein und aus. Aber ich werde trotz alledem das Gefühl nicht los, dass uns die Familie des Friseurs etwas verheimlicht.«

Fragend hob Starnke die Augenbrauen. »Was meinen Sie damit?«

»Ich habe ein ambivalentes Bild von dem Toten gewonnen. Auf der einen Seite war er gewiss ein Mitläufer, ein Hasenfuß, wie Bartsch ihn beschreibt, auf der anderen Seite ein Despot, ein Familientyrann. Das Mädchen, Bettine, muss sehr unter ihm gelitten haben. Haben Sie ihren Blick gesehen und ihre Reaktion beobachtet? Und auch Karl wirkte wie versteinert, sobald die Rede auf seinen Ziehvater kam. In seinem Gesicht zeigte sich Wut, eine versteckte Aggression, wenn nicht sogar Hass. Er druckste herum, wollte nicht so recht mit der Sprache rausrücken. Auch Angst habe ich bei ihm gesehen. Aus Angst erwächst Wut und aus Wut erwächst Hass. Warum redet er nicht? Wen will er schützen?«

»Das ist mir ebenfalls aufgefallen. Er schweigt, weil er jemanden schützen will – oder sich selbst.«

Nachdenklich legte Conradi seinen Zeigefinger auf den Mund. Eine Weile schwieg er. »Ich werde nachher noch einmal rausfahren zur Familie. Muss mir sowieso mal wieder die Haare schneiden lassen, sieht aus wie Kraut und Rüben. Mal sehen, was ich so in Erfahrung bringen kann.«

»Dazu brauchen Sie mich ja nicht, oder?«

»Nicht unbedingt, nein. Es sei denn, Sie wollen sich gleichfalls …«

Mit beiden Händen strich Starnke seine Haare zurück. »Nein. Meine Haare sind kurz genug. Meine Mutter ist zwar anderer Ansicht, sie meint, ich sähe bald aus wie ein Mädchen, aber weit gefehlt. Apropos, ich wollte fragen, ob ich heute etwas früher gehen kann. Im Ritz läuft ein Hitchcock, ›Das Fenster zum Hof‹, den Film wollte ich mir unbedingt ansehen. Und bislang sind wir ja nicht so weit mit den Ermittlungen, dass ich unabkömmlich bin, oder?«

»Gehen Sie nur. Ich nehme an, nicht allein. Ich beneide Sie ein wenig, Herr Starnke. Nutzen Sie Ihre Jugend, sie ist schnell vorbei!«

»Meine Jugend ist schon vorbei.«

Conradi winkte ab. »Alles eine Frage der Perspektive. Aber ins Kino würde ich gerne mal wieder gehen. Jeden Tag komme ich am Ritz vorbei, werfe einen Blick auf die Filmplakate und habe es noch nicht ein einziges Mal geschafft, hineinzugehen. Und dabei ist das Lichtspielhaus an der

Ecke Lotter Straße/Bergstraße so nah, dass ich es wie ein verlängertes Wohnzimmer betrachten könnte. Wie dumm von mir, nicht wahr? Ich wünsche Ihnen beiden jedenfalls viel Spaß!«

Der junge Kommissar wurde rot. »Beiden? Wieso? Ich habe doch gar nicht gesagt, dass ..., oder?«

Conradi schmunzelte. »Scheint ein nettes Mädchen zu sein. Ich habe Sie gestern zusammen bei Remme gesehen, rechts in der Fischabteilung. Ich war links im Kolonialwarenladen.«

Fritz Starnke räusperte sich. »Renate hat Scholle für ihre Großmutter gekauft und für sich selbst zwei Heringe.«

»Sie hat einen guten Geschmack. Grüßen Sie sie von mir.«

»Die Oma?«

Conradi lächelte in sich hinein.

14. KAPITEL

»Katharina, kommen Sie doch mal bitte mit in mein Büro!« Walter Kettlers Miene duldete keine Widerrede.

Er bot ihr einen Platz vor seinem Schreibtisch an. »Sie haben vor einigen Tagen ein Telefonat angenommen«, begann er geschäftig. »Es handelte sich um einen Anruf aus dem Friseursalon Schmalstieg, Sie erinnern sich?«

Katharina schluckte und nickte. Sie wirkte zerbrechlich mit ihrer Blässe und den dunklen Haaren, die sie als Dutt trug. Darauf hatte sie ein gestärktes Häubchen gesetzt, das auf ihrem kleinen runden Kopf wie ein Krönchen aussah. Sie war noch sehr jung, er schätzte sie auf höchstens 17 Jahre, vielleicht auch jünger. Gisela hatte sie eingestellt. Die Mädchen kamen und gingen, er kümmerte sich nicht um solche Details.

»Hatten Sie den Eindruck, dass das Gespräch eher beruflich war oder privat?«

»Ich weiß nicht, das hat Herr Schmalstieg mir nicht gesagt.« Sie wischte ihre Hände an der blütenweißen gestärkten Schürze ab, die ihr etwas Unschuldiges verlieh.

»Erwähnte er zufällig meinen Sohn Edmund?«

»Nein, daran würde ich mich erinnern.«

»Soso, daran würden Sie sich erinnern.« Seine blauen Augen mit den auffälligen Schlupflidern taxierten ihre Figur, die seiner Meinung nach tadellos war. Sie trug ein schlichtes blaues Kleid mit kurzen Ärmeln und weißen Paspeln. »Katharina, meine Liebe, Sie sehen bezaubernd aus«, sagte er mit heiserer Stimme. »Darf ich das überhaupt sagen, ohne aufdringlich zu wirken?«

Fragend blickte sie ihn an.

»Manche Frauen denken gleich, man wolle etwas von ihnen, wenn man persönliche Worte an sie richtet. Sind Sie auch so eine, die nicht gerne Komplimente hört? Sind Sie auch eine von diesen Suffragetten, die keinen Mann an sich heranlässt?«

»Nein, nein«, sagte sie schüchtern.

»Gut. Sie haben ein zauberhaftes Lächeln. Zeigen Sie mir das mal! Ich habe es heute noch gar nicht gesehen!«

Sie befolgte seinen Wunsch und lächelte scheu.

»Niedlich! So hübsch sind Sie, wenn Sie ein freundliches Gesicht aufsetzen. Schöne Zähne haben Sie, wie kleine weiße Perlen aufgereiht!«

Verschämt schloss sie den Mund, errötete und blickte zur Seite.

Er beobachtete sie, weidete sich an ihrer Befangenheit. »Ich hatte eigentlich ein wenig Dankbarkeit erwartet«, sagte er. »Sie durften sich gestern Abend zu uns gesellen und das Spiel am Radio verfolgen. Meine Frau hätte Sie auch rausschicken können, das hätte sie vermutlich gerne getan, aber das hat sie, auf meine Bitte hin, unterlassen. Ich wollte Ihre Gesellschaft, Katharina.«

»Ich danke Ihnen«, sagte Katharina verlegen. »Und ich danke der Gnädigen.«

»Na bitte, geht doch. Möchten Sie auch beim nächsten Spiel mit dabei sein?«

»Oh gerne, das wäre schön!« Sie wurde rot.

Zufrieden lehnte er sich zurück und fuhr sich mit der Zungenspitze über die trockenen Lippen. »Kommen Sie doch mal her zu mir, Katharina«, sagte er mit verklärtem Blick. Sie gefiel ihm. Gerade jetzt, in diesem Moment, mit ihrer kindlichen Unschuld, fand er sie unwiderstehlich.

Wie ferngesteuert schlich sie um den Schreibtisch herum und blieb unschlüssig vor ihm stehen.

»Warten Sie«, befahl er. Mit seinen kurzen rudernden Armen ging er zur Tür, um sie abzuschließen. Genussvoll lächelnd nahm er ihre Hände und dirigierte sie zum Schreibtischstuhl, wo er sich setzte. Mit einem Ruck zog er sie zu sich auf den Schoß. Sein Atem ging schneller. Sie ließ ihn gewähren, sah allerdings sehr angespannt aus.

Walter Kettler streichelte ihr Gesicht und ihren Nacken, nahm ihr sachte das Häubchen ab und löste ihre Haare, die wie ein seidener Umhang um ihre Schultern fielen.

»Wunderschön« stieß er erregt hervor, betrachtete sie intensiv und erforschte mit festem Druck die Konturen ihres Körpers. Katharina wehrte sich nicht. Ganz unerfahren schien sie nicht zu sein. Ein wenig kam sie ihm sogar entgegen, so empfand er es jedenfalls. Er schob ihr Kleid hoch, um ihre Strumpfbänder zu lösen. Seine rauen Hände fuhren die Innenseiten ihrer Schenkel entlang und erreichten das Bündchen ihrer Unterhose, wo sie kurz verharrten. »Hat der Friseur etwas von einem Streit erwähnt?«, fragte er atemlos.

»Einem Streit?«

»Ja, zwischen mir und ihm.«

»Ich glaube nicht … nein.«

»Hat er ärgerlich gesprochen? Hatten Sie das Gefühl, er war wütend auf mich?«

»Auch das nicht«, sagte sie verwirrt. »Eher nicht, nein!«

»Lag eine Drohung in seiner Stimme? Sie wissen schon, wenn man Druck auf jemanden ausübt, mit einer Strafe droht. Hat er so gesprochen?«

»Keinesfalls«, sagte sie verunsichert.

»Gut«, stöhnte er. »Dann ist es ja gut.«

»Hatten Sie denn miteinander Streit?«

»Küss mich«, hauchte er und griff mit beiden Händen nach ihrem Kopf. Wie eine Puppe ließ sie sich dirigieren.

Seine unruhigen Finger fanden, was sie suchten: feuchtes, warmes Fleisch, Katharinas zarteste Stelle. Während sie auf ihm saß, versuchte er, den schneidenden Stich im Rücken zu ignorieren. Welch ein Jammer, dass er nicht mehr der Jüngste war!

*

Die Straße war voller Kinder, Conradi zählte mindestens zehn. Sie warfen sich einen Ball zu oder fuhren mit dem

Tretroller. Vor dem Friseurladen spielten drei Mädchen mit einem langen Gummiband. Zwei von ihnen hatten es um ihre Fesseln geschlungen und die Kleinste hüpfte darin herum, indem sie allerlei komplizierte Figuren drehte und dabei laut einen Abzählreim vor sich hin sagte. »Maikäfer, flieg! Dein Vater ist im Krieg, die Mutter ist in Pommerland, Pommerland ist abgebrannt, Maikäfer flieg!« Ein kleiner Junge saß etwa zwei Meter entfernt auf seinem Lederhosenboden und spielte mit einem Holzlaster. Er versuchte, die Worte der Springerin mitzumurmeln. Atemlos sprach das Mädchen weiter: »Dran bist du noch lange nicht, musst erst sagen, wie alt du bist! 1, 2, 3, 4, 5, 6 …«

»Fehler!«, rief ein Mädchen mit kurzen Haaren. »Du bist raus!«

»Gar nicht, Karin, du lügst, das war nichts, das war nur Mini! Wir haben gesagt, bei Mini-Fehlern darf man weitermachen!«

»Nahein, du bist raus, das war ein doller Fehler, da bist du raus, Suse ist jetzt dran!« Das Mädchen mit der kurzen Ponyfrisur zog eine Grimasse und zeigte dabei eine imposante Zahnlücke.

»Du hast dich verguckt, ich war nicht falsch!«

»Doch, Mechthild«, rief nun auch das andere Mädchen. »Ich hab's genau gesehen. Karin hat recht, du bist raus! Ich bin dran!« Schon wand sie ein Bein aus dem Gummiband.

»Ich gehe gleich nach Hause, wenn ihr schummelt. Ich lade euch nicht mehr zu meinem Geburtstag ein!«

»Ha, ha, das sagst du jedes Mal und tust es dann doch!«

»Sei ruhig, Suse, du Dusseltier! Dich lade ich erst recht nicht ein! Zu meinem siebten nicht und auch nicht zu meinem achten oder zehnten Geburtstag!« Als Suse betroffen guckte, fügte Mechthild mit finsterer Miene hinzu: »Nicht mal zu meinem 19. Geburtstag oder meinem 100. Nie mehr!«

Suse zwirbelte ihre zu Affenschaukeln geflochtenen Haare. »Ich wäre sowieso nicht gekommen! Bei euch gibt es nicht einmal Brause zu trinken, immer nur Wasser aus dem Hahn.« Sie streckte Mechthild die Zunge raus.

»Darf ich kurz stören?«, fragte Conradi freundlich. »Gehört eine von euch hierher?« Er deutete auf den Salon.

»Ja, die Karin!«, rief Suse.

»Das bin ich!«, sagte die Kurzhaarige. Sie trug ein geblümtes Sommerkleid und eine auffällige Libellenhaarspange. »Was willst du denn hier? Willst du dir die Haare schneiden lassen? Ein Polizist war noch nie bei uns!«

»Ist das wahr? Lassen die sich nie die Haare schneiden? Dann müssten die Polizisten wie Struwwelpeter aussehen!«

Das Mädchen zeigte wieder ihre Zahnlücke.

»Na, bei dir hat die Zahnfee aber jede Menge Süßigkeiten dagelassen, oder?«, neckte Conradi sie.

»Ein Kaugummi und eine Spielmurmel. Aber nur beim ersten Zahn. Jetzt gibt es nichts mehr. Die Murmel hat mein Bruder gekriegt.«

»Da!«, sagte der Kleine und pfriemelte mit seinem dicken Händchen die Murmel aus seinem Laster.

»Und wer bist du?«, erkundigte sich Conradi.

»Peter«, sagte der Junge. »Un gu?«

»Johann«.

»Ein Polizist kann nicht Johann heißen, der hat keinen Namen«, sagte Karin.

»Nicht? Und wie spricht man ihn dann an?«

»Herr Wachtmeister.«

»Ach so. Also, der Herr Wachtmeister möchte gerne mit eurer Mutter reden. Ist das möglich?«

»Mutti ist beim Einkaufen«, lispelte Karin. »Dauert bestimmt nicht lange.«

»Und wer ist da und passt auf euch auf?«

Sie stellte sich auf Zehenspitzen. »Wir passen selbst auf uns auf.«

»Das sehe ich. Wie alt seid ihr denn?«

»Ich bin fast sieben und Peter fast drei. Er hat im August Geburtstag.«

»Grei«, sagte Peter und streckte drei schmutzige Finger in die Höhe. Sein Mund war mit roter Marmelade verschmiert.

»Fein. Dann gehe ich mal rein und werde sehen, wer mir die Haare schneiden kann.«

»Die Bettine, die Bettine«, krakeelte Karin. »Die hat aber noch einen Kunden. Willst du so lange mit uns spielen?« Sie zeigte erneut ihre entzückende Zahnlücke.

Conradi lächelte. »Ein anderes Mal, einverstanden?«

Kaum hatte sich der Kommissar abgewandt, hörte er sie ernst auf die anderen einreden: »Siehst du, Mechthild, jetzt geht er rein und ruft mit unserem Telefon deine Mutti an und sagt ihr alles. Gleich nimmt er dich mit und sperrt dich ein wegen Schummelei. Dann kommst du nie mehr raus, bei Wasser und Brot, das hast du dann davon.«

Conradi blieb an der Schwelle stehen, um die Antwort noch mitzubekommen.

»Ätschbätsch, geht nicht, wir haben nämlich gar kein Telefon.«

»Der Polizist kennt alle Tricks, du wirst schon sehen. Der ruft beim Kaufmann an, wo deine Mutti immer Milch holt.«

Oben wurde ein Fenster aufgerissen. »Karin, geh mal fix rüber zum Kaufmann und hol Milch!« Conradi sah Karins Großmutter eine blecherne Milchkanne schwenken.

»Muss ich wirklich, Oma? Mutti ist doch schon los!«

»Die hat aber die Kanne vergessen. Auf jetzt, sonst kann ich Peter nachher keinen Grießbrei machen. Du darfst dir auch einen Lutscher holen für fünf Pfennige!«

»Im Automaten gibt es Storck-Bonbons für zehn Pfennige der Riegel.«

»Erpresserin!«

»Darf ich meine neuen Kniestrümpfe anziehen, die mit dem Häkelmuster?«

»Nun ist aber genug!«

»Und die neuen weißen Sandalen mit der Schnalle?«

»Himmel, wenn du dann Ruhe gibst«, rief die Oma und knallte das Fenster zu.

Karin hüpfte zwischen den Gummiseilen hin und her und sprach dabei atemlos den Abzählreim. »Kein Fehler gemacht! Ätschbätsch!«

Der Kommissar schmunzelte und betrat den Laden.

Drinnen war viel Betrieb. Bettine arbeitete im Herrenbereich, eine Kollegin im Damenbereich. Beide trugen heute himmelblaue Kittel, die farblich zu den Waschbecken passten.

Johann Conradi nahm auf einem der Besucherstühle Platz. Der am Stuhlbein montierte Aschenbecher erinnerte ihn daran, dass er seit Stunden nicht geraucht hatte. Er zog eine Filterzigarette aus seiner Brusttasche und ein Feuerzeug aus der anderen.

»Ich habe gleich für Sie Zeit. Sind Sie dienstlich hier oder privat?«, rief Bettine, die gerade dabei war, einem jungen Mann die Seitenpartien zu scheren. Auf der Ablagefläche vor ihm lag eine Dose »Bells Feinste Rasierseife«, daneben stand eine silberne Rasierschale mit Pinsel und Rasiermesser.

»Privat«, sagte Conradi lächelnd.

»Zehn Minuten, in Ordnung?« Sie gab sein Lächeln zurück.

Er nickte und steckte die Zigarette an. Dann griff er nach einem Männermagazin. Beim Anblick der freizügigen Bilder zog er eine Augenbraue hoch. So etwas hatte es vor dem Krieg nicht gegeben, zumindest nicht im Friseursalon. Etwas versteckt hielt er die Illustrierte, als wolle er nicht, dass die junge Friseuse mitbekommt, was er da liest. Aber sie kannte den Inhalt der Magazine anscheinend, denn sie grinste frech. Dann drehte sie am Lautstärkeregler des Radios, denn gerade kam ein Schlager, den sie anscheinend mochte. »Es liegt was in der Lu-hu-huft«, sang sie mit und bewegte ihre Hüften im Takt der Musik.

20 Minuten später hatte sie ihm einen schwarzen Umhang umgelegt.

»Wie hätten Sie es denn gerne?«

Sie berührte ihn zufällig an der Schulter. »An den Seiten vier Millimeter und oben bitte etwas länger.«

Mit beiden Händen griff sie in seine Haare, prüfte die Struktur und besah sie mit Kennerblick. »Gerne. Es wird Ihnen vortrefflich stehen. Eine Haarwäsche dazu, danach eine Kopfmassage und vielleicht Ohrkerzen? Kennen Sie das? Das ist sehr entspannend! All meine Kunden lieben das! Zumindest die Herren.«

»Danke, nicht nötig, nur einen Haarschnitt. Obwohl … zu einer Massage sage ich nicht nein. Die könnte ich im Moment gut gebrauchen. Übrigens, ich habe mir Ihren Tipp zu Herzen genommen und Herrn Bartsch einen Besuch abgestattet«, sagte er und zog an seiner Zigarette.

»Ach.«

Er nickte.

»Und was hat er gesagt? Hat er die Tat zugegeben?«

»Er hat zugegeben, dass er von Ihrem Ziehvater sehr enttäuscht gewesen war. Er hat sich im Stich gelassen gefühlt.«

Sie schnaubte und zog im Spiegel eine Schnute. »Haben Sie ihn festgenommen?«

»Nein.«

»Warum nicht? Er war es, das sagt mir mein Gefühl.«

»Stellen Sie hier die Fragen?«, schmunzelte Conradi. Er betrachtete sich im Spiegel, wie er rauchte. Dabei bemühte er sich, den Rauch an ihr vorbeizublasen. Er war mal ein attraktiver Mann gewesen, kein Schönling, wie man sie auf der Leinwand sehen konnte, kein Rudolf Prack und kein Cary Grant, aber früher hatte er Erfolg gehabt bei den Frauen. Vielleicht lag es an seiner Ausstrahlung, die jetzt fehlte. Das Funkeln in seinem Blick war nicht mehr da. Die Linien um seinen Mund herum waren schärfer geworden, das Doppelkinn ausgeprägter und Schatten unter seinen Augen zeugten von zu wenig Schlaf und zu vielen Sorgen. Er traute sich nicht mehr, Kontakt zu Frauen aufzunehmen, er traute sich überhaupt nichts mehr zu, fühlte sich oft unsichtbar, müde und matt. Nicht gerade angenehm.

»Erwin Bartsch ist ein Lump. Ich hoffe, Sie können ihn überführen. Vor allen Dingen hoffe ich, er lässt sich hier nie wieder blicken.«

»Jetzt frage ich mal: warum?« Conradi schnippte die Asche in den Aschenbecher. »Warum soll er nicht mehr herkommen?«

»Ich habe Angst vor ihm. Und er vergiftet die Atmosphäre. Ich kann seine Nähe nicht ertragen, fühle mich unwohl, wenn er da ist. Und wir können nichts dagegen machen. Oder doch? Dürfen wir ihn rausschmeißen oder dürfen wir Sie das nächste Mal rufen, sobald er den Laden betritt?«

»Sie dürfen mich rufen, wenn Sie sich in Gefahr befinden oder bedroht werden.«

Das Mädchen schwieg beleidigt. Mit einem elektrischen Scherapparat bearbeitete sie Conradis Haare am Hinterkopf. Ihre Hände waren warm und weich. Zärtlich strichen sie über seinen Nacken.

»Über eine Sache wundere ich mich«, fuhr er fort.

»Über welche?«

»Dass Sie überhaupt geöffnet haben. Ich meine, Ihr Ziehvater liegt noch nicht einmal unter der Erde. Ich kenne das sonst so, dass in solchen Fällen ein Schild an der Ladentür hängt: ›Wegen Trauerfall geschlossen‹.«

»Wir können es uns nicht leisten zu schließen. Das Leben kostet nun einmal. Und unter uns: Trauer hilft niemandem weiter.«

Im Spiegel betrachtete er sie. Ihre Hände wussten genau, was sie taten, und ihre hochgesteckten Haare glänzten wie Kastanien. Sie trug einen kupfergoldenen Lippenstift, ein wenig Rouge auf den Wangen und hatte dichte schwarze Wimpern. Heute sah er die Ähnlichkeit mit ihrer Mutter, die ihm beim letzten Mal nicht aufgefallen war.

»Mein Verhältnis zu Rolf war nicht so gut«, sagte sie von sich aus, ohne dass er danach fragte. »Vielleicht liegt es daran, dass Karl, Eva und ich nicht seine Kinder sind und er seine eigenen Kinder mehr geliebt hat als uns.«

»Ich verstehe.«

»Haben Sie die Kleinen gesehen? Sie spielen draußen vor dem Laden. Ich mag sie, aber es sind nun einmal Rolfs Kinder.«

»Auch die Kinder Ihrer Mutter.«

Bettine legte die Schermaschine zur Seite und wechselte zur Schere. Mit schnellen, geübten Bewegungen schnitt sie die Konturen nach. »Doch, wirklich, ich liebe meine kleinen Geschwister, Karin und Peter sind entzückend, aber ich hätte mir auch manchmal ein nettes Wort von Rolf gewünscht, ein bisschen Aufmerksamkeit, also echte, väterliche Aufmerksamkeit und so. Oft hat er uns behandelt, als seien wir unerwünscht, als wolle er nur mit meiner Mutter allein sein.«

»Warum haben Sie überhaupt für ihn gearbeitet? Sie hätten sich doch auch eine andere Stelle suchen können. Friseure gibt es in Osnabrück an jeder Ecke, und ich könnte mir vorstellen, dass Sie in einem anderen Laden vielleicht glücklicher gewesen wären.«

»Sicher, aber als Familie muss man zusammenhalten, sich gegenseitig unterstützen. Es ist ein Familienunternehmen, das funktioniert nur, wenn alle mithelfen.«

»Werden Sie noch weiterarbeiten, wenn das Kind da ist?«

Conradi verspürte einen brennenden Stich auf Höhe des Ohres. Ihm entfuhr ein zischendes Geräusch. Sie entschuldigte sich mehrmals und versorgte die kleine Wunde rasch mit Alkohol und einer Tinktur.

»Ist gleich vorbei«, tröstete sie. »Blutet kaum noch. Wie ungeschickt ich doch bin!«

»So etwas kommt vor«, sagte er etwas geknickt, »kein Problem.«

»Oh doch, das ist es. Das ist mir noch nie passiert«, entschuldigte sie sich erneut. »Ich bin wirklich ein Tollpatsch. Ich weiß nicht, was mit mir los ist.«

»Sie erwarten ein Kind.« Er suchte im Spiegel ihren Blick.

15. KAPITEL

Katharina erlebte Situationen wie diese nicht zum ersten Mal. Sie war jung und hübsch und wusste, dass Männer es schwer hatten, ihren Reizen zu widerstehen. Allerdings hatte es bisher meistens auf Gegenseitigkeit beruht. Sie ließ sich gerne auf ein aufregendes Spiel ein, empfand es als Abwechslung in ihrem langweiligen, kräftezehrenden Dienstmädchenalltag. Nicht nur die kleinen frivolen Erlebnisse waren schön und prickelnd, sondern auch die Vorfreude darauf und die Erinnerung an schöne Stunden, die Möglichkeit, hinterher davon zu träumen, wenn sie Bücher abstaubte, Geschirr spülte oder Teppiche ausklopfte. Sogar die schwere wöchentliche Arbeit in der Waschküche ließ sich so besser ertragen. Sie hätte gehofft, Edmund würde sich für sie interessieren. Er hatte schöne Augen, einen athletischen Körper und ein bezauberndes Lächeln. Und er roch so gut! Sie hätte nicht nein gesagt, wenn er sie gebeten hätte, auf einen Drink ins Gartenhaus mitzukommen oder sogar in sein Zimmer, wenn seine Eltern nicht da waren. Doch das war nie passiert, er erwiderte nicht einmal ihre Blicke, sondern tat so, als bemerke er sie gar nicht!

Nun aber sein Vater. Walter Kettler war weder gutaussehend noch duftete er angenehm. Katharina ertrug es nicht, wenn Männer streng nach Alkohol und Tabak rochen. Kettler war gehörig aus der Form geraten, und auch seine Stimme, etwas zu hoch für einen Mann, mochte sie nicht. Sie hatte nicht die geringste Lust, mit ihm zu schlafen. Sie wusste jedoch, wie empfindlich er war, wie sehr er jede

Zurückweisung als Kränkung empfand. Eine weitere Kündigung konnte sie sich nicht leisten. Ihre Eltern waren auf ihren Mitverdienst angewiesen und wären zutiefst enttäuscht von ihr. Sie musste sich zusammenreißen. Lange würde es bei so einem alten Kerl ohnehin nicht dauern.

»Warte«, stöhnte er, hob sie von seinem Schoß und führte sie zum großen Schreibtisch mit der dunkelgrünen Lederplatte.

Während er ihre Brüste knetete, dachte sie an nichts. Sie schaltete sich ab. Katharina wusste aus Erfahrung, dass das möglich war. Sie sah sich wie im Film, als sei sie nicht mehr sie selbst, sondern eine Schauspielerin auf der Leinwand. Wie eine Puppe ließ sie sich dirigieren, ließ es zu, dass er ihre Beine spreizte und ihre Knöchel auf seine Schultern legte, hörte das mechanische Zerren und Ratschen eines Reißverschlusses, der sich nicht gleich öffnen ließ, sondern widerspenstig war und klemmte, vernahm das dumpfe Rauschen einer herabfallenden Hose, spürte trockene, schwielige Hände auf ihrem Hals, ihrem Nacken, ihren kleinen festen Brüsten, ihren Oberschenkeln, vernahm seinen Geruch nach Weinbrand, Tabak, leichtem Schweiß und einem herben Eau de Toilette. Sie kniff die Augen zusammen, um nichts sehen zu müssen. Sie war eine Schauspielerin auf der Leinwand, sie war nicht Katharina, sie war eine andere. Er fummelte an ihr rum, versuchte einzudringen, aber es gelang ihm nicht. Immer wieder probierte er es, fluchte leise und streichelte sie unablässig weiter, immer hektischer, immer mechanischer, während sie ihre Augen geschlossen hielt und sich wegträumte. Sie stellte sich vor, dass es Edmund wäre, der sie begehrte, oder ihr letzter Verehrer, der Sohn eines vornehmen Hauses ein paar Straßen weiter. Der war richtig gut im Bett, versprach ihr sogar die ewige Liebe, dabei wusste sie von Anfang an, dass aus ihnen nichts werden konnte. Egal, seine Worte waren schön und poetisch und taten ihr gut. Seine Stimme war sanft und seine Hände erfahren. Plötzlich hörte sie ein lautes Stöhnen und einen Schmerzenslaut. Walter Kettler hatte von ihr abgelassen. Er krümmte sich am Boden. Mit dunkelrotem großporigem, verschwitztem Gesicht und offener Hose.

*

»Sie kennen mein kleines Geheimnis? Woher, wenn ich fragen darf?« Bettines Verhalten hatte sich verändert. Sie wirkte plötzlich unnahbar und kühl. »Karl hat es Ihnen erzählt, nicht wahr?«

»Man sieht es bereits«, sagte Conradi, der sich leicht verunsichert fühlte. »Was werden Sie tun, wenn das Kind da ist?«

Bettine blickte an sich herunter und strich sich über den leicht gewölbten Bauch. Vorsichtig rasierte sie weiter. »Ich wusste nicht, dass es bereits auffällt. Ich hatte gehofft, es noch verbergen zu können. Ehrlich gesagt, ich weiß es nicht. Anfangs hatte ich gehofft, dass meine Großmutter auf das Kind aufpassen würde, aber sie ist eigentlich schon mit Karin und Peter ausgelastet. Meine Mutter will wieder im Geschäft einsteigen. Das wollte sie seit Langem, aber Rolf hat es nicht erlaubt.«

»Warum nicht?«

»Rolf sagte, seine Frau habe das nicht nötig, sonst würden die Leute reden, dass er nicht genug Geld verdiene, um eine Familie zu ernähren.«

»Wann kommt das Baby?«

»Im Winter irgendwann. Ich glaube, im November.«

»Ein schönes Weihnachtsgeschenk.«

»Wie man's nimmt. Ich hätte mir etwas anderes gewünscht. Mir ist noch etwas eingefallen«, sagte sie nach kurzer Pause. »Ich möchte eine Kleinigkeit erwähnen, ich weiß nicht, ob sie von Bedeutung ist. Im Salon fehlt eine Perücke, eine schwarze.«

Conradi hob die Augenbrauen und machte sich eine Notiz. »Gewiss ist das von Bedeutung«, murmelte er.

Die andere Friseurin kam hinzu. Ihre Kundin saß inzwischen unter der Haube, sodass sie die Möglichkeit hatte, sich kurz zu entfernen. »Warum erzählen Sie nicht, was dieser Erwin Bartsch hier immer macht?«, fragte sie.

Bettine wurde flammend rot.

Conradi drehte sich zu ihr um. »Darf ich fragen, wer Sie sind?«

»Brunhilde Nolte, ich arbeite drüben im Damenbereich.«

Der Kommissar betrachtete die Frau im Spiegel. Sie war in den Vierzigern, etwa im gleichen Alter wie Lieselotte Korittke, nur kleiner und zierlicher. Ihre Haare waren dunkel getönt und der Mode entsprechend kurz.

»Was macht er denn?«

Die Ladenglocke ertönte. »Oh je«, stöhnte Bettine.

»Wer ist das?«, wollte Conradi wissen und folgte ihrem Blick.

»Das ist mein Vater, also mein richtiger Vater.«

»Ihr leiblicher Vater? Wie lautet sein Name?«

»Otto Korittke«, sagte Bettine flüsternd.

Conradi drehte sich um und bemerkte einen schmächtigen, ausgemergelten Mann in einem grauen Anzug, der um seinen Körper schlotterte. Beim Näherkommen nahm der Mann seinen Hut ab. »Ist deine Mutter oben?«, wollte er von Bettine wissen.

Bettine zögerte mit der Antwort. »Kann sein, sie war einkaufen«, sagte sie kühl. »Ich weiß nicht, ob sie inzwischen zurückgekehrt ist.«

Otto Korittke durchquerte wie selbstverständlich den Damenbereich und verschwand hinter einem grünen Vorhang.

»Ich glaube, Sie müssen mir etwas erklären«, sagte Conradi.

*

»Soll ich den Doktor rufen?«, erkundigte sich Gisela Kettler und betrachtete ihren Mann mitleidig, der leise wimmernd mit einer Wärmflasche im Rücken auf dem Sofa im Wintergarten lag.

»Ach was, es geht schon«, stöhnte er. »Nur ein kleiner Hexenschuss, nicht der Rede wert.«

»Wo hast du dir den denn eingefangen? Hast du Zug bekommen oder dich verhoben?«

»Wenn ich das wüsste. Ich wollte ein Buch aus dem oberen Regal der Bibliothek nehmen und dabei ist es dann passiert.« Zerknirscht und mit grauem Gesicht blickte er zu ihr auf.

»Schlecht siehst du aus, Walter, richtig krank. Soll ich Katharina holen, dass sie eine schöne kräftige Brühe für dich kocht?«

Er machte eine abwehrende Handbewegung. »Nein, Liebes, lass nur. Es wird schon gehen. Vielleicht hast du ein Aspirin?«

»Sicher. Ich kann dich auch einreiben, wenn du willst. Melissengeist wird deinen Rücken entspannen. Du Armer, tust mir wirklich von Herzen leid! Und dabei hatte ich mich so auf den Bridgeabend mit Dietrichs gefreut. Soll ich absagen, Darling?«

»Absagen musst du wirklich nicht, Schatz. Aber ich fürchte, ich kann euch heute keine Gesellschaft leisten. Vielleicht holst du noch die alleinstehende Dame von gegenüber hinzu?«

»Gute Idee«, murmelte sie. »Ich werde gleich hinübergehen und sie einladen. Die Gute hat leider kein Telefon.«

In dem Moment klopfte Katharina und verkündete mit einem leicht überheblichen Gesichtsausdruck, der Schmorbraten sei fertig und sie könne eindecken.

»Sie sind eine Perle, Katharina, wirklich! Würden Sie mir einen Gefallen tun und meinen Mann mit Klosterfrau Melissengeist einreiben? Er hat einen Hexenschuss und ich will geschwind einer Nachbarin einen Besuch abstatten. Ich weiß, dass sie sich nach dem Essen immer hinlegt.«

»Und der Braten?«

»Den können Sie später aufwärmen.«

Katharina blieb an der Türschwelle stehen.

»Haben Sie mich verstanden?«, sagte Gisela mit einem Anflug von Gereiztheit. »Sie wissen hoffentlich, wo Sie die Flasche finden. Im Medizinschrank im Bad. Sie ist groß und braun.«

»Ja, aber …«

»Was aber? Ist es Ihnen zuwider, meinen Mann zu berühren? Nun schauen Sie nicht so, es ist nur der Rücken, nichts weiter. Sie sollen ihn nicht ehelichen, sondern ihn nur behandeln. Sie werden sich schon keinen Zacken aus der Krone brechen!«

»Lass sie«, kam Walter ihr zuvor, »ich möchte ehrlich gesagt im Augenblick nicht eingerieben werden. Schau, mir geht es viel besser und ich kann aufstehen.« Er versuchte es und kippte stöhnend vor Schmerz rücklings in die Kissen zurück. Steif wie ein Brett, mit geschlossenen Augen und schmerzverzerrtem Gesicht, blieb er liegen, während sich Gisela mit einem Kuss auf seine Stirn von ihm verabschiedete und Katharina sich auf die Suche nach dem Hausmittel begab.

*

»Wenn Lieselotte wieder da ist, wird sie dich hochkant rauswerfen«, sagte Wilma Müller und trocknete mit einem rotkarierten Geschirrtuch einen gusseisernen Kochtopf ab. »Ich kenne meine Tochter, und auch du dürftest sie ebenfalls noch kennen!«

»Ich weiß nicht, warum du so unfreundlich zu mir bist. Wir haben uns doch immer gut verstanden!« Otto Korittke hatte unaufgefordert am Küchentisch Platz genommen und sah seiner Schwiegermutter bei der Arbeit zu.

»Das waren andere Zeiten. Ich muss zu meiner Tochter halten, und die will nicht, dass du hier auftauchst, das hat sie dir doch deutlich zu verstehen gegeben, oder?«

Er senkte den Kopf. »Ja, hat sie. Aber sie ist immer noch meine angetraute Ehefrau. So lasse ich mich nicht abservieren. Das habe ich nicht verdient.«

»Mach das mit ihr aus. Ich sage nichts dazu. Geht mich schließlich nichts an. Willst du was essen? Es ist noch etwas Milchreis vom Mittag da.«

»Sehr gerne«, sagte er. Er hatte Hunger, fühlte sich wie ausgehöhlt.

Sie schaufelte eine Portion auf einen Teller, gab Zimt und Zucker dazu und eingeweckte Kirschen. Auf dem Silberlöffel erkannte er die Gravur »L und O« und das ziselierte Rosenmuster, das Hochzeitsgeschenk einer kinderlosen Tante. Ausgehungert machte er sich über die kleine Mahlzeit her.

»Nun erzähl mal«, forderte sie ihn auf, »wie ist es dir im Lager ergangen? Hast du sehr gelitten? Manche sollen es gutgehabt haben, vor allem in Amerika.«

»Ich war nicht in Amerika«, erwiderte er leise. »Ich war in Russland.«

Ihr Gesicht sagte alles. Nun wollte sie etwas von ihm hören, aber er tat ihr nicht den Gefallen.

»Dafür siehst du aber nicht schlecht aus«, log sie.

»Meine drei abgefrorenen Zehen siehst du nicht.«

»Ach so.« Ihr Blick wanderte zu seinen Füßen, die in klobigen braunen Schuhen steckten.

Er dachte an den langen Fußmarsch über Schnee und Eis, kilometerweit. Er hatte keine Kraft mehr gehabt, musste aber weiter, immer weiter. Er strauchelte, fiel hin, stand wieder auf, riss sich zusammen, um weiterzukämpfen. Wieder strauchelte er, landete im Schnee. Manchmal blieb er lange liegen, weil er es nicht schaffte, aufzustehen. Andere stolperten über ihn hinweg, und er spürte es nicht einmal, weil seine Glieder taub waren. Es fand sich jedes Mal jemand, der ihn hochriss und aufforderte weiterzugehen, manchmal gegen seinen Willen. Er wusste, wenn er liegen blieb, würde er einschlafen, für immer. Es gab Momente, da war es ihm egal. Er empfand sein Leben als trostlos. Keine Perspektive und keine Freude, schon lange nicht mehr, nur die Hoffnung auf ein Wiedersehen mit Lieselotte und den Kindern. An diese Hoffnung klammerte er sich, hielt sich daran fest wie ein Ertrinkender. Hunger, jeden Tag Hunger, Kälte, Knochenarbeit und viel zu wenig Schlaf. Und beim Aufwachen hatte sein Magen bereits wieder geknurrt.

»Und auch das andere sieht man nicht.«

»Das andere? Was meinst du damit?«

Er sagte nichts.

»Du meinst die Seele. Ja, die hat sicher Schaden genommen, das glaube ich, Otto. Aber das wird besser! Alles zu seiner Zeit!«

Er verzog seinen Mund, weil er diese dummen Sprüche nicht mehr hören konnte. Was wussten sie schon, die Menschen, die in ihrer Heimat bleiben durften, in ihren Städten und Dörfern? »Vielleicht, wenn Lieselotte zu mir zurückkommt«, sagte er beklommen.

»Lass sie in Ruhe, wenn sie nicht will. So etwas entwickelt sich oder auch nicht. Liebe kann man nicht erzwingen.«

»Sie hat mich mal geliebt. Sie ist meine Frau, daran hat sich nichts geändert.«

Sie seufzte tief. »Otto, versteh doch, das ist lange her. Inzwischen ist viel passiert. Lieselotte hat sich mit einem anderen Mann zusammengetan.«

»Der lebt jetzt nicht mehr.«

»Ich hoffe, du hast nichts damit zu tun!« Ihre Augen wurden groß.

Erschrocken wich er zurück. »Wie kannst du das auch nur in Erwägung ziehen, Wilma! Das glaubst du doch nicht wirklich!«

Erneut seufzte sie. »Eigentlich nicht, wenn ich dich so anschaue. Dafür hast du zu müde Augen. Aber einer muss es ja getan haben! Ich denke, ein ganz Fremder kann es nicht gewesen sein. Warum sollte jemand Fremdes so etwas tun? Es fehlt nicht einmal was aus der Kasse. Wenn du mich fragst, war es jemand, der Rolf kannte und ihn nicht leiden konnte.«

»Nicht leiden konnte!« Otto schüttelte lachend den Kopf. »Das wird ja wohl kaum für einen Mord reichen.«

Keine fünf Minuten später flog die Küchentür auf und Lieselotte kam mit einem Weidenkorb in der Hand herein. Karin schleppte schwer an der übervollen Milchkanne. Als sie sie mit beiden Händen auf den Tisch stellte, schwappte etwas Milch über.

»Geh in dein Zimmer, Karin!«, herrschte ihre Mutter sie an und schickte einen strengen Blick in Rolfs Richtung.

»Warum, das war doch nicht viel, ich kann das wegwischen!«

»Tu, was ich dir sage, ich erkläre es dir später!«

»Ist es, weil meine Kniestrümpfe dreckig geworden sind? Das war nur ein bisschen Matschepampe.«

»Zum Donnerwetter!« Lieselotte wartete, bis Karin mit schmollend vorgeschobener Unterlippe die Küchentür hinter sich zuzog.

»Was bedeutet das hier?«, fragte sie bedrohlich leise und zwang ihre Mutter, sie anzusehen. »Warum hast du ihn reingelassen? Warum verbündest du dich mit ihm gegen mich?«

»Das tu ich doch gar nicht, Lieselotte, ich habe ihm nur zu essen angeboten, weil er hungrig war.«

»Er kann woanders essen, das weiß er genau. Hier ist keine Gaststube! Meinetwegen kann er ins Hohenzollern und sich von Karl bekochen lassen.«

»Lieselotte«, sagte Otto sanft und streckte die Hand nach ihr aus, die sie nicht ergriff. »Ich bin nur gekommen, um dir zu sagen, dass es mir leidtut wegen Rolf. Ich möchte dir gerne helfen!«

Sie verengte die Augen und blitzte ihn wütend an. »Woher weißt du Bescheid über Rolf?«

»Das spricht sich rum. Ich war gestern Abend in einer Kneipe. Es tut mir leid für dich, Lotte, wirklich! Kann ich etwas für dich tun?«

Sie lehnte sich ans Küchenbuffet und verschränkte ihre Arme. »Ja, verschwinde, und komm nicht wieder!«

»Das meinst du nicht ernst. Wir waren so glücklich miteinander!« Treuherzig sah er sie an.

»Das ist lange her. Viel ist seitdem passiert. Ich bin nicht mehr die, die ich mal war, und du bist auch nicht mehr derselbe. Wir beide haben uns verändert, sind in verschiedene

Richtungen gegangen. Unsere Schritte passen nicht mehr zusammen.«

»Das kannst du nicht wissen. Du hast mir nicht einmal eine Chance gegeben.«

»Doch, ich weiß es. Ich muss dich nur ansehen und weiß es.«

»Ja, ich sehe müde aus und habe Gewicht verloren, aber das wird sich ändern. Ich muss mich ein bisschen ausruhen und zunehmen. Das wird wieder, Lotte. Ich bin bald wieder der Alte!«

»Es liegt nicht an deinem Aussehen.«

»Was ist es denn?«

»Die Liebe, Otto. Es ist, weil ich dich nicht mehr liebe.« Energisch packte sie ihren Korb aus und legte die Einkäufe auf den Küchentisch. »Tafelmargarine war im Angebot«, sagte sie zu ihrer Mutter, »nur 54 Pfennige und Import-Schweinefleisch für 1,19 Mark. Ich hätte gerne echten Filterkaffee gekauft, aber ich habe mich nicht dazu durchringen können. Er war zu teuer, und jetzt, wo wir die Beerdigung bezahlen müssen … Ich weiß sowieso nicht, wie das in Zukunft alles wird. Also habe ich den billigen Malzkaffee genommen.« Sie tat so, als sei Otto bereits gegangen.

Wilma legte ihre faltige Hand auf ihren Arm. »Ist in Ordnung. Wir werden es schaffen, Lieselotte, wir haben schon so viel geschafft!«

»Ich habe bald wieder Arbeit«, brachte sich Otto in Erinnerung. »Heute habe ich mich bei Kampmeyer vorgestellt, weit draußen vor der Stadt, am Heger Holz. Die suchen einen Koch. Das Gespräch ist gut gelaufen, und das Vorkochen hat auch funktioniert. Der Chef schien zufrieden zu sein. Nächste Woche bekomme ich Bescheid. Wenn das nichts wird, kann ich es ja in meinem alten Betrieb versuchen.«

»Gratuliere«, sagte Lieselotte trocken.

»Dann kann ich euch ernähren.«

Sie stemmte die Hände in die Hüften und funkelte ihn erbost an. »Sag mal, hast du nicht zugehört? Von mir aus kannst du mir meine Lieblingsgerichte alle an einem Tag servieren, es bleibt dabei: Du kommst hier nicht rein, es ist aus zwischen uns! Vielleicht habe ich dich nie geliebt, aber es früher nicht gemerkt. Und jetzt verschwinde, Otto, geh, und komm nicht wieder!« Als sie seinen betrübten Gesichtsausdruck bemerkte, fügte sie etwas sanfter hinzu: »Versteh doch, es ist auch für dich das Beste!«

16. KAPITEL

»Dann erzählen Sie mal«, forderte Johann Conradi auf und schlug ein Bein über das andere. »Das war also eben Ihr leiblicher Vater, den Sie mir bis jetzt unterschlagen haben.«

»Woher sollte ich wissen, dass er mein Vater ist? Neulich tauchte er plötzlich im Salon auf und wollte meine Mutter sprechen. Er hatte seinen Koffer dabei und seine schäbigen Sachen von der Ausreise aus Russland. Mehr als zehn Jahre war er nicht mehr hier gewesen. Ich habe kaum noch eine

Erinnerung an ihn, nur noch von Fotos. Und so, wie er jetzt aussieht, habe ich ihn nicht wiedererkannt.«

Conradi nickte. »Ich weiß, das geht vielen Menschen so. Wo kam er her?«

»Aus russischer Kriegsgefangenschaft, galt lange als vermisst. Meine Mutter dachte, er wäre tot. Er war so lange weg, dass wir uns irgendwann mit seinem Ableben abgefunden haben. Wir haben sogar aufgehört, von ihm zu sprechen, und meine Mutter hat sich neu verliebt, aber das wissen Sie ja. Sie hat ihn nach einigen Jahren für tot erklären lassen, damit sie Witwenrente bekommt und wir Halbwaisenrente. Tja, und dann stand er plötzlich im Laden.«

»Waren Sie nicht zutiefst erschrocken?«

»Ein seltsames Gefühl. Er ist mein Vater und ist es doch wieder nicht. Ich spüre keine Bindung mehr zu ihm, wir haben uns entfremdet. Er war mir nicht einmal als Mensch sympathisch, so zerlumpt, wie er aussah. Finden Sie es unmoralisch, wenn ich sage, ich will am liebsten nichts mit ihm zu tun haben? Kann man den eigenen Vater einfach aus seinem Leben löschen, als hätte es ihn nie gegeben?« Mit einem dicken Pinsel wischte sie lose Härchen aus seinem Nacken. »Ich wünschte, ich könnte das.«

Johann Conradi schauderte. »Er kam hierher ins Geschäft?«

Bettine nickte. »Wie gesagt, erst dachte ich, er wäre ein normaler Kunde. Er wirkte allerdings völlig ungepflegt und verwahrlost. Ich war schockiert über sein Aussehen und ehrlich gesagt froh, dass ich ihn nicht bedienen musste. Er wollte nur mit meiner Mutter sprechen.«

»Heute sah er recht passabel aus. Nur der Anzug war etwas zu groß.«

»Ja, er hatte wohl inzwischen Gelegenheit, sich Kleidung zu besorgen und sich zu pflegen. Aber mager ist er natürlich immer noch. Dadurch wirkt er eingefallen und kränklich.«

»Wie hat Ihr Stiefvater reagiert? War er eifersüchtig?«

»Ehrlich gesagt weiß ich nicht, ob Rolf eifersüchtig auf ihn war. Zumindest hat er sich nichts anmerken lassen. Er war wie immer.«

»War Otto Korittke nach seinem ersten Besuch noch einmal da?«

Bettine zuckte mit den Schultern. »Davon weiß ich nichts. Wenn, dann habe ich es nicht mitbekommen. Ich habe meine Mutter danach gefragt. Sie hat mir keine Antwort gegeben.«

Im Spiegel trafen sich ihre Blicke. »Halten Sie es für möglich, dass Otto Korittke der Täter sein könnte?«

Sie konnte seinem Blick nicht standhalten, begann damit, seinen Nacken zu massieren. »Ich weiß nicht. Natürlich habe ich mir diese Frage selbst gestellt. Nein, eigentlich nicht. Mein Vater hat auf mich einen verletzlichen, einen kaputten Eindruck gemacht, keinen besonders starken. Ich glaube, er hätte nicht die Kraft dazu gehabt. Ich meine damit die Nervenstärke. Dazu war seine Verfassung zu schlecht.«

»Eine letzte Frage: Kennen Sie zufällig einen Dr. Ritter in der Lotter Straße?«

Sie schaute in den Spiegel. »Nein, der Name ist mir unbekannt. Wer soll das sein?«

»Ein Arzt für Nervenkrankheiten. Nerven und Gemüt.«

Bettine zog eine Grimasse. »Halten Sie mich für verrückt?«

»Absolut nicht. Aber ich habe in der Nähe Ihres Friseursalons eine Karte gefunden, auf der die Anschrift des Arztes vermerkt ist.«

»Na, die kann doch jeder x-beliebige Mensch verloren haben, warum kommen Sie damit ausgerechnet zu mir?« Mit reichlich Haarspray fixierte sie seine dünnen Strähnen am Hinterkopf. »Noch einen Spritzer Kölnisch Wasser?«, fragte sie und hielt die große Flasche bereits in der Hand.

»Sie erwähnten etwas von Ohrkerzen«, erinnerte er sie und zwinkerte ihr im Spiegel zu.

*

Später wartete Johann Conradi in einer Einfahrt gegenüber des Salons und rauchte. Lange musste er sich nicht gedulden, bis Otto Korittke den Friseursalon verließ und mit hängendem Kopf in Richtung Neumarkt trottete. Sein Gang war unsicher, als habe er getrunken. Vielleicht war er nur geschwächt durch jahrelange Gefangenschaft.

Conradi nahm die Verfolgung auf und wechselte erst an einem Fußgängerübergang die Straßenseite.

Otto Korittke blieb vor einem Schaufenster mit Nähmaschinen stehen. Nach kurzer Zeit ging er weiter bis zum nächsten Schaufenster, das zu einem Modeatelier gehörte. Alle 50 bis 100 Meter machte er Rast vor einem Schaufenster, um die Auslagen zu betrachten. Er stand vor einem Schuster, einer Handschuh- und Taschenhandlung und einem Geschäft für Hüte und Mützen. Conradi verlor allmählich die Geduld. Er fragte sich, ob Korittke sich wirklich für die Waren interessierte, ob er nur Zeit schinden wollte oder vielleicht nicht so gut zu Fuß war, dass er sich immer wieder ausruhen musste. Letzteres war der wahrscheinlichste Grund, denn Korittke humpelte und schien Probleme mit dem Laufen zu haben.

An einem Zebrastreifen überquerte er den Neumarkt und steuerte die Große Straße an. Es herrschte reger Verkehr. Radfahrer versuchten, sich um Autos herumzuschlängeln. Ein Polizist in einer weißen Uniformjacke versuchte, die Lage unter Kontrolle zu bringen, wurde aber nicht von allen ernst genommen. Dann gab er schrille Warnsignale mit seiner Trillerpfeife ab und wedelte mit einem Arm. Conradi kannte ihn nicht, hatte ihn noch nie gesehen. Vielleicht war der Kollege vom Rosenplatz.

Die Große Straße bot eine Vielzahl von Geschäften, noch mehr als die Johannisstraße. Conradi hatte die Befürchtung, dass er vor lauter Schaufensterbummelei des Mannes, den er beschattete, noch mehr wertvolle Zeit verschwenden müsste, aber plötzlich schien es Korittke eilig zu haben. Er beschleunigte seinen Schritt und blieb nur noch ein einziges Mal stehen, diesmal vor dem Schaufenster der Buchhandlung Wenner. Er ging sogar hinein, sodass Conradi überlegte, ob es sich noch lohnte, zu rauchen. Er hielt die Zigarettenpackung und das Feuerzeug schon griffbereit, als Korittke wieder herauskam, mit einer zusammengerollten Zeitung unterm Arm, die er vermutlich in der Buchhandlung erstanden hatte. Gekrümmt setzte er seinen Weg über die Große Straße fort, eine traurige Gestalt, ärmlich, kränklich, kreuzunglücklich. Conradi konnte sich gut in ihn hineinversetzen. Auch er hatte alles verloren, was ihm wichtig gewesen war, aber wenigstens hatte er ein warmes Dach über dem Kopf und eine Arbeitsstelle, sogar recht gut bezahlt, und war nicht gezwungen, ganz so perspektivlos durchs Leben zu stolpern.

Kurze Zeit später bog Otto Korittke in den Jürgensort ein und blieb wieder vor einem Schaufenster stehen. Conradi fragte sich schon, was es dort Spannendes zu sehen gab, als Korittke die Eingangstür des Hauses aufschloss und in dessen Innerem verschwand. Dort wohnte er also.

Johann Conradi stellte sich vor das Schaufenster. Ein Metallschild zeigte an, um was für ein Geschäft es sich handelte, nämlich um einen Laden für Kunstgewerbe und schmiedeeiserne Artikel. Er trat ein paar Schritte zurück und legte seinen Kopf in den Nacken. Oben, im dritten Stock, bewegte sich eine Gardine. Ein Fenster wurde geöffnet. Otto Korittke spähte hinaus. Als Conradi den Eindruck hatte, von ihm bemerkt worden zu sein, beschloss er, das Geschäft zu betreten.

Der Ladeninhaber erschien, ein großgewachsener weißhaariger Mann mit spitzem Bauch und goldumrandeter Brille, die wackelig auf seiner Nasenspitze saß. Irritiert blickte er auf Conradis Dienstmarke.

»Ich habe ein paar Fragen zu Otto Korittke. Wohnt er hier?«

»Vorübergehend ja. Er hat ein Zimmer im Dachgeschoss.«

»Seit wann?«

»Seit einer Woche etwa.«

»Wie kam es zu der Vermietung? Ist er auf Sie zugekommen?«

»Wir vermieten vorübergehend an Heimkehrer, bis sie etwas Festes gefunden haben. Die Vermittlung geschieht über das Rote Kreuz. Wir kannten Herrn Korittke davor nicht.«

»Wie ist Ihr persönlicher Eindruck von ihm?«

Der Mann zuckte mit den Schultern. »Ich habe nichts mit ihm zu tun. Die Regierung zahlt das Zimmer. Offen gestanden bekomme ich nicht einmal mit, wann er kommt und geht. Er ist sehr ruhig. Was ist mit ihm, wird er gesucht?« Ein misstrauischer Blick über den Brillenrand.

»Sagen Sie ihm bitte, er soll sich morgen bei mir auf der Wache melden, pünktlich um neun. Conradi ist mein Name. Richten Sie es ihm bitte aus.« Der Kriminalkommissar hinterließ eine Karte, lupfte seinen Hut und verabschiedete sich.

Über den Nikolaiort und den Domhof ging er zur Polizeiwache am Markt zurück und hoffte inständig, Drescher nicht zu begegnen. Kurz vor dem Rathaus überlegte er es sich anders. In der Nähe lag die Bierstraße, in der sich die Kohlenhandlung befand. Und eine Frage brannte Conradi gewaltig unter den Nägeln.

17. KAPITEL

»Schön, dass Sie sich Zeit für mich nehmen«, sagte Walter Kettler und lächelte Katharina entgegen, die mit einer Flasche Franzbranntwein den Wintergarten betrat. Er lag mit einem Bildband über Innenarchitektur auf dem nussbraunen Chesterfield-Sofa, wegen seiner Rückenschmerzen mit Kissen abgestützt. Die Flügeltür zum Garten hin stand offen. Ein süßlicher Geruch nach frischem Regen und Rosen strömte herein.

»Mein Hexenschuss quält mich so sehr«, sagte er mit weinerlicher Stimme. »Ich darf mich dann schon einmal freimachen, nicht wahr?« Umständlich nestelte der Möbelfabrikant am Kragen seines gestärkten Hemdes und knöpfte es ganz auf. Mit nacktem Rücken saß er nun seitwärts auf dem Sofa.

»Ich werde Sie nur einreiben, weil ich es muss, Herr Kettler, mehr nicht!«

»Was soll das heißen, mehr nicht? Haben Sie das nicht auch ein wenig genossen mit mir, selbst wenn ich Sie nicht richtig beglücken konnte?«

»Genossen?« Sie lachte. »Darunter verstehe ich etwas anderes.«

Ruckartig drehte er seinen Kopf in ihre Richtung und stöhnte auf, weil er noch immer eine Blockade hatte. »Aber Sie haben mitgemacht, Schätzchen.«

»Weil ich dumm war.«

»Werden Sie nicht frech! Nun machen Sie schon, mein Rücken wird kalt!«

Sie begann damit, die streng riechende Flüssigkeit auf seiner Haut zu verteilen.

»Ein wenig stärker dürfen Sie schon zupacken«, wies er sie an.

Sie veränderte ihren Druck nicht, beließ es bei laschen, unwilligen Berührungen.

»Bald wird es mir besser gehen«, meinte er, »dann dürfen Sie gerne wiederkommen. Sie wollen doch, oder nicht?«

»Nein!«, rief sie aus. »Ich möchte das nicht. Ich will nicht mehr von Ihnen angefasst werden, Herr Kettler!«

»Ich tue Ihnen doch nichts, nur ein bisschen Liebhaben, das gefällt jeder Frau. Wollen Sie Ihre Arbeitsstelle nicht behalten? Haben Sie eine andere in Aussicht? Wollen Sie Ihr Lebensglück aufs Spiel setzen wegen ein paar Minuten Liebhaben mit mir?«

Sie schraubte die Franzbranntweinflasche zu und stellte sie auf einem Beistelltisch ab. »Ich möchte bitte gehen!«

Er packte ihre Handgelenke und hielt sie fest. »Bleiben Sie bei mir und leisten Sie mir ein wenig Gesellschaft.«

»Ich schreie, bis die Gnädige mich hört!«

»Meine Gattin ist außer Haus, sie wollte zur Nachbarin, Sie haben es doch gehört. Das kann dauern, die alte Dame ist einsam und freut sich über jede Abwechslung.«

»Ich habe mir vorgenommen, dass ich Ihrer Frau alles erzählen werde. Sie sollte wissen, was ihr Mann so macht, wenn sie nicht da ist.«

Seine Augen verengten sich zu Schlitzen. »Das wagst du nicht. Du weißt genau, welche Folgen das für dich hätte.«

»Das ist mir egal«, sagte sie trotzig. »Lassen Sie mich augenblicklich los, dann überlege ich es mir vielleicht anders.«

Er zog sie zu sich aufs Sofa. Schon hatte er wieder eine Hand in ihrem Schritt. Die Rückenschmerzen ließen ihn jedoch schwächeln. Katharina nutzte den Moment und machte sich von ihm frei.

Sie öffnete die Franzbranntweinflasche und schüttete ihm, ohne zu zögern, einen Schwall davon ins Gesicht.

Er gab einen erstickten Laut von sich und hielt sich schützend beide Hände vor die Augen. »Was hast du getan, du Allmannshure? Das brennt wie die Hölle!«

»Sie werden es überleben, Herr Kettler.«

Er stieß einen Wutschrei aus. Der Adrenalinstoß verhalf ihm aufzustehen. Gekrümmt humpelte er zum Sekretär, um hektisch und fast blind in den Schubläden zu wühlen. »Wo zum Teufel ist die …? Wo ist die verdammte …? Das gibt es doch nicht!«

»Was machen Sie da?«, fragte sie ängstlich.

Er antwortete nicht, suchte fieberhaft weiter. Schließlich gab er auf und sackte wie ein Mehlsack auf dem Stuhl in sich zusammen. »Gehen Sie«, stieß er hervor. »Mach, dass du fortkommst, du Hexe!«

*

Erwin Bartsch fegte gerade seinen Hof, als Conradi mit wehendem Mantel auf ihn zugelaufen kam. »Guten Abend, Herr Bartsch, na, nach wie vor fleißig?«

»Sie schon wieder, können Sie mich nicht in Ruhe lassen?«

»Das würde ich gerne, Herr Bartsch, aber leider bin ich noch nicht fertig mit Ihnen.« Johann Conradi nahm kurz seinen Hut ab.

»Ich habe Ihnen alles gesagt. Mehr gibt es nicht.« Mit den Fingern zupfte Bartsch hartnäckigen Dreck aus dem Reisstrohbesen, der beim Ausklopfen nicht verschwinden wollte.

Conradi stellte sich dicht vor ihn und zwang ihn so dazu, ihm in die Augen zu sehen. »Woher wussten Sie, dass Schmalstieg erschossen worden ist?« Er setzte seinen Hut wieder auf.

»Wieso?«

»Ja, wieso, Herr Bartsch?«

»Wie soll man einen Menschen sonst töten? Mit bloßen Händen?« Erwin Bartsch sah ungesund aus, gräuliche Gesichtsfarbe, triefende, gelblich gefärbte Augen.

»Nehmen wir mal an, Sie waren das. Sie haben Rolf Schmalstieg getötet, weil Sie nicht damit fertiggeworden sind, dass er Sie im Schützengraben im Stich gelassen hat. Ich verstehe Ihre Wut. Ich verstehe, dass Sie Rachegefühle hegten. Dieser Mensch quälte und provozierte Sie durch seine bloße Existenz. Mehrmals suchten Sie Schmalstiegs Friseursalon auf, um ihn einzuschüchtern, habe ich recht? Es tat Ihnen gut, den Friseur zittern zu sehen. Rauswerfen konnte er Sie nicht, denn er hatte gute Umgangsformen, wusste, was sich gehörte. Er wollte sich vor seinen Kunden nicht blamieren.«

»Die hatte er nicht! Er verstand nichts von Menschen, absolut gar nichts! Der Schmalstieg hat Menschen nur benutzt für seine Zwecke. Wenn er keinen Nutzen durch sie hatte, war er kein bisschen freundlich. Dann hatte er absolut keine Umgangsformen!«

»Um das immer wieder festzuklopfen, haben Sie regelmäßig seinen Salon aufgesucht. Sie wollten Schmalstieg prüfen, ihn herausfordern. Sie haben ausgesagt, dass Sie sich am Morgen des 23. Juni von ihm die Haare schneiden ließen. Dabei haben Sie den Plan gefasst, Rolf Schmalstieg zu töten. Später sind Sie dann noch einmal wiedergekommen, um diesen Plan in die Tat umzusetzen.«

»Nein! Bin ich nicht!«

»Sie sind mit Ihrem dreirädrigen Kastenwagen, der da drüben in Ihrer Einfahrt steht, nach Hause gefahren, haben Ihre Pistole geholt und bis zum Abend gewartet, bis Schmalstieg mit seinem letzten Kunden fertig war.«

»Nein und nochmals nein! Habe ich nicht!«

»Sie sind gesehen worden!«

»Das muss ein Irrtum sein.«

»Sie haben geduldig auf Schmalstieg gewartet, bis er Feierabend gemacht hat. Dann haben Sie ihm aufgelauert, ihn durch das Fenster beobachtet, als er gerade Kassensturz machte, und im passenden Moment den Laden betreten, um ihn abzuknallen.«

»Ich konnte nicht durch die Scheibe sehen, eine Gardine versperrt die Sicht.«

»Aha, Sie erinnern sich also. An dem Abend war die Gardine nicht da. Sie wurde abgenommen zum Waschen.«

»Ich habe trotzdem nicht durchs Fenster geschaut.« Erwin Bartsch stützte sich mit dem Besen ab, um nicht das Gleichgewicht zu verlieren.

»Dann sind Sie einfach so eingetreten. Ihr Blick fiel sofort auf Rolf Schmalstieg, der gerade an der Kasse stand. Was haben Sie danach getan?«

»Ich war nicht noch mal da, nur morgens zum Haareschneiden, dann nicht mehr. Und da stand Rolf nicht an der Kasse.«

»Ihre Fußspuren wurden hinter dem Tresen entdeckt.« Conradi sah ihn lauernd an.

»Das kann nicht sein, da war ich nicht.«

»Sondern? Wie sind Sie vorgegangen, Herr Bartsch? Wo genau standen Sie, als Sie die Waffe gegen ihn richteten?«

Abrupt wandte sich der Kohlenhändler ab. »Ach, lassen Sie mich doch in Ruhe.«

»Zeigen Sie mir mal Ihre Handfeuerwaffe!«

»Ich besitze keine!«

»Sie hatten doch eine Kriegswaffe, sicher einen Revolver, wie so viele andere, die im Krieg waren. Darf ich die sehen? Vielleicht handelt es sich nicht um die Waffe, mit der das Opfer erschossen worden ist. Es würde Sie entlasten!«

»Mich muss nichts entlasten, weil ich nichts getan habe. Und jetzt verschwinden Sie von meinem Hof, bevor ich eine Beschwerde gegen Sie einlege wegen Verleumdung. Sie haben doch einen Chef?«

Für einen kurzen Moment entgleisten Conradis Gesichtszüge. Dann fing er sich wieder. »Herr Bartsch, machen Sie es sich doch nicht so schwer. Wenn Sie Rolf Schmalstieg getötet haben, geben Sie es zu. Die Sache wird nicht besser davon, dass Sie sie leugnen. Vielleicht war es ein Unfall und so nicht gewollt. Uns allen unterlaufen Fehler. Vieles bereuen wir hinterher, Dinge, die nicht rückgängig zu machen sind, bei denen es nicht ausreicht, wenn wir uns einfach bei den Betroffenen entschuldigen.«

»Hören Sie auf mit dem Unfug. Ich war es nicht. Schluss, Ende, Punkt.«

Conradi kannte Reaktionen wie diese und ließ sich nicht beirren. »Sie müssen nicht sofort antworten. Morgen ist auch noch ein Tag. Schlafen Sie drüber. Es entstehen Ihnen keine Nachteile, wenn Sie morgen gestehen. Ich erwarte Sie in meinem Büro. Es ist zu Ihrem Besten, wenn Sie die Wahrheit sagen, glauben Sie mir.« Conradi bedachte Bartsch mit einem eisigen Blick, tippte gegen seinen Hut und wandte sich zum Gehen.

*

Lieselotte ging ins Kinderzimmer und deckte die Kinder sorgsam zu. Peter streckte ihr vom Gitterbett aus seine drallen Händchen entgegen. Er liebte seinen mollig warmen Schlafsack mit den kleinen Spielzeugmotiven, die wie gemalt aussahen. Karin steckte unter einem weißen Laken mit einer glänzenden dunkelroten Steppdecke darüber. Hinter ihrem Bett sorgte ein fest gewebter Wandbehang mit Märchenfiguren für Schutz gegen Zugluft. Lieselotte machte noch kurz Ordnung im Zimmer, setzte Karins Schildkrötpuppe mit den Schlafaugen ins Regal und daneben Peters zotteligen Teddy, stellte die Spiele akkurat auf, die die Kinder benutzt hatten, »Spitz pass auf« und »Fang den Hut«, und hob vom Boden ein Aufziehauto aus Blech auf. »Morgen müsst ihr aber nach dem Spielen selbst aufräumen«, ermahnte sie die Kinder wie jeden Abend. Karin und Peter nickten eifrig.

Nach wenigen Handgriffen war alles wieder an seinem Platz, und Lieselotte konnte mit dem Vorlesen beginnen. Mit einem dicken Buch setzte sie sich zu Karin aufs Bett und las das Märchen vom Sterntaler vor. Als sie damit fertig war, falteten die Kinder ihre Hände und sprachen gemeinsam mit ihrer Mutter ein Gutenachtgebet: »Ich bin klein, mein Herz ist rein, soll niemand drin wohnen als Jesus allein. Amen.«

»Du wolltest mir noch sagen, warum du mich rausgeschickt hast, als der fremde Mann kam«, sagte Karin.

Lieselotte zögerte. »Warum ich das getan habe?«

Karin sah sie aufmerksam an und nickte.

»Weißt du, Karin, der fremde Mann, der …« Lieselotte schloss halb die Augen und schluckte.

»… ist böse?«, vervollständigte Karin den Satz.

»Na ja, vielleicht nicht, das heißt, ich weiß es nicht. Aber es war ein Gespräch, das nicht für eure kleinen Ohren bestimmt war.«

»Warum denn nicht?«

»Weil es ein Erwachsenengespräch war, ganz einfach.«

»Mutti, und wenn der Mann wiederkommt? Darf ich dann mit dabei sein? Ich will nicht, dass er böse ist und dir etwas antut! Ich bin schon groß und kann dich beschützen!«

Lieselotte lächelte gütig. »Das wird er nicht. Du brauchst mich nicht zu beschützen. Er wird mir nichts tun. Und euch auch nicht.«

»Wann bin ich denn endlich erwachsen?«

»Nun, wenn du 21 Jahre alt bist.«

»Das dauert aber noch …«, sie zählte mit ihren Fingern nach, »unendlich«, sagte sie schließlich.

»Nein, nicht unendlich, nur noch 14 Jahre«, meinte Lieselotte schmunzelnd. »Du bist doch fast sieben! Die Zeit vergeht wie im Flug, du wirst sehen. Und nun schlaf gut!« Sie gab ihrer jüngsten Tochter einen Kuss auf die Stirn.

»Ist Papa eigentlich im Himmel?«, fragte Karin leise und sah mit ihren runden blauen Augen zur Zimmerdecke, an der eine Lampe mit sechs gebogenen Lichtern hing, die im Halbdunkel ein wenig Ähnlichkeit mit einer Krake hatte. Lieselotte folgte ihrem Blick und verstand, warum ihre Kleine sich nachts vor ihr fürchtete.

»Der liebe Gott weiß, wo er hingehört.«

»Die bösen Menschen kommen nicht in den Himmel, nur die Guten. Das hat der Pastor im Kindergottesdienst gesagt.«

»Der Pastor wird es wissen. Er kennt sich da bestimmt besser aus. Nun schlaf gut.«

Noch einmal zog sie Karins Bettdecke bis zum Kinn hoch und ging dann zu Peter, um ihm ebenfalls einen Kuss zu geben. In dem Moment wurde er wach. »Mami«, sagte er treuherzig, »weißt du was, Eddi war da und wollte unsers Huhn füttern.« Mit seinem runden Kindergesicht und den vom Schlaf roten Bäckchen strahlte er sie an.

»Eddi? Du meinst, Edmund?«

Der Kleine nickte eifrig.

»Er war da und wollte unser Huhn füttern? Wir haben doch keine Hühner mehr. Das letzte Huhn hat Oma vor

Weihnachten geschlachtet. Es hatte kein schönes Zuhause mehr, mit den fehlenden Dachziegeln war es im Winter bestimmt kalt und zugig. Da war es besser, das Huhn zu erlösen.«

»Putt ist das Haus, Dach is putt.«

»Hm, ja, leider, schon seit Ende des Krieges. Karl hat versucht, es zu reparieren, aber es ging immer wieder kaputt. Die Dachpappe hat nicht gehalten. Und für neue Ziegel war bisher kein Geld da. Edmund hat sich wohl geirrt. Sicherlich hat er vergessen, dass wir kein Huhn mehr haben. Nun schlaf gut!« Lieselotte küsste ihn auf die Stirn. Dann zog sie die Vorhänge zu und sagte ihren Kindern gute Nacht.

18. KAPITEL

Freitag, 25.06.1954

Im Friseursalon »Schmalstiegs Haarpflege« war fast jeder Stuhl besetzt. Der ungeklärte Todesfall des Chefs sorgte für reichlich Gesprächsstoff.

»Herzinfarkt«, meinte Bettines Kundin, eine füllige Dame mittleren Alters, die sich eine Dauerwelle legen ließ. »So plötzlich? Letzte Woche schien er noch kerngesund zu sein!«

»Es kündigt sich selten an, wenn das Herz versagt, hat meine Mutter gesagt. Die meisten Herztode geschehen aus heiterem Himmel.« Bettine pickte eine gräuliche Strähne heraus und wickelte sie auf einen hellblauen Wickler. Sie hatten sich darüber verständigt, nicht mehr zu sagen als nötig.

Die Kundin legte ihre Leselupe auf der Konsole ab. »Er war doch noch nicht so alt? Bestimmt jünger als ich!«

»Nein, das war er nicht. Aber niemand kann vorhersagen, wann wir abberufen werden. Das ist nun einmal so.«

»Himmel, wie entsetzlich! Da wird mir heiß und kalt, wenn ich so etwas höre. War er sofort tot oder hat er noch gelebt, als Sie ihn gefunden haben?«

Bettine hatte diese Frage an dem Tag bereits zweimal beantworten müssen, dennoch gab sie geduldig Auskunft. »Der Kunde ist König«, war der erste Satz, den sie in der Berufsschule gelernt hatte. Er verlangte viel Geduld und Selbstbeherrschung, was ihr nicht immer leichtfiel. »Er war schon tot. Ich glaube, er hat nicht gelitten. Es ging schnell.«

»Wenigstens das«, sagte die Kundin mit vor Aufregung glühenden Wangen. »Ist er hier im Laden gestorben? Ich mag es mir gar nicht vorstellen!« Schaudernd blickte sie sich um.

»Er ist einfach nicht wieder aufgewacht.« Bettine seufzte tief auf. So hatten sie es besprochen. Da aus der Familie niemand den Schuss gehört hatte, hatte es vermutlich auch kein anderer. Sie wollten nicht mehr Gerede als eh schon. Der Kommissar hatte versprochen, dass aus strategischen Gründen keine Details an die Presse herausgegeben würden.

»Aha«, sagte die Kundin schwer ausatmend, nahm ihre Leselupe wieder zur Hand und schlug die »Constanze« irgendwo in der Mitte auf. »Schöne Kleider gibt es in diesem Sommer«, schwärmte sie. »Glänzende Taftstoffe, helle Farben, die Taille so schmal, dass man befürchtet, die jungen Dinger kriegen darin keine Luft. Nun ja, für mich kommt solche Kleidung sowieso nicht infrage.«

»In der ›Neuen Illustrierten‹ gibt es eine Sommerdiät«, erwähnte Bettine, die den Themenwechsel gerne aufgriff. Die meisten Kundinnen ließen sich gerne ablenken. Ihr Leben war belastend genug, da sollte der Friseursalon als Gegengewicht ein Ort der Leichtigkeit und Unterhaltung sein. »Mit viel Kohlgemüse und Südfrüchten soll man schnell Pfunde verlieren können«, sagte Bettine. »Vielleicht wäre das etwas für Sie!«

Die Kundin sah sie zweifelnd an. »Kohl, ach was, Kohl gab's im Krieg zur Genüge. Ich kann bis zu meinem Lebensende keinen Kohl mehr sehen. Aber dennoch ist es merkwürdig, dass es in den Magazinen schon wieder Diäten gibt, nicht wahr? Kaum sind die Regale voll, werden die Menschen wieder dick. Was waren wir vor ein paar Jahren alle noch rank und schlank wie junge Heringe, nicht wahr?« Sie lachte aus vollem Herzen und tätschelte ihren runden Bauch. »Aber solche Notzeiten will ja auch kein Mensch freiwillig haben. Dann lieber eine Sommerdiät aus der ›Constanze‹.«

»Den Kopf bitte kurz anheben«, sagte Bettine und versuchte, einen kleinen Lockenwickler in die kurzen Stirnfransen zu drehen. Die dünnen, widerspenstigen Fusseln wollten partout nicht im Wickler halten.

Die Kundin hob das wabbelige Kinn. »Ihnen mit Ihrer Mannequinfigur würde das ausgezeichnet stehen, Fräulein Bettine. Diese Kleider sind wie für Sie gemacht!«

»Meine Mutter schneidert mir bereits so ein Kleid. Der Stoff ist hellgelb mit weißen Tupfen.« Es sollte zu Beginn der Weltmeisterschaft fertig sein, aber da hatte ihre Mutter noch nicht gewusst, dass Bettine in anderen Umständen war und es in dem Sommer nicht gebrauchen könnte. Sobald sie es erfahren hatte, hatte sie mit dem Nähen aufgehört, was Bettine sehr bedauerte.

»Obwohl … ein wenig zugelegt haben Sie auch, Fräulein Bettine, oder irre ich mich? Ist da vielleicht etwas Kleines unterwegs?« Die Kundin zwinkerte, was Bettine mit einem dünnen Lächeln quittierte.

»Hat Ihre Mutter überhaupt Nerven für so was?«, fuhr die füllige Dame fort. »Sie ist doch bestimmt in tiefer Trauer. Ich habe sie schon länger nicht mehr im Geschäft gesehen.«

»Arbeit ist die beste Medizin«, sagte Bettine und hob sachte das Kinn der Frau an, das wieder heruntergesunken war. »Meiner Mutter tut besonders die Hausarbeit gut.« Sie drehte den letzten Wickel in die grauen Strähnen. »Augenblick bitte, ich hole eben die Dauerwellenflüssigkeit.«

Kaum war sie hinter dem Vorhang verschwunden, mischte sich die Kundin von links ein, der Frau Nolte gerade die Haare schnitt. »Mir wurde erzählt, die Polizei war hier. Vorher hat ein Bekannter meines Mannes eine Frau mit schwarzen Haaren gesehen, die sich merkwürdig verhalten hat. Die Frau hätte ihn noch blöde angesehen, wäre in den Hof gelaufen und später mit einem Motorrad weggedüst.« Sie suchte im Spiegel Blickkontakt mit ihrer Friseurin. »Ob die was mit der Sache zu tun hat?«

»Gerüchte«, sagte Frau Nolte. »Ich gebe nichts auf Gerüchte!«

»Hören Sie mal, das war doch niemals ein natürlicher Tod bei Ihrem Chef, das kann mir keiner erzählen. Das war bestimmt Mord! Herr Schmalstieg wurde erschossen! Was wissen Sie denn darüber, Frau Nolte? Sie müssen doch etwas erfahren haben! Die Leute in der Straße reden und wollen die Wahrheit hören. Das Fräulein ist gerade nicht da, erzählen Sie mal schnell!«

»Ich kann da leider gar nichts zu sagen«, raunte Frau Nolte, »obwohl es mich natürlich auch brennend interessiert.«

Bettines Kundin lehnte sich zu ihnen hinüber. »Hoffentlich müssen Sie nicht zumachen«, sagte sie mit Sorge in der Stimme. »Manchmal ist das so, wenn der Ernährer ausfällt, das will ich ehrlich gesagt nicht hoffen. Ich bin immer gerne hierhergekommen.«

»Daran habe ich noch gar nicht gedacht«, sagte Frau Nolte und kämmte den Pony der Kundin. »Aber zum Glück kann Frau Schmalstieg auch Haare schneiden und Fräulein Bettine natürlich ebenfalls.«

»Sie heißt gar nicht Frau Schmalstieg«, wusste Bettines Kundin. »Sie soll einen anderen Namen tragen. Die beiden waren nicht verheiratet, habe ich gehört.«

»Was Sie nicht sagen, das ist ja interessant! Herr Schmalstieg war nicht Frau Schmalstiegs Mann?«

»Wohl nicht auf dem Trauschein, nur im Bett!«, sagte Bettines Kundin und lachte.

»Das ist ja unerhört! Nur im Bett, sagen Sie? Unerhört, wirklich. Ach, eine Sache habe ich vergessen«, sagte Frau Noltes Kundin. »Der Bekannte ist später noch mal vorbeigekommen und hat ein Polizeimotorrad vor dem Friseursalon stehen sehen. Mir ist das alles unheimlich. Warum liest man denn in der Zeitung nichts darüber? Seltsam, nicht wahr? Irgendwas soll da vertuscht werden.«

In dem Moment kehrte Bettine zurück, mit einem Gefäß in der Hand. Sie hatte alles mitgehört und sagte seelenruhig: »Ja, das stimmt, die Polizei war hier und hat ein paar Fragen gestellt. Das hat aber nichts zu bedeuten, ist völlig normal. Sie wollen einfach auf Nummer sicher gehen und ein paar Sachverhalte klären. Es wäre im Übrigen nett, wenn Sie diese Dinge nicht in der Öffentlichkeit breittreten würden, damit würden Sie uns sehr helfen. Möchten Sie ein Glas Sekt, Frau Schmitt?«, zwitscherte sie und sagte dann, an Frau Noltes Kundin gewandt: »Sie auch, Frau Niebaum? Ich bringe Ihnen gerne eins. Einen Augenblick bitte, ich bin gleich wieder da!«

Die Türglocke kündigte den nächsten Kunden an. Im Spiegel sah Bettine die humpelnde Gestalt und musste sich zwingen, nicht die Augen zu verdrehen. Ihre Laune ging endgültig in den Keller. »Der Kunde ist König«, raunte die mahnende Stimme in ihr. Sie konnte sich aber nicht so recht durchsetzen.

Erwin Bartsch humpelte auf sie zu. Das dumpfe Geräusch des Stockes, der rhythmisch auf dem Boden aufschlug, würde sie wieder stundenlang im Ohr haben.

»Schönen guten Tag, mein Fräulein«, rief er mit seiner heiseren Fistelstimme. »Wie lange dauert es noch, bis ich dran bin?«

»Schauen Sie mal, was gerade los ist, deswegen arbeite ich heute im Damensalon. Frau Nolte schafft das nicht allein. Vielleicht kommen Sie besser an einem anderen Tag noch mal.«

»Ich habe nichts mehr zu tun, alle Kohlen sind ausgeliefert. Ich kann warten. Sie haben schöne Magazine mit hübschen Mädchen ausliegen, da wird mir die Zeit schon nicht lang.«

»Wie gesagt, ich weiß nicht, ob Sie heute noch drankommen. Ich habe Terminkunden. Ich muss auch pünktlich Feierabend machen, habe noch was vor.«

»Ach ja, und was? Kann ich Sie vielleicht begleiten, liebes Fräulein? Es wäre mir eine Ehre!«

Bettine beachtete ihn nicht weiter, sondern ging ins Büro, um den versprochenen Sekt zu holen, der die beiden aufgeregten Damen besänftigen sollte.

Danach widmete sie sich den Lockenwicklern ihrer Kundin. Sie prüfte nach, ob sie wirklich alle fest saßen, korrigierte hier und da und tupfte dann mit einem breiten Pinsel die Dauerwellenflüssigkeit auf.

Bartsch rückte näher. »Ich möchte aber zu Ihnen«, sagte er aufgeregt. »Ob ich hier sitze oder bei mir zu Hause, wo mir das Dach auf den Kopf fällt, ist eigentlich egal. Dann lasse ich es einfach drauf ankommen, auch wenn ich der letzte Kunde des Tages sein sollte. Mir wird schon nicht langweilig.«

Bettine hätte ihn am liebsten weggeschickt, aber sie traute sich nicht. »Der Kunde ist König«, beharrte die Stimme ihrer Lehrerin in ihr. Sie beachtete Bartsch nicht mehr, sondern strich weiter die chemische Mischung auf die Lockenwickler der Kundin. Das Mittel roch beißend streng, und so fühlte es sich auch auf der Kopfhaut an, wie Bettine wusste. »Herrje, das brennt«, stöhnte die Kundin. »Ich vergesse jedes Mal, wie höllisch das ist! Es ist wie mit der Geburt. Wenn die Frauen die Schmerzen nicht vergessen würden, würden sie sich hüten, noch ein zweites Mal schwanger zu werden!« Im Spiegel blickte sie auf Bettines gewölbten Bauch unter dem weißen Kittel. »Das kommt auf Sie auch noch zu, Fräulein Bettine. Dann erinnern Sie sich an meine Worte!«

»Wird gleich besser, wenn Sie unter der Haube sind«, sagte Bettine schnippisch.

»Aber es piekt und beißt so fürchterlich, ich halte es kaum noch aus!«

»Ich weiß, Frau Schmitt, aber wer schön sein will, muss eben leiden! Denken Sie an nachher, wenn Sie mit Ihren hübschen Locken vor Ihrem Gatten stehen! Freuen Sie sich auf die Komplimente, die er Ihnen machen wird! Und gerade zur Weltmeisterschaft wollen Sie doch schön aussehen.«

»Er sieht es nicht einmal, er bemerkt es nie, wenn ich beim Friseur war«, jammerte die Frau. Sie zuckte zusammen, als jemand laut lachte.

»Dann lassen Sie es doch«, polterte Bartsch, der sich immer noch nicht vom Fleck gerührt hatte. »Entweder man ist hübsch oder man ist es nicht. Dazwischen gibt es nichts. Locken machen aus Ihnen auch keine Schönheitskönigin!«

Bettine warf ihm einen Blick zu, für den sie von ihrer Lehrerin ins Gebet genommen worden wäre.

»Ich freue mich auf später«, sagte er, kam plötzlich näher und klatschte mit seiner klobigen Hand auf ihren Hintern. »Hm, fühlt sich lecker an«, sagte er mit einem Zwinkern. »Rund und prall, so soll ein Mädchenpopo sein.«

Bettine schwoll der Hals. »Herr Bartsch, wie wäre es, wenn Sie sich in den Männer-Wartebereich setzen, sich eine Illustrierte nehmen und mich in Ruhe arbeiten ließen? Ein anderer, viel besserer Vorschlag: Zu Hause wartet sicher Ihre Frau mit dem Tee auf Sie! Machen Sie ihr die Freude und fahren Sie gleich nach Hause!«

»Auch wenn Sie es nicht hören wollen, liebes kleines Fräulein: Ich habe keine Frau! Stattdessen warte ich hier auf Sie, das ist mir viel lieber!«

»Ach«, sagte Bettine. »Ich dachte, Sie wären verheiratet. Dann habe ich mich wohl geirrt.« Sie zog ein Haarnetz über den Kopf ihrer Kundin, um die Wickler zu fixieren. Nun fehlte nur noch die Trockenhaube und dann hatte Bettine eine halbe Stunde Leerlauf, während Brunhilde Nolte noch beschäftigt war. Leider.

19. KAPITEL

»Hat meine Frau mich angezeigt?« Mit hohlen Augen blickte Otto Korittke die beiden Kommissare an.

Conradi hielt ihm eine Packung Eckstein hin und Korittke griff beherzt zu.

»Woher haben Sie meine Adresse?«

Conradi gab dem Zeugen Feuer. »Können wir uns bitte darauf verständigen, dass ich hier die Fragen stelle?«

Korittke nickte und zog gierig an seiner Zigarette.

»Ich nehme an, dass es für Sie nicht einfach war, Ihre Frau an der Seite eines anderen Mannes vorzufinden.«

»Nein. War es nicht.«

»Es wird Ihnen schmerzlich bewusst geworden sein, dass Sie Ihre Frau verloren haben.«

Korittke blickte vor sich.

»Sie lieben Ihre Frau noch.« Es war mehr eine Feststellung als eine Frage.

Die nassen Augen des Zeugen waren Antwort genug.

»Ich kann Sie gut verstehen, weiß, was Sie durchmachen. Ich selbst habe meine Frau verloren.«

Korittke blickte auf. »Auch an einen anderen Mann?«

»Es tut weh, nicht wahr?«

Abrupt wandte sich Korittke zum Fenster hin. Die Zigarette glühte in seiner Hand, der Aschekegel drohte abzufallen. Eine Träne rann aus seinem Auge, dann eine zweite und eine dritte. Korittke wischte sie erst weg, als sie seinen Mund berührten.

»Man vermisst die geliebte Person und möchte am liebsten das Rad der Zeit zurückdrehen. Alles noch einmal erleben, die guten Tage und sogar die schlechten. Hauptsache, die geliebte Person ist wieder da. Da entsteht leicht Wut, keine Frage. Wut auf das Schicksal oder auf jemand Bestimmtes.«

»Nein, eigentlich nicht.«

»Nicht?«

Korittke schüttelte den Kopf. »Wut nicht. Ich bin nur enttäuscht von ihr. Ich hatte gehofft, dass Lieselotte es aushalten würde ohne mich, dass sie zurechtkommt und auf mich wartet. Aber gleichzeitig war mir klar, dass ich damit sehr viel von ihr verlange. Es waren über zehn Jahre, die wir uns nicht gesehen haben. Das ist eine lange Zeit. Ich habe mich gefragt, was ich umgekehrt getan hätte, also an ihrer Stelle. Ich bin mir nicht einmal sicher, ob ich ihr über so eine lange Strecke hinweg hätte treu sein können. Ich weiß es nicht. Der Mensch ist nicht zum Alleinsein geschaffen. Wir hatten in all den Jahren keinen Kontakt, nicht einmal schriftlich. Die Briefe von ihr sind nicht angekommen und irgendwann hat sie es aufgegeben, mir zu schreiben. Es ist so eine verdammt lange Zeit …«

»Das verstehe ich, verstehe ich vollkommen. Was haben Sie empfunden, als Sie zurückgekehrt sind und Ihre Frau im Friseursalon angetroffen haben?«

»Ich habe sie nicht angetroffen. Ich … kam mit meinem Koffer an, direkt vom Bahnhof. Etwas mehr als eine Woche ist das jetzt her. Jemand hat mir ihre Adresse genannt. Ich bin sofort hingegangen, es war nicht weit, keine zehn Minuten. Im Salon traf ich auf Bettine, meine Tochter. Das heißt, ich wusste nicht gleich, dass sie meine Tochter ist. Schmalstieg hat es mir gesagt.«

»Das war sicherlich eine schwierige Situation für Sie. Erzählen Sie mal, wie es sich zugetragen hat.«

20. KAPITEL

Donnerstag, 17.06.1954

»Ich bin gekommen, um mit Frau Korittke zu reden. Das dauert nicht lange. Ich habe ihr etwas zu sagen.«

Rolf Schmalstieg trat nahe an ihn heran, bedrohlich nahe. »Worum geht's? Ich wüsste auch sehr gerne Ihren Namen.« Abwartend fixierte er ihn.

»Es ist eine Privatangelegenheit. Frau Korittke kennt mich.« Otto Korittke drückte seinen Rücken durch, um dem Friseur in die Augen schauen zu können.

Schließlich gab sich Rolf Schmalstieg geschlagen. »Dann hol sie halt, Bettine«, sagte er seufzend und ließ die langen Arme hängen.

»Du bist Bettine?«, wandte sich Korittke unsicher an die junge Frau.

»Was wollen Sie von meiner Tochter? Woher kennen Sie sie?« Schmalstiegs Stimme war schneidend.

»Von früher.«

»Von früher? Und du? Kennst du ihn auch?«, wollte der Friseur wissen.

Bettine schüttelte den Kopf. »Nein. Ich habe ihn noch nie gesehen.«

»Haben Sie gehört? Meine Tochter hat Sie noch nie gesehen!« Schmalstieg war laut geworden.

»Sie weiß es nicht mehr. Es ist lange her.«

»Kommen Sie«, sagte Bettine. »Ich bringe Sie zu ihr.«

»Es wird ihr nicht passen«, polterte Schmalstieg. »Deine

Mutter empfängt keinen Männerbesuch, das wäre ja noch schöner!«

Korittke setzte die Kappe auf und griff nach seinem Koffer. Beklommen folgte er der jungen Frau durch den Damenbereich. Hinter einem Vorhang ging es ins Lager. Von dort aus führte eine steile Treppe zur Privatwohnung. Er musste sich am Geländer festhalten und auf jeden seiner Schritte achten, denn die Holzstufen waren schmal und leicht rutschig, da sie offenbar frisch gebohnert waren.

Oben roch es nicht mehr nach Schmierseife und Bohnerwachs, sondern nach Bratkartoffeln. Über einen engen Flur erreichten sie die Küche. Die Tür stand einladend offen. Im Radio lief Schlagermusik, derselbe Sender wie unten. »Du, du, du«, schmachtete eine Frauenstimme. Auf dem Küchentisch standen Platten mit üppig belegten Weißbrotschnitten, garniert mit Tomaten- und Eierscheiben, Gürkchen und Mayonnaise-Häubchen.

»Mutti, hier ist jemand, der dich sprechen will!«

Lieselotte Korittke fuhr herum. Nervös strich sie die fettigen Finger an der Küchenschürze ab. Als sie den Mann sah, der hinter ihrer Tochter auftauchte, stieß sie einen spitzen Schrei aus und hielt sich die Hand vor den Mund. »Otto! Um Himmels willen, wo kommst du denn her?«

Otto Korittkes Miene erhellte sich. »Lotte«, sagte er leise, »Lotte!« Er stellte seinen Koffer ab, warf seine Kappe darauf und wollte sie in die Arme nehmen. Als er ihre versteinerte Miene und ihre steife Körperhaltung bemerkte, ließ er es jedoch bleiben.

»Lotte! Du glaubst nicht, wo ich dich überall gesucht habe! In unserer alten Wohnung warst du nicht mehr. Da wohnen jetzt andere Leute. Niemand konnte mir sagen, wo du steckst, was aus dir geworden ist, aus dir und den Kindern. Ob du noch lebst, ob ihr noch lebt! Ich habe keine

Menschenseele getroffen, die mir weiterhelfen konnte, bis ich zufällig die alte Frau Runge im Kolonialwarenladen getroffen habe. Und die hat mir gesteckt, dass du im Friseursalon Schmalstieg arbeitest. Aber ich wusste nicht …«, sein Blick wanderte zu Bettine, »dass du hier wohnst. Ist das so?«

Sie schluckte. »Ach, Otto. Ich habe dir so oft geschrieben, aber du hast nicht geantwortet.«

»Ich habe keine Briefe von dir bekommen, seit Jahren nicht mehr.«

Er sah sich um. »Schön hast du's, wirklich, das meine ich so. Eine moderne Küche, das hast du dir doch immer gewünscht.« Er lächelte etwas bemüht. »Die Farbe Rosa mochtest du schon immer. Wie fein, ordentlich und hübsch es hier ist! Da kann man sich wohlfühlen!«

»Das Praktische ist, dass man alles mit ein, zwei Schritten griffbereit hat. Man muss sich nur umdrehen, denn die Schränke stehen sich gegenüber, wie du siehst. Keine überflüssigen Lücken mehr, in denen sich Dreck sammeln kann, kein verschenkter Platz. Rolf hat mir die Einbauküche gekauft, sogar mit einem Frigidaire, schau mal.« Sie öffnete eine Schranktür und zeigte ihm stolz die wohlsortierten Kühlfächer. »Ich muss nun nicht mehr jeden Tag einkaufen. Vor allem für frische Waren ist es sehr praktisch. Es reicht, wenn ich alle drei Tage zu Stapel gehe und Fleisch einhole, so lange hält die Kühlung. Das ist kein Vergleich zur Speisekammer, die taugte nur im Winter was.«

Er nickte. »Ich möchte nicht wissen, was so ein Kühlschrank kostet. Bestimmt zwei durchschnittliche Monatsgehälter. Euch geht es anscheinend prächtig.« Er sagte es neutral wie ein Radiosprecher, aber traf sie damit mitten ins Herz, das sah er ihr an.

»Weißt du, ich wollte das gar nicht, die alte Küche mit dem Buffetschrank und der kleinen Spüle hätte es auch weiter-

hin getan, ich fand es gar nicht so schlimm, jeden Tag einkaufen zu gehen, dann kommt man wenigstens unter Leute und erfährt so manches.«

»Du widersprichst dir, Liebes, aber ich verstehe dich. Nun hast du es gut. Toller Hecht, dein Rolf, das muss ich neidlos zugeben! So etwas Schönes konnte ich dir leider nicht kaufen. Da hättest du dich noch lange gedulden müssen, bis ich wieder in Anstellung bin und etwas ansparen kann.«

»Die ganze Wohnung ist wie ein Wunder für mich«, sagte Lieselotte versonnen. »Stell dir vor, sie ist vollelektrisch. Weißt du, was das bedeutet?«

Er schüttelte dumpf den Kopf.

»Wir haben einen elektrischen Kochherd, einen Heißwasser-Boiler, ein richtiges Badezimmer mit Wasserklosett, einen Durchlauferhitzer und eine Zentralheizung. Das geht vollautomatisch, schau mal her.« Sie drehte an einem Rad am Heizkörper. »Gleich wird es wärmer, du wirst sehen. Allerdings zahlen wir auch einen stolzen Preis für die Wohnung, 75 Mark im Monat.« Sie hielt ihre Hand über den Heizkörper, um selbst die aufsteigende warme Luft zu überprüfen.

»Donnerwetter«, sagte er. »Also keine Zinkwanne mehr im Keller und keine Toilette mit anderen Mietparteien zusammen auf dem zugigen Hausflur.«

»Nein«, lachte sie. »Nur noch für uns allein.«

»Ich hätte uns das auch ermöglichen können, irgendwann. Du hättest allerdings auf mich warten müssen.«

Lieselotte verschränkte die Arme vor der vollen Brust. »Ich habe seit Jahren nichts von dir gehört, Otto. Monatelang habe ich fest damit gerechnet, dass du wiederkommst. Immer wieder habe ich beim Roten Kreuz nachgefragt, ob du bei einem der Transporte mit dabei bist, keiner konnte mir etwas sagen. Ich bin zu jedem angekündigten Sonderzug gelaufen, habe ein Schild vor mir hergetragen mit deinem

Namen drauf, jedes Mal ein Funken Hoffnung, jedes Mal Enttäuschung. Die Kapelle hat gespielt, für andere Frauen und Männer, nicht für uns. Du glaubst nicht, wie ich die Frauen beneidet habe, die ihren Liebsten in die Arme schließen konnten, während ich weinend nach Hause gegangen bin. Ich bin krank geworden von dem ständigen Auf und Ab. Am Ende habe ich die Hoffnung verloren, dich jemals wiederzusehen. Entschuldige bitte, aber so war es. Ich musste irgendwann einen Schlussstrich ziehen, denn ich bin davon ausgegangen, dass du tot bist!« Verzweifelt musterte sie sein bleiches verhärmtes Gesicht, sah die tief eingegrabenen Falten, die er vor wenigen Jahren noch nicht gehabt hatte, die grauen Haare, die Bartstoppeln, die hervortretenden Wangenknochen.

Otto Korittke schloss halb die Lider. »Man hat mir zwei zusätzliche Jahre aufgebrummt, weil ich im Lager etwas Zucker gestohlen habe. Verstehst du? Zwei verdammte Jahre für eine Handvoll Zucker! Ich habe es so gebraucht an dem Tag, ich war so ausgehungert und konnte mich kaum noch aufrecht halten.«

Sie nickte traurig. »Du Armer, was hast du mitgemacht, es tut mir so leid.«

Sie sahen sich in die Augen. »Lotte, sag mir, hast du mich tatsächlich für tot erklären lassen?«, fragte Otto leise.

»Ich musste es tun, Otto, allein schon wegen der Kinder! Wie konnte ich ahnen, dass du noch lebst, wenn du dich nicht meldest!«

»Ich habe dir geschrieben, jede Woche, hast du nichts davon erhalten?«

Sie schüttelte den Kopf. »Seit Ende des Krieges kam gar nichts mehr.«

Er ließ ihre Worte auf sich wirken, wusste nicht, wie er damit umgehen sollte. »Und weil du dachtest, ich wäre tot, hast du dich auf diesen Mann eingelassen?« Er sah sich um, warf einen Blick auf die Stühle und die Küchenbank. »Dürfte Platz für sechs oder sieben Personen sein, vielleicht sogar noch mehr, wenn man zusammenrückt. Lebt ihr alle zusammen?«

Lieselotte schluckte hart und nickte.

»Bettine auch? Und Karl? Und Eva und Gerd?« Er hatte es gewusst. Dennoch hatte sich eine leise widersinnige Hoffnung in ihm geregt, dass es halb so schlimm sei, dass sie hier lediglich arbeitete und woanders wohnte, wo sie auf ihn wartete und immer noch an eine Zukunft mit ihm glaubte.

Niedergeschlagen betrachtete sie ihre Hände, die trotz der vielen Arbeit gepflegt wirkten.

Er seufzte. »Bettine ist so groß geworden, ich hätte sie fast nicht wiedererkannt. Als ich sie das letzte Mal gesehen habe, war sie noch ein Kind, ein Mädchen mit langen Zöpfen. Und sie scheint mich auch nicht mehr zu kennen. Das ist bitter für einen Vater.«

»Setz dich doch«, schlug Lieselotte vor. »Ich mache dir einen Tee, ja? Schwarz mit viel Zucker wie früher? Und Hunger hast du sicher auch. Greif ruhig zu. Das macht nichts, ich habe genug.« Sie wartete seine Antwort gar nicht ab, sondern füllte Wasser in den Kessel. Ihre Hände zitterten.

21. KAPITEL

Freitag, 25.06.1954

»Und dann?«, fragte Conradi geduldig. »Durften Sie bleiben? Wenigstens für eine Nacht?«

Otto Korittke schwieg. Nach einer Weile schüttelte er den Kopf.

Conradi ließ ihm Zeit. »Ich nehme an, der Friseur wollte es nicht?«

Korittke nickte. »Bettine steckte ihren Kopf zur Tür herein und fragte, ob alles in Ordnung sei. Lieselotte schickte sie weg. Wenig später schickte sie auch mich weg.«

»Wussten Sie zu dem Zeitpunkt, was Ihrem Sohn Gerd widerfahren ist?«

»Nein, das hat sie mir erst später gesagt.«

»Haben Sie das Gefühl, dass Ihr Sohn Karl von Rolf Schmalstieg misshandelt worden ist?« Johann Conradi hatte Korittke während seiner langen Geschichte eine zweite Zigarette und Kaffee angeboten.

»Ich habe nicht nur das Gefühl, ich weiß es.«

»Und Karl hatte dementsprechend eine gehörige Wut auf seinen Ziehvater. Das ist verständlich und nachvollziehbar.«

»Keine Ahnung, was Sie denken, aber Karl können Sie als Täter schon mal von Ihrer Liste streichen. Er hatte immer viel Mitgefühl mit jedem, der traurig war. So einer bringt nicht später jemanden um.«

»Warum kommen Sie darauf, dass ich Karl auf meiner Liste habe, wie Sie es bezeichnen?«

Otto Korittke schwieg.

»Wie alt war Ihr Sohn, als Sie ihn das letzte Mal gesehen haben?«

»Worauf wollen Sie hinaus? Er war neun, denke ich, na und? Mit neun Jahren hatte er eine gefestigtere Persönlichkeit als die meisten Menschen mit 30. Karl rettete kleine Katzen, er zog sie aus Mülltonnen und einmal aus einem Wasserbottich. Als ich weg war, musste er den Tod seines Bruders verkraften, den Tod seines Großvaters, die Sorgen und Nöte seiner Mutter. Er trug Verantwortung für die Familie, für seine Zwillingsschwester.«

Fritz Starnke erinnerte Conradi mit einem Hinweis auf die Uhr daran, dass sie noch einen Termin hatten, also vertagten sie die Vernehmung.

*

Fritz Starnke knatterte mit Johann Conradi auf dem Sozius durch die Heger Straße, vorbei an den Kneipen Grüne Gans, der Zwiebel und der Peitsche und dann mittig durch das Heger Tor, um über den Wall in die Lotter Straße einzubiegen.

»Da vorne müsste es sein«, brüllte Conradi gegen den Fahrtwind an. Dr. Bernhard Ritter hatte seine Praxis in der Nähe des Realgymnasiums, auf derselben Seite, nur etwa 200 Meter weiter hinten. Es war ein hübsches weißgetünchtes Haus, villenartig, mit Vorsprüngen und Säulen. Sie hielten in der Nähe, stellten das Motorrad ab und gingen auf die Eingangstür aus geschnitztem Eichenholz zu. Ein blankpoliertes Messingschild wies auf die Arztpraxis hin, wobei der Zusatz »Facharzt für Nerven- und Gemütskrankheiten« fehlte, möglicherweise aus Gründen der Diskretion.

Conradi zückte am Empfang seine Dienstmarke und meldete seinen Besuch an. Er wurde gebeten, zusammen mit seinem Kollegen im Wartezimmer Platz zu nehmen. Groß war der Raum nicht gerade. Wahrscheinlich wurden nie mehrere Patienten zur gleichen Zeit bestellt. Es gab gerade einmal vier Sitzmöglichkeiten. In der Neuen Tagespost überflog Conradi die Schlagzeilen. Er war den ganzen Tag über noch nicht zum Zeitunglesen gekommen.

»Sind Sie in dienstlicher oder privater Angelegenheit hier?«, erkundigte sich die Sprechstundenhilfe höflich.

»Das ist mir egal«, knurrte Conradi. »Hauptsache, ich muss nicht lange warten.«

»Es ist gleich so weit«, sagte die junge Dame munter. »Darf ich Ihnen eine Erfrischung bringen?«

»Nein danke!«, lehnte Conradi ab.

»Ja bitte!«, sagte Starnke fast gleichzeitig und erntete einen schalen Seitenblick seines älteren Kollegen.

Die Assistentin brachte eine Flasche Mineralwasser und zwei Gläser. Fritz Starnke bediente sich mit hochrotem Kopf. Dann mussten sie sich noch etwa zehn Minuten gedulden, bis endlich erneut die Tür geöffnet wurde.

»Was führt Sie zu mir?«, fragte der Psychiater, ein rundlicher Mann mit Stirnglatze, der in einem bis zum Hals zugeknöpften, gestärkten blütenweißen Kittel steckte. Er trug eine goldene Uhrkette und hatte einen auffällig gezwirbelten Schnurrbart. Der Behandlungsraum war mit schweren dunklen Möbeln ausgestattet. Vor dem Fenster, das zur Hauptverkehrsstraße zeigte, stand eine dunkelrote Chaiselongue mit einem Kissen und einer weichen Wolldecke.

Johann Conradi streckte ihm ein Foto von der abfotografierten Visitenkarte entgegen.

Der Arzt nahm ein Lorgnon zur Hilfe, eine altmodische Stielbrille. Eigentlich müsste er seine eigene Visitenkarte auch ohne Sehhilfe erkannt haben. »Nun denn, Sie kommen also auf Empfehlung zu mir. Wunderbar. Wie kann ich Ihnen helfen?«

»Sie können mir helfen, einen Mörder zu finden«, sagte Johann Conradi, ohne eine Miene zu verziehen. »Den Mörder eines Friseurs in der Innenstadt, genauer gesagt in der Johannisstraße. Nur wenige Meter von seinem Geschäft entfernt habe ich Ihre Karte im Rinnstein gefunden.«

»Ich kann den Zusammenhang nicht herstellen«, merkte Dr. Ritter auf. »Ich gehe dort nicht zum Friseur und war auch lange nicht mehr in der Johannisstraße.«

»Das behauptet auch keiner. Dennoch glaube ich, dass Sie mir behilflich sein können, zum Beispiel, indem Sie mir Ihre Patientenkartei aushändigen. Ich möchte wissen, wer in den letzten zwei Wochen Ihre Dienste in Anspruch genommen hat. Vielleicht jemand, der in der Nähe des Salons wohnt?«

»Wie heißt der Friseur denn?«

»Rolf Schmalstieg.«

Für einen Moment trat Stille ein.

»Ausgeschlossen. Das obliegt strengster Diskretion«, sagte der Nervenarzt. »Niemals würde ich die Adressen meiner Patienten preisgeben.«

Conradi runzelte die Stirn. »Auch ich bin gehalten, äußerst diskret vorzugehen. Dennoch verstehe ich mich als Anwalt der Bürger und handle im öffentlichen Interesse. In diesem Fall ist das die Aufklärung eines Kapitalverbrechens. Mein Kollege und ich sind gekommen, um in einem Mordfall zu ermitteln. Unter Umständen können Sie entscheidend dazu beitragen, indem Sie uns einen Blick in Ihre Akten werfen lassen. Es wird nicht lange dauern.«

Der Arzt lehnte sich zurück und überkreuzte seine Arme vor dem Körper. »Nur weil Sie einen weggeworfenen Zettel aufgehoben haben, auf dem zufällig mein Name steht? Liegt ein richterlicher Beschluss vor?«

»Ich habe gehofft, dass ich ihn nicht brauche. Aber das war anscheinend ein Irrtum.«

»Gut geschlussfolgert. Dann bitte ich Sie, meine Praxis zu verlassen. Sie kommen hier nicht weiter, und ich bin nicht gewillt, auf dem Rücken meiner Patienten mit Ihnen einen Streit auszutragen. Die Privatsphäre meiner Schützlinge ist mir heilig und ich bewahre sie, soweit ich kann. Wer sich von mir helfen lässt, der darf sicher sein, dass alles, was er mir anvertraut, in diesen vier Wänden bleibt. Sehen Sie die dick gepolsterte Zimmertür? Ein Schutz vor neugierigen Ohren. Nichts dringt nach außen. Auch meine Frau hat keine Ahnung, wer zu mir kommt und mit welchen Problemen.« Dr. Ritter erhob sich. »Meine Herren, ich darf Sie nun verabschieden! Meine Assistentin wird Sie hinausbegleiten! Einen schönen Tag noch!«

Als die beiden Kommissare die Praxis verließen, kam endlich mal wieder die Sonne raus. Schnell wurde es warm, und Conradi entledigte sich seiner Jacke. »Das hätte er wohl gerne«, knurrte er. »Die Karte wird auf Fingerspuren untersucht, und wenn es Treffer mit einer polizeibekannten Person gibt, holen wir uns den Beschluss. Meine Hoffnung ist, dass der Täter seinem Arzt den Mord gestanden hat.«

»Dann kommt aber der Kriegsheimkehrer nicht infrage, oder?«

»In dem Fall nicht.«

*

An Albert Dreschers Wange klebte ein kleines Pflaster, denn ihm war anscheinend beim Rasieren wieder einmal das Messer ausgerutscht. Er paffte eine Zigarre. »Wie weit sind Sie gekommen in der Schmalstieg-Geschichte?«, wollte er wissen.

»Zwei Verdächtige«, sagte Conradi, »möglicherweise auch drei. Sobald wir die Ergebnisse aus der Gerichtsmedizin haben, können wir diesen kleinen Kreis womöglich noch einmal reduzieren.« Die Visitenkarte erwähnte er vorsichtshalber nicht. Er wollte nicht wieder einen Rüffel kassieren, und es gab ja leider auch noch nichts dazu zu berichten.

»Aha. Dann legen Sie mal los.« Drescher baute Distanz auf, indem er die dünnen Arme vor dem mageren Brustkorb verschränkte.

»Schmalstiegs Ziehtochter Bettine Korittke arbeitet bei ihm im Salon. Sie bezichtigt den Kohlenhändler Erwin Bartsch des Mordes an Rolf Schmalstieg. Sie ist sich recht sicher, und damit könnte sie richtigliegen. Ich denke auch, dass einiges für ihn als Täter spricht.«

»Das Motiv haben Sie sicherlich sorgfältig recherchiert.«

»Bartsch kommt öfter in den Salon und bedrängt Bettine. Vermutlich sieht er in ihr ein weiteres Opfer, will sie in Sippenhaft nehmen, weil er es eigentlich auf ihren Ziehvater Rolf Schmalstieg abgesehen hatte. Fest steht, dass Bartsch von Schmalstieg sehr enttäuscht war. Er hat ihn wohl an der Front im Schützengraben schwer verletzt zurückgelassen, sodass Bartsch später im Lazarett ein Bein amputiert werden musste. Er gibt Schmalstieg daran die Schuld und taucht regelmäßig im Laden auf, um sich wichtigzumachen. Reicht das als Motiv?«

Albert Drescher streifte die Asche seiner Zigarre ab. »Die Sache hat nur einen Haken, Conradi. Wenn es so wäre, würde sich Bartsch völlig unauffällig verhalten und sich hüten, noch einmal den Salon zu betreten und somit in den Fokus der Ermittlungen zu geraten. Er hätte ihn längst töten können, wenn er gewollt hätte. Warum erst jetzt?«

Ein tiefer Zug von der Zigarette gab Conradi die nötige Zeit zu antworten. »Sie haben nicht gedient, Herr Drescher.

Natürlich sehe ich hier ein Motiv. In den Kriegsversehrten brodelt oft eine ungeheure Wut, mit der sie nicht fertigwerden. Die einen schikanieren ihre Familie, führen sich auf wie der Generalfeldmarschall höchstpersönlich, lassen ihren Frust, das erlebte Gefühl der Ungerechtigkeit an den Angehören aus, andere fressen das Elend in sich rein, besaufen sich, schweigen tagsüber und schreien nachts in ihren Albträumen, dass ihren Ehefrauen angst und bange wird.«

Drescher winkte ab. »Ach, hören Sie doch auf mit Ihrem psychologischen Kaspertheater! Männer müssen stark sein und dürfen keine Schwäche zeigen. Gefühlsduselei ist mir ein Gräuel! Das darf ich doch wohl sagen, auch wenn ich nicht eingezogen wurde. Ich wäre gegangen, wenn man mich gerufen hätte. Hat man aber nicht.«

Johann Conradi ließ sich nicht beirren. »Auch wenn es nicht in Ihr Weltbild passt, Herr Drescher: Der Krieg verändert die Menschen, besonders die Männer. Das ist leider so, da kann man nichts machen. Die Wut von Erwin Bartsch scheint immer stärker geworden zu sein, dass er keine Ruhe gibt. Er musste Schmalstieg töten, und nun, da der Erzfeind tot ist, nimmt er sich die schwächeren Glieder der Familie vor, wie zum Beispiel die Ziehtochter Bettine Korittke.«

»Was macht er mit ihr?«

»Er rückt ihr auf die Pelle, macht ihr Angst.«

Drescher verdrehte die Augen. »Nun gut, angenommen, es ist so. Was haben Sie denn bisher in die Wege geleitet, wenn ich fragen darf? Haben Sie schon Fingerspuren von ihm genommen?«, fragte Drescher mit arrogant hochgezogener Braue. »Hausdurchsuchung angeordnet?«

»Das kommt als Nächstes.«

»Warum ist das noch nicht geschehen? Das zeigt mir wieder einmal, wie oberflächlich Sie arbeiten. Ein Gedanke, ein Verdachtsmoment, und das war es. Ich wusste, dass dieser

Fall Sie überfordert, Conradi.« Missmutig schüttelte er den Kopf und zog an seiner Zigarre. Für zwei, drei Sekunden schien er alles um sich herum auszublenden.

»Weil ich nicht möchte, dass er sich bereits als Verdächtiger sieht und sich dann zurücknimmt. Ich halte es für klüger, ihn zunächst zu beobachten. Er läuft uns schon nicht weg, das kann er gar nicht, er ist beinamputiert«, sagte Conradi mit einem Zwinkern.

Drescher funkelte ihn böse an. »Sie irren sich, zufällig kenne ich ihn, weil ich meine Kohlen von ihm beziehe. Er hat ein Pferdegespann. Damit ist er schneller über alle Berge, als Sie denken können. Und das Adjektiv ›klug‹ kann ich leider nicht mit Ihnen in Verbindung bringen. Ich hoffe, Sie wissen, was Sie tun, und verschwenden nicht noch mehr wertvolle Zeit. Was haben Sie denn stattdessen unternommen, wenn ich fragen darf?«

»Ich warte auf die Auswertung der Spuren, die Fritz Starnke und ich am Tatort genommen haben. Vorhin habe ich ans Labor depeschiert. Ich hoffe, der Eilbrief kommt in den nächsten zwei Tagen an.«

»Sind Sie komplett übergeschnappt? Warum haben Sie kein Blitzgespräch angemeldet? Dann hätten Sie die Ergebnisse wesentlich schneller gehabt.«

»Das hätte ich tun können, ja«, gab Conradi zerknirscht zu. Es war doch einige Zeit vergangen, seit er das letzte Mal einen Mord aufzuklären hatte, und einiges hatte sich geändert. »Ich kann es nachholen.«

»Und damit Geld durch unnützen Aktionismus verschwenden, ich verstehe.«

»Ich habe meine Prioritäten anders gesetzt. Ich möchte mir erst ein genaues Bild von der Familie machen, weil ich immer noch der Meinung bin, dass dort der Schlüssel für den Fall liegt.«

Drescher lehnte sich vor. »Moment mal, was denn nun, ich denke, Sie haben einen Hauptverdächtigen mit einem starken Motiv?«

»Da stimme ich Ihnen zu. Aber auch andere hätten ein Motiv.«

»Was ist mit Bartschs Alibi?«

»Er hat keins.«

»Na also!«

»Mein Gefühl sagt mir …«

»Himmel noch mal, lassen Sie Ihre Gefühle aus dem Spiel!«

Conradi atmete tief durch.

»Weder beschatten Sie ihn«, fuhr Drescher fort, »noch beantragen Sie eine Durchsuchung. Und nach wie vor suchen Sie den Täter in der Familie. Weil es bequemer ist, nicht wahr? Weil Sie gerne dort ein- und ausgehen, weil Sie sich in die hübsche Tochter des Hauses verguckt haben, nicht wahr? Sie ist doch hübsch, nehme ich an?«

»Ach, Herr Drescher, lassen Sie mich doch bitte meine Arbeit machen.«

Die beiden Männer funkelten sich zornig an.

»Also gut«, meinte Drescher schließlich seufzend. »Warum die Familie?«

»Die Frage kann ich Ihnen beantworten: die mangelnde Trauer der Familienmitglieder. Sie sind für meinen Geschmack etwas zu schnell zur Tagesordnung zurückgekehrt. Die beiden älteren Kinder hatten ein sehr distanziertes Verhältnis zum Getöteten.«

Drescher hing seinen Gedanken nach, bevor er zur nächsten Frage überging. »Wen genau haben Sie im Visier?«

Conradis Herz pochte gewaltig. Drescher hatte es wieder einmal geschafft, ihn zu verunsichern. »Im Visier habe ich niemanden. Ich könnte Ihnen die Namen derer nennen, die ich vernommen habe. Da wäre zum Beispiel Karl, der Ziehsohn von Rolf Schmalstieg«, sagte er mit spröder Stimme.

»Gab es Konflikte?«

»Es gab Spannungen zwischen ihnen, sie mochten sich nicht. Karl hat sehr unter ihm gelitten.«

»Wie sieht es mit einem Alibi aus?«

»Dürftig. Genau genommen hat der Junge keins. Er kehrte während des Fußballspiels von der Arbeit in der Hotelküche zurück und hat sich schlafen gelegt. Bestätigen kann das aber keiner so recht, weil ihn niemand gesehen hat. Er betrat das Haus durch den Keller. Die Familie druckst ein wenig herum, wenn es um den genauen Zeitpunkt geht. Wahrscheinlich hat niemand mitbekommen, wie er heimkam und was er in der Zeit getan hat, während die anderen vor dem Radio saßen.«

»Ist der Sohn auch Friseur? Will er den Laden übernehmen?« Drescher lehnte sich zurück und schlug ein Bein über das andere.

»Das nicht. Der Junge hatte es schwer, weil sich Schmalstieg angeblich nur um seine leiblichen Nachkommen gekümmert hat, nicht um die seiner Frau. Er hat sie nicht als seine Kinder angenommen; sie blieben ihm fremd.«

»Und Sie glauben, dass sich ein fast erwachsener Mann, wie Karl Korittke, um so etwas schert, Sie glauben tatsächlich, dass er wie ein Kleinkind um die Liebe seines Ziehvaters bettelt? Er ist in einem Alter, in dem andere junge Männer auf Brautschau gehen und nicht mehr angewiesen sind auf die Fürsorge ihrer Eltern. Sie glauben tatsächlich, dass er wegen seiner verletzten Gefühle einen Mord begeht und damit seine Zukunft ruiniert? Weil er nicht genug Wertschätzung erfährt? Das arme Kind. Ich weine gleich, Herr Conradi. Ein Halbstarker braucht keinen Vater, schon gar keinen neuen.«

»Wir vermuten, dass der Täter Linkshänder war«, fuhr Conradi fort. »Allein der Schusswinkel lässt diese Deutung zu. Und ich bin tatsächlich sogar auf zwei Linkshänder gestoßen.«

»Das nenn ich Zufall. So viele Linkshänder gibt es doch gar nicht.«

»Erwin Bartsch schippt die Kohlen mit der linken Hand und bindet den Sack mit links zu. Und Karl Korittke hat das Vernehmungsprotokoll mit der linken Hand unterzeichnet.«

»Ah ja. Also doch wieder Karl.« Der Boss bemerkte, aus dem Fenster blickend: »Seltsam, dass er überhaupt noch mit der linken Hand schreibt, nicht wahr? Wir wurden doch alle umerzogen, auch ich. Ich habe Schläge auf die linke Hand bekommen, wenn ich damit schrieb. Warum tut er das?«

Conradi zuckte mit den Schultern. »Keine Ahnung, ich weiß es nicht. Vielleicht war es in dem Moment ein Reflex.«

Albert Drescher paffte und blies den Qualm seiner Zigarre in Conradis Richtung.

Johann Conradi hustete und wedelte den Rauch beiseite. »Ich bin noch einem weiteren Familienmitglied auf der Spur«, betonte er. Der leibliche Vater der älteren Kinder. Sein Name ist Otto Korittke. Erst kurz vor dem Mord ist er mit einem der letzten Züge aus russischer Gefangenschaft in Osnabrück eingetroffen.«

Drescher zog die Augenbrauen hoch. »Ein Spätheimkehrer? Welches Motiv für die Tat könnte er haben?«

»Eifersucht. Er kommt aus jahrelanger Gefangenschaft zurück, muss erleben, dass seine Frau aus der gemeinsamen Wohnung ausgezogen ist und nun mit einem anderen Mann zusammenlebt. Ich möchte mir nicht ausmalen, wie es ihm damit geht. Er wird alles andere als glücklich sein. Vielleicht wird er versuchen, sie zurückzugewinnen. Möglicherweise hat er das bereits und sie hat ihn abblitzen lassen.«

In Dreschers Mimik begann es zu arbeiten. Er zupfte sich am grauen Spitzbart, bevor er zur Antwort ansetzte. »Das Motiv scheint mir in der Tat stärker zu sein als alle anderen. Aber ob er bereits die Kraft für solch eine Tat hat, wenn er gerade erst wieder auf freiem Fuß ist? Sind die nicht äußerst geschwächt, die Brüder, körperlich und mental?« Er fixierte seinen Untergebenen.

»Wenn seine Wut auf seine Frau und sein Hass dem fremden Mann gegenüber, der ihm seine Frau gestohlen hat, groß genug sind, dann dürfte seine Schwäche zur Stärke werden.«

Mit der rauchenden Zigarre in der Hand kratzte der Chef sich am Kopf. »Kann sein, kann aber auch nicht sein.« Wenigstens war sein Gesichtsausdruck nicht mehr so arrogant wie zu Beginn der Unterredung.

»Er kennt sich aus im Laden, ich habe gesehen, wie er ihn zügig durchschritten hat, um die Privatwohnung der Familie aufzusuchen. Vielleicht besitzt er noch eine Waffe aus Kriegsbeständen. Und Schießen wird er gelernt haben! Ehemalige Soldaten haben oft den Skrupel vor dem Töten abgelegt. Sie haben auf dem Schlachtfeld so viele Tote gesehen, dass sie abgestumpft sind.«

»Einen Einwand habe ich doch. Kriegsgefangene besitzen keine Waffen. Sie wurden ihnen abgenommen, bevor sie ins Lager kamen. Ausnahmslos.«

Conradi hielt seinem Blick stand. »Er kann sich eine besorgt haben. Wir können davon ausgehen, dass er immer noch Kontakte in Osnabrück hat. Ich bin ihm quer durch die Stadt gefolgt und weiß, wo er wohnt.«

Drescher zog eine Augenbraue hoch. »Ach ja? Und wo?«

»In einer Wohnung am Jürgensort zur Untermiete. Unten befindet sich eine Werkstatt für Kunstschmiede-Arbeiten und Eisenkonstruktionen.«

»Haben Sie Korittke vernommen?«

»Selbstverständlich.«

»Und?«

»Er weist die Vorwürfe weit von sich, spricht nicht von Hass, nur von Verletzung und Enttäuschung. Er fühlt sich tief getroffen. Meiner Meinung nach hat er nichts zu verlieren. Otto Korittke hat verlernt, wie sich Freiheit anfühlt, und kann möglicherweise gar nichts damit anfangen. Vielleicht will er sogar gefasst und wieder inhaftiert werden.«

Drescher stand auf, ging zum Fenster und spazierte davor auf und ab. »Ist Otto Korittke auch Linkshänder?«

»Nein, zumindest raucht und schreibt er mit der rechten Hand.«

»Kommt er dann überhaupt infrage?«

»Es könnte eine Täuschung sein. Oder er benutzt beide Hände gleichermaßen, das soll es geben.«

Drescher blieb vor dem kaputten Fenster stehen. Conradi hatte gleich am nächsten Tag den Hausmeister verständigt, aber der hatte noch keine Zeit gehabt, es zu reparieren. »Was Sie bisher wissen, ist herzlich wenig. Stehlen Sie mir nicht länger meine Zeit.« Er entließ Conradi mit einer Handbewegung, als wolle er eine lästige Fliege verscheuchen.

22. KAPITEL

Bettine hatte sich mit Edmund im Café Läer in der Krahnstraße verabredet, denn sie wollte sich nicht noch einmal die Blöße geben, vor seinem Haus abgewiesen zu werden. Als sie eintrat, sah sie ihn im hinteren Teil des Gastraumes auf einem roten Plüschsofa sitzen. Er hielt den Kopf mit den im Nacken kurzgeschorenen Haaren und den längeren Stirnfransen geneigt und beschäftigte sich mit dem Strohhalm in seinem Getränk. Auf eine kindliche Art wirkte er unsicher und verloren. Am liebsten hätte sie ihn in den Arm genommen und geküsst, aber etwas hielt sie davon ab.

»Guten Tag, Edmund«, sagte sie leise. Als er sich zu ihr umwandte, sah sie sein hübsches Gesicht und seine blassblauen Augen. Müde wirkte er, erschöpft und abgekämpft.

Er erhob sich und deutete eine Verbeugung an. »Daisy, wie schön, dich zu sehen. Ich freue mich, dass du gekommen bist, es ist immer so herrlich entspannend, sich mit dir zu unterhalten. Was möchtest du trinken? Auch eine heiße Schokolade mit Sahne?« Er bemühte sich zu lächeln, aber es gelang ihm nicht.

Sie bekam eine Gänsehaut. »Gerne.«

Edmund bestellte bei der Kellnerin, die gerade am Nebentisch abkassierte. Dann schob er ihr den Stuhl zurecht und nahm seinen Platz wieder ein.

»Ich muss mit dir reden, Daisy«, sagte er ernst.

Ihr Magen fühlte sich an wie ein kalter Klumpen. »Das habe ich mir schon gedacht. Etwas steht doch zwischen uns. Schon lange habe ich das Gefühl, dass du mir aus dem Weg gehst.« Da war keine Wärme mehr zwischen ihnen, kein

Zusammengehörigkeitsgefühl, keine Geborgenheit. Auch ohne ein Wort fühlte sie, dass es vorbei war.

Hier hatten sie ihr erstes heimliches Treffen gehabt. Vorher waren sie immer mit Karl zusammen gewesen, hatten Radtouren unternommen, waren ins Kino gegangen, ins Schwimmbad oder in ein Konzert in die Blumenhalle. Aber im Café Läer waren sie zum ersten Mal wirklich allein und ungestört gewesen.

»Hättest du dich gestern Abend nicht gemeldet, hätte ich es getan«, sagte er mit gepresster Stimme. »So geht es nicht weiter. Du weißt, dass das mit uns nichts werden kann. Ich kann dich nicht heiraten. Auch das mit dem Kind schaffe ich nicht, so gern ich auch Kinder habe. Ich möchte mir nichts ans Bein binden, das mich mein Leben lang fesselt. Verstehst du mich? Es ist zu früh und zu schwer für uns. Wir sind beide viel zu jung und unerfahren für so eine Verantwortung. Liebes, schau nicht so betrübt, versteh mich doch.«

Mit offenem Mund hatte sie ihm zugehört. Mit jedem Wort wurde ihr schlechter, fühlte sie sich matter. Am liebsten wäre sie hinausgerannt. Sie musste sich zusammennehmen, um nicht vor ihm zu weinen.

»Mein Vater hat dir Geld geboten, er wollte dir gerne helfen, aber du hast es nicht genommen. Warum nicht?«

Ihr rutschte das Herz in die Hose. Sie wusste nicht, was sie sagen sollte. Ihr Bild, das sie lange von Edmund gehabt hatte, fiel wie ein Kartenhaus in sich zusammen. Vielleicht hatte es von vornherein auf wackeligem Untergrund gestanden und sie hatte sich nur etwas vorgemacht.

Lange saßen sie sich schweigend gegenüber, konnten sich kaum ansehen, fühlten sich unwohl, bis die Kellnerin Bettines Getränk brachte. Es duftete herrlich nach Schokolade, aber ihr war der Appetit vergangen.

»Ich dachte, du wolltest das Kind!«, brach es schließlich aus ihr heraus. Nur mühsam konnte sie die Tränen zurückhalten. »Du hast dich darauf gefreut! Wir wollten eine Familie gründen, oder nicht?«

»Ach, Daisy. Als du es mir gesagt hast im ersten Moment vielleicht schon«, gab er zu. »Ich war gerührt und erstaunt, dass ich dazu überhaupt fähig bin. Das wusste ich nicht. Ein wenig stolz war ich vielleicht sogar. Aber da habe ich noch nicht darüber nachgedacht, was es bedeutet, Verantwortung für so ein kleines Wesen zu übernehmen. Es ist doch eine große Herausforderung und ja, auch Belastung, nicht wahr? Das schaffe ich nicht, das halte ich nicht aus. Meine Eltern haben mir schließlich die Augen geöffnet. Sie haben mir abgeraten. Durch sie weiß ich, dass ich mir durch ein Kind meine Zukunft verbaue. Ich möchte aber nicht, dass du deswegen traurig bist, Daisy. Weine nicht, hörst du? Bitte weine nicht! Noch ist es sicher nicht zu spät, geh zu einem Arzt und lass dir helfen!«

Sie wurde bockig bei seinen Worten, die viel zu lieb und zärtlich klangen für das, was er damit ausdrückte. »Ach ja? Interessant! Und ich? Was ist mit mir? Ich soll die Verantwortung allein tragen? Mir die Zukunft allein verbauen? Es ist auch dein Kind, Edmund! Und du drückst dich gefälligst nicht vor der Verantwortung, sondern stehst zu mir und dem Kind!« Als er darauf nichts erwiderte, nur traurig guckte, setzte sie hinzu: »Ich finde es ganz und gar nicht ritterlich, wenn du mich damit sitzen lässt!«

Er zischte: »Still, nicht so laut, man kann uns hören!« Mit roten Ohren sah er sich um. Doch der ältere Herr in der Ecke war in seine Zeitung vertieft und achtete nicht auf sie.

Ihr war nun richtig schlecht. Sie würde ihrer Mutter und Großmutter beichten müssen, dass aus der Heirat nichts würde. Sie ahnte, worauf das hinauslief, ledige Mutter, uneheliches Kind, Schande, gesellschaftliche Ausgrenzung, Gerede der Leute, unmöglich, unverantwortlich, eine Zumutung. Und sie wusste nicht, wie sie aus dem Schlamassel wieder herauskäme.

Er seufzte, sog nachdenklich an seinem Strohhalm. »Ich frage dich noch einmal: Warum hast du das Geld nicht genommen, das mein Vater deinem Vater gegeben hat? Liebes, das hat mich wirklich enttäuscht, weißt du das?« Seine Augen waren voller Vorwurf.

»Dein Vater hat meinem Vater Geld für eine Abtreibung gegeben? Ist das dein Ernst? Über meinen Kopf hinweg? Du warst erst so empört darüber, dass er überhaupt mit der Idee ankam. Engelmacherin, hast du gesagt, das kommt nicht infrage!«

»Wenn ich dir doch nur helfen könnte! Ich möchte dich wieder lächeln sehen, Darling, dann bist du viel hübscher!«

»Gerede, nichts als Gerede. Du wolltest mich heiraten, Edmund! Verflixt und zugenäht, wie fühle ich mich denn jetzt? Ich weiß genau, was du gesagt hast, als wir den Spaziergang am See gemacht haben. Wir haben uns auf eine Bank gesetzt, aufs Wasser geschaut und eine Entenfamilie beobachtet, und ich habe dir erzählt, dass wir in weniger als einem Jahr einen Kinderwagen schieben werden. Ich habe dein Gesicht noch in Erinnerung, du hast gestrahlt! Wir heiraten, hast du gesagt, wir bekommen ein Baby und werden eine glückliche Familie! Mutter, Vater und Kind und ein eigenes Heim. So wolltest du leben mit mir, du hast dich darauf gefreut!«

Sie löffelte die Sahnekrone von der Schokolade.

»Zeiten ändern sich«, murmelte er und konnte sie nicht ansehen. »Meinungen ändern sich, auch Situationen und Gefühle. Und man selbst ändert sich.«

»Ach ja? So plötzlich? Es ist doch alles erst ein paar Wochen her. Andere brauchen Jahre, um sich zu ändern. Ich verstehe dich nicht. Was soll ich jetzt tun? Was wird aus mir? Ich werde eine ledige Mutter mit Kind sein, so kann man doch nicht leben! Wie stehe ich dann da? Ausgegrenzt werde ich. Mit dem Finger werden die Leute auf mich zeigen. Ich kann mich zu Hause nicht mehr blicken lassen mit Kind, ich kann nicht mehr als Friseuse arbeiten!« Ihr Gesicht glühte, und als er auf ihren Blusenausschnitt starrte, wusste sie, dass sich dort vor Aufregung rote Flecken gebildet hatten.

»Ach was, das kannst du immer noch! Du könntest so tun, als wäre es das Kind deiner Mutter, die hat ja schon so viele, da kommt es nicht mehr drauf an! Wenn deine Mutter mitspielt, warum nicht …?«

Bettine lachte künstlich auf. »Meine Mutter wird sich bedanken! Aber im Ernst: Du hast dich so aufgeregt über den Plan meines Vaters, mich in den Osten zu Verwandten zu schicken. Du wolltest auf keinen Fall, dass ich den Verwandten unser Kind überlasse! Kämpfen wolltest du für unser Glück! Und nun? Nun soll ich alles allein regeln? Allein kämpfen?«

»Du bist doch gar nicht allein! Du hast eine treusorgende Mutter und eine Großmutter, die sich liebevoll um die kleinen Racker kümmert. Davon hast du so oft erzählt! Wie glücklich die Oma mit den Kleinen ist, wie gerne sie deiner Mutter den Rücken freihält, damit sie Zeit zum Einkaufen und Nähen hat! Und ich werde das Kind nach bestem Wissen und Gewissen unterstützen. Es wird nicht mittellos sein. Ich verdiene genug, um ein Kind zu ernähren!«

»Mutti würde darunter leiden! Sie fürchtet nichts so sehr wie das Geschwätz der Nachbarn und Kunden«, wagte Bettine einen letzten Versuch, ihn umzustimmen.

Endlich sah er sie an. »Sie hat doch selbst in wilder Ehe gelebt mit diesem Friseur! In wilder Ehe hat sie Kinder mit ihm bekommen. Und das war in Ordnung? Sie hat sich nichts dabei gedacht, oder wie? Sie misst mit zweierlei Maß! Was für eine erbärmliche Doppelmoral!« Seine Stimme klang jetzt rauer, wesentlich energischer als vorhin.

»Das ist etwas Anderes. Die Leute wissen nichts davon, denn früher haben wir in einem anderen Viertel gelebt. Wir haben keinen Kontakt mehr zu den alten Nachbarn und Bekannten. In der Johannisstraße haben wir uns ein neues Leben aufgebaut. Rolf trat von Anfang an als Familienvater auf. Niemand hat daran gezweifelt, dass er der Ehemann meiner Mutter war.«

Schweigend rührte er in seinem Getränk und trank den Rest dann in einem Zug aus. »Ich muss gehen, Daisy«, sagte er und sah auf seine goldene Armbanduhr. »Sei mir bitte nicht böse!«

»Und nun? Du lässt mich hier sitzen? Das ist das Ende? Du lässt mich allein?«

Er schüttelte den Kopf. »Wenn du Geld brauchst, sag Bescheid. Ich habe genug.« Er öffnete seine Geldbörse, legte ein paar Münzen auf den Tisch, gab ihr einen Schein und verschwand, ohne sich noch einmal umzudrehen.

*

Johann Conradi war fertig mit dem Text. Er hatte ein Flugblatt erstellt, das kurz vor Feierabend noch in die Druckerei gehen sollte. Die Befragung in der unmittelbaren Nachbarschaft des Friseursalons hatte nur wenig gebracht, aber es war nicht auszuschließen, dass Anwohnern der Johannisstraße trotzdem am besagten Abend etwas aufgefallen war. Groß war die Chance nicht, denn wegen der Fußballweltmeisterschaft befanden sich die Osnabrücker in einer Ausnahmesituation. Nahezu jeder hatte zur Tatzeit wohl wie gebannt vor dem Radio gesessen. Doch einen Versuch war es wert.

Achtung, Achtung, stand auf dem Flugblatt, *wer hat Beobachtungen zu einem ungeklärten Todesfall im Friseursalon Schmalstieg gemacht, und zwar am*

23.06.1954 zwischen 18 und 19 Uhr,

und kann Angaben dazu machen? Achtung: nicht an mögliche tatverdächtige Personen herantreten, sie könnten bewaffnet sein! Informationen bitte direkt an das Polizeirevier Markt unter der Rufnummer 123.

Noch einmal las er den Text durch, steckte ihn dann ein, um ihn zur Druckerei Meinders und Elstermann zu bringen.

*

Ernestine Kaufmann nahm zwei Cognacgläser und eine braune Flasche aus dem Eichenschrank und schenkte großzügig ein. Im Radio lief ein Sinfoniekonzert von Johann Sebastian Bach. Tagsüber hörte sie am liebsten Schlager oder Swing, aber am Abend durfte es etwas ruhiger sein.

Sie setzte sich aufs Sofa mit dem braunen Überwurf, den ihre Eltern schon benutzt hatten, und den vielen Puppen aus Zelluloid und Porzellan darauf. Sie trugen lange, hübsche Kleider aus glänzendem Taft, die Ernestine in jüngeren Jahren selbst genäht hatte. Ihre Ehe war kinderlos geblieben, was sie sehr bedauert hatte. Mittlerweile war es ihr egal. Sie hatte die Puppen und sie hatte ihn. »Winni, kommst du bitte? Das Konzert hat angefangen!«

Man musste ihm Zeit lassen, er war nicht mehr der Jüngste. Im Moment saß er noch in der Küche und trank sein drittes Bier. Ernestine wusste nicht, in welcher Stimmung er dann war. Er konnte sanft sein wie ein Lamm, aufgeregt wie ein junger Hund und aufbrausend wie ein Stier in der Arena. Schließlich kam er und hatte einen recht entspannten Gesichtsausdruck. Er trug einen Schlips, wie sie es sich gewünscht hatte. Cognac gab es nur, wenn er ordentlich angezogen war. Und er liebte seinen abendlichen Cognac, dazu ein paar Salzcracker und eine dicke Zigarre.

»Warst du beim Friseur?«, fragte sie, nachdem sie ihn ausgiebig gemustert hatte. »Steht dir! Du wirkst so aufgeräumt, sauber und ordentlich!«

»Aufgeräumt?« Er fuhr sich mit der abgearbeiteten Hand über den Scheitel. »Sie hat ordentlich Haarwasser verwendet. Sieht gut aus, oder? Und duftet angenehm!«

»Deswegen brauchst du nicht so zu grinsen«, sagte sie spöttisch. »Du machst jedes Mal eine Staatsaffäre aus deinem Friseurbesuch. Du warst wieder bei der Kleinen, stimmt's? Ich habe dir doch gesagt, du sollst zum Chef gehen!«

»Das geht nicht mehr, Stine. Vorbei mit dem Chef.« Er lächelte verlegen und ließ sich ächzend auf einem für ihn viel zu niedrigen Cocktailsessel nieder. »Krieg ich einen Weinbrand?«

Sie überhörte seine Bitte. »Was soll das heißen, vorbei?«

»Das soll heißen, dass es ihn nicht mehr gibt. Aus und vorbei.« Er fuhr sich mit der flachen Hand unter dem Kinn entlang.

Entsetzt schaute sie ihn an. »Ist nicht dein Ernst!«

»Doch!«

»So plötzlich? Was hatte er denn?« Sie stellte ihr Glas ab, aus dem sie gerade getrunken hatte.

»Er wurde in seinem eigenen Salon tot aufgefunden. Woran er genau gestorben ist, weiß man nicht. Aber die Bevölkerung ist aufgefordert, sich bei der Polizei zu melden, falls jemand was gesehen hat.«

»Mord?«

»Hm. Kann sein. Irgendjemand muss sich an ihm abreagiert haben. Er interessiert mich nicht sonderlich, weißt du. Komm schon, gib mir mein Glas!«

»Woher weißt du davon?«

»Die Leute reden.«

Sie drehte an ihren schmalen goldenen Eheringen, die sie übereinander trug. »Komisch, dass du da noch hingehst. Ich würde mich nicht wohlfühlen, wenn ich wüsste, da hat ein Toter gelegen. Oder hast du das vorher nicht gewusst?«

»Doch, von einem Kunden, aber was soll's. Find ich nicht schlimm. Wir alle müssen mal weg, eines Tages, auch du und ich, Stine.«

Sie gab ihm sein Glas und prostete ihm zu. »Daran will ich noch nicht denken. Heute genießen wir unser Leben. Haben wir es nicht schön, Winni?«

Er griff mit seiner groben Hand nach dem Cognacschwenker und stürzte den Alkohol wie Wasser hinunter. »Ja, Stine.« Er rülpste und hielt ihr das Glas zum Nachschenken hin.

»Ich verstehe nicht, warum es dich dann immer von mir wegdrängt. Du sagst, dir geht es hier gut, und gehst doch immer wieder fort von mir. Das gefällt mir nicht. Ich will nicht allein sein, Winni. Ich will nicht immer auf dich warten müssen. Du weißt, wie sehr ich das hasse!«

An seinem Gesichtsausdruck sah sie, wie sehr sie ihm schon wieder auf die Nerven ging. So schade, dass er nicht ihre Gefühle und Bedürfnisse teilte. Er konnte gut allein sein, sie hingegen nicht. Warum verstand er das nicht und nahm ein wenig Rücksicht auf sie? Er wusste nichts von Liebe, es war einfach so.

Er ließ seinen Blick seufzend über die vollgestellte kleine Stube schweifen. »Weiß du was, Stine?«, fragte er. »Ich habe es dir nie gesagt, aber dieser ganze Nippes geht mir auf die Nerven. Muss das sein? Die glitzernden Schwäne, die Puppen mit ihren geschminkten Gesichtern und die grellen Kunstblumen, warum machst du das? Es wird immer mehr! Mittlerweile glitzert und funkelt es hier wie im Zirkuswagen einer Wahrsagerin. Schmeiß endlich das Zeug weg! Ich ersticke sonst!«

»Auf keinen Fall!«, entgegnete sie entgeistert. »Das sind meine Kinder!«

»Die Puppen sind deine Kinder? Du bist verrückt! Nächste Woche ist Sperrmüll. Dann wirfst du die Hälfte von dem Krempel weg. Danach hast du immer noch mehr als genug! Ich helfe dir gerne beim Entrümpeln!«

»Wenn du das wagst! Es sind Erinnerungen, Winni, die müssen bleiben. Ich liebe meine Kinder, ich brauche sie.«

»Erinnerungen – wozu soll das gut sein? Ich will mich lieber an nichts erinnern. Da gibt es nichts Gutes.«

»Du bist undankbar, Winni.«

Eine Weile lauschten sie der Radiomusik, nippten schweigend am Cognac. Als Winni einzunicken drohte, wechselte sie den Sender. Der war mehr nach seinem Geschmack. Ein Saxofon spielte eine beschwingte Melodie, unterstützt von Kontrabass und Schlagzeug.

Im Takt der Musik wippte sie mit dem Fuß. Sie durfte ihm nicht zeigen, wie sehr sie sich ärgerte. Umso schneller war alles wieder gut. Ernestine kannte Winni, er meinte es nicht so. Winni war ein sturer Holzkopf mit einem weichen Kern. Sie verzieh ihm in der Regel schnell.

»Ich muss hin und wieder einfach mal raus, Stine«, sagte er sanfter. »Unter die Leute. Nicht böse sein! Ich komm doch immer zurück zu dir!«

»Du weißt das alles gar nicht wertzuschätzen, mein Lieber«, hielt sie ihm dennoch spöttisch vor. Ein bisschen sollte er wenigstens dafür büßen, was er ihr gerade vorgeworfen hatte. »Ich hätte dich gar nicht bei mir aufnehmen müssen, das weißt du. Du kannst jederzeit gehen und dir was Neues suchen, wenn es dir nicht mehr gefällt. Es ist mein Haus. Ich habe es geerbt, ich allein.« Sie wedelte mit ihrer gepflegten Hand.

»Nein, nein, so war das nicht gemeint«, wehrte er ab. »Hier ist es schön, wirklich! Über den Nippes kann ich hinwegsehen. Ja, ja, ein nettes Zuhause ist das.«

»Du fühlst dich trotzdem wohl?«

»Ja, sicher«, gab er zu.

Sie lächelte. »Das wollte ich hören!«

Er nickte heftig. Und ließ sich erneut das Glas füllen. Wieder trank er es fast in einem Zug leer.

»Dann ist es ja gut.« Sie holte eine weitere Flasche aus der Bar und schenkte nach, obwohl es bereits sein viertes Glas war. Aber seine Gesichtszüge wurden weicher, also half es ja. »Auf dein Wohl, Winni!« Sie lächelte. »Auf unser Wohl, nicht?«

»Jawoll, meine Schöne, auf unser Wohl!«, lallte er. Er hickste. »Prost, du Wunderbare.«

23. KAPITEL

Als Bettine spätabends aus dem Badezimmer kam und in ihrem Zimmer das Licht einschaltete, sah sie etwas Fellartiges die Wand entlanghuschen und unter dem Bücherregal verschwinden. Sie stieß einen spitzen Schrei aus, sprang auf ihr Bett, erschrak über sich selbst, hielt sich den Mund zu, denn sie wollte ihre Familie nicht wecken, die längst schlief.

Mit dem Rücken presste sie sich an den Wandbehang aus wollenem Filz und wagte kaum zu atmen. Sie hörte ein Scharren, ein Huschen, dann ein leises Fiepen und bemerkte ein zweites Tier, das sich ebenfalls an der Wand entlangdrückte, um sich unter dem gleichen Regal zu verkriechen.

Starr vor Schreck stand sie auf ihrer Matratze und wagte nicht, sich zu rühren, wagte nicht einmal zu atmen. Fieberhaft begann es in ihrem Gehirn zu rattern. Der Wurfzettel fiel ihr ein, den sie beim abendlichen Aufräumen auf dem Verkaufstresen entdeckt hatte. Jemand musste ihn dort liegen gelassen haben. Ein ansässiges Kleinunternehmen warb für eine kostengünstige Schädlingsbekämpfung. Sie hatte ihn mit in die Wohnung genommen und dort für alle Fälle in eine der Küchenschubladen gelegt. Dass sie den Zettel so schnell brauchen würde, hätte sie nicht gedacht. Vor einer Ratten- und Mäuseplage in der Neustadt wurde auf dem Blatt gewarnt. Sie hatte noch nichts darüber gehört, was sie wunderte. So ein Thema musste sich doch herumsprechen!

Sie trat in den Flur, vergewisserte sich, dass sie die Tür fest hinter sich zugezogen hatte, und schlich dann barfuß in die Küche. In der obersten Küchenschublade fand sie den Handzettel des Schädlingsbekämpfers.

Warnung an alle Haushalte! Mäuse- und Rattenplage in der Innenstadt, Bereich Neustadt, Rosenplatz, Johannisstraße, Möserstraße, Neumarkt! Kammerjägerei Kaufmann hilft! Versicherung gegen Ungeziefer. Übernehme die Reinigung und stete Reinhaltung ganzer Grundstücke von Ungeziefer aller Art gegen mäßige Jahresprämie oder Einmalzahlung. Vertilgung von Ungeziefer nach den neuesten Methoden unter schriftlicher Garantie der radikalen Ausrottung. Gewissenhafte Untersuchung von Wohnungen und Möbeln, geruchlos und ohne wesentliche Beschädigung rund um die Uhr. Kammerjägerei Kaufmann, Bierstraße 13 c (Hinterhof), Osnabrück, Telefonnummer 173.

Ihre Großmutter hatte einmal gesagt, für so unnötige Dinge wie Schädlingsbekämpfung werde kein Geld ausgegeben, das könne jeder selbst erledigen!

Auf leisen Sohlen stieg sie die steile Treppe zum Speicher hoch, um an ihrer Tür zu klopfen. Großmutters typisches Schnarchen war zu hören. Sie hatte es sich zur Gewohnheit gemacht, vor dem Zubettgehen ein warmes Bier mit Eigelb und Zucker zu trinken, um besser schlafen zu können. Dadurch verfiel sie sofort in einen Tiefschlaf. Eine Zeitlang verharrte Bettine vor der verschlossenen Schlafzimmertür, um die wenigen Möglichkeiten durchzuspielen, die ihr blieben. In ihrem Bett könnte sie in dieser Nacht keinesfalls schlafen. Ihr Ekel vor Ratten, Mäusen und Spinnen hielt sie davon ab, sich auch nur in die Nähe dieser Tiere zu begeben. Sie stieg die Treppe hinunter zum Zimmer ihrer Mutter und klopfte nun auch dort an. Fast die gleichen Atem- und Schnarchgeräusche drangen heraus. Ihre Mutter teilte sich einen großen Raum mit Karin und Peter, der lediglich durch einen Vorhang abgeteilt war. Was nun? Sie ging in die Hocke und dachte nach.

Gerade noch rechtzeitig, als sie schon ins Büro gehen und die Nummer der Schädlingsbekämpfung anrufen wollte, fiel ihr ein, dass Karl nicht da war. Er hatte Spätschicht im Hotel und übernachtete vermutlich auch dort. Erleichtert legte sie sich in sein Bett, löschte das Licht und versuchte zu schlafen. Der Geruch nach Karl, ein wenig herb, ein wenig muffig und stinkig nach tagelang benutzten Socken, beruhigte sie zunächst. Sie fand es rührend, dass er unter seiner Bettdecke ein Stofftier versteckt hielt, seinen alten, abgewetzten Teddybären, dem schon lange das gelbe Fähnchen der Firma Steiff am linken Ohr fehlte. Der Stoff fühlte sich kratzig und abgeliebt an und roch sehr nach ihrem Bruder.

Nachts um halb zwei, nachdem sie fast zwei Stunden in der Dunkelheit wach gelegen hatte, hielt sie es nicht länger aus, nahm den Handzettel vom Nachttisch und ging damit nach unten ins Büro, um die Nummer des Fernamts zu wählen. Ihre Oma würde ihr den Hals umdrehen, wenn sie erführe, was sie vorhatte!

»Fernamt Platz vier«, flötete eine Frauenstimme, die sehr jung, aber gleichzeitig erschöpft klang.

»Fräulein vom Amt? Ich bitte um die Vermittlung mit einem Kammerjäger in Osnabrück, Kaufmann heißt er, die Adresse ist Bierstraße 13 c, die Telefonnummer 173.«

»Einen Augenblick bitte, ich suche den Teilnehmer heraus. Bleiben Sie am Apparat!«

Es ertönte ein Knacken in der Leitung, dann ein Rascheln. Nach einer Zeit, die Bettine unerträglich lang vorkam, meldete sich die Frau erneut. »Hier Platz vier, ich kann keinen Kammerjäger unter der angegebenen Nummer finden. Soll ich trotzdem einstöpseln?«

Bettine spürte einen kalten Schauer in ihrem Nacken. »Aber den Namen Kaufmann haben Sie gefunden unter 173?«

»Das ja. Soll ich die Verbindung für Sie herstellen?«

»Ja bitte.« Mit einem mulmigen Gefühl wartete Bettine.

»Die Leitung ist hergestellt.«

»Danke sehr.« Heftiges Bauchziehen, das bis zum Zwerchfell drückte. Bettine legte die linke Hand auf ihren Leib, während die rechte den Hörer hielt.

Tuten in der Leitung. Lange. Bettine zählte mit. Zwölfmal insgesamt.

»Kaufmann«, quäkte eine müde Frauenstimme.

»Wer ist da?« Bettines Herz begann vor Erleichterung heftiger zu schlagen. »Spreche ich mit der Kammerjägerei Kaufmann?«

Pause in der Leitung. »Kammerjägerei Kaufmann?«, wiederholte die Frau.

»Ja, ich suche einen Schädlingsbekämpfer. Diese Nummer soll zu einem Kammerjäger gehören, der spezialisiert auf Mäuse und Ratten ist.«

Die Frau prustete los. »Sie erlauben sich einen Scherz mit mir? Mitten in der Nacht? Bei Ihnen piept's wohl! Haben Sie getrunken? Mein Seliger sah auch immer Mäuse und Ratten, wenn er zu tief ins Glas geschaut hat.« Dann sagte sie lachend Gute Nacht und wollte auflegen.

Ein Rascheln, ein Husten, plötzlich war ein Mann am Telefon. »Kammerjäger Kaufmann, guten Tag, was kann ich für Sie tun?«

Irritiert schilderte Bettine ihr Anliegen. Sie stotterte und verhaspelte sich. Hoffentlich nahm der Mann sie ernst und dachte nicht auch noch an einen Scherz!

»Ich bin schon unterwegs«, sagte er geschäftig, nachdem er die Adresse erfahren hatte, und legte auf.

Bettine hätte vor Erleichterung tanzen mögen. Aber auf die Erleichterung folgte sogleich ein schlechtes Gewissen. Sie durfte das Telefon nicht benutzen, das wusste sie, und sie durfte keine Geschäfte abschließen, da sie nicht volljährig war. Eine Weile wartete sie in dem kleinen Büro, knabberte an ihrer Unterlippe und kaute an den Fingernägeln. Ihre Oma hätte sie dafür gerügt. Dann sperrte sie die Ladentür auf, damit der Kammerjäger nicht klingeln musste.

Etwa 20 Minuten später rumpelte ein alter Kastenwagen heran. Eine Bremse wurde quietschend angezogen, eine Wagentür klapperte. Bettine hatte die Raffgardine beiseitegeschoben und sah ihn vom Schaufenster aus. Das Gefährt stand direkt unter der Straßenlaterne. Das Kopfsteinpflaster schimmerte, weil es geregnet hatte. Der Kammerjäger trug die helle Kleidung eines Imkers, dazu einen breitkrempigen Hut mit dunklem Schleier vor dem Gesicht. Außerdem hatte er einen kleinen Koffer dabei und Imkerzubehör. Bettine kannte sich ein wenig damit aus, weil ihr verstorbener Opa auf dem Land Bienen gehalten hatte. Sie hätte ihm gerne dabei assistiert, wäre auch gerne einmal in die Imkerkleidung geschlüpft, aber er hatte es nicht erlaubt.

Der Kammerjäger humpelte stark. »Da drin ist ein Smoker«, erklärte er schnaufend nach einer kurzen Begrüßung. »Ich betäube die Viecher und kann sie dann fangen. Dauert nicht lange, Fräulein, gut, dass Sie die Firma Kaufmann gerufen haben. Vielen Dank für Ihr wertes Vertrauen!« Seine Stimme klang dumpf durch den dichten Schleier.

»Es ist oben«, sagte Bettine stotternd. »Schaffen Sie das?«

»Na sicher. Ich brauche nur etwas länger.«

»Könnten Sie bitte leise sein? Meine Familie schläft.«

»Aber selbstverständlich. Die Firma Kaufmann arbeitet stets geräuschlos, gründlich und genau.«

Bettine ging voran. Als sie sich umdrehte, sah sie, wie er sich hinter ihr die Stiege hochquälte. Die steile Treppe mit den schmalen Stufen bereitete ihm ungeheure Mühe. Er kroch mehr, als dass er ging, benutzte beide Hände und die Knie. Erst jetzt fiel Bettine auf, dass er ein Holzbein hatte, wie so viele Männer, die an der Front gewesen waren.

Sie blieb im Flur, während er hinter der geschlossenen Tür seiner Arbeit nachging. Sie hörte ihn auf den Holzdielen auf- und ab humpeln, vernahm zischende und pfeifende Geräusche. Von Minute zu Minute wurde sie nervöser, fühlte sich unbehaglicher. Hoffentlich wurde niemand wach!

Irgendwann setzte sie sich auf den Boden, weil ihr schwindlig wurde. Sosehr sie sich vor den Nagern ekelte, sie taten ihr auch leid, und sie hoffte, dass er ihnen keine unnötigen Qualen bereitete.

Nach einer endlos lang erscheinenden Zeit kam er wieder heraus.

»Was ist mit den Tieren?«, fragte Bettine ängstlich und rappelte sich auf. »Wo sind sie?«

Er deutete auf seinen Koffer. »Hier drin«, sagte er trocken. »In einem Schutzbeutel. Ich nehme sie mit und entsorge sie auf meinem Grundstück.«

Angewidert verzog Bettine das Gesicht. »Wirklich?«

»Wirklich. Die Firma Kaufmann arbeitet verlässlich, vertrauenswürdig und verbindlich.«

»Wie viele waren es?«

»Vier. Zwei Mäuse und zwei Ratten.«

»Und Sie haben wirklich alle gefunden? Da sind keine mehr?«

»Nein. Ich habe das Zimmer mit meinem Spezialdampf ausgeräuchert. Das weckt die Tiere aus ihrem tiefsten Schlaf auf. Dann huschen sie herum und man sieht sie, kann sie betäuben und leicht einfangen. Mehr waren da nicht. Seien Sie unbesorgt. Die Firma Kaufmann …«

»Sind sie tot oder nur betäubt?«

»Mausetot natürlich.«

Bettine wollte nicht wissen, wie er das gemacht hatte. »Wie kommen die Tiere hier rauf?«

»Das weiß man nicht so genau. Regenrinne? Momentan leidet die ganze Gegend unter einer Rattenplage. Die Tiere sind nachtaktiv. Ich bin fast jede Nacht unterwegs. Das Auftragsbuch der Firma Kaufmann ist voll.«

»Ist das Zimmer jetzt vergiftet?«

»Nein, Sie können unbesorgt darin schlafen. Die Firma Kaufmann …«

»Was bin ich Ihnen schuldig?«

»Lassen Sie uns runtergehen und das Geschäftliche erledigen. Ich muss eine Rechnung schreiben.«

»Eine Rechnung?«, fragte Bettine ängstlich. »Wie viel wird es denn sein?«

Als er nicht antwortete, schlug sie das Büro vor.

Unten angekommen, setzte sie sich an Rolfs Schreibtisch und bot ihm einen einfachen Holzstuhl an.

»Nun«, sagte er, nachdem er ächzend Platz genommen hatte. »Um es vorweg zu sagen: Es wird nicht gerade billig. Sie haben mich mitten in der Nacht gerufen. Das kostet extra. Normalerweise liegt so ein Einsatz bei fünf Mark. Aber mit Nachtzuschlag muss ich Ihnen leider 20 Mark berechnen.«

»20 Mark?« Sie starrte ihn ungläubig an. Das waren in etwa die Einnahmen eines halben Tages. »So viel kann ich Ihnen nicht geben.« Sie räusperte sich. »So viel habe ich nicht.«

»Gut. Dann werde ich morgen früh zur Polizei gehen und Sie anzeigen. Sie haben mich gerufen, mir einen Auftrag erteilt, ich bin gekommen, habe den Auftrag erledigt. Nun will ich mein Geld.«

Bettine schluckte hart. Wie hatte sie nur so dumm sein können, sich nicht vorher zu erkundigen, was an Kosten auf sie zukäme? Sie hatte mit einer Mark gerechnet, vielleicht auch zwei. Selbst fünf Mark wären ihr überteuert erschienen. »Ich darf solche Geschäfte eigentlich gar nicht abschließen. Ich bin noch nicht volljährig. Meine Mutter und meine Großmutter werden mir den Kopf abreißen, wenn sie davon erfahren.«

»Nicht volljährig, aber nachts Fremden Aufträge erteilen, herzlichen Glückwunsch«, sagte er mit rauer Stimme. Obwohl er längst mit seiner Arbeit fertig war, hatte er den fast undurchsichtigen Schleierhut nicht abgelegt.

»Das geht Sie nichts an.«

»Nicht frech werden, Fräulein.« Er sprach ruhig und klar, aber gerade diese Ruhe war ihr nicht geheuer.

Ein Kloß bildete sich in ihrem Hals, und ihre Augen brannten. Die Stimme des Mannes kam ihr bekannt vor, aber ihr Gehirn war zu benebelt, um darüber nachzudenken. Ihre gesamte Energie musste sie dafür aufbringen, um aus der Situation einigermaßen heil herauszukommen.

»Na, na, Sie werden doch nicht weinen?«

Sie hatte noch gar nicht geweint, aber nun tat sie es. Sie hasste sich dafür. Tränen stürzten aus ihren Augen, und sie hatte nicht einmal ein Taschentuch bei sich. Vielleicht regte sich nun wenigstens so etwas wie Mitleid bei ihm.

Er hielt ihr sein Taschentuch hin. Angewidert betrachtete sie es.

»Es ist sauber, nehmen Sie es ruhig.«

Sie griff danach und wischte sich damit über Augen und Nase. Das Taschentuch roch nach Kernseife und Tabak. »Und nun?« In diesen zwei Worten lagen ihre ganze Angst, Hoffnungslosigkeit und Verzweiflung.

»Ich habe einen Vorschlag für Sie, Fräulein, ich bin ja kein Unmensch und kann keine Frau leiden sehen, erst recht keine junge hübsche.«

»Ja?«, fragte sie hoffnungsvoll.

Lange betrachtete er sie. »Sie gefallen mir, Fräulein. Ich würde gern ein paar Fotografien von Ihnen machen, wenn ich darf.«

»Wir kennen uns doch gar nicht.«

»Du bist schön«! Seine Stimme hatte sich verändert, nahm einen lüsternen Klang an. Er atmete heftig und gab unter dem Imkerschleier keuchende Geräusche von sich. »Ich finde dich wirklich wunderschön!« Unvermittelt streckte er seine Finger aus und berührte ihren Unterarm.

Sie zog ihn zurück. »Nein.« Sie ekelte sich vor ihm. Seine Haut war rissig, spröde und die Fingernägel dreckig. Aber sie musste vorsichtig sein, denn er hatte sie in der Hand. Sie wusste, dass sie etwas Verbotenes getan hatte, und fürchtete das Donnerwetter, das am nächsten Morgen über sie hereinbrechen würde.

»Drei Bilder, und wir sind quitt. Vielleicht auch fünf.« Er schnaufte erregt. »Ich verlange nichts weiter von dir. Ich verspreche dir, danach lasse ich dich in Ruhe. Du bist mir nichts mehr schuldig. Wir sind quitt, wenn du mitmachst.« Er nestelte an seinem Koffer herum und packte einen Fotoapparat aus, der in einer braunen Ledertasche steckte.

»Ich erwarte ein Kind.« Ein rettender Gedanke.

Kurz stockte er. »Und wenn schon, ich will doch nur ein paar Bilder von dir.«

»So etwas gehört sich nicht, erst recht nicht, wenn man in anderen Umständen ist.«

»Was gehört sich nicht? Dass ich dich fotografiere?«

Das Ticken der Wanduhr erschien überlaut. Es war mittlerweile kurz vor 3 Uhr. Sein erregtes Keuchen widerte sie an. Sekunden verstrichen, ehe sie leise nachfragte: »Was für Fotos wären das?«

»Schöne Fotos, die ich mir gerne anschauen werde. Völlig normale Fotos, keine Sorge. Vielleicht machst du dich dafür ein wenig zurecht. Ein hübsches Kleid mit Ausschnitt, Schminke, ordentlich frisierte Haare.«

»Was soll das, das dauert doch eine Ewigkeit, bis ich fertig bin. Wollen Sie so lange hier warten?«

»Ich habe die ganze Nacht lang Zeit. Niemand erwartet mich.«

Auch das noch. Was wollte der Typ von ihr? Der hatte doch nicht mehr alle Tassen im Schrank.

»Meine Mutter und Großmutter sind oben. Sie können jederzeit runterkommen. Beide haben einen schlechten Schlaf und wachen öfter nachts auf.« Sie sprach mechanisch wie ein Roboter.

»Es wird nicht lange dauern. Wir wären längst fertig, wenn du dich nicht so zieren würdest. Dann wäre ich schon wieder draußen in meinem Pritschenwagen und würde nach Hause fahren. Und du könntest dich in dein Bettchen legen und beruhigt schlafen, weil ich die bösen, bösen Viecher erlegt habe.«

»Ich soll mich also für Sie zurechtmachen und Sie schießen ein, zwei Fotos von mir, habe ich Sie richtig verstanden?«

Er nickte. »Ein bisschen mehr vielleicht. Mach dich so schön, wie du kannst, Prinzessin. Und bring bitte Geschirr mit. Eine Tasse mit Untertasse, einen Kuchenteller und eine Kuchengabel.«

Verständnislos starrte sie ihn an. »Was soll das?« Sie hatte das Gefühl, diese Frage schon ein Dutzend Mal gestellt zu haben.

»Frag nicht so viel, Mädchen, mach einfach! Oder du zahlst mir 20 Mark! Du bist mir etwas schuldig, vergiss das nicht!«

Mit einem mulmigen Gefühl in der Magengegend schlich sie in die Wohnung zurück. Im Badezimmer schminkte und frisierte sie sich mit zittrigen Händen und stand anschließend lange vor dem Kleiderschrank, weil sie nicht sicher war, was er von ihr erwartete. Schließlich entschied sie sich für ein geblümtes Sommerkleid mit weißem Spitzenkragen und einem eckigen Empire-Ausschnitt. Ihre Mutter hatte es für die Hochzeit ihrer Cousine im letzten Jahr genäht, aber sie hatte es nie angehabt, weil sie krank gewesen war. Das Kleid fiel locker und war ohne Taille geschnitten.

Ihre Haut am Dekolletee war weiß und makellos. Vielleicht war es das, was ihn reizte.

Schüchtern ging sie die Treppe runter und ins Büro zurück. Auf der Türschwelle fiel ihr ein, dass sie das Geschirr vergessen hatte. Das alles machte keinen Sinn. Teller und Tassen, ohne etwas zu essen oder zu trinken? Oder hatte er etwas mitgebracht und wollte mit ihr ein Picknick machen? In seinem Koffer war sicher Platz für ein kleines Nachtmahl.

Leise stieg sie die steilen Stufen wieder hoch, sorgsam darauf bedacht, dass sie nicht knarrten. Sie erreichte die Küche, penibel aufgeräumt wie immer. Dafür sorgte Großmutter Wilma, die Unordnung hasste wie die Pest. Bettine öffnete den Geschirrschrank und griff sich zwei zart geblümte Gedecke mit Goldrand, außerdem zwei Gabeln, damit er nicht auf die Idee kam, mit ihrer zu essen.

Der mysteriöse Imker erwartete sie schon. Sie fürchtete sich vor ihm, wollte es jedoch nicht zeigen. Mit geöffneten Armen ging er auf sie zu, um ihr das Geschirr abzunehmen. Er stellte es auf den Schreibtisch. Dann umarmte er sie. Sein Schweißgeruch stieg ihr in die Nase. Sie machte sich steif und blickte stur an ihm vorbei. Er sollte auf keinen Fall auf den Gedanken kommen, dass sie zu mehr als ein, zwei Fotos bereit wäre. Er streichelte sie. Bettine hielt die Luft an. Er hörte nicht auf, sie zu liebkosen, ihre Schultern, ihre Arme, sogar ihre Brüste. Dabei atmete er laut und keuchte sogar. Nun ging er zur Tür und drehte den Schlüssel herum. Bettine fühlte die Gefahr.

»Was muss ich tun?«, hörte sie sich mit brüchiger Stimme sagen. Ihr Herz raste.

»Meine Schöne, setz dich da vorne an den Tisch.«

»Da ist kein Tisch.«

»An den Schreibtisch, meine ich.«

Sie gehorchte. Er nahm alle Unterlagen und Utensilien herunter und deckte mit dem feinen Porzellan. Sie hatte aufgehört zu fragen, schaute lediglich zu, was er machte.

»Drei bis fünf Fotos«, schnaufte er, »mehr werden es nicht. Dauert nicht lange.«

»Das hoffe ich«, sagte sie steif.

»Nimm die Tasse zur Hand«, wisperte er, »und tu so, als würdest du trinken.«

Bettine glaubte, sich verhört zu haben, tat aber, was er verlangte.

»Schau mich an, Süße, lächle, freundlicher, ja, so!«

Der Fotoapparat klickte.

»Schau mir in die Augen, so, als wäre ich dein frisch vermählter Ehemann. Zeig mir deine Liebe und Zärtlichkeit, mein Mädel. Zeig sie mir!«

Draußen fuhr ein Motorrad vor.

»Du sollst mich anlächeln. Du bist meine geliebte kleine Frau, zeig, wie sehr du mich begehrst!« Sein Ton wurde barsch.

Sie zog eine Grimasse und kam seiner Aufforderung nach, während alles in ihr tobte und aufbegehrte. Sie dachte nichts mehr, ihr Kopf war leer, nach kurzer Zeit fühlte sie sogar nichts mehr, konzentrierte sich einzig und allein auf das Klicken des Fotoapparats und das Ticken der Wanduhr hinter Rolfs Schreibtisch. Rolf, der widerliche, abscheuliche, verhasste Rolf, der ihrem geliebten Bruder das Leben so schwer gemacht hatte, der ihm nichts als Kälte und Hass gezeigt hatte. Und auch ihr hatte er übel mitgespielt. Er hatte sie von ihrem Zwillingsbruder trennen wollen, das wäre das Schlimmste, was er ihr hätte antun können.

Und ihre Mutter tat so, als habe sie nichts gewusst. Dabei musste sie doch mitbekommen haben, was er vorhatte. War es ihr egal? Dachte sie nur noch an sich selbst, ihre Sicherheit, ihren Wohlstand, ihre Anerkennung in der Gesellschaft?

»Du hast aufgehört zu lächeln, Kleine, zeig mir deine schönen Zähne, lächle, freu dich, dass du mit mir zusammen am Tisch sitzen darfst, zeig mir, wie glücklich du als meine Ehefrau bist!«

Ehefrau? Der Mann war offensichtlich verrückt.

Der Fotoapparat klickte.

»Lass deine Augen strahlen, befeuchte deine Lippen, öffne deinen Mund ein wenig und lächle! … Ja, genau so!«

Rolf war ein Scheusal, der es verdiente, nicht mehr am Leben zu sein! Keine Träne weinte sie ihm nach! Er war weg, und das war gut so. Keine Sekunde ihres Lebens würde sie ihm nachtrauern.

Nicht gut war, dass sie ihre materielle Sicherheit verloren hatten. Aber sie würden es auch allein schaffen. Wenn Edmund sie doch wollte, wenn er eines Tages vor ihr stehen und sie um Verzeihung bitten würde, wäre alles wieder gut. Edmund, sie verzehrte sich nach ihm, sie liebte ihn doch so! Selbst der stinkende, widerliche Kerl, der permanent keuchend auf den Auslöser des Fotoapparats drückte, wäre vergessen, wenn Edmund um ihre Hand anhalten würde! Edmund, verzeih, bitte verzeih! … Laut sprach sie seinen Namen aus.

»Edmund? Wer zum Teufel ist das?« Der Imker hielt inne, hörte auf zu fotografieren.

Ein einziger Gedanke rotierte in ihrem Kopf: Geh doch endlich, du Kröte, mach, dass du fortkommst! Zu ihm sagte sie: »Sind Sie bald fertig? Drei bis fünf Bilder, haben Sie gesagt, das waren wesentlich mehr!«

»Das bist du deinem Vater schuldig!«

Sie glaubte, sich verhört zu haben. »Meinem Vater? Wen meinen Sie?«

»Nun, wen meine ich wohl? Du weißt nicht, wer dein Vater ist? Ich meine den Kerl, der es nicht verdient hatte, nur eine Minute länger am Leben zu bleiben. Rolf Schmalstieg war sein Name – was für ein Held! Ich wünsche jedem Menschen das Beste, ein gutes, gelingendes Leben, ihm hingegen wünschte ich nur den Tod.«

»Was reden Sie da? Haben Sie ihn umgebracht?«

Er lachte. »Schlaues Kind. Du hältst dich für neunmalklug, nicht wahr? Aber ob das stimmt? Bist du das? Oder bist du nur ein frecher, vorwitziger Matz, dem ich zu gerne einmal den Hintern versohlen würde?«

»Wer sind Sie? Wer sind Sie wirklich?«

Als Antwort kam eine Männerstimme aus unerwarteter Richtung. »Hallo, ist da jemand?«

Sie horchte auf. Wer war das? Etwa Karl? War das nicht Karl?

»Ist jemand hier?«

Es war Karl. Kraftvoll rief sie seinen Namen, schrie ihn fast. Schon war er bei der Tür, rüttelte an der Klinke. »Bettine, bist du da drin?«

»Karl, hilf mir!« Sie hörte ihren Bruder mit dem Fuß gegen die Tür treten.

»Ich mach dich tot, Fräulein. Ich schwöre dir, wenn du plauderst, mach ich dich tot«, zischte der Imker. »Du hast keine ruhige Minute mehr, wenn du über uns sprichst. Wir sind jetzt ein Paar, hörst du? Ich schwöre dir, wenn du versuchst, auszubrechen, mach ich dich kaputt.«

Sie versuchte zu ignorieren, was er gesagt hatte. Mit weichen Knien ging sie zur Tür und schloss auf. Zum Glück hatte der falsche Imker in seiner Getriebenheit den Schlüssel stecken lassen.

Karl brauchte einen Moment, um sich im Halbdunkeln zu orientieren. Er sah seine Schwester in einem unpassend wirkenden Kleid und stark zurechtgemacht neben dem Aktenschrank stehen, verschämt die Arme vor ihrem Körper verschränkend. Bettine folgte seinem Blick. Er sah einen fremden Mann in einem seltsamen Imkerkostüm, der eine beschwichtigende Geste machte. Er sah unbenutztes, leeres Geschirr. Er sah einen Fotoapparat auf dem Schreibtisch liegen.

Da lief ihm sichtlich die Galle über. Er ballte seine Hände zu Fäusten, stürzte sich mit einem Wutschrei auf den Mann, packte ihn am Genick und schleuderte ihn mit voller Wucht gegen die Wand. Dann trat er auf ihn ein, als wäre der Mann ein Sandsack. Bewusstlos und mit verdrehten Augen sackte der Fremde zusammen. Karl war versucht, auch noch auf ihn einzuprügeln, besann sich aber im letzten Moment. Er riss ihm den Schleierhut vom Kopf. »Da haben wir ja den Feigling.« Er gab ihm eine Backpfeife.

Bettine wollte nicht hinsehen, da sein Gesicht voller Blut war.

»Hol eine Kanne Wasser«, rief Karl seiner Schwester zu. Er nahm den Fotoapparat, knallte ihn zu Boden und sprang darauf herum, bis er zerbrach. Den Film riss er heraus und steckte ihn in seine Jackentasche.

Mit einer gewaltigen Kraftanstrengung zerrte Karl den Mann am Kragen aus dem Büro, über den Flur ins Freie, nahm Bettine die Kanne ab und schüttete ihm dann einen Schwall kaltes Wasser über den Kopf. Als der Mann zu sich kam und keuchende und gurgelnde Geräusche von sich gab, kickte Karl ihn mit Wucht in die Hüfte, dass dieser vor Schmerz aufwimmerte. »Verschwinde, du jämmerlicher Hanswurst«, schnaubte Karl, »und lass dich hier nie wieder blicken!« Den Koffer schleuderte er ihm hinterher.

24. KAPITEL

Sonnabend, 26.06.1954

Als Johann Conradi aufwachte, war es bereits hell. Durch das geöffnete Fenster drang Vogelzwitschern aus der verblühten Kastanie im Vorgarten. Ein Auto ratterte über das Kopfsteinpflaster. Conradi gähnte, schaute auf seinen Wecker und schaltete ihn aus, bevor er klingelte. Es war kurz nach 7 Uhr. Noch ein bisschen liegen bleiben, sagte er sich, ein paar Minuten noch, dem wohligen Gefühl nachgeben.

Im Traum hatte er Frederike gesehen, wie fast jede Nacht. Er hatte sie im Arm gehalten, sich an sie geschmiegt und an ihrer Haut geschnuppert. Wann immer er wollte, hatte er ihren Geruch in der Nase. Frederike hatte sich weich angefühlt, sie hatte Rundungen an der richtigen Stelle, nicht zu viel und nicht zu wenig. Sie war weich, lebendig und der vertrauteste Mensch, den es jemals in seinem Leben gegeben hatte. Im Traum war er ihr nahe gewesen, ganz nah. Solange er träumte, war alles gut. Aber kaum war er erwacht, wusste er, dass es vorbei war, dass es nie wieder so sein würde wie früher. Niemals mehr würde es schön sein. Er hatte gehofft, dass es irgendwann nachlassen würde, dass er eines Tages aufwachen und es weniger wehtun würde, aber das tat es nicht. Der Schmerz blieb, wollte nicht von ihm weichen. Er nagte an ihm, bohrte, brannte und riss immer wieder tiefe Wunden in seine Seele. Es wurde nicht besser, an keinem einzigen Tag, den er ohne sie auskommen musste.

Der Gedanke daran, dass er bis zu seinem Lebensende aufwachen müsste ohne sie, sich durch den Tag quälen und durch die Nacht, zerriss ihn. Nur im Traum ging es ihm besser, da wurde die Erinnerung an Frederike zu neuem Leben erweckt, seine Frau, mit der er sich vollständig gefühlt hatte. Tief seufzte er, während sich Tränen aus seinen geschlossenen Augen stahlen.

Als ein feiner Kaffeeduft durchs Zimmer zog, stand er auf. Als Erstes zog er die Vorhänge mit dem Rosenmuster zurück und lehnte sich aus dem geöffneten Fenster. Schon so früh am Morgen war Betrieb auf der Lotter Straße. Männer in Anzügen und mit Aktentaschen und Hüten waren auf dem Weg zur Arbeit. Sie freuten sich auf den zeitigen Feierabend, der sonnabends bereits zur Mittagszeit eingeläutet wurde. Etwas weniger eilig schienen es Frauen mit Einkaufskörben zu haben. Einige von ihnen schoben Kinderwagen. Es gab auffallend viele kleine Kinder in der Nachbarschaft und immer mehr wurden geboren, so schien es ihm. Auch Schulkinder sah er, die teils müde, teils fröhlich schnatternd unter Conradi vorbeizogen. Sie wussten, dass sie heute keine Hausaufgaben aufbekamen und morgen ausschlafen konnten.

Aus Richtung Heger Friedhof ruckelte gerade die Straßenbahn heran. In einigen Minuten käme dann eine andere aus entgegengesetzter Richtung, der Hauptpost am Neumarkt.

Conradi schloss das Fenster wieder. Die Geräusche von draußen drangen nur noch gedämpft zu ihm hoch.

Er verließ sein Zimmer, um sein Morgengeschäft zu erledigen. Ein paar Treppenstufen tiefer befand sich der Abort, den er sich mit Hedwig Westermann und drei anderen Parteien teilte. Immerhin verfügte die Toilette über eine Wasserspülung, die mithilfe eines Zugseiles bedient wurde. Es hätte ihn schlimmer treffen können. Er wusste, dass es in der Altstadt noch immer Häuser ohne Wasserversorgung gab, nur mit Kübeln, die zweimal wöchentlich von Straßenreinigern abgeholt, geleert und gereinigt wurden. Aal-Wagen nannte man die runden schwarzen Anhänger, die die Exkremente abtransportierten. Schlimmer ging immer, sagte er sich, während er auf der schwarzen Klobrille Platz nahm und den Silberfischen beim Hin- und Herhuschen auf den schwarz-weißen Fliesen zusah. In Nullkommanichts hatten sie Löcher in den Fugen gefunden, in denen sie verschwanden. Trotzdem hätte er sich ein wenig mehr Komfort gewünscht, wie er es aus seiner früheren Wohnung kannte, in der er vor dem Krieg mit Frederike und Lilly gelebt hatte. Conradi dachte an ihr komfortables Badezimmer dort mit Durchlauferhitzer und Badewanne.

Waschen konnte er sich im Moment nur an seiner Waschschüssel im Zimmer. Dafür holte er auf dem Rückweg warmes Wasser aus der Küche. Er grüßte Frau Westermann, die ein eigentümliches Gerät vor sich herschob. Als sie ihn bemerkte, schaltete sie es aus und strahlte ihn an.

»Da staunen Sie, was?«, rief sie atemlos. »Ein elektrischer Staubsauger, vollautomatisch! Nun muss kein Student mehr kommen, um die schweren Teppiche über die Treppen zu schleppen und unten im Hof auszuklopfen! Hat mich ein Vermögen gekostet, aber das ist es wert! Bei Fleischhauer in der Großen Straße haben sie mir Ratenzahlung bewilligt. Nun schauen Sie nicht so! Sie müssen keine Angst haben, dass ich deswegen die Miete erhöhe, Herr Inspektor. Das tue ich nicht! Es bleibt bei 20 Mark im Monat, wie abgemacht. So, und nun zeige ich Ihnen mal, wie die Höllenmaschine funktioniert. Sie werden Augen machen! Am Mittwoch habe ich Ihr Zimmer damit gereinigt, als Sie nicht da waren. Haben Sie etwas gemerkt?« Ihre kleinen braunen Augen blitzten vor Stolz.

»Donnerwetter!«, sagte Conradi, der nicht zugeben wollte, dass ihm nichts aufgefallen war. Er stellte den Wasserkrug ab. »Darf ich auch mal?«

»Aber sicher!« Freudestrahlend reichte sie das Gerät an ihn weiter, zeigte ihm, wo er es einschalten konnte. »Ich habe es Waldi getauft, weil es mich an meinen früheren Dackel erinnert. Langer Rücken, langer Schwanz, spitzer Kopf, feuriges Temperament.« Sie kicherte ausgelassen. »Wenn Waldi genug Staub gefressen hat, muss ich den Beutel darin nur über der Mülltonne ausschütteln, fertig. Eine prima Sache!«

»Meine Frau hatte nicht einmal einen Handstaubsauger, und nun gibt es so etwas schon elektrisch, unglaublich! In welch fortschrittlicher Zeit leben wir!« In Filzpantoffeln schob Conradi das schwere Teil über die rot gemusterte Auslegware, während seine Wirtin ihn nicht aus den Augen ließ. Dann ging sie in die Küche, um ein paar Krümel zu holen, die sie vor ihn auf den Boden streute.

»Passen Sie mal auf, jetzt zeige ich Ihnen was«, verkündete sie.

»Donnerwetter«, rief Conradi erneut, als die Krümel wie durch Zauberhand von der Höllenmaschine verschluckt wurden. »Das funktioniert ja wirklich!«

»Das hätten Sie nicht gedacht, was?« Amüsiert sah sie ihm eine Weile zu, bevor sie ihm das Gerät wieder abnahm. »Nun haben Sie sich aber eine Stärkung verdient!«

Johann Conradi verschwand mit einem Krug heißem Wasser in seinem Zimmer, machte sich frisch, rasierte sich und zog sich seinen grauen Anzug an.

In der Küche roch es verführerisch nach Bohnenkaffee und Bratfett. Conradi nahm seinen angestammten Platz am Kopfende ein und ließ seinen Blick über den liebevoll gedeckten Tisch schweifen. Es fehlte an nichts: gute Butter, keine Rama wie sonst, ein paar Scheiben Brot in einem Körbchen, Erdbeermarmelade. Auf dem Herd brutzelten Spiegeleier in einer gusseisernen Pfanne.

»Heute ist doch gar nicht Sonntag«, bemerkte er gerührt. »Der teure Kaffee, Sie meinen es zu gut mit mir!«

»Nicht der Rede wert, bei Tengelmann gab es ein Angebot, 13,40 Mark das Pfund anstelle von 14,40. Eine Mark gespart! Und eine ganze Seite Rabattmarken konnte ich kleben!« Wenn sie lachte, bildeten sich sympathische Runzeln in ihrem Gesicht. Frau Westermann liebte es, ihn zu bemuttern, dabei bekam sie als ehemalige Stoffverkäuferin nur eine kleine Rente. Conradi vermutete, dass sie überdies ein wenig geerbt hatte. Er gönnte es ihr. Sie war eine Frau, die es nicht leicht gehabt hatte im Leben. Ihre Ehe war kinderlos geblieben, der Mann war in den letzten Jahren seines Lebens ein Trinker geworden, das hatte sie ihm kurz nach seinem Einzug erzählt. Aber sie kannte keinen Neid. Sie gehörte zu den wenigen Menschen, die so viel Sonne im Herzen hatten, dass sie das Wenige, das sie hatten, auch noch teilten. Neid war ein starkes Motiv, einen Menschen zu hassen. Conradi hatte im Laufe seines Lebens erfahren, dass dieses mächtige Gefühl nicht selten zu einem Kapitalverbrechen führte. Den letzten Mordfällen in Osnabrück hatte immer Neid und Hass zugrunde gelegen. War es auch in diesem Fall wieder so? Wen hatte der Neid dazu getrieben, eine Pistole auf Rolf Schmalstieg zu richten?

»Haben Sie denn gut geschlafen? Ich habe Sie in der Nacht rufen gehört«, riss die Wirtin ihn aus seinen Gedanken. »War alles in Ordnung? Ach, guten Morgen, das habe ich eben in der Aufregung völlig vergessen!« Sie schenkte Kaffee ein.

Er gab den Guten-Morgen-Gruß zurück. »Ich hoffe, ich habe Sie nicht gestört«, sagte er leise. »Es kommt leider öfter vor, dass ich unruhig schlafe.«

»Das macht nichts. Früher habe ich auch viel geträumt, jetzt bin ich nachts eher wach, als dass ich schlafe.«

Er ahnte, dass seine Wirtin mehr über ihn wusste, als ihm lieb war. Durch die beengte Wohnsituation ließ sich das nicht vermeiden. Seine Träume waren oft heftig, lebendig und echt, als mache er alles noch einmal durch. Sie handelten von Glück und Liebe, aber auch von Trauer, Verlust und Kriegserlebnissen.

»Ich bin froh, dass Sie da sind. Die junge Dame, die vor Ihnen das Zimmer bewohnte, wollte nicht mit mir frühstücken. Sie ging früh aus dem Haus und kam so spät wieder, dass sie sich gleich zurückzog. Ich habe sie kaum gesehen. Deshalb bin ich froh, dass Sie nun da sind und mir Gesellschaft leisten. Wie finden Sie denn eigentlich meine Nichte? Sie ist ledig und fühlt sich etwas einsam. Übers Wochenende ist sie allerdings zu einer Cousine nach Lübeck gereist. Ich habe ihr das Geld für die Fahrkarte geliehen, denn sie ist ja im Moment arbeitslos.«

»Ja«, sagte Conradi gedehnt und steckte sich die Serviette in den Kragen. »Nun denn, was soll ich sagen, ganz nett.«

Sie zwinkerte ihm zu. »Schade, dass Sie so spät gekommen sind und wenig Zeit hatten. Ich glaube, Pauline war ein bisschen enttäuscht, dass sie sich nicht mit Ihnen über das Fußballspiel unterhalten konnte. Ein spannender Abend war das, immerhin endete er mit einem 7:2 für Deutschland. Wir haben das Radio in die Küche geholt und beim Essen das Spiel verfolgt. Pauline mag Fußball!«

»Am Ende werden wir noch Weltmeister, was?«

Sie kicherte. »Aber Herr Conradi, darüber macht man keine Witze! Wir dürfen froh und dankbar sein, dass wir überhaupt mit von der Partie sind! Vor vier Jahren hat man uns noch gar nicht auf den Platz gelassen!«

»Auch wieder wahr!« Er schenkte ihr ein leichtes Lächeln, bei dem seine Grübchen sichtbar wurden. Dann nahm er eine Scheibe Brot und bestrich sie dünn mit Butter. Er wollte seiner Wirtin nichts wegessen.

»Ich freue mich auf das nächste Fußballspiel. Schade, dass wir es nur am Volksempfänger verfolgen können. Wenn ich ein Fernsehgerät hätte, würden Sie mir vielleicht noch öfter Gesellschaft leisten. Aber das kostet dreimal so viel wie meine Rente! Vielleicht schaffe ich es bis zur nächsten Weltmeisterschaft, wenn ich emsig spare!«

Er winkte ab. »Meinetwegen können Sie sich die Ausgabe sparen, Frau Westermann. Es wird nicht jedes Spiel übertragen. Nur die Zusammenfassung in der Wochenschau und vielleicht das Endspiel. Wenn wir Glück haben, ziehen wir ein Los bei Radio Deutsch und können es am Bildschirm verfolgen.«

»Wirklich? Ach, das wäre himmlisch!« Sie räumte ihr benutztes Geschirr in die Spüle. »Ich wünschte, wir könnten eines Tages alle abends gemeinsam vor dem Fernseher sitzen, Sie, Fräulein Hubschmied und ich. Haben Sie sich denn inzwischen etwas eingelebt in Osnabrück? Warum sind Sie eigentlich weggegangen? Sie hatten es doch sicher gut in Ostfriesland, nicht wahr? Einmal bin ich auf Borkum gewesen mit Karl-Heinz, als wir jung verheiratet waren, das war prima. Auf dem Dampfer haben wir uns einen ordentlichen Sonnenbrand geholt, und die Möwen haben uns verfolgt, weil Karl-Heinz sie mit altem Brot gefüttert hat. Eine hat ihm fast einen Finger abgehackt!« Sie kicherte bei der Erinnerung daran. »Haben Sie denn auch so schöne Sachen erlebt, Herr Conradi? Waren Sie auch mal woanders, an der See vielleicht oder in den Bergen?«

Nachdenklich führte er die Kaffeetasse mit Goldrand zum Mund. »Das nicht. Weiter als bis zum Dümmer bin ich mit meiner Familie nicht gekommen. Aber es war herrlich dort«, versicherte er. »Sand zum Buddeln für die Kleine gab es auch. Machen Sie sich um mich keine Sorgen. Ich fühle mich nicht einsam, kein bisschen.« Seine Hand zitterte leicht, während er das sagte.

»Wissen Sie, Sie können mir gerne erzählen, was damals passiert ist. Vielleicht tut es Ihnen gut, alles mal loszuwerden, was Ihnen auf der Seele brennt. Möglicherweise müssen Sie dann nachts nicht mehr laut rufen.«

»Oh je, ich werde mich bemühen, in Zukunft leise zu sein«, sagte er beschämt und schob ein Stück Eiweiß auf die Gabel.

25. KAPITEL

Bettine half ihrer Großmutter beim Decken des Frühstückstisches. Sie hörte Karin und Peter um ein Spielzeug streiten. »Gib es her, blöder Ochse, das ist meins!«, brüllte Karin. »Mein Nachziehhund, mein Lulli, ich habe ihn zum Geburtstag bekommen!«

»Meins, mein Lulli!«, schrie Peter in spitzen Tönen.

»Neiheiiin!« Karin schob ein paar Schimpfwörter nach, die im Hause Korittke streng verboten waren, und dann hörte man ein Klatschen, einen dumpfen Aufprall und Peters mörderisches Gebrüll.

»Willst du nicht nachsehen?«, fragte Wilma, die gerade Eierkuchen briet. »Gleich gibt es Mord und Totschlag! Hatten wir erst, brauchen wir nicht mehr.«

Bettine stützte ihr Kinn auf die Hände und wirkte teilnahmslos.

»Huch, was ist los? Du bist weiß im Gesicht, Kind«, stellte Wilma besorgt fest und ging dann selbst in den Flur, um für Ruhe zu sorgen. Es gab ein Hin und Her mit gegenseitigen wüsten Beschimpfungen und dazwischen Wilmas ruhige, mahnende Stimme. Dann kam sie zurück, mit dem Streitobjekt in der Hand, welches sie flugs nach oben auf den Küchenschrank beförderte. »Bis heute Abend bleibt es da«, erklärte sie energisch.

»Aber es ist meins!«, protestierte Karin unter Tränen. »Mein Spielzeug, mein Lulli!«

»Es ist deins und es bleibt deins, aber im Moment will Lulli Ruhe haben, weil er sich furchtbar erschrocken hat über euer dummes Geschrei. Das halten wir Menschen nicht aus und die Tiere erst recht nicht. Die haben ein viel feineres Gehör als wir. Und jetzt wascht euch die Hände, kämmt eure Haare und kommt zum Frühstück! Wo ist eure Mutter?«

»Sie ist in die Stadt gegangen, um Stoff zu kaufen, weil sie für Bettine ein neues Kleid nähen will«, sagte Karin. »Das Sommerkleid, das Bettine eigentlich bekommen sollte, passt ihr erst im nächsten Jahr. Jetzt kriegt sie einen Sack, sagt Mutti.«

»Halt die Gosch!«, fauchte Bettine sie an. »Später trägst du selbst mal einen Sack, einen besonders hässlichen!« Sie streckte ihrer kleinen Schwester die Zunge raus.

»Der Sack wird sicher ganz schick und fein«, meinte Wilma augenzwinkernd und schaltete den Herd aus. »Seid froh, dass eure Mutter so ein Talent im Nähen hat, dann seid ihr wenigstens immer ordentlich angezogen.« Sie setzte sich zu ihrer großen Enkelin, während die beiden Kleinen in den Flur stürmten. Dort hörte man sie weiterkrakeelen.

»Was ist los, Schatz? Du machst einen bekümmerten Eindruck. Geht es dir nicht gut? Es ist doch hoffentlich nichts mit dem Baby?«

»Nein, mit dem Baby ist alles in Ordnung.«

Wilma fasste ihr an die Stirn. »Fieber hast du nicht«, stellte sie fest.

Bettine schüttelte den Kopf.

»Willst du es mir nicht sagen?«

Bettine hatte nichts außer ein paar Sätzen im Ohr, die sich wie eine zerkratzte Schallplatte, auf der die Nadel hängen geblieben ist, hundertmal in ihrem Kopf wiederholten: »Ich mach dich tot, Bettine. Ich schwöre dir, wenn du plauderst, mach ich dich tot.« Bartsch. Der Mann im Imkerkostüm war Erwin Bartsch gewesen, der Mörder ihres Stiefvaters. Sie hatte ihn erst erkannt, als Karl ihm den Imkerhut vom

Kopf gerissen hatte. Er war es, er war Rolfs Mörder, das wusste sie nun. Der Depp hatte es sogar selbst zugegeben! Was sollte sie tun? Sich dem Inspektor anvertrauen und riskieren, dass Bartsch auch sie umbrachte?

Bettine schüttelte heftig den Kopf. »Nein, es ist nichts. Ich habe schlecht geschlafen und mache mir ein wenig Sorgen, wie es weitergehen soll.«

»Mit Edmund?«

Sie nickte. »Und mit uns, mit dem Geschäft.«

»Kind, was Edmund betrifft, so habe ich mich zurückgehalten, das weißt du ja, aber ich habe nie wirklich an eure gemeinsame Zukunft geglaubt. Und weißt du auch warum? Ich habe keine Liebe in seinen Augen gesehen. Da war nichts, keine Leidenschaft, kein Feuer, keine Wärme für dich, nichts. Ich muss dir das jetzt einfach sagen, weil ich nicht will, dass du den gleichen Fehler machst wie ich damals, auch wenn ich dir damit wehtue. Dein Großvater, also mein Mann, hat mich nie geliebt und ich ihn auch nicht. Nicht eine Sekunde. Wir sind per Zufall zusammengekommen und der Bequemlichkeit halber zusammengeblieben. Bald war Lieselotte, deine Mutter, unterwegs und wir mussten heiraten. Die ganze Zeit über war da eine Sehnsucht, die nie gestillt werden konnte. Das wünsche ich dir nicht, Bettine.«

»Großmutter, ich liebe ihn nicht mehr.«

Wilma legte ihre abgearbeitete Hand auf Bettines Handgelenk. »Ich verstehe dich, Liebes. Es ist besser so, glaub mir. Du findest noch den Richtigen. Lass dir Zeit.«

»Ich habe eine große Bitte an dich. Mach, dass Karl bei uns bleiben kann. Bitte, Oma, leg ein gutes Wort für ihn ein. Bitte!«

»Was redest du denn da für einen Unsinn? Warum sollte er nicht bei uns bleiben?«

»Ich habe an der Tür gelauscht, als Rolf noch lebte. Er hat sich mit Mutti unterhalten. Rolf wollte, dass er wegkommt. Er hat alles geplant, einen Heimplatz für ihn organisiert. Und Mutti hat kaum was gesagt. Ich glaube, sie war damit einverstanden, zumindest hat sie nicht protestiert.«

»Das kann ich mir nicht vorstellen. Warum weiß ich denn nichts davon? Da musst du etwas verwechseln, Kind.«

»Sicher nicht. Ich weiß doch, was ich gehört habe. Er wollte Karl in ein Heim für schwererziehbare Kinder und Jugendliche stecken.«

»Ich rede mal mit deiner Mutter. Zumindest das kann ich dir versprechen. Man sollte sowieso nicht so viel planen. Wir leben vorwärts und verstehen rückwärts. Wer sagte das noch, Kierkegaard? Und was die Sorge um das Geschäft betrifft, es geht weiter, Kleines. Es geht immer weiter, auch wenn wir im Moment nur Nebel sehen und uns nicht vorstellen können, dass er sich wieder lichtet. Das wird er, glaub mir.«

Bettine zuckte mit den Schultern. Dann straffte sie sich und blickte zur Tür. »Die Rasselbande kommt.«

Zunächst war es Karl, den der Kaffeeduft angelockt hatte. Er zog Bettine aus der Küche in sein Zimmer.

»Zeig ihn an, Bettine«, sagte er, kaum dass sie auf seinem Bett Platz genommen hatte.

»Das kann ich nicht«, meinte sie, »du hast ihn verprügelt.«

»Er hat es verdient. Was wollte er von dir?«

»Eigentlich nichts Schlimmes. Er wollte nur Fotos machen.«

»Fotos? Es sah aus, als wollte er dich vergewaltigen. Du warst stark geschminkt, hast ausgesehen wie eine …« Er hüstelte, sprach nicht aus, was er dachte.

»Ich wusste selbst nicht, was das alles sollte, konnte mir keinen Reim darauf machen. Ich glaube, er hat sich eingebildet, ich wäre seine Frau oder seine Geliebte. Wahrscheinlich wollte er die Fotos bei sich aufhängen, um sich vorzustellen, er würde mit mir zusammenleben und jeden Morgen Kaffee trinken.«

»Er ist nicht ganz dicht.«

»Ich weiß.«

»Zeig ihn an!«

»Dann zeigt er dich an. Du hast schon genug Scherereien mit der Polizei! Und ich hätte Tag und Nacht Angst um dich. Und um mich«, fügte sie hinzu.

»Warum lässt du ihn mitten in der Nacht rein?«

Bettine seufzte. »Kannst du ein Geheimnis für dich behalten?«

*

Kaum hatte er am Kiosk das Osnabrücker Tageblatt erstanden, fuhr die Straßenbahn an ihm vorbei. Sofort beschleunigte er seinen Schritt. Mit der zusammengerollten Zeitung fuchtelte er wild hinter der Bahn her, in der Hoffnung, der Fahrer möge ein Einsehen haben und auf ihn warten. Die letzten Meter bis zur Haltestelle rannte er. Dabei musste er seinen Hut festhalten, damit er nicht in eine Pfütze fiel. Regen, immer nur Regen und Temperaturen wie im März.

Die Bahn wartete auf ihn. Er hatte Glück, der Mann schien einen guten Tag zu haben. An der Haltestelle Depot hielt er die Türen länger geöffnet, als es nötig gewesen wäre.

Erleichtert schwang sich Johann Conradi aufs Trittbrett, lupfte beim Einsteigen seinen Hut, warf ein kurzes »Guten Morgen« und »Danke sehr fürs Warten« in die Zugkabine, um gleich in der zweiten Reihe Platz zu nehmen. Früher hatte er mit dem Fahrzeugführer gerne ein paar Worte gewechselt, aber das neuerdings hinter ihm angebrachte Schild »Unterhaltung mit dem Wagenführer ist nicht gestattet« hielt Conradi davon ab.

Conradi entfaltete die Zeitung. Wie üblich in letzter Zeit war die Ostzone das beherrschende Thema. Die fünf Kilometer lange Sperrzone durfte nur mit Sondergenehmigung betreten werden. Besorgt runzelte er die Stirn. Was hatte das zu bedeuten? Eine kilometerlange Grenze innerhalb Deutschlands hatte es noch nie gegeben. Wie würden die Bürger, die jenseits der Grenze lebten, reagieren? Würden sie eines Tages aufmucken, vielleicht sogar eine Revolution anzetteln? Wie käme er damit zurecht, wenn er auf der anderen Seite lebte? Er fragte sich, wie lange es dauern würde, bis die Grenze fiel, so konnte es ja nicht weitergehen. Er blätterte weiter und kam zum Sportteil. Auf einem Bild waren Rahn, Schäfer und Fritz Walter zu sehen und auf einem anderen Turek und Morlock. Zu gerne würde er sie einmal in Echtzeit spielen sehen. Er war so gespannt auf die Übertragung des Endspiels im Fernsehen und hoffte, irgendwo am Schaufenster mitschauen zu können, falls er kein Los ergatterte, um direkt im Laden das Spiel zu verfolgen.

Auf Seite zehn las er die erfreuliche Nachricht, dass die Arbeitslosenquote gesunken war. Im Ruhrgebiet betrug sie nur noch 2,5 Prozent. Wenn das so weiterging, gab es bald Vollbeschäftigung! Zumindest wirtschaftlich ging es aufwärts, ein gutes Zeichen. Die Geschäfte waren so gut gefüllt wie in der Vorkriegszeit, vielleicht sogar besser, was er immer wieder mit Erstaunen bemerkte, wenn sich die Straßenbahn langsam über die Krahnstraße bis zum Nikolaiort schlängelte. Keine Spur mehr von den Steinhaufen, die hier bei seiner Ankunft in Osnabrück vor mehr als einem Monat gelegen hatten. Wie über Nacht waren sie verschwunden! Überall wurde geschuftet und gebaut. Durch das Fenster konnte er hemdsärmelige Bauarbeiter bei ihrem Tun beobachten. In den Lücken zwischen den Gebäuden entstanden einstöckige Bauten mit kleinen Schaukästen, in denen Händler ihre Waren ausstellten. Zum Glück waren einige historische Häuser stehen geblieben, wie zum Beispiel das Kunstgewerbehaus Schäffer, das seine wunderschön geschmückten Auslagen präsentierte. Da die Straßenbahn in diesem kurvigen Bereich nur Schrittgeschwindigkeit fuhr, konnte er einen Blick in die Schaufenster werfen. Ein festlich gedeckter Tisch mit feinstem Porzellan, geschliffenen Gläsern und glänzenden Bestecken erinnerte ihn an die Feste, die er mit seiner Familie gefeiert hatte. Er hatte Frederike zu ihrem 30. Geburtstag ein hübsches weißes Hutschenreuther-Service geschenkt. Sie hatte Freudentränen vergossen, als sie es auspackte. Weihnachten, Silvester, Geburtstage, wunderschöne Feste hatten sie miteinander gefeiert. All diese Tage bedeuteten ihm nun nichts mehr, im Gegenteil, er fühlte sich besonders schwermütig an ihnen. An seinem Hochzeitstag vor zwei Wochen hatte er sich abends im Grünen Jäger volllaufen lassen. Zwölf Jahre ... wie viele verpasste Gelegenheiten, wie viele ungefeierte Feste und ungelebte Momente. Und der Sand in der Sanduhr seines Lebens rieselte unaufhörlich weiter. Conradi seufzte tief.

Da die Elektrische eine Weile vor dem Kunstgewerbehaus Schäffer stehen blieb, reichte die Zeit, um einen Blick in eine Vitrine mit Puppen, Schaukelpferden, Ritterburgen und bunten Kreiseln zu werfen. Dadurch wurde es noch schlimmer. Lilly – wie oft hatte er mit ihr vor diesem Geschäft gestanden, ihre kleine Hand gehalten und in ihre großen, erwartungsvollen Augen geschaut. Zu oft hatte er nein gesagt, wenn sie etwas haben wollte, obwohl er am liebsten ja gesagt hätte und mit ihr hineingegangen wäre. Der einzige Grund war, dass er sie nicht verwöhnen wollte. Aus bloßen Erziehungsgründen hatte er sich falsch verhalten, zumindest jetzt im Rückblick. Wie unfair das alles war! Er hätte der Kleinen jeden noch so unbedeutenden Wunsch erfüllt, wenn er gewusst hätte, welch kurzes Leben sie nur hatte.

*

Der Fremde sah die beiden Kinder vor dem Friseurgeschäft spielen. Mit Kreide hatten sie Kästchen auf den Bürgersteig gemalt und warfen Steinchen hinein, um in die damit markierten Felder zu springen. Ihre Gesichter waren hochkonzentriert.

Er wusste ihre Namen, Karin und Peter hießen sie. Peter war noch klein, er schätzte ihn auf höchstens zwei oder drei Jahre. Die Neugier in diesem Alter kam ihm zupass. Kleinkinder nahmen alles in die Hand, um es kennenzulernen und damit zu spielen. Jeder Alltagsgegenstand wurde zum Abenteuer und taugte als Spielzeug. Eine Handgranate wäre für ein Kleinkind eine besonders spannende Sache.

Eine aufzutreiben war nicht schwer gewesen. Er hatte dafür nur ein wenig auf den Trümmergrundstücken wühlen müssen, dort fand sich allerhand Brauchbares: alte Waffen, Munition, Metalle, manchmal sogar von vorsorglichen Hausfrauen vergrabene Weinflaschen oder Dauerwürste. Der Bombensuchtrupp hatte so viel zu tun, dass er schon mal die eine oder andere Granate übersah. Aus dem Krieg wusste er, wie man damit umging, wo sich das Anzündhütchen befand und wie man sie entschärfte. Das war im Grunde ein Kinderspiel.

An einem einzigen Nachmittag hatte er sogar zwei Granaten gefunden, deutscher Herstellung. Die eine war grün, die andere schimmerte bronzefarben. Er hatte sich für die grüne entschieden. Sie hatte dic Form eines zu groß geratenen Tannenzapfens – sehr verführerisch für Kinder zum Spielen. Der Junge konnte solche Waffen noch nicht kennen, dafür war er zu klein, seine Schwester vermutlich ebenso wenig. Und wenn, dann wäre sie ebenfalls sicher zu neugierig, um gleich damit zu einem Erwachsenen zu laufen und zu riskieren, sie sich wegnehmen zu lassen.

Er wollte den Kindern nicht schaden, nein, das nicht. Darauf kam es ihm nicht an. Er verfolgte eine andere Absicht, wenn er auch ein gewisses Risiko nicht ausschließen konnte. Aber so war nun einmal das Leben. Es gab nichts geschenkt, es gab keine Sicherheit, keine Garantie, niemand hatte das Recht auf ein unbeschadetes Leben. Mut zum Risiko wurde immer noch am meisten honoriert und würde sich am Ende auszahlen. Ausgerechnet jetzt näherte sich den beiden ein Junge, etwa zwölf Jahre alt, schmutzig und verwahrlost sah er aus. Seine Kleidung war mit Sicherheit seit langer Zeit nicht mehr gewaschen worden. Die Hose war rissig, sie war schon mehrmals geflickt worden. Er trug einen Pappkarton mit Sachen drin, die schwer zu sein schienen. »Alteisen!«, rief er, »hat jemand altes Eisen, Metall oder Altpapier? Wer hat Alteisen oder Metall?«

»Gar nichts!«, brüllte ihm Schmalstiegs Tochter hinterher. »Wir haben nichts und wir kaufen nichts!« Auf einem Bein hüpfte sie ins nächste Feld.

Der Mann wartete, bis der Junge abgezogen und die Kleinen wieder im Spiel vertieft waren. Mit der Handgranate in der Jackentasche näherte er sich den Kindern. In drei Metern Entfernung bückte er sich, als wolle er ein Geldstück aufheben. Dabei legte er unauffällig den grünen Gegenstand auf den Boden. Die Kinder hatten nichts bemerkt. Er ging einfach weiter, als wäre nichts geschehen.

26. KAPITEL

Johann Conradi wollte nicht auf die Ergebnisse der Autopsie warten, die voraussichtlich am Montag vorliegen würden. Kaum war er im Büro, meldete er ein Blitzgespräch an. Ein wenig ärgerte er sich, dass er nicht von selbst darauf gekommen war, sondern wieder einmal vom Chef eine Rüge kassiert hatte.

»Ich verbinde Sie«, sagte das Fräulein vom Amt. Conradi bedankte sich und wartete geduldig auf das Knacken in der Leitung, welches beim Stecken der Klinke in die Buchse entstand. Es dauerte nicht lange und er hatte den Gerichtsmediziner Dr. Wilhelm Vennemann persönlich am Apparat.

»So, der werte Herr Kollege Conradi«, sagte Vennemann und räusperte sich erst einmal kräftig, bevor er weitersprach. »Sie lagen schon ganz richtig mit Ihrer Beurteilung. Tatsächlich handelt es sich um einen Nahschuss aus weniger als einem Meter. Beim Opfer fanden wir Pulverschmauch, Pulverversprengungen und einen Brandhof im Bereich der Schläfe. Des Weiteren hat der Schuss um die Einschusswunde herum kleine schwarze Punkte hinterlassen, auch ein Beweis dafür, dass der Täter dem Opfer recht nahegekommen ist.«

»Ich danke Ihnen sehr, Herr Dr. Vennemann, und freue mich, dass Sie meine Vermutung bestätigen«, sagte Conradi. »Das Opfer hat sich in keiner Weise gewehrt, es wurde wohl überrascht und war sofort tot.«

»So ist es, und ich kann Ihnen auch sagen, warum. Der Schuss hat das Großhirn getroffen, es ist in mehrere Teile zerfetzt. Es war ein glatter Durchschuss. Sie haben das Projektil gesehen, Kaliber 7,65 mm. Die Ausschusswunde ist deutlich größer als die Einschusswunde. Es fanden sich Rückschleuderspuren in der direkten Umgebung, also Gewebe, das entgegen der Schussrichtung zurückgeworfen wurde. Da das Gehirn direkt getroffen wurde, war zu keinem Zeitpunkt ein Überleben möglich. Die Perspektive und der Winkel beweisen, dass der Täter mit der linken Hand geschossen hat.«

»Vielen Dank für die Information, Herr Doktor«, sagte Conradi. »Kann ich daraus schlussfolgern, dass wir es mit einem Linkshänder zu tun haben?«

»Nicht zwingend, Herr Kollege. Vielleicht war die Schusshand einfach die kräftigere und geübtere Hand. Mehr beweist das im Augenblick leider nicht. Haben Sie noch Fragen?«

Conradi kratzte sich am Kinn. »Ja, zur Waffe.«

»Nun, es handelt sich um eine Walther P9, das kleinste Modell. Es wurde bis 1945 gefertigt. Die Wehrmacht hatte es auch im Gebrauch. Die Pistole hat einen recht kurzen Lauf und ein kürzeres Griffstück als die neueren Waffen, mit denen Sie ausgestattet sind.«

»Ehrlich gesagt kenne ich das Fabrikat nicht. Von wem wurde es außer der Wehrmacht benutzt?«

»Zum Teil von Soldaten, soviel ich weiß. Eigentlich ist die Munition nicht darauf ausgerichtet, sofort zu töten, sondern sie soll verletzen. Wie Sie sicher wissen, war das bei Kriegsmunition oft der Fall, da ein verwundeter Soldat ein bis zwei weitere Soldaten für seine Versorgung bindet und somit zusätzlich temporär kampfunfähig werden lässt.«

Conradi brummte seine Zustimmung, sagte jedoch nichts.

»Herr Kollege? Sind Sie noch am Apparat?«

»Jawohl, Herr Dr. Vennemann. Verzeihung, ich habe nur über Ihre Auskunft nachgedacht. Sie könnte unter Umständen sehr bedeutsam sein.«

»Es gibt einen Soldaten unter den Verdächtigen?«

»Zwei der Verdächtigen haben gekämpft, ja. Sie waren in Gefangenschaft.«

»Ich verstehe. Wenn ich sonst noch etwas für Sie tun kann …«

Conradi bedankte sich mit höflichen Worten.

*

Eva wuchtete ihren Koffer ins Gepäcknetz und drückte das Zugfenster herunter. Hinter der Absperrung stand Werner im hellen Trenchcoat und winkte mit seinem Hut. Sie bemühte sich, heiter zu wirken, aber als sie seinen traurigen Gesichtsausdruck sah, wurde ihr schwer ums Herz. Abschiede konnten unerträglich sein, besonders am Bahnhof. Sie fühlten sich an wie ein Band, das zerrissen wurde, wie ein starker körperlicher Schmerz. Am schlimmsten war die Ungewissheit, wann sie sich wiedersehen würden, denn Werner hatte eine feste Anstellung als Hochschulprofessor an der Uni Hamburg und nur wenig Zeit für sie. Leider kam es selten vor, dass er sich ein ganzes Wochenende freinehmen konnte. Gerade da hatte er viel zu tun, Klausuren, die er korrigieren musste, Studenten, die zu ihm in die Sprechstunden wollten, besonders die Doktoranden, die er zu betreuen, und die Vorlesungen, die er vorzubereiten hatte. Diesmal hatten sie jedoch vorgehabt, das Wochenende bis Montag zu verlängern, und hatten dies nun wegen des Todesfalls in Evas Familie verkürzen müssen. Eva hatte am Vortag einen Anruf von ihrer Schwester bekommen und sofort beschlossen, nach Hause zu fahren. Bettine hatte am Telefon hemmungslos geweint und einen hilflosen und überforderten Eindruck gemacht. Eva hatte Mühe gehabt, sie zu verstehen. Rolf, ihr Stiefvater, war tot, ermordet, so viel stand fest. Ausgerechnet Bettine hatte ihn gefunden. Sie würde diese Bilder nie mehr aus ihrem Kopf bekommen.

Eva tat es nicht leid um Rolf. Er hatte sich kein bisschen um sie und ihre Geschwister bemüht, im Gegenteil, sie waren ihm lästig gewesen, und das hatte er sie spüren lassen. Er wollte Lieselotte, aber nicht deren Kinder. Nur seine eigene Brut liebte er. Karin und Peter konnten nichts dafür, sie waren klein und süß, aber manchmal hatte Eva Mühe, für die beiden Liebe aufzubringen. Schließlich waren sie Rolfs Kinder und zogen außerdem von der Mutter viel Zeit und Energie ab, die sie früher für die Größeren übriggehabt hatte.

Eva tat es dennoch leid um ihre Mutter und ihre Geschwister. Sie hatte verstanden, dass Lieselotte nach langen Jahren der Einsamkeit wieder einen Mann an ihrer Seite brauchte. Aber warum musste es ausgerechnet Rolf Schmalstieg sein? Ihre Mutter hatte es damit begründet, dass die Auswahl begrenzt war. Männer ihres Alters waren zum großen Teil im Krieg geblieben. Es klang nicht nach der großen Liebe, fand Eva. Auch Bettine teilte diese Meinung. Lieselotte hatte in Rolf nur den Notnagel gesehen. Er bezahlte das Dach über dem Kopf, sorgte dafür, dass sie es warm hatten und der neue Kühlschrank stets gefüllt war. Lieselotte bezahlte mit ihrem Körper und mit Bettine, der billigen Arbeitskraft. Das war das Geschäft. Und so waren sie zu einer angesehenen Wirtschaftswunderfamilie geworden.

»Bald sind Semesterferien«, rief Werner durch das geöffnete Zugfenster, »da habe ich etwas mehr Zeit, denn es finden keine Vorlesungen und Seminare statt. Ich muss lediglich einen Doktoranden mit seiner Doktorarbeit betreuen.«

»Das wird sicher schön«, sagte sie lakonisch. Sie hatte Werner den Grund ihrer überstürzten Abreise verschwiegen, aus Sorge, er könne vor Angst durchdrehen und sie nicht fahren lassen. Vielleicht hätte er auch darauf bestanden, sie zu begleiten, was ihr ebenfalls nicht lieb gewesen wäre. Sie hatte ihm ihre Familie bislang nicht vorgestellt und schämte sich ein bisschen dafür, dass ihre Mutter in wilder Ehe mit einem Friseur gelebt und mit ihm auch noch Kinder bekommen hatte. Deshalb hatte sie behauptet, dass ihre Schwester sie brauche, weil sie die Arbeit nicht allein schaffte. Insgeheim hoffte sie, dass Bettine sich schnell beruhigen würde. Sobald es ging, wollte sie zurückfahren, am liebsten schon am Donnerstag. Der Donnerstagabend gehörte stets ihnen, ihr und Werner.

»Ich liebe dich, Eva! Ich hoffe, dass du mir nicht in Osnabrück davonläufst. Die Männer sollen dort schön sein, habe ich mir sagen lassen, zumindest die wenigen, die noch leben!« Er konnte so charmant lächeln! In dieses Lächeln hatte sie sich verliebt.

»Bestimmt nicht schöner als die Männer in Hamburg! Oder sagen wir, als ein bestimmter Mann in Hamburg!« Sie lehnte sich aus dem Abteilfenster und winkte mit beiden Händen. Die Absperrung trennte sie, sodass sie sich nicht berühren konnten. »Mach mir den Abschied nicht so schwer«, rief sie. »Und … danke für alles! Ich hätte gerne mehr Zeit mit dir verbracht! Glaub mir das bitte!«

Er lächelte. »Es war schön mit dir! Komm bald wieder, hörst du?« Mit der Handkante strich er über sein graumeliertes Haar. Er war großgewachsen und so gutaussehend, dass er ihr gleich an ihrem ersten Tag an der Universität aufgefallen war. Er hatte eine gewisse Ähnlichkeit mit O. W. Fischer. Fast jede Frau hatte eine Schwäche für den attraktiven Schauspieler. Werner hielt seinen dunkelgrauen Porkpie aus Filz in der Hand. Den Hut hatte er auch bei ihrem ersten gemeinsamen Abendspaziergang an der Alster getragen. Später hatte er sie in ein schickes Restaurant ausgeführt und die Rechnung für das das Drei-Gänge-Menü bezahlt. So eine teure Rechnung für eine Mahlzeit hatte sie noch nie gesehen. Zufällig war ihr Blick darauf gefallen, bevor er die Ledermappe zugeklappt hatte. Es war dekadent, so viel Geld für Essen auszugeben. Aber schön war's, so schön!

»Liebst du mich wirklich, Eva? Ich könnte vom Alter her dein Vater sein!«

»Sprich nicht so, ich habe keinen Vater mehr und will auch keinen! Ich will dich, aber als Mann, nicht als Vater! Du bist viel interessanter und klüger als Gleichaltrige!«

Werner lachte herzlich.

Der Schaffner pfiff schrill. Es gab einen Ruck, als sich die dampfbetriebene Eisenbahn unter Fauchen und Quietschen in Bewegung setzte. Eva lehnte noch immer aus dem Fenster, nahm den Fahrtwind wahr, der durch ihr kurzes dunkles Haar strich, den Geruch nach Rauch und heißem Öl, und winkte Werner so lange zu, bis er nur noch ein heller Strich mit schwarzem Punkt am Bahnsteig war. Dann ließ sie sich seufzend auf den Sitz fallen und starrte lange aus dem Fenster, ohne wirklich etwas wahrzunehmen. Vorbeiziehende Landschaften, Häuser, einsame Gehöfte, Weiden mit schwarzweiß gefleckten Kühen und Schafherden, flache Gegenden mit weitem Horizont. Eva fühlte sich leer, wie ausgebrannt. Das Buch, das sie im Gepäck hatte, ein Roman von Johannes Mario Simmel, blieb unbeachtet auf ihren Knien liegen. Widersprüchliche Gefühle tobten in ihr. Sie war froh, dass sie dank ihres Stipendiums der Enge des Friseursalons und der Wohnung, in der sie mittlerweile zu siebt lebten, hatte entfliehen können. Für ihre Mutter war es wichtig, dass Bettine im Salon mithalf. Lieselotte hatte ihr aber auch gesagt, wie stolz sie auf ihre »Studententochter« sei. Niemals habe sie sich vorstellen können, dass jemand aus ihrer Familie studieren würde. Das lag außerhalb ihrer Möglichkeiten. Nur durch den persönlichen Einsatz von Evas Deutschlehrer, der ihr ein Stipendium verschafft hatte, hatten sich auf einmal Türen geöffnet, die für sie bisher geschlossen gewesen waren. Und doch nagte an ihr das schlechte Gewissen. Sie fühlte sich undankbar, dass sie keine Freude mehr an ihrem Studium hatte und keinen Sinn mehr darin sah.

27. KAPITEL

Johann Conradi wühlte sich durch Berge von Karteikarten, auf denen Fingerabdrücke von Verdächtigen markiert waren. Er verglich sie mit den Fingerabdruckspuren vom Tatort und war geübt darin, jede kleinste Abweichung zu erkennen. Sicherheitshalber ließ er Fritz Starnke die Arbeit gegenprüfen.

Der machte sich gleich ans Werk. Sein Gesicht sagte jedoch, dass er nicht daran glaubte, einen Treffer zu landen. »Ich würde sagen, wir überlassen das den Spezialisten der Spurensicherung.«

»Das sowieso. Ich hatte nur gehofft, wir wären schneller.«

»Vielleicht sind wir das ja auch. Aber ich habe irgendwie keinen guten Tag heute.«

»Nanu? Probleme mit Ihrer Begleiterin?«

Fritz Starnke schaute kurz auf. »Vorbei«, sagte er verdrießlich.

»Vorbei? Warum?«

»Sie mag keine Tiere. Und ich bin mit Viehzeug aufgewachsen, mit Schafen, Ziegen, Hühnern und Kaninchen. Ohne geht's nicht. Wer das nicht versteht, wird mit mir nicht froh werden.«

»Ihrer Miene nach zu urteilen, sind Sie gerade selbst nicht froh.«

»Nun ja, ich hatte mir Hoffnung gemacht, hab sie auch ein klein bisschen gerngehabt, aber das reicht nicht. Sie ist ein anderer Typ Mensch als ich. Sie denkt und fühlt anders. Verstehen Sie, was ich meine?« Er legte den Stapel, den er gerade durchgegangen war, beiseite und griff nach einem neuen.

»Wie sieht es mit Ihnen aus, haben Sie Lust auf einen stärkenden Kaffee?«, fragte Conradi. Er hatte Augenringe von zu wenig Schlaf und zu viel Arbeit.

»Gerne. Am liebsten richtigen, keinen Muckefuck.«

»Ich will sehen, was ich auftreiben kann. Was ist eigentlich mit unserer Sekretärin? Ich habe sie heute noch nicht zu Gesicht bekommen. Sonst schaut sie doch immer herein und grüßt freundlich.«

»Sie hat sich krankgemeldet.«

»Krank? Unsere Frau Zerhusen? Die war doch noch nie unpässlich! Was hat sie denn?«

»Sie ist beim Gardinenaufhängen bei ihrer Mutter unglücklich von der Leiter gefallen und hat sich den Oberschenkel gebrochen. Nun liegt sie mit einem Gipsbein im Krankenhaus und darf sich nicht rühren. Es ist gestern Nachmittag passiert.«

»Woher wissen Sie das, wenn ich fragen darf?«

Starnke grinste schief. »Der Chef war vorhin hier, als Sie gerade im Haus unterwegs waren.«

Conradi kratzte sich an der Augenbraue. »Und nun? Was machen wir in der nächsten Zeit ohne Sekretärin?«

»Herr Drescher ist der Ansicht, wir würden das auch ohne hinbekommen. Zu Hause sollten wir fleißig Schreibmaschine üben.« Fritz Starnke grinste.

»Schreibmaschine üben? Soll das ein Witz sein? Ich habe nicht einmal eine.« Frau Westermann besaß eine alte Olympia, aber sie zu fragen, kam nicht infrage. Er beanspruchte sie schon zur Genüge. »Ich werde mich extra dumm anstellen, dann schickt man uns vielleicht eine Vertretung.«

»Wo soll denn so schnell eine herkommen? Lassen Sie nur, Herr Conradi, wir schaffen das schon. Zur Not nehmen Sie mich als Sekretär. Ich bin gut im Tippen.«

»Können Sie auch Kaffee kochen?«

»Ich werde es mir heute Abend von meiner Mutter zeigen lassen.«

*

»Guck mal, was ich hier habe!«, schrie Karin und hielt einen grünen Gegenstand hoch.

Peter watschelte mit seinen krummen Stummelbeinen auf sie zu und wollte danach greifen. »Peter auch ham. Gib das!«

Sie hielt das Ding höher, sodass er es nicht erreichte. »Das ist nichts für kleine Kinder, nur für mich. Ich bin schon groß und kann damit umgehen.«

»Was ist das?«

Sie drehte und wendete es und betrachtete es genauer. »Keine Ahnung. Ein Spielzeug bestimmt. Hat vielleicht der Junge mit dem Alteisen hier liegen gelassen. Sieht aus wie ein großer Tannenzapfen.«

»Welcher Junge?«

»Der von vorhin, der Schmutzfink mit dem Pappkarton.«

»Kann das was machen?«

Sie schüttelte es. »Es hat eine Schnur. Soll ich mal dran ziehen?« Sie fasste vorsichtig ans Anzündhütchen.

»Peter will! Meins! Gib das!« Er streckte seine Hände aus und wollte nach ihr greifen.

Sie duckte sich schnell weg. »Nein, das habe ich gefunden, das gehört jetzt mir.«

»Nur mal sehen! Gib doch! Peter will. Nur einmal. Nur kuhuurz! Einmal!« Er trat auf ihren Fuß und riss an ihrem Arm. »Los! Kakrin! Los! Gib das!« Er drehte auf. Sein Gesicht war rot vor Zorn.

»Spinnst du, Peter? Lass los, es gehört mir! Du hast schon meinen Lulli fast kaputtgemacht, das ist meins! Finger weg!« Sie schlug ihm auf die Hand, dass er schrie.

»Na, na, na, wer streitet sich denn da?«, fragte eine tiefe Stimme. Die Kinder drehten sich um und erblickten einen Mann in schmutziger blauer Arbeitskleidung, der sich auf einer Krücke aufstützte. »Was habt ihr denn da? Lasst mal sehen!«

»Das gehört mir«, behauptete Karin und hielt das Ding trotzig hinter ihrem Rücken versteckt.

Der Mann griff beherzt nach ihrem Oberarm und entwand ihr das Teil. »Oh, oh … Wo habt ihr das gefunden?«, fragte er ärgerlich.

»Das lag da!«

»Wo?«

Das Mädchen zeigte auf die Stelle.

»Wo sind eure Eltern?«

Karin, sehr blass geworden, zuckte mit den Schultern.

»Sind die da drin?«

»Meine Mutter höchstens.«

»So, dann gehen wir da jetzt rein und klären die Angelegenheit. Ihr habt etwas sehr, sehr Böses getan, etwas, das absolut verboten ist. Eure Mutter wird euch schwer bestrafen.« Er packte die protestierenden Kinder an den Armen und drängte sie ins Geschäft. »Hallo!«, rief er, »hallo, ist da jemand?«

*

Albert Drescher platzte ins Büro und warf eine Akte auf den Schreibtisch. »Aktenzeichen II 16/54, Rolf Schmalstieg, sofort bearbeiten«, schnaubte er, »in einer halben Stunde kommt eine Zeugin zur Vernehmung. Sie will gesehen haben, wie ein Verdächtiger den Friseurladen am Mittwochnachmittag kurz vor Feierabend betreten hat. Ihrer Beschreibung zufolge handelt es sich um den Ehegatten von Frau Korittke.«

»Wir haben doch schon darüber gesprochen, dass ich ihn zum Kreis der Verdächtigen zähle«, murmelte Conradi.

»Was haben Sie über Otto Korittke herausgefunden? Haben Sie einen Fingerspurenabgleich hergestellt? Eine Durchsuchung beantragt?«

»Das steht für heute auf meiner Agenda.«

Drescher warf ihm einen spöttischen Blick zu. »Ich erwarte Ergebnisse von Ihnen. Sie haben nur noch eine Chance, dann beende ich Ihre Probezeit vorzeitig. Damit wäre für Sie in Osnabrück Endstation. Haben Sie das verstanden?

»Durchaus, Herr Drescher.«

»Also, dann kommen Sie mal in die Puschen!«

»Das tue ich bereits.«

»Das sehe ich, Herr Conradi. Ausgeschlafen haben Sie, wie fast jeden Sonnabend. Ich für meinen Teil bin bereits seit 7 Uhr hier und halte die Stellung. Ich erwarte schnelle Ergebnisse von Ihnen. Nehmen Sie diesen Otto Korittke in die Mangel. Beschatten Sie ihn. Finden Sie heraus, ob er ein Alibi hat. Und ob er im Besitz einer Waffe ist!«

Conradi konnte nicht verhindern, dass er seufzte. »Ja«, sagte er, »gewiss. Ganz untätig bin ich allerdings nicht gewesen. Ich habe Flugblätter entworfen, sie gestern noch zur Druckerei gebracht und in vielen Haushalten der Johannisstraße verteilt.« Er zog einen Handzettel aus seiner Jackentasche und reichte ihn dem Chef, der ihn stirnrunzelnd las.

»Na gut«, brummte er. »Wollen mal sehen, ob sich daraufhin jemand meldet. War es eigentlich nur ein Schuss?«

»Ja, ein einziger. Das spricht für einen geübten Schützen.«

Sie begaben sich zur Wand mit Conradis Fotos, die er im Dunkellabor hatte entwickeln lassen. Der elegante Friseursalon in der Innenstadt, der blutüberströmte Tote hinter dem Tresen, die langen Beine lagen unnatürlich abgewinkelt, als wären sie aus Gummi, die Kopfwunde in Großaufnahme, herausquellende Gewebemasse, das blutverschmierte Projektil, das an der anderen Kopfseite wieder ausgetreten war. Mehrere Aufnahmen aus verschiedenen Blickwinkeln zeigten anhand der Kopfwunde, dass der Täter seitlich an sein Opfer herangetreten war und es aus nächster Nähe in den Kopf geschossen hatte. Schmalstieg war in sich zusammengesackt, den Kopf zur Seite gekippt. Conradi berichtete vom Telefonat mit dem Gerichtsmediziner Dr. Vennemann.

»Der Täter war kein Fremder«, stellte Drescher klar. »In dem Punkt stimme ich mit Ihnen überein. Er wird den Friseur gut gekannt haben, sonst wäre dieser in eine Verteidigungsposition gegangen, und das ist nicht geschehen. Er stand wohl ohne Argwohn an der Kasse und zählte in aller Ruhe sein Geld.«

»Sehe ich auch so«, meinte Conradi, dessen Puls sich wieder beruhigte. »Die beiden kannten sich, und Schmalstieg wurde vom Täter überrascht.«

»Genug geredet, ich will Fakten. Sehen Sie zu, dass Sie bis Ende der Woche liefern können. Vermutungen bringen uns nicht den Täter.«

Mit einem Türenknallen verließ der Vorgesetzte das Büro, um kurz darauf wieder einzutreten. »Verzeihung, ich habe etwas vergessen«, murmelte er ungewohnt kleinlaut. »Ich wollte Ihnen jemanden vorstellen. Es ist eine Vertretung für Frau Zerhusen da. Kommen Sie bitte mal, Fräulein …«

Conradi machte große Augen. Die neue Sekretärin trug eine Hornbrille und war beileibe keine Unbekannte. »Fräulein Hubschmied?«, fragte er und merkte an der Reaktion der jungen Frau, wie dümmlich er aussehen musste.

»Kennen Sie sich?«, fragte Drescher.

»Flüchtig«, erwiderte Conradi.

Fritz Starnke blickte irritiert zwischen den Anwesenden hin und her.

Pauline Hubschmied lächelte charmant. »Probeweise«, sagte sie. »Ich habe letzte Woche meine Bewerbung vorbeigebracht. Eigentlich sollte ich am Montag in einer anderen Abteilung anfangen, Einbruch und Diebstahl, aber wie es der Zufall wollte, wurde nun hier eine Stelle frei! Man hat mir gedrahtet, ob ich kurzerhand einspringen könnte. Und nun bin ich da!«

Conradi stammelte etwas von »willkommen«, »gute Einarbeitung« und »Kaffee« und zog sich mit hochrotem Kopf an seinen Arbeitsplatz zurück. Als sie gegangen war, stellte er fest, wie sonderbar fröhlich er sich fühlte.

28. KAPITEL

»Ernestine Kaufmann, ist das richtig?« Conradi atmete flach, weil er das süßliche, aufdringliche Parfüm der Zeugin nicht ertrug. Ein leichter Kopfschmerz kündigte sich bereits an.

Die stark geschminkte Frau mit der steifen schwarzen Lockenfrisur hatte auf dem Besucherstuhl Platz genommen.

»Kaufmann wie der Kaufmann?«

Bestätigendes Nicken.

Pauline Hubschmied blätterte ihren Stenoblock um und kritzelte mit gespitztem Bleistift eifrig ihre Kürzel hinein.

»Sie waren am 23. Juni 1954 am späten Nachmittag als Kundin im Friseursalon ›Schmalstiegs Haarpflege‹ und haben eine Beobachtung gemacht. Erzählen Sie mal!« Conradi nickte seiner neuen Schreibkraft zu, die nicht ganz so schnell mit der Kurzschrift war wie die Zerhusen. Pauline Hubschmied lächelte angestrengt. Sie trug ein einfaches graues Wollkleid und sah darin bezaubernd aus. So hatte er sie noch nicht wahrgenommen. Für einen Moment trafen sich ihre Blicke.

»Ich habe Sie nicht verstanden«, sprach die Zeugin gegen den langgezogenen Sirenenton eines Martinshorns an.

»Berichten Sie bitte, was Sie im Friseursalon Schmalstieg beobachtet haben«, fasste Conradi zusammen.

»Ich bin jeden Mittwochnachmittag nach der Arbeit zur Wasserwelle bei Schmalstiegs Haarpflege gebucht. Einmal im Monat auch zum Färben. An jenem Nachmittag musste ich etwas länger warten, weil Frau Nolte noch mit einer anderen Kundin beschäftigt war. So hatte ich die Gelegenheit, mich ein wenig umzusehen. Und da ist mir ein Mann aufgefallen.«

Erneut ertönte ein Sirenenton von der Straße her. Conradi wartete, bis er leiser wurde. »Was war mit dem Mann?« Conradi fächelte sich mit einer Akte Luft zu. Starnke stieß einen leisen Brummton aus, weil er den aufdringlichen Duft der Dame durch das Fächern nun verstärkt wahrnahm.

»Er war ein Spätheimkehrer, das ist mir sofort aufgefallen. Er hat einen erbärmlichen Eindruck gemacht, sehr blass und durchscheinend. Er hatte etwas Mühe mit dem Laufen, ging breitbeinig, als habe er abgefrorene Zehen. Ich kenne das von meinem Schwager, der läuft auch so. Der Mann stellte sich in den Wartebereich der Männer, nahm sich aber keine Zeitung, sondern starrte Herrn Schmalstieg ununterbrochen an. Das fand ich merkwürdig. Er rauchte und schaute. Ich musste die ganze Zeit hinsehen, weil er sich so auffällig verhielt. Als ich dann eine Woche später wieder da war und von der Sache mit Herrn Schmalstieg erfuhr, ist mir so einiges klar geworden.«

»Was ist Ihnen klar geworden?«

»Na, dass das der Mörder sein könnte. Warum nicht? Der Kerl hat den Friseur nicht aus den Augen gelassen.«

»Erinnern Sie sich an die Uhrzeit? Wann war das ungefähr?«

»Ich habe jeden Mittwoch einen Termin um 16.30 Uhr bei Frau Nolte. Also muss das um die Zeit gewesen sein, ein bisschen später, weil ich ja noch warten musste.«

»16.30 Uhr«, murmelte die Schreibkraft, der alles zu schnell zu gehen schien.

»Wer war sonst noch im Salon? Eine weitere Friseuse? Kunden?«

Die Zeugin schüttelte verneinend den Kopf. Sie trug ein Hütchen mit einer Feder und ein gut geschnittenes Kostüm.

»Haben Sie mitbekommen, wie Herr Schmalstieg den Kunden bedient hat?«

»Leider konnte ich ihn dann nicht mehr sehen, nur hören. Denn irgendwann, während er noch wartete, kam ich dran.«

»Die beiden haben sich unterhalten?«

»Ja, zunächst leise, dann aber ziemlich laut. Es ging um die Frau von Herrn Schmalstieg. Der Kunde war aufgeregt. Er sprach von Lieselotte, und Herr Schmalstieg wollte ihm den Mund verbieten. Er sagte mit vehementer Stimme: ›Ich muss doch sehr bitten! Entweder halten Sie sich an die Abmachung oder Sie verlassen meinen Salon!‹ Etwas in der Art hat er gesagt!«

»Sie wissen nicht zufällig, wie der Kunde heißt?«

»Irgendwas mit K. Ein Name, der nicht Deutsch klingt.«

Conradi trommelte leicht mit den Fingern auf die Schreibtischplatte. »Vielleicht Korittke?«

Ernestine Kaufmann sah ihn verblüfft an. »Das kommt hin, ja.«

»Otto Korittke?«

Ihr Gesicht hellte sich auf.

»Die beiden haben gestritten?« Conradi bot der Dame eine Zigarette an. Mit einer galanten Handbewegung ließ er sein Feuerzeug aufschnappen und gab ihr Feuer.

Sie schaute unter stark getuschten Wimpern zu ihm auf. »Danke, Kommissar«, hauchte sie.

»Sie erwähnten vorhin, dass Sie in der Bierstraße wohnen. Ist Ihnen der Name Erwin Bartsch ein Begriff?«

Ernestine Kaufmann errötete leicht. »Zufällig ja.«

»Was wissen Sie über ihn?«

Sie wiegte den Kopf. »Ein liebenswürdiger Kerl. Harte Schale, weicher Kern. Er hatte es nicht leicht im Leben, musste sich vieles erkämpfen. Darum wirkt er oft mürrisch. Aber er meint es nicht so. Im Grunde kann man gut mit ihm auskommen.«

»Woher wissen Sie das so genau?«

»Wir begegnen uns oft. Er sorgt dafür, dass ich es warm habe.«

»Er versorgt Sie mit Kohlen? Sind Sie Nachbarn?«

»Gewissermaßen, Herr Kommissar.« Sie legte die Zigarette im Aschenbecher ab. Der Filter war von ihrem Lippenstift rotgefärbt.

In dem Moment wurde die Tür aufgerissen. Albert Drescher murmelte eine Entschuldigung. »Ich wollte nur Bescheid sagen, dass die nächste Vernehmung im Flur wartet.«

»Gleich«, erwiderte Conradi und wartete, bis Drescher die Tür hinter sich zugezogen hatte. »Wo waren wir stehen geblieben?«, wandte er sich an die Frau.

»Sie wollten mir gerade erzählen, was Sie heute Abend machen, ob Sie schon etwas vorhaben.«

Verwundert sah er sie an. »Heute Abend? Ich wüsste nicht, dass wir darüber gesprochen haben. Arbeiten, würde ich sagen. Der Täter ist noch nicht gefunden!«

»Kann ich Sie begleiten? Das wäre mir eine Freude!«

Lachend schüttelte er den Kopf. »Ich begleite Sie aber gerne zur Tür hinaus«, sagte er charmant. Er bemerkte Paulines Blick, ging aber nicht darauf ein. Ernestine Kaufmann war ein Stück größer als er und fast mädchenhaft schlank. Während sie auf ihren hohen Absätzen den Flur entlangstöckelte, sah er ihr nach. Ihr Gang war sinnlich, ihr Hintern im engen knielangen Rock wohlgerundet. Der Rock hatte hinten einen Schlitz, die schwarzen Strümpfe eine Naht. Die Dame hatte schöne Beine mit strammen Waden. Kurz bevor sie um die nächste Ecke verschwand, blickte sie sich noch einmal um und lächelte ihn an. Kopfschüttelnd zog er sich zurück. Ihm wurde klar, dass sie ihn ein wenig aus dem Konzept gebracht hatte.

»Kann ich Sie einen Moment sprechen?«, fragte Pauline

Hubschmied, nachdem er wieder Platz genommen hatte. »Unter vier Augen, wenn es möglich ist!«

»Jetzt nicht«, sagte Johann Conradi, setzte seine Lesebrille auf und blätterte in der Akte, die er vor sich liegen hatte. »Ich muss mir ein paar Notizen machen.«

*

Eine Stunde später stieß Johann Conradi die Tür zum Friseursalon »Schmalstiegs Haarpflege« auf. Er fand Bettine und ihre Mutter beim Drehen einer Dauerwelle vor. »Können wir irgendwo in Ruhe reden?«, wandte er sich an Lieselotte Korittke.

Erstaunt hob sie den Kopf. »Hatten wir nicht bereits das Vergnügen?«

»Ich hätte da noch so ein, zwei Fragen.«

»Ich mache hier allein weiter«, sagte Bettine rasch. »Geh nur, Mutti.«

Sie begaben sich in die Wohnung über dem Friseursalon und setzten sich an den Küchentisch. Es roch nach frisch gebackenem Kuchen, der zum Abkühlen auf der Anrichte stand. Neben der Spüle stapelte sich das Geschirr. Lieselotte schenkte sich und dem Kriminalbeamten, ohne zu fragen, Malzkaffee ein.

»Gibt es eigentlich Linkshänder in Ihrer Familie?«, wollte Conradi wissen.

Verwundert fragte sie: »Warum wollen Sie das wissen?«

Er schnippte ein paar Krümel vom Tisch. Offensichtlich hatte an seinem Platz vorher ein Kind gesessen.

»Sie wissen es doch schon«, sagte sie, »sonst hätten Sie nicht so gezielt gefragt. Hat das was mit dem Mordfall zu tun?«

»Ihr Sohn Karl ist Linkshänder, nicht wahr? Mir ist das aufgefallen, als er im Büro seine Aussage unterzeichnet hat.

Und er hatte nicht das beste Verhältnis zu seinem Ziehvater, es soll oft Streit gegeben haben.«

Mit zusammengezogenen Schultern saß sie am Küchentisch.

»Karl hat kein Alibi für den besagten Abend. Er hat ein Motiv, aber kein Alibi.«

»Hören Sie auf, ihn zu verdächtigen, er war es nicht.« Mit einem flehentlichen Ausdruck sah sie ihn an.

»Vorhin war ein Zeuge bei mir im Büro, der einen Mann mit einer schwarzen Perücke aus dem Salon hat fliehen sehen. Eine Perücke, wie sie seit dem Mord fehlt! Die Beschreibung passt auf Karl!«

»Niemals! Wozu eine Perücke? Warum sollte er fliehen? Das hier ist sein Zuhause!«

»Er stand vielleicht unter Strom, wollte einfach nur weg. Sie wissen doch, bei Gefahr reagieren wir auf dreierlei Weise, je nach Persönlichkeit und Erfahrung: Erstarrung, Flucht oder Angriff.«

Überrumpelt starrte sie ihn an. »Karl würde weder fliehen noch angreifen! Am ehesten würde er gar nichts machen. Finden Sie doch die Wahrheit heraus, Herr Kommissar!«

»Ich bin dabei, Frau Korittke. Ich überlege natürlich, wer ein Motiv gehabt haben könnte, eine Gelegenheit und überhaupt die Möglichkeit, so eine Tat auszuführen.«

»Und weil er jung und kräftig ist, steht er unter Verdacht? Das ist sehr ungerecht und kurz gedacht.«

»Entschuldigen Sie bitte, aber meine Aufgabe ist es nun einmal zu denken.«

»Sind Sie sicher, dass Karl mit der linken Hand unterschrieben hat? Er wurde in der Schule auf rechts gedrillt.« Sie wirkte nachdenklich.

»Seien Sie gewiss, solche Details entgehen mir nicht. Vor allem, wenn sie von so entscheidender Bedeutung sind. Es zeigt nur, wie sehr Ihr Sohn in dem Moment unter Druck gestanden hat. Schreibt er zu Hause auch manchmal mit links?«

Verwirrt schüttelte sie den Kopf.

»Sie wissen es nicht genau, stimmt's? Sie brauchen sich nicht dafür zu schämen, Frau Korittke. Sie haben so viel zu tun, dass Sie nicht immer bei Ihren Kindern sitzen konnten, wenn sie ihre Schulaufgaben erledigten, nicht wahr?«

Sie presste die Lippen aufeinander.

Conradi tastete nach den Zigaretten in seiner Brusttasche. Er hätte gern geraucht, aber nicht in der Küche, in der es so angenehm nach Kuchen duftete. Ohnehin spielte er oft mit dem Gedanken, aufzuhören, da er merkte, dass ihm das Rauchen nicht guttat. Seine Kehle fühlte sich oft gereizt an, er bekam trockenen Husten und hatte manchmal das Gefühl, nicht richtig durchatmen zu können. Besonders das Treppensteigen bereitete ihm Probleme. Aber er liebte den Geruch nach Tabak und das Gefühl der Entspannung.

»Warum ist das mit der Linkshänder-Geschichte so wichtig?«

»Wir nehmen an, dass der Täter Linkshänder war.«

Ihr Gesicht zeigte einen Ausdruck der Verblüffung. »Wie sind Sie darauf gekommen?«

Conradi überging die Frage. »Sie decken Ihren Sohn. Verständlich, immerhin sind Sie die Mutter. Aber Sie helfen ihm nicht. Wenn Sie so weitermachen, muss ich erst recht annehmen, dass er etwas mit der Sache zu tun hat.«

»Meine Mutter ist ebenfalls Linkshänderin. Und nun? Werden Sie sie verhaften? Werden Sie sie ins Gefängnis stecken?«

Conradi lehnte sich vor. »Ich möchte Ihren Sohn bitte noch einmal sprechen. Allein. Ist er da?«

Sie stockte. Ihre Wangen färbten sich rot.

»Holen Sie ihn bitte.«

*

Kurz darauf erschien Karl Korittke, und seine Mutter wurde gebeten, im Wohnzimmer zu warten.

»Karl, ich mag dich, will aber auch, dass du mir die Wahrheit sagst. Erinnere dich bitte an den Mittwochabend, als dein Ziehvater starb. Erinnere dich an die letzte Begegnung mit ihm. Hattet ihr Streit?« Ihm fiel auf, dass er Karl duzte, nahm es jedoch nicht zurück. Es war sicher einfacher, mit dem Jungen zu reden, wenn er eine gewisse Vertrautheit zwischen ihnen herstellen konnte.

»Wir hatten immer Streit.«

»Ein wenig genauer bitte. Ich möchte dir nur helfen! Wenn du etwas getan hast, was nicht richtig war, kann ich dafür sorgen, dass du mit einem blauen Auge davonkommst. Schließlich bist du noch minderjährig.«

Karl glaubte ihm nicht. »Ich habe nichts getan. Jedenfalls nicht mehr in der letzten Zeit. Das mit dem Autodiebstahl wissen Sie sicher schon.«

Conradi hob die Augenbrauen. »Autodiebstahl?«

»Im Herbst habe ich einen Mercedes aufgebrochen, einen 300 S Coupé. Ich habe aber nur eine kleine Spritztour damit gemacht, den Tank fast leer gefahren und den Wagen an der gleichen Stelle wieder zurückgestellt. Er war fast unversehrt, bis auf eine kleine Schramme am rechten Kotflügel. Eine winzige Schramme, nicht der Rede wert.«

»Nicht gut, Karl. Warst du allein oder hat jemand mitgemacht?«

»Ich war allein. Mache ich aber nicht mehr, solche Aktionen. Das ist vorbei, ehrlich.«

»In Ordnung. Mich interessiert mehr die Sache mit deinem Ziehvater. Erzähl einfach, wie eure letzte Begegnung ausgesehen hat.«

Karl stützte sein Kinn in den Händen auf. Er erinnerte sich an eine Begebenheit kurz vor Rolfs Tod. Es war einer der schlimmsten Konflikte mit seinem Ziehvater gewesen. Karl sah in seiner Erinnerung Rolf Schmalstieg an der Kasse stehen, wie er einen Kunden abkassierte. »So, der Herr«, hatte er gesagt, »dann wollen wir mal etwas Ihr Portemonnaie erleichtern.« Der Blick, den er Karl dabei zuwarf, verhieß nichts Gutes. »Du bleibst hier, wir reden gleich!«, zischte er über den Tresen hinweg.

»Jaja, man darf die Zügel nicht schleifen lassen«, sagte der Kunde und lachte unecht. »Die Jugend von heute braucht eine feste Hand, sonst werden das Gammler und Herumtreiber. Mein Großer schlägt auch gerne über die Stränge.«

»Wie recht Sie haben«, entgegnete Rolf Schmalstieg und stimmte in das Lachen ein.

Was dann folgte, war das Verletzendste, was Karl je erlebt hatte.

29. KAPITEL

Donnerstag, 17.06.1954

»Das macht dann insgesamt 85 Pfennige, 60 für den Haarschnitt, der Rest für die Rasur.«

»Sie haben doch sonst immer 80 Pfennige verlangt«, protestierte der Kunde.

»Das ist richtig«, sagte Rolf Schmalstieg, »aber heute wollten Sie die Rasur mit Kölnisch Wasser. Das kostet fünf Pfennige extra.«

Der Korpulente öffnete mit Stirnrunzeln sein Portemonnaie und zählte die Münzen auf dem Tresen ab. »Dann gibt es heute nur fünf Pfennige Trinkgeld für die Belegschaft!«, grunzte er.

Schmalstieg steckte die Münze in ein Sparschwein. »Auf Wiedersehen, der Herr, beehren Sie uns bald wieder!«

Karl wollte die Gelegenheit ergreifen und sich davonstehlen.

»Hiergeblieben, Bürschchen«, zischte Schmalstieg und packte ihn im Nacken. »Was war es diesmal? Ich hoffe, ich muss dir nicht wieder alles aus der Nase ziehen!«

Karl, der eben noch blass gewesen war, lief tiefrot an. Er schluckte hart und schüttelte den Kopf. Als Schmalstieg dicht an ihn herantrat, duckte sich Karl weg und hielt schützend den Arm über sich.

»Na, na, wer wird sich denn vor Angst gleich in die Hose pissen? Komm mal mit, du Hasenfuß. Wir zwei gehen jetzt in mein Büro und unterhalten uns. Und wenn wir damit fertig sind, setzt du dich auf den Frisierstuhl und lässt dir

von mir einen ordentlichen Haarschnitt verpassen. Du siehst aus wie ein Mädchen mit dieser Matte!« Er gab ihm eine Kopfnuss. Während Karl ihm mit zittrigen Beinen ins Büro folgte, hörte er, wie dieser vor sich hinmurmelte: »Ich könnte ihn umbringen. Umbringen könnte ich ihn, diesen Strohkopf! Kostet nur was, frisst wie ein Tier und macht Scherereien ohne Ende!«

30. KAPITEL

Sonnabend, 26.06.1954

»Der Alte hat mich verdroschen wie noch nie in meinem Leben«, schloss Karl seine Erinnerung. »Mit seinem Gürtel. Ich dachte, ich überleb das nicht. Ich hatte das Gefühl, er wollte mich wirklich umbringen, das war keine leere Drohung. Und das Schlimmste: Er hat mich gezwungen, mir die Haare abrasieren zu lassen. Fast eine Glatze hat er mir verpasst! Er hat die Schermaschine genommen und einen Soldaten aus mir gemacht. Kein Mädchen hätte mich mehr angesehen, ich musste tagelang eine Kappe tragen. Langsam wachsen die Haare wieder, es sieht nicht mehr ganz so fürchterlich aus, aber da, in dem Moment … Ich habe es gehasst! Ich habe ihn gehasst!« Tränen traten in seine Augen. Er schluckte. Sein Adamsapfel trat deutlich hervor.

»Du konntest deinen Ziehvater nicht mehr ertragen. Du hast die Situation zu Hause nicht länger ausgehalten. Du wolltest dem Ganzen ein Ende setzen. Diese Gedanken kann ich gut nachvollziehen, denn das Verhältnis zwischen euch war ja mehr als zerrüttet. Vielleicht bist du zu weit gegangen? Du hast dir eine Pistole besorgt und den Spieß umgedreht. Du hast nicht warten wollen, bis er dich umbringt. Du wolltest ihm zuvorkommen. Er hat dir gedroht. Du hattest Angst vor ihm. Du wolltest, dass es aufhört. Du wolltest nie wieder Angst vor ihm haben. Du hast ihn erschossen!«

»Nein! Habe ich nicht!«

»Nicht an dem Tag, aber …«

»Nie! Ich habe zu keiner Zeit daran gedacht, ihn zu töten. Allerdings habe ich mir seinen Tod gewünscht«, fügte Karl leise hinzu. »Das ist etwas anderes. Ich wollte, dass er stirbt, aber ich wollte das nicht selbst tun, also nicht dafür verantwortlich sein.«

»Wer hat es dann für dich erledigt?«

»Erledigt?« Karl wurde rot bis über die Ohren. »Natürlich niemand. Ich engagiere doch keinen Killer.«

Im Flur gab es plötzlich Stimmengewirr. Die Küchentür wurde aufgerissen.

Verblüfft schlug sich Karl eine Hand vor den Mund. »Eva! Was machst du denn hier?«

Hinter ihr tauchten Lieselotte und Bettine auf. »Die letzte Kundin ist gerade gegangen«, sagte Bettine. »Ich habe den Salon zugesperrt.«

Lieselotte nahm ihre Älteste in den Arm.

»Mutti!« Eva begann an ihrer Schulter zu weinen. »Bettine hat mir alles erzählt. Sie hat im Laden um die Ecke angerufen. Da, wo ich immer einkaufe. Jemand hat mich ans Telefon geholt. Es tut mir so leid für dich!«

»Aber das solltest du nicht, Kind! Die Fahrt ist doch viel zu weit und so teuer und das Studium geht vor. Ich hätte dir zu gegebener Stunde schon Bescheid gesagt.«

»Du hättest mir ein Telegramm schicken können, Mutter. Das ist unverzeihlich! Ich wäre sofort gekommen!«

»Das ist übrigens Inspektor Conradi«, sagte Lieselotte. »Er untersucht den Fall. Er verdächtigt Karl, den Papa getötet zu haben.«

»Nein!«, sagte Eva mit Nachdruck. »Auf keinen Fall. Karl könnte niemals so etwas tun! Vergessen Sie das bitte schnell!«

»An Sie hätte ich auch ein paar Fragen«, wandte sich Conradi an Eva. »Aber das muss nicht sofort sein.« Erst jetzt, da Eva sich von ihrer Mutter gelöst hatte, bemerkte er die Ähnlichkeit mit Bettine. Eva war ein paar Zentimeter größer, schmaler und eleganter gekleidet als ihre Schwester. Sie hätte das Zeug zum Mannequin.

»Möchtet ihr auch einen Kaffee?«, wandte sich Lieselotte an ihre Töchter. »Er ist nicht mehr heiß, aber mit viel Milch …«

»Gerne!« Eva trat zu ihr an den Herd. »Eigentlich wollte ich mich noch ein wenig frisch machen, bevor ich mich zu euch setze. Wo sind die Kleinen? Und Oma? Es ist so still hier!«

»Oma ist mit Karin und Peter draußen. Ein paar Häuser weiter gibt es einen kleinen Spielplatz in einem Hof. Nicht viel, ein bisschen Sand, ein umgelegter Baumstamm mit Ästen zum Klettern und Balancieren und ein bunter Turnbogen. Den Kindern gefällt's, und für Oma steht dort eine Bank zum Ausruhen.«

Während Eva das Bad aufsuchte, gefolgt von Bettine, erkundigte sich Johann Conradi nach Lieselottes Ehemann.

»Ich weiß nicht, was er macht, weil es mich überhaupt nicht interessiert«, gab Lieselotte zu.

»Er war ja vor Kurzem erst hier«, wusste Conradi. »Dann können Sie mir sicher sagen, wo sich Otto Korittke zurzeit aufhält.«

»Leider nicht. Ich möchte ihm nicht die geringste Hoffnung machen«, sagte Lieselotte. »Ich will nicht, dass er wiederkommt, denn ich liebe ihn nicht mehr.«

»Davon bin ich ausgegangen, sonst hätten Sie vermutlich kein Verhältnis mit einem anderen Mann angefangen.«

»Es war kein Verhältnis. Wir haben wie ein verheiratetes Paar zusammengelebt. Rolf war meine Zukunft, meine Altersversorgung, meine Absicherung.«

»Das klingt eher nicht nach großer Romantik«, sagte Conradi und kratzte sich am kurzgeschorenen Hinterkopf.

»Doch, für ihn hatte ich Gefühle, im Gegensatz zu Otto.«

»Ich verstehe.«

Sie errötete leicht. »Verstehen Sie mich bitte nicht falsch: Er ist mir nicht gleichgültig. Aber wenn ich ihm nur den kleinen Finger reiche, nimmt er die ganze Hand. Ich möchte das nicht. Er soll nicht denken, er hätte eine Chance bei mir, sonst zieht er am Ende noch bei uns ein.«

»Wann war Ihr Gatte das letzte Mal bei Ihnen?«

»Da muss ich nicht lange überlegen. Das war am Donnerstag. Wir haben endgültig Abschied voneinander genommen.«

»Abschied?«

»Ich habe ihm ein für alle Mal zu verstehen gegeben, dass er von mir nichts mehr zu erwarten hat. Traurig, aber so ist das nun mal. Gegen Gefühle kann man nichts machen. Kaffee?«

»Gerne, sehr gerne.«

Sie reichte ihm eine kleine Sammeltasse. »Sie möchten mit

Eva sprechen?«, fragte sie, während sie einen Schuss Kuhmilch hinzugab. »Was erwarten Sie sich davon? Eva ist nur selten in Osnabrück, sie studiert in Hamburg. Sie war nicht da, als es passierte.«

»Ich hoffe, dass sich das schleierhafte Bild, das ich von Ihrer Familie habe, nach und nach klärt. Es muss aber nicht heute sein, da Ihre älteste Tochter gerade erst zu Hause angekommen ist.«

Lieselotte Korittke hielt sich mit einer Hand an der Resopalplatte fest. »Schauen Sie sich lieber woanders um, Herr Kommissar, bei uns verschwenden Sie Ihre Zeit.«

»Ich wünschte, es wäre so.« Er führte die Tasse zum Mund und trank einen Schluck.

Ihr fiel etwas ein. »Ich möchte Ihnen etwas zeigen, Herr Kommissar! Warten Sie …« Sie nahm ein kariertes Geschirrtuch von einem Gegenstand, der auf den ersten Blick wie ein Stück Brot aussah.

Johann Conradi zog die Augenbrauen zusammen. »Um Himmels willen, was machen Sie da! Das ist eine Handgranate! Wo haben Sie die her?«

»Ein Mann hat sie auf den Verkaufstresen gelegt und gesagt, ich solle mich besser um meine Kinder kümmern. Die hätten draußen auf dem Bürgersteig damit gespielt. Dann ist er gegangen.«

»Kennen Sie den Mann?« Conradi stand auf und prüfte die Zündvorrichtung der Granate. Zum Glück drohte keine Gefahr.

Lieselotte Korittke schüttelte den Kopf. »Er hatte eine Soldatenuniform an und die Mütze tief ins Gesicht gezogen. Er humpelte stark wie so viele, die aus dem Krieg zurückkommen.«

»Er humpelte?« Conradi runzelte die Stirn. »Könnte es Erwin Bartsch gewesen sein?«

Lieselotte wiegte den Kopf. »Ich meine, Bartsch wäre kleiner, aber ich kann mich irren. Da ich mich selten unten blicken lasse, weiß ich das nicht so genau.«

»Holen Sie Ihre beiden Jüngsten bitte«, sagte Conradi und wischte sich mit dem Handrücken über die Stirn.

Lieselotte Korittke verließ die Küche und kam wenig später mit zwei verängstigten Kindern an der Hand zurück.

Conradi setzte ein Lächeln auf und bat die Kleinen, sich zu ihm zu setzen. Das Mädchen, Karin, etwa im gleichen Alter wie Lilly damals, schien ihn nicht mehr wiederzuerkennen. Furchtsam sah sie zu ihm auf. Er seufzte schwer. »Also, nun erzählt mal«, sagte er mit freundlicher Stimme. »Ich tue euch nichts. Wo habt ihr denn das Ding her?«

Karin strich mit ihren kleinen Händen die Schürze glatt, die das Sommerkleid schützen sollte. »Bist du mit uns böse?«

»Nein«, sagte Conradi. »Also?«

»Wir haben Hinke-Kästchen gespielt und plötzlich lag das Ding da. Erst dachte ich, es wäre ein Tannenzapfen, weil es ein bisschen so aussah. Aber es sah auch aus wie ein Stein, den man in ein Feld legen kann.«

»Janaeanwort«, sagte Peter und streckte zwei kleine schmutzige Finger in die Höhe.

Conradi musste unwillkürlich lachen. »Indianerehrenwort?«

»Ich wusste nicht, dass man damit nicht spielen darf«, behauptete Karin und zog ihre Schultern hoch.

»Peter auch nicht.« Der Junge sah den Kommissar treuherzig an und popelte sich in der Nase.

»Und dann kam ein Mann vorbei und hat es euch weggenommen?«

»Ja, er hat gesagt, es wäre gefährlich«, sagte Karin. »Aber es ist doch nur ein kleines Spielzeug, warum darf ich denn nicht damit spielen?«

»Weil man jemanden damit töten kann«, sagte Conradi ernst. »Es ist eine Waffe, weißt du, gefährlich wie eine Pistole. So etwas dürft ihr nie wieder in die Hand nehmen, hört ihr?«

Die Kinder nickten furchtsam.

»Das müsst ihr mir fest versprechen.«

»Tun wir«, sagte Karin feierlich. »Ehrlich!«

»Gebt mir eure Hand darauf!«

Das taten die Kinder.

Lieselotte stellte sich neben Conradi. »Und ich will außerdem nicht, dass ihr euch auf Trümmergrundstücken herumtreibt, wo es solche Sachen zu finden gibt«, sagte sie energisch. »Die Steine dort sind locker und können euch erschlagen. Es ist viel zu unsicher, sich dort aufzuhalten.«

»Und obendrein verboten«, sagte Conradi ernst.

»Habt ihr verstanden?« Lieselottes Blick wurde böse.

»Aber da kann man prima Mutter-und-Kind spielen«, meinte Karin, »man kann aus den Steinen Häuser bauen und Möbel reinstellen. Manche stehen noch in den alten Häusern. Man muss sie nur rausholen und ein bisschen saubermachen. Wir haben sogar eine Stehlampe gefunden, noch fast heil. Die sieht aus wie die in unserem Wohnzimmer, mit Fransen. Das ist wie ein echtes Zuhause!« Sie lachte und entblößte ihre Zahnlücken.

»Wehe«, drohte ihre Mutter mit dem Zeigefinger. »Wenn ich noch einmal mitbekomme, dass ihr dort wart, gibt's 'ne Tracht Prügel!«

»Machst du ja doch nicht«, meinte Karin lachend und verschränkte ihre Arme vor dem mageren Körper.

Lieselotte schmunzelte. »Da hast du wohl recht«, sagte sie und verstrubbelte die blonden Haare ihrer kleinen Tochter.

31. KAPITEL

»Was wirst du nun tun?«, fragte Eva im Schlafzimmer, das sie mit Bettine teilte. Es hatte zwei Betten, die sich gegenüberstanden, zwei Nachttische, zwei Schreibtische, aber nur einen gemeinsamen Kleiderschrank. »Wirst du das Kind behalten?«

»Ohne Ehemann? Wohl kaum. So habe ich mir das nicht vorgestellt!«

»Was hast du dir denn vorgestellt?«

Bettine saß im Schneidersitz auf ihrem Bett und starrte auf den grauen Linoleumboden. »Ich wollte mit Edmund zusammen eine Familie gründen. Ich hatte gehofft, dass er mich heiratet. Ich habe mir eine traumhafte Hochzeit vorgestellt. Mutti sollte das Brautkleid nähen aus weißer Organzaseide. Und ich habe wunderschöne Schuhe bei Salamander gesehen. Vorne spitz zulaufend, aus weißem Satin mit einer kleinen Schleife.«

»Eva seufzte. »Wie gut ich dich verstehe! Auch ich träume von einer Märchenhochzeit mit einem gutaussehenden Mann, der so viel verdient, dass ich nicht arbeiten muss.«

»Ich denke, du freust dich darauf, Lehrerin zu werden!«

»Pah, nein, auf keinen Fall! Weißt du, wie anstrengend Kinder sind? Natürlich weißt du das! Denk dir Karin und Peter und das mal 20, also 40 Gören, das wäre so eine Schulklasse. Nein danke! Dann doch lieber Friseuse! Die Kunden sind wenigstens dankbar und lächeln dich an, wenn sie den Laden verlassen. Die meisten jedenfalls!«

»Ich möchte so gerne elegant und damenhaft sein«, sagte Bettine. »Eine große Sonnenbrille, Handschuhe und ein Kopftuch aus Seide, ein schmales Kleid, hochhackige Pumps, Perlenschmuck, Ohrringe aus Gold und Diamanten … Edmund hätte mir all das kaufen können. Wir hätten unsere Hochzeitsreise nach Italien machen können, in ein Grand Hotel am Gardasee, mit Swimmingpool und herrlichem Ausblick auf den See. Warum heiratet er mich nicht?«

Eva legte sich ein Kissen in den Nacken. »Glaubst du, er überlegt es sich noch anders?«

Bettine schüttelte den Kopf. »Das wird nie passieren.«

»Du weißt, was dir blüht, wenn er das nicht tut?«

Bettine nickte ernst. Aus mit der Träumerei. »Mutti schickt mich in die Ostzone zu Verwandten. Ich soll das Kind bei einer Tante lassen, die selbst keine Kinder bekommen kann.«

»Wirst du das zulassen? Es ist dein Kind!«

»Ich weiß. Aber allein geht es nun mal nicht. Wenn er mich nur ein bisschen liebhat, dann wird er mir das nicht antun.«

»Seine Eltern sind vornehme Leute, nicht wahr? Sie haben eine eigene Fabrik, wohnen in einer Villengegend, sind bestimmt reich. Sie wollen dich nicht als Schwiegertochter, du bringst nicht genug Geld mit, damit musst du dich abfinden.«

Bettine stützte traurig das Kinn auf.

»Kannst du es dir überhaupt vorstellen? Dein Kind in der Ostzone zur Welt zu bringen, es abzugeben und allein wieder zurückzufahren? Ohne Kind?«

Bettine hob den Kopf und sah ihre Schwester trotzig an. »Ich bin doch dann auch allein hingefahren.«

»Na ja, nicht ganz.« Eva warf einen vielsagenden Blick auf den Bauch ihrer Schwester, der sich unter dem weiten Kleid leicht wölbte. »Ich habe gehört, dass man ein Kind nicht mehr hergeben kann, wenn man es erst einmal im Arm hat, selbst wenn man es vorher nicht wollte. Die Natur hat das so eingerichtet.«

»Was bleibt mir anderes übrig? Als ledige Mutter kann ich mich im Salon nicht länger blicken lassen. Es würde Gerede geben, die Kunden würden ausbleiben. Das kann ich Mutti und Oma nicht antun.«

Eva seufzte. »Ach, Bettine. Warum konntet ihr nicht warten bis nach der Heirat?«

Bettine zwirbelte an einer herausgerutschten Strähne herum und steckte sie in den Dutt. »Wollte ich ja, aber …«

»Aber? Edmund hat dich verführt?«

»Nicht wirklich. Umgekehrt war es.« Bettine lächelte stolz.

»Du hast … was?«

»Erzähl es bitte nicht weiter.«

»Nein! Was denn überhaupt?«

»Ich wollte, dass er sich in mich verliebt.«

Eva stützte sich mit den Unterarmen ab. »Wie hast du das gemacht? Und vor allem wo? Etwa hier?« Ungläubig starrte sie auf Bettines Bett.

»Bei ihm! Ich habe Kupferberg Gold mitgebracht und mit Edmund zusammen getrunken. Die ganze Flasche«, fügte sie erklärend hinzu.

Eva richtete sich auf. »Ich glaube dir kein Wort!«

»Doch, genau so war es. Wir waren zärtlich miteinander und dann ist es zum Äußersten gekommen.«

Ihre Schwester verzog das Gesicht. »Bettine, du hast immer schon gerne Märchen erzählt. Jetzt flunkerst du wieder, ich kenne dich. Mal im Ernst, das soll ich dir glauben?«

»Warum denn nicht?«

»Weil dein Blick normal ist, gar nicht traurig. Du guckst so, als ob du dir eine Geschichte ausdenkst. Ich kenne dich!«

»Nein, ich bin ganz ernst, schau her!« Auf einmal wurde

sie es tatsächlich. Fast sah sie aus, als würde sie in Tränen ausbrechen.

»Und wenn es so wäre, warum das alles?«

»Damit er mich heiratet.«

»Du bist nicht ganz bei Trost. Von Anfang an hast du es auf eine Schwangerschaft angelegt?«

Bettine kaute auf ihrer Unterlippe.

»So etwas macht man doch nicht!« Eva rappelte sich auf und schlug sich mit der flachen Hand gegen die Stirn. »Du hast ihn reingelegt. Oder habt ihr schon von Heiraten gesprochen?«

»Leider nicht. Nur in meiner Fantasie.«

»So baut man sich keine Zukunft auf, Bettine. Du hast einen riesengroßen Fehler gemacht, ich schäme mich für dich!« Vor Wut lief sie rot an.

Bettine betrachtete Eva schweigend. »Vielleicht wird ja noch alles gut«, meinte sie schließlich.

Eva lachte künstlich auf. »Weiß Mutti es?«

»Was denn?«

»Dass du ihn mit Alkohol willenlos gemacht hast, um ihn rumzukriegen.«

»Ich glaube nicht. Von mir jedenfalls nicht. Sie macht sich genug Sorgen.«

»Sie wirkt sehr gefasst. Aber wie sieht es in ihrem Kopf aus? Leidet sie gar nicht? Das kann ich mir nicht vorstellen. Kein bisschen?« Eva setzte sich ebenfalls in den Schneidersitz. Kurz darauf nahm sie die Beine herunter und zog ihr Kleid glatt.

»Sie spricht nicht über sich. Ich glaube, sie sorgt sich nur darüber, wie es mit dem Geschäft weitergehen soll und ob sie dein Zimmer in Hamburg in Zukunft bezahlen kann. Sie würde gerne, aber sie weiß nicht, wie. Ich habe an der Tür gelauscht, als sie mit Oma darüber gesprochen hat.«

»Ich will keine müde Mark von ihr. Es gibt einen Mäzen,

der sich um mich kümmert. Sie braucht sich also keine Sorgen zu machen.«

»Was ist ein Mäzen?«

»Ein Gönner, ein Förderer. Er will, dass ich mit guten Zensuren abschließe, und unterstützt mich. Mutter weiß es noch nicht.«

»Wer ist denn so dumm und gibt jemandem Geld, damit er sein Studium gut abschließt? Ich denke, du bekommst sowieso ein Stipendium und brauchst für den Mittagstisch in der Mensa nichts zu bezahlen.«

»Stimmt ja auch. Aber dieser Mensch liebt mich und kommt für alles auf. Für das Extra, du verstehst schon, was ich meine. Auch für das hier.« Eva deutete auf ihr Kleid, das der neuesten Mode entsprach. Es hatte einen weiten Tellerrock, der bis zum Knie reichte. Ein breiter Gürtel aus schwarzem Lackleder betonte ihre mädchenhafte Taille. »Er hat es mir gekauft, in einem der elegantesten Geschäfte Hamburgs.«

»Ist er dein Liebhaber?«

Eva lächelte und wiegte den Kopf.

»Glaubst du, sie wird es gutheißen?«

»Keine Ahnung. Hat sie sich jemals geziert, wenn es um das liebe Geld ging?«

Bettine lachte verkrampft. »Nein, du hast recht.«

Eva wurde plötzlich ernst. »Du, ich will dir ein Geheimnis verraten. Versprich mir, dass du es für dich behältst.«

»Ja, ist gut. Ich habe dir schließlich auch ein Geheimnis verraten.«

»Ich war auch mal in deiner Lage, habe das Problem aber anders gelöst.«

Bettine riss die Augen auf.

»Wenn du willst, gebe ich dir die Adresse. In der Bierstraße gibt es eine Frau, die Frauen in der Not hilft. So wie mir damals. Ich war verliebt in meinen Tanzpartner. Es ist geschehen, was nicht geschehen sollte. Wäre ich nicht zu dieser Frau gegangen, dann hätte ich jetzt ein schweres Leben. Mein damaliger Freund hat mir das Geld dafür gegeben. Erzähl es bloß niemandem! Schwöre!«

Beklommen streckte Bettine drei Finger in die Luft.

Es klopfte. Lieselotte steckte ihren Kopf zur Tür herein. »Der Kommissar ist gegangen, aber er will dich Montagfrüh im Präsidium sehen. Er hat seine Karte dagelassen.«

*

Johann Conradi brauchte keinen richterlichen Beschluss, um Erwin Bartsch zu beschatten. Er wusste, dass er es tun sollte, und zwar heute noch, auch wenn er müde und abgespannt war und sich am liebsten mit einem Buch aufs Bett gelegt hätte. Vielleicht weckte der Fahrtwind seine Lebensgeister. Um unabhängig zu sein, hatte er eins der Fahrräder genommen, die zum Fuhrpark der Polizei gehörten.

Er lehnte das Rad gegen die verwitterte Hauswand neben einem Blechschild mit der Aufschrift *Erwin Bartsch & Co., Kohlen, Koks und Briketts en gros und en Detail. Spedition, Fuhrwerk und Lagerung*. Dann ging er durch das breite Tor in den Hinterhof. Erwin Bartsch trug seine blaue Arbeitskleidung und war gerade dabei, seinen Kaltblüter anzuspannen. Mehrere Säcke Kohlen und Briketts befanden sich auf der Ladefläche des Fuhrwerks. Seltsamerweise wurde der himmelblaue Kastenwagen für diese Zwecke nicht benutzt. Vielleicht war er als dreirädriger Transporter nicht belastbar genug. Leise ging Conradi zurück zu seinem Fahrrad, stellte sich in einen benachbarten Hauseingang und zündete sich eine Zigarette an. Er musste nur wenige Minuten warten, bis das Klappern der Hufe auf dem Kopfsteinpflaster ertönte. Dann vernahm er die Stimme des Kohlenhändlers: »Brrrr, Paula, gemach, gemach.« Das wuchtige Gespann rumpelte an ihm vorbei.

Conradi trat seine Zigarette aus und schwang sich in den Sattel. Zunächst ging es im Schritttempo durch die engen Gassen der Altstadt, durch das Heger Tor hindurch und dann über den Wall in südöstliche Richtung. Zwischendurch brachte der Kutscher das Pferd immer wieder zum Traben, schwang seine Peitsche und gab knappe Befehle von sich. Die alte Paula zeigte, dass sie noch ordentlich Kraft hatte. An der Petersburg musste Conradi gewaltig in die Pedale treten, um mit dem Fuhrwerk Schritt zu halten. Der Gegenwind machte es ihm nicht gerade leichter. Wenigstens hatte der Regen aufgehört.

Es ging weiter in östliche Richtung. Die Straße führte an ebener, teils bewaldeter, dann brachliegender Landschaft vorbei. Sie passierten Häuser, die größer waren als die in der Stadt, Höfe und Wiesen. Es roch nach frischer Erde und Sommerblumen. Vereinzelt gab es auch hier Brandruinen und Trümmerberge.

In Abständen wurden sie von Autos und Lastwagen überholt, die Dreck und Staub aufwirbelten, hupten und einen üblen Benzingeruch hinterließen. Die alte Stute ließ sich davon nicht beeindrucken. Stoisch ging sie ihren Weg, schaute weder nach rechts noch nach links. Viel hätte sie sowieso nicht sehen können, denn Bartsch hatte ihr Scheuklappen angelegt.

Sie kamen an Häusern vorbei, die in einem maroden Zustand waren. Dächer waren eingesackt, der Putz abgebröckelt, Fensteröffnungen und Türen mit Pappe oder Planen provisorisch vernagelt. Auf einigen Grundstücken häufte sich Unrat; Wäscheleinen mit Babywindeln waren in den Vorgärten gespannt, Kinder kickten Steine wie Fußbälle oder spielten mit Seilen und Tauen. Hunde und Katzen kreuzten unvermittelt die Straße, wichen dem Fuhrwerk aber geschickt aus.

Über die Hannoversche Straße erreichten sie nach gut einer halben Stunde Fahrzeit das Ziel, einen Stadtteil mit dörflichem Charakter. Bartsch verlangsamte das Tempo und bog in eine unbefestigte Zufahrt ein. Johann Conradi blieb zurück, darauf bedacht, den Abstand zu vergrößern.

Im Schritttempo näherten sie sich der nächsten Abzweigung. Nach kurzer Fahrt rumpelte das Fuhrwerk über ein Gelände, das zum Autohof gehörte. Der Kommissar ging in Deckung hinter einer dichten Hecke. Durch die Zweige beobachtete er Erwin Bartsch, wie er das Gespann anhielt und dann mit einem großen Lederrucksack vom Kutschbock rutschte. Den Rucksack schulterte er; schwer schien er nicht zu sein. Humpelnd verschwand der Kohlenhändler in Richtung Werkshalle.

Johann Conradi ließ noch zwei, drei Minuten verstreichen, dann schlich er in gebückter Haltung am Waldrand auf das Firmengelände zu, suchte Schutz hinter Büschen und Bäumen und versuchte, sich so leise und unauffällig wie möglich zu bewegen. Dennoch knackten Äste und zerbrachen, Blätter raschelten, Zweige peitschten gegen sein Gesicht. Alle paar Meter blieb er stehen und ging in die Hocke, sobald er jemanden kommen sah. Ihm war bewusst, dass er von den oberen Fenstern aus zu sehen war. Aber noch blieb alles ruhig. Als Arbeiter die Halle verließen, um eine Zigarette zu rauchen, war er gezwungen, länger hinter einem Gebüsch auszuharren. Mücken stachen ihn in Arme und Beine. Neben ihm lag ein skelettiertes Tier, eine Maus oder eine Ratte. Etwas Felliges huschte vor seinen Füßen ins Unterholz und gab quiekende Geräusche von sich.

Plötzlich kam Bartsch zurück, humpelnd, mit nachgezogenem Bein und einem Rucksack, der doppelt so breit und so schwer zu sein schien wie vorher. Still verharrte Conradi in seinem Versteck. Was hatte Bartsch in der Halle gemacht? Wen hatte er getroffen? Was befand sich in seinem verdammten Rucksack?

Kurz überlegte Conradi, ob er Bartsch stellen sollte. Adrenalin schoss durch seinen Körper, er war zur Konfrontation bereit. Im letzten Moment entschied er sich anders. Bartsch sollte nicht wissen, dass er beschattet wurde. Denn im Augenblick hatte Conradi nichts Konkretes gegen ihn in der Hand. Besser war es, Ruhe zu bewahren und den Mann weiter zu beobachten. Er wartete, bis der Kohlenhändler sein Gespann gewendet hatte und vom Hof verschwunden war. Dann nahm er die Verfolgung wieder auf.

*

Als Johann Conradi todmüde die Wohnungstür aufschloss, kam Frau Westermann mit einem braunen Umschlag angelaufen. »Ein Telegramm«, rief sie aufgeregt, »Denken Sie sich bloß, eben war ein Eilbote da, mit dem Motorrad. Er wollte noch einmal wiederkommen, weil er Ihnen das Schreiben persönlich überreichen wollte, aber ich habe gesagt, ist schon in Ordnung so. Ist es doch? Von wem es wohl ist? Es ist hoffentlich nichts passiert?« Gespannt blieb sie im Flur neben der Kommode stehen und reichte ihm einen Brieföffner, den sie vorsorglich in der Hand hielt.

Beim Öffnen wurde Conradi schwarz vor Augen. »Fall entzogen«, las er laut. »Ende.« Drescher hatte ihm auch ohne Konfrontation auf dem Werksgelände den Fall entzogen. Conradi ärgerte sich, dass er nicht doch einen Schritt weitergegangen war und Bartsch gezwungen hatte, seinen Rucksack zu öffnen.

»Was Sie jetzt brauchen, ist ein Eierlikör«, sagte Frau Westermann entschieden. »Der bringt Sie schnell wieder auf die Beine! Warten Sie!«

Mit zwei kleinen Schnapsgläsern und einer gelben Flasche folgte sie ihm in sein Zimmer und setzte sich auf seinen Ohrensessel. »Wie geht es Ihnen? Was geht in Ihrem Kopf vor?«, fragte sie atemlos, während sie einschenkte.

»Nichts«, antwortete er wahrheitsgemäß. »Da ist nichts, absolut nichts, nur Leere.«

»Das ist schlimmer als Traurigkeit, viel schlimmer. Mein Karl-Heinz selig hat immer gesagt, ›Wenn man denkt, es kann nicht schlimmer werden, kommt es meist noch schlimmer.‹ Sehen Sie, Sie sind nicht der Einzige! Aber trösten Sie sich damit, dass es uns härter macht. Und das ist wichtig, damit wir in Zukunft nicht mehr alles so schwernehmen. Da, bitte schön, nehmen Sie! Prost!« Sie leerte ihr Glas in einem Zug, wartete, bis auch er getrunken hatte, und schenkte gleich nach.

Eine Viertelstunde blieb sie noch bei ihm sitzen. Erst plapperte sie unaufhörlich, dann wurde sie plötzlich sehr müde. Ihr Kopf kippte zur Seite und sie fing an, leise zu schnarchen. Er weckte sie vorsichtig und erschrak, als sie zusammenzuckte. Sie rieb sich die Augen, lachte, schüttelte den Kopf über sich selbst und versuchte aufzustehen. Lachend plumpste sie in den Ohrensessel zurück, als es ihr nicht gleich gelang. Er half ihr mit beiden Händen hoch und begleitete sie zur Tür.

Conradi schaltete das Radio ein und suchte den Klassiksender. Ausgerechnet Mozarts Requiem lief, die Totenmesse. Sollte das ein Omen sein? Conradi legte sich auf sein Bett, schloss die Augen, faltete seine Hände über dem Bauch und ließ die schwermütige Musik auf sich wirken. Er stellte sich vor, wie es wäre, tot zu sein. Einfach weg. Damit wären alle Probleme auf einen Schlag gelöst und er wäre wieder mit Frederike und Lilly zusammen. Kein Schmerz mehr, keine Angst vor der Zukunft, vor Kriegen, Katastrophen, Krankheiten. Keine Einsamkeit mehr, kein Drescher, der ihn demütigte, aber auch keine Frau Westermann, die ihm Eierlikör aufdrängte. Es wäre so leicht. Einfach die Dienstpistole nehmen, aufsetzen und abdrücken. Der Schmerz wäre schnell vorbei. Irgendwie tröstete ihn der Gedanke, dass er überhaupt die Möglichkeit hatte, und er wurde ganz ruhig.

32. KAPITEL

»Was ist los mit dir, Bettine?«, fragte Großmutter Wilma und sah sie prüfend an. »Du isst nichts, du trinkst nichts, du wirst mir doch nicht krank?«

Bettine fuhr zusammen. Sie hielt sich schützend die Hand vor den Leib. »Ich fühle mich nicht wohl«, antwortete sie niedergeschlagen.

»Tut dir etwas weh?«

Bettine schüttelte den Kopf. »Nicht richtig, ein bisschen vielleicht.«

»Was soll das heißen? Schmerzt der Bauch?«

»Ich weiß nicht, es zieht manchmal ein wenig. Wenn ich entspannt liege, ist nichts, aber sobald ich aufstehe, macht er sich bemerkbar. Er krampft leicht, als hätte ich etwas Verdorbenes gegessen.«

»Wann hat das angefangen?«

»Vor etwa zwei Stunden, bevor Eva nach Hause gekommen ist.«

»Willst du dich ein wenig hinlegen? Das liegt sicher an der Schwangerschaft. Da kann es mal vorkommen, dass der Leib Zicken macht. Wenn es am Montag nicht besser ist, lass mal Dr. Cordes nachsehen.«

»Ist das Baby in deinem Bauch schon groß?«, wollte Karin wissen. »Ich freue mich darauf«, sagte die Sechsjährige und tunkte einen Keks in den Malzkaffee, damit er weicher wurde. Sie hatte am Morgen einen Zahn verloren und behauptete, sie würde nie wieder im Leben kauen können.

Wilma musterte sie streng. »Was sagst du da, Karin, wer spricht von einem Baby?«

Karin grinste. »Habe ich in der Schule gelernt. Fräulein Bergmann geht es auch so. Sie sagt, sie wäre guter Hoffnung, und Anna sagt, damit meint sie, dass sie einen dicken Bauch hat und bald ein Baby aus ihr herausschlüpft. Wie bei Bettine – oder, Bettine?«

»Anna, deine Freundin? Ach, du liebes bisschen«, stöhnte Wilma. »Na, die hat sieben Geschwister, die muss es wissen.«

Karin trat dicht an ihre große Schwester heran und starrte auf ihren Bauch. »Wie heißt das Baby? Darf ich mal anfassen?« Sie legte ihre kleinen Hände auf die Wölbung. »Da ist nichts«, sagte sie. »Es fühlt sich komisch an, so wabbelig.«

»Das ist nur mein Schwabbelbauch. Finger weg!«

»Also, wie soll es heißen?«

»Hast du eine Idee?«

»Isabella ist schön, und wenn es ein Bub ist, dann Heinz. So heißt ein Junge aus meiner Klasse. Er ist sehr hübsch, hat blonde Locken und blaue Augen. Ich glaube, er mag mich. Und ich mag ihn auch.« Sie legte den Kopf schief und zeigte ihre Zahnlücken.

»Ich weiß es nicht«, sagte Bettine. »Ich habe darüber noch nicht nachgedacht, denn vielleicht behalten wir es nicht, oder, Oma?«

Wilma sagte nichts, sondern rührte stumm in ihrem Kaffee.

»Warum behalten wir es nicht?«, bohrte Karin nach.

»Weil wir schon so viele Kinder sind.« Bettine stand auf und ging zum neuen modernen Küchenschrank, um die Zuckerdose nachzufüllen. Plötzlich stöhnte sie auf und hielt sich am Schrank fest.

Wilma war sofort bei ihr. »Kind, um Himmels willen, was machst du denn? Schnell ins Bett mit dir. Ruh dich aus und beweg dich möglichst nicht. Ich bringe dir eine Wärmflasche und einen Tee.«

Als Bettine die Küche verlassen hatte, sagte Karin versonnen: »Hoffentlich behält Bettine das Baby. Ich freue mich schon so sehr darauf. Es kann bei mir schlafen. Mein Bett ist groß genug. Es kann meine Spielsachen haben, auch meine Anziehsachen, sogar meinen Nachziehhund. Ich brauche Lulli nicht mehr, bin doch schon groß.«

»Oder bei mir«, krähte Peter. »In meinem Gitterbett. Und Teddy fliegt raus!«

Abrupt wechselte Karin das Thema. »Ich brauche neue Straßenschuhe, Oma. Meine sind viel zu klein, hat die Lehrerin gesagt. Ich soll es Mama sagen, dass sie mit mir einkaufen geht. Aber die schimpft, wenn sie immer so viel Geld ausgeben soll.«

Wilma nickte wenig begeistert. Schuhe zu kaufen für

die ständig wachsenden Enkel war anstrengend und teuer. »Lass mal sehen. Du hast doch kürzlich erst Sandalen bekommen!«

Karin zog ihren karierten Filzhausschuh aus, der vorne abgestoßen war, streifte die mehrfach gestopfte Socke herunter und zeigte den Fuß. Die große Zehe war am Nagel bläulich verfärbt.

»Oh je«, meinte Wilma. »Vielleicht kann Eva am Montag mit dir welche aussuchen. Bist du dann noch da, Eva?«

»Spätestens nach der Beerdigung muss ich wieder fahren«, sagte Eva und dachte an Werner. »Ich muss für eine Klausur lernen.«

»Ich rede nicht von Freitag nächster Woche, ich rede von Montag.«

»Ja, das habe ich verstanden. Natürlich mache ich das. Vielleicht finde ich endlich ein paar schwarze Pumps. Ich suche schon lange welche mit Pfennigabsatz, vorne spitz, die sind sündhaft teuer in Hamburg.«

»Dafür bekommst du von mir keine Mark. Wenn es sich um ordentliches Schuhwerk handelt, meinetwegen, aber nicht für Fisimatenten.«

»Pumps sind ordentliches Schuhwerk, Oma, und ich bezahle sie selbst. Ich habe extra dafür gespart«, betonte Eva.

»Eva, du bist noch genauso ein Backfisch wie deine Schwester«, meinte Wilma tadelnd und schüttete siedend heißes Wasser in einen Teebecher, den sie Bettine bringen wollte. »Apropos Schuhe. Denkt daran, dass ihr noch eure Schuhe putzen müsst für den Sonntagsspaziergang. Und dann wird gebadet! Erst die Kleinen, dann die Großen, wie gehabt, nur bei Bettine machen wir heute eine Ausnahme. Ich habe den Boiler schon vorgeheizt!«

*

Die Vermieterin schritt vor dem Fenster auf und ab. »Ich müsste Ihnen noch die Ablöse in Rechnung stellen, da ich selbst in Vorleistung für die Möbel der Vormieterin getreten bin. Eigentlich vermiete ich nämlich unmöbliert, aber ich gehe davon aus, dass Sie als Spätheimkehrer keine eigenen Möbel besitzen.«

»Das ist sehr nett von Ihnen!«

»Sie sind sicher, dass Sie das Zimmer haben wollen? Auch mit dem Schimmel an der Wand? Ich will ehrlich zu Ihnen sein: Die Vormieterin ist deswegen ausgezogen. Ich streiche die Wand regelmäßig nach, aber der Schimmel wird nach kurzer Zeit wieder sichtbar. Es ist eine Außenwand, die Feuchtigkeit durchzulassen scheint. Sie hat im Bombenhagel wohl ein paar Splitter abbekommen. Mir fehlt momentan das Geld für eine Sanierung.«

»Ich danke Ihnen für Ihre Offenheit. Machen Sie sich keine Sorgen, Frau Müller, der Schimmel stört mich nicht. Ich bin viel Schlimmeres gewohnt und habe es überlebt. Ich freue mich über das Zimmer und werde es sauber halten!« Otto Korittke verbeugte sich.

Seine Wirtin versprach, sich auch um das abendliche Kochen und die Pflege seiner Kleidung zu kümmern.

Otto Korittke wurde es warm ums Herz. Er hatte nur noch wenige eigene Sachen. Zum Glück hatte er sich beim Roten Kreuz ein paar getragene Kleidungsstücke aussuchen dürfen.

Sie schlugen ein. Otto Korittke durfte noch am selben Tag einziehen. Er fühlte sich wie im siebten Himmel. Schon als Kind hatte er in der Johannisstraße gewohnt und kannte die Gegend wie seine Westentasche. Besonders glücklich war er, wieder in Lieselottes Nähe zu sein.

33. KAPITEL

Sonntag, 27.06.1954

Ob Lieselotte bemerkte, dass er sie beobachtete? Nur mit einem Nachthemd bekleidet trat sie ans Fenster, öffnete es weit, um ihre Bettdecke zu lüften, und dann dehnte und streckte sie sich. Das hatte sie früher nach dem Aufstehen auch schon getan. Sie brauchte diesen Moment, um richtig wach zu werden und Kraft für den Tag zu schöpfen. Ihre Brüste schienen nach den vielen Geburten noch größer geworden zu sein, was sehr sinnlich aussah. Ottos Herz klopfte vor Aufregung. Ihm machte es nichts aus, dass Lieselottes Körper sich im Laufe der Jahre verändert hatte. Ihre Taille war immer noch schlank, aber ihre breiten Hüften verrieten, dass sie eine Frau in den besten Jahren war, eine gereifte Frau, die viel erlebt, aber auch viel zu bieten hatte. Otto liebte sie über alles, begehrte sie wie am ersten Tag und verzehrte sich nach ihrem warmen Körper. Er würde ihr verzeihen, dass sie ihn während seiner Gefangenschaft mit einem anderen Kerl betrogen hatte, wenn sie ihn nur wieder an sich heranließ. Natürlich war es bitter, dass sie sich ausgerechnet mit Rolf Schmalstieg eingelassen hatte. Ein Schönling war er, blond, blauäugig, gut gebaut, sportlich aussehend, ein Kerl wie auf den Propagandaplakaten der Nazis. In jeder Hinsicht hatte es der Friseur besser gehabt als er. Rolf blieb im Krieg unverletzt, war nicht einmal in Gefangenschaft geraten und durfte bald in Osnabrück sein Handwerk weiterbetreiben. Otto beneidete ihn um dieses Glück. Seine Gedanken kehrten an seinen ersten Besuch in

Schmalstiegs Salon zurück, als Rolf noch lebte und er unfreiwillig Zeuge eines Kundengesprächs wurde. Es war dabei um ihn gegangen, und er konnte es nicht leiden, wenn man über ihn sprach. Sie hatten über sein Aussehen hergezogen, ohne beurteilen zu können, wie es ihm ging. Sie kannten ihn nicht. Das Gefühl der Missachtung seiner Person war niederschmetternd gewesen. Sie, die Leute, die es besser gehabt hatten als er, zogen über ihn, den fast verhungerten Heimkehrer aus Russland, her. Sie wussten nicht, dass er Jahre seines Lebens in der Hölle verbracht hatte. Nie zuvor hatte er so einen Hass verspürt, nicht einmal im Krieg. Da war er viel zu müde und hungrig für so starke Empfindungen, da hatte er nur funktioniert wie alle Soldaten, die lediglich Befehlsempfänger waren.

Anderthalb Wochen war das her. Viel war seitdem passiert, alles hatte sich verändert.

Minuten waren vergangen. Inzwischen war Lieselotte vom Schlafzimmerfenster verschwunden und am Küchenfenster aufgetaucht. Er beobachtete, wie sie ihre Unterarme aufs Fensterbrett legte, um zu sehen, wer gerade in die Straßenbahn einstieg. Sie hatte sich umgezogen und trug nun ihr himmelblaugeblümtes Sommerkleid mit dem weißen Kragen. Das Kleid hatte sie erst gestern Vormittag angehabt, als sie vom Bäcker kam.

Lieselotte trat vom Fenster zurück und hantierte am Küchenschrank. Vermutlich schnitt sie Brot für die Kinder auf. Immer wieder sah er sie für einen kurzen Augenblick am Fenster auftauchen. Das löste eine Erinnerung in ihm aus, die ihm sehr wehtat. Als sie frisch verliebt gewesen waren, war die Wohnküche das Herz der Wohnung gewesen. Sie waren so froh darüber, endlich ein eigenes Heim zu haben, dass sie Spaß daran hatten, das Radio laut zu stellen und zu beschwingter Musik miteinander zu tanzen. Einmal hatten sie vergessen, das gekippte Fenster zu schließen, und da schrie eine ältere Frau von der Straße her: »Fenster zu, dammich noch mal, ich will nicht wissen, was Sie da oben miteinander treiben!« Sie hatten sich furchtbar erschrocken, aber dann herzlich gelacht. Er schmunzelte bei dem Gedanken daran. Fast gleichzeitig kamen ihm Tränen.

Nun erschienen Wilma und Bettine, wenig später auch Karl und die beiden Kleinen. Lieselotte sprang auf und umsorgte sie. Bestimmt machte sie ihnen Kathreiner Malzkaffee wie früher seinen Kindern. Eine kleine heile normale Welt.

Gut, dass Otto dieses Zimmer bekommen hatte. Er hatte einfach an mehreren Wohnungen auf der anderen Straßenseite geklingelt und freundlich nachgefragt. Bei der vierten Wohnung hatte er Glück gehabt. Eine alte Witwe, die sich mit Näharbeiten über Wasser hielt, war froh, einen Raum untervermieten zu können. Das war seine Chance gewesen! Er war Lieselotte nun wieder nah. Sie war eine Frau, die ohne Mann nicht leben konnte. Ein bisschen Zeit würde er ihr noch lassen, dann würde er sie umgarnen und bald schon seinen alten Platz einnehmen.

Ein bisschen Lebensfreude kam zurück, als er an den Abend dachte. Deutschland war im Viertelfinale und würde gegen Jugoslawien spielen! Seine Wirtin hatte ihn zum Radiohören eingeladen. Sie hatte sogar Bier für ihn kaltgestellt. Dafür hatte sie sich extra Eis liefern lassen.

Sein Gedankenfluss wurde gestoppt, als Schreie aus Lieselottes Wohnung ertönten. Er hörte nur »Coco, Coco«, und dann bemerkte er schon die Bescherung: Ein blauer Wellensittich flog aus dem Fenster und hielt geradewegs auf ihn zu. Otto duckte sich, damit er von der Familie, die sich in aller Hektik am Fenster versammelte, nicht bemerkt wurde. Wenig später sah er Bettine und die kleine Karin unten auf der Straße stehen. Verzweifelt riefen sie nach dem Vogel. Sie taten ihm leid. Die Chance war minimal, dass sie ihn wiederbekommen würden.

*

Es war Lieselotte nicht leichtgefallen, ihre Kinder vom sonntäglichen Kirchgang zu überzeugen. Besonders Bettine und Karin wollten lieber nach Coco Ausschau halten. Sie sorgten sich darum, dass er womöglich draußen vergeblich nach Futter suchte, sich in der Nacht ängstigte und den Weg zu seinem Vogelbauer nicht mehr fand.

Karl begann eine Diskussion, ob es nötig sei, Sonntag für Sonntag den Schein einer gutbürgerlichen Familie zu wahren. »Könnt ihr nicht einmal ohne mich gehen?« Er gähnte geräuschvoll, ohne sich die Hand vor den Mund zu halten.

Lieselotte schaffte es wieder mal nicht, auf ihren leidigen Satz zu verzichten, der sie mittlerweile selbst nervte und auf den er mit zunehmender Aggressivität reagierte: »Solange du die Füße unter meinen Tisch stellst, wird gemacht, was ich dir sage!«

Karl stellte klar, dass er, sobald er volljährig sei, sich regelmäßig für Wochenenddienste im Hotel melden würde, damit er nicht mehr mit ihr zur Kirche und anschließend spazieren gehen müsste. Dann verschwand er mit hochrotem Kopf in seinem Zimmer.

Nur eine Viertelstunde später befanden sie sich dann doch zu sechst auf dem Weg zur Johanniskirche. Die Luft war frisch und kühl, die Kirchenglocken läuteten und andere Kirchgänger grüßten freundlich, wenn sie sich begegneten, wobei die Männer ihre Hüte zogen. Die Kinder waren frisch gekämmt und trugen ihre Sonntagsgarderobe. Lieselotte ermahnte die beiden Kleinen, auf ihre guten Schuhe achtzugeben, beim Laufen ihre Füße hochzunehmen, nicht in eine Pfütze zu treten und bloß keine Steinchen zu kicken.

Plötzlich rief jemand von hinten ihren Namen. Abrupt blieb Lieselotte stehen und erblickte Otto, der mit wehenden Armen und einem viel zu weiten schwarzen Anzug auf sie zugelaufen kam. »Auch auf dem Weg zur Kirche?«, rief er atemlos und zog sich den Hut vom Kopf, der ihm ohnehin nicht passte. »Dann können wir ja zusammen gehen.«

»Das halte ich für keine gute Idee«, erwiderte Lieselotte kühl.

»Willst du mich deinen Kindern nicht vorstellen? Bettine weiß, wer ich bin. Du auch, Karl?«

»Ich brauche keinen neuen Vater.« Karl stellte sich dicht neben seine Großmutter.

»Ich bin kein neuer Vater, ich bin dein richtiger Vater.

Otto.«

»Sie haben mich verstanden.« Karl wurde vor Aufregung rot.

Eine Weile standen sie sich schweigend gegenüber.

»Und ihr?«, wandte sich Otto mit Tränen in den Augen an die beiden Kleinen, »wollt ihr auch keinen Vater mehr?«

»Lieber den Coco zurück«, sagte Karin und ließ sich von ihrer Mutter weiterziehen.

34. KAPITEL

Johann Conradi leistete sich den Luxus eines Mittagsschlafes. Mit geschlossenen Augen lauschte er der klassischen Musik aus dem Radio. Von der Straße vernahm er das Klappern von Pferdehufen und das Rappeln eines Gespanns. Autos und die Straßenbahn verkehrten an Sonntagen seltener.

Die Hose kniff nach der üppigen Mahlzeit, sodass er den Knopf und den Reißverschluss öffnete, um sich ein wenig Luft zu verschaffen. Seine Wirtin Frau Westermann meinte es einfach zu gut mit ihm.

Die Sonntagsruhe verleitete ihn dazu, seinen Gedanken nachzuhängen. Schnell war er wieder in seiner alten Wohnung in der Lotter Straße, zusammen mit Frederike und Lilly. Er sah sich mit seiner kleinen Familie zusammen frühstücken, nicht in der Küche wie alltags, sondern in der heimeligen Stube mit dem grünen Kachelofen und der dunkelroten Couchgarnitur. Während des Frühstücks planten sie den Tag.

Im Sommer ging es oft raus ins Grüne. Sie fuhren zum Beispiel mit den Fahrrädern zum Dörenberg, bestellten im Café-Restaurant Herrenrest zwei Kännchen Kaffee beziehungsweise Brause für Lilly, verspeisten jeder ein mächtiges Stück Torte mit Sahne, und die Kleine vergnügte sich anschließend bei den Schaukeln und Rutschen. Oder sie unternahmen einen Ausflug zum Barenteich und ließen die Kleine Pony reiten, während sie sich eine Limonade gönnten. Eine gute Zeit war das gewesen, die beste seines Lebens, die er damals als selbstverständlich hingenommen hatte.

Und dabei war nichts selbstverständlich, nicht einmal das kleinste Glück. Alles war vergänglich. Nichts blieb. Tränen rannen ihm über die Wangen, und er merkte es nicht einmal.

Conradi tat es nicht gut, in Träumereien zu versinken. Erst verursachten sie zwar ein Wohlgefühl, sie endeten aber jedes Mal in Verzweiflung und Trauer über das verlorene Glück. Wieder dachte er an die Pistole in seinem Bücherschrank. Wie leicht wäre es, seinem Leben ein Ende zu setzen. Der Tod konnte ein Freund sein für die Einsamen, die Zurückgebliebenen, die Hoffnungslosen.

Er musste die Pistole nur laden. Es wäre so leicht, und alle Probleme würden verschwinden. Sie würden sich in Luft auflösen und für niemanden mehr Bedeutung haben. Niemand würde ihn vermissen, nicht einmal Frau Westermann. Sie würde wieder zu Feinkost Remme gehen und beim Fischkaufen nebenbei erwähnen, dass sie einen Nachmieter für ein schönes Zimmer mit Rosentapete unter dem Dach suchte. Vielleicht könnte sie die Miete bei der Gelegenheit auf 25 Mark erhöhen. Erschöpft schlief er ein.

*

Als Conradi eine halbe Stunde später erwachte, fühlte er sich erstaunlicherweise besser, fast sogar erholt. Der kurze Schlaf hatte ihm gutgetan und neue Kräfte in ihm geweckt. Im Radio lief die Ouvertüre von »Nabucco« von Giuseppe Verdi. Er liebte Opern, besonders italienische, seit er vor Jahren mit Frederike in »La Bohème« von Puccini gewesen war. Während die Musik seine Seele beflügelte und er sich zunehmend entspannte, fasste er einen Plan. Er würde sich nicht mit dem Telegramm zufriedengeben, sondern Drescher zur Rede stellen. Drescher konnte ihn mal! Er würde ihn nicht aufhalten. Was hatte er ihm schon zu sagen, dieser kleine Wicht! Conradi würde diesen Fall lösen und niemand sonst. Danach könnte er sich immer noch das Leben nehmen, wenn er das wollte. Im Moment eher nicht.

Was stand morgen an? Eva Korittke, schoss es ihm durch den Kopf, sie käme gleich morgen früh, die hübsche Schwester von Bettine. Fräulein Eva Korittke zählte nicht zu den Verdächtigen, aber sie könnte unter Umständen wertvolle Hinweise über ihre Familie liefern, wie zum Beispiel über Karls und Bettines Verhältnis zu Rolf Schmalstieg.

Als es an seiner Zimmertür klopfte, riss Conradi hektisch am Reißverschluss seiner Sonntagshose. Ein Fluchen kam ihm über die Lippen, weil das dumme Ding hakte und sich die feinen Glieder nicht ineinanderschmiegen wollten. Mit hochrotem Kopf sprang er aus dem Bett und zerrte immer noch am Reißverschluss, die andere Hand vor dem Schritt, als die Tür geöffnet wurde. Hätte er doch nur abgeschlossen!

*

»Ich bin mal kurz weg«, sagte Karl nach dem Mittagessen. Seine Augen waren dunkel umschattet von zu wenig Schlaf. Der Junge trug eine weite graue Hose mit Gürtel und ein dunkles Hemd, das er lässig in den Bund gesteckt hatte. Seine frisch geputzten Schuhe glänzten wie eine Speckschwarte.

»Wo willst du hin? Ist doch alles geschlossen heute!« Lieselotte hatte das Plätteisen aus dem Schrank geholt und stellte es auf den ausgeklappten Bügeltisch. Die Wäsche hatte sie bereits eingesprengt und zusammengerollt. Karl sah ihr das schlechte Gewissen an, das sie immer hatte, wenn sie sonntags Hausarbeit erledigte, weil der Pastor das nicht billigte. Aber er wusste ja nichts davon. Wahrscheinlich hielt er gerade seinen wohlverdienten Mittagsschlaf nach einem anstrengenden Gottesdienst.

Karl konnte es egal sein, ob seine Mutter bügelte oder sich ebenfalls auf der Couch ausstreckte.

»Nur ein paar Teile«, murmelte sie verschämt. »Ich bin die ganze Woche nicht dazu gekommen und Bettine braucht für morgen einen frisch gestärkten Kittel. Und du?«

»Ein bisschen bummeln gehen«, brummte Karl und beeilte sich, aus der Tür zu kommen.

»Es wäre schön, wenn du bis zum Kaffeetisch zurück sein könntest! Oma hat extra einen Nusskuchen gebacken.«

»Mal sehen. Versprechen kann ich nichts.«

»Aber keinen Blödsinn machen, hörst du? Mit wem triffst du dich? Bloß nicht wieder mit Klaus-Peter und Dieter! Das geht nicht gut aus.«

»Aus dem Alter bin ich raus, Mutter. Ich bin erwachsen.«

»Du und erwachsen, dass ich nicht lache!«

Er zog die Tür so heftig ins Schloss, dass sie etwas hinter ihm herbrüllte. Er wollte gar nicht wissen, was.

Draußen atmete Karl auf. Er holte das Fahrrad aus dem Keller, band mit einer Fahrradklemme die Hosenbeine zusammen und schwang sich in den Sattel. Mit der schwarzen Schiffermütze fühlte er sich männlicher. Rolf hatte ihm durch den Meckischnitt jede Würde genommen.

Auf einer Bank am Herrenteichswall wartete seine Verabredung.

*

Pauline Hubschmied hatte über Conradis Kampf mit der Hose diskret hinweggesehen. Nun saß sie in seinem alten Ohrensessel am Fenster, in dem am Vortag Frau Westermann geschlafen hatte, und schaute auf die Straße. »Einen netten Ausblick haben Sie, Herr Conradi, viel interessanter als meiner. Ich sehe im Hinterhof Müttern beim Aufhängen von Babywindeln zu.«

»Nett, dass Sie da sind. Aber weswegen noch mal?«, wollte Conradi wissen. Er fand seine Frage selbst unhöflich, aber er war noch nicht so ganz wach. Sie hatte es ihm gesagt, er konnte sich allerdings nicht erinnern.

»Ich wollte Sie fragen, ob Sie mir vielleicht ein Buch ausleihen könnten. Meine Tante sagte, all ihre Bücher wären hier, vor allen Dingen die von meinem Onkel, für die sie in ihrem Wohnzimmer keinen Platz mehr hergeben will.«

»Wenn Ihre Tante nichts dagegen hat.« Meine Güte, war er wieder charmant! Er hatte es verlernt, er hatte den Umgang mit Frauen einfach verlernt.

Sie stand auf und stellte sich vor das Regal. »Karl May habe ich früher auch gelesen, die Winnetou-Bände habe ich verschlungen, obwohl ich das eigentlich nicht durfte. Sie gehörten meinem Cousin, und meinen Eltern war es nicht recht, dass ich Jungenbücher las. Ich wurde mit Nesthäkchen-Bänden versorgt und habe keinen einzigen gelesen. Auch kein einziges Buch von Agnes Sapper. Die schöne heile Welt fand ich langweilig. Aha, ›Old Surehand II‹ kenne ich noch nicht. Ist das spannend? Oder hier, ›Durch die Wüste‹, klingt auch nicht schlecht. Noch abenteuerlicher ist sicher ›Durchs wilde Kurdistan‹, das nehme ich schon mal mit.«

»Ich glaube, hier finden Sie keine Liebesromane«, stellte Conradi fest, der kaum zugehört hatte. »Sieht jedenfalls nicht danach aus.«

»Oh nein, wer sagt denn, dass ich Liebesromane lese? Viel zu langweilig! Das Gefühlswirrwarr von jungen Menschen interessiert mich nicht. Ich will in Büchern Abenteuer erleben, will mich gruseln und fürchten und will, dass die Schurken am Ende ordentlich leiden, dass sie bestraft werden für ihre Boshaftigkeit, ich will Gerechtigkeit, wenn schon nicht im richtigen Leben.«

»Da haben Sie recht«, meinte Conradi. »Gerechtigkeit wird für immer ein Wunschtraum bleiben. Aber wir sollten nie aufhören, dafür zu kämpfen. Wie wäre es mit ›Im Westen nichts Neues‹ von Erich Maria Remarque? Er ist eigentlich Osnabrücker, lebt aber heute in der Schweiz, weil er mit Deutschland nichts mehr am Hut hat. Ein Anti-Kriegsroman, sicher abenteuerlich genug für Sie!«

»Meinen Sie?«

»Oh ja. Frau Westermann hat mir erzählt, dass sie es vor der Bücherverbrennung 33 gerettet hat. Eigentlich sollte sie es abgeben, aber sie hat es in ihrer Hutschachtel versteckt, wie auch ihre Lieblingsromane von Erich Kästner.«

Pauline Hubschmied zog das Buch aus dem Regal. »Um was geht's da«?

»Ein junger Soldat erfährt im Ersten Weltkrieg die Schrecken des Krieges. All seine Kameraden sterben. Er durchlebt Hunger und Durst, Bestrafungen, Erschießungen, Quälereien, physischer und psychischer Natur, all das. Für den Rest seines Lebens ist er traumatisiert. Mit der naturalistischen Schilderung der Geschehnisse warnt Remarque eindringlich vor dem Krieg. Ich glaube, wenn jeder dieses Buch lesen würde, gäbe es keine Kriege mehr. Auf der ganzen Welt nicht. Nie mehr.«

»Haben Sie all das auch erlebt?«, fragte sie leise.

»Nein, glücklicherweise nicht. Obwohl ich auch eingezogen wurde, im Herbst 44. Ich konnte nicht länger eine Unabkömmlichkeit vorschieben. Der Befehl lautete, nach Nordafrika zu gehen, um an der Seite der Italiener zu kämpfen. Es ging um das ›Unternehmen Sonnenblume‹. Im ersten Augenblick, als ich es erfuhr, habe ich mein Schicksal verflucht, das können Sie mir glauben, aber schon bald war mir klar, dass es mich ärger hätte treffen können. Später habe ich darin sogar so etwas wie Glück gesehen. Es war nicht das schlimmste Los, im Afrika-Korps unter Rommel zu kämpfen. Libyen war warm und es gab immer genug zu essen. Sogar für Zerstreuung und Abwechslung war gesorgt mit Musik, Bier, Tabak und Kartenspielen.«

Pauline lehnte sich entspannt zurück. »Das klingt ja, als hätten Sie persönlich keine schlechten Erfahrungen mit dem Krieg gemacht.«

»Täuschen Sie sich nicht. Ich hasse den Krieg. Er ist immer unnötig, brutal und ungerecht, reißt Familien auseinander und bringt Unheil über die Menschen. Ich persönlich habe wenig Schreckliches mit ansehen müssen, aber dennoch viel verloren. Über meinen Verlust möchte ich nicht sprechen. Ich war erleichtert, dass ich meine Schusswaffe kein einziges Mal gebrauchen musste. Oft dachte ich an die Kameraden an der Ostfront, die es wesentlich härter getroffen hat.«

»Waren Sie in Gefangenschaft?«

»Ja, am Ende passierte es auch mir. Rückblickend gesehen, habe ich selbst da Glück gehabt. Das Essen bei den Amerikanern war gut, ich durfte englische Sprachkurse besuchen und sogar ein Musikinstrument erlernen – die Klarinette, an deren Klang ich mich immer noch erfreue.«

»Haben Sie das Instrument hier?«

Er nickte. Seine Gedanken wanderten zurück an damals. Das eigentlich Schlimme war, dass er nicht mitbekommen hatte, was zu Hause los gewesen war. Das sollte er erst viel später erfahren. Danach war er gar nicht erst in seine Heimatstadt zurückgekehrt, sondern hatte sich zu Verwandten nach Ostfriesland durchgeschlagen, wo er in der Landwirtschaft half und körperlich schwer ackerte. Es tat ihm gut. Beim Melken der Kühe und Ausmisten der Ställe war er abgelenkt. Nur abends, wenn er allein in seiner Kammer lag, kam die Schwermut zurück. Er fand kaum in den Schlaf, träumte unruhig und wachte morgens wie gerädert auf. Als seine Rehabilitierung vollzogen war und er endlich hatte beweisen können, dass er kein Nationalsozialist war, durfte er sich auf freie Stellen bewerben.

Wieder zurück in Osnabrück, fand er sich kaum zurecht. Die Stadt hatte durch die Bombenangriffe ihr Gesicht verloren. Die Silhouette war verändert und er kannte sich nicht mehr aus. Johann Conradi fehlte die Orientierung. Die Katharinenkirche, in die er sonntags mit Frederike und Lilly gegangen war, war zerstört. Wie ein hohles Gerüst, wie ein Mahnmal ragte der ausgebrannte Turm in die Höhe. Nicht nur die Stadt war ihm fremd geworden, sondern auch die Menschen.

»Würden Sie einmal für mich spielen?« Sie lächelte und ihre braunen Augen funkelten.

»Wie bitte?« Er sah sie an und konnte nicht verstehen, dass er sie bei ihrer ersten Begegnung langweilig gefunden hatte, denn das war sie nicht. Pauline hatte eine lebendige Art und einen wachen Blick. Sie schien an vielem interessiert zu sein. Seltsam, dass ihm das an seinem Geburtstag noch nicht aufgefallen war!

»Ob Sie vielleicht so gut wären und mir etwas auf Ihrer Klarinette vorspielen würden? Ich fände es schön!«

»Ach so, ja, meinetwegen, ich kann es versuchen.« Während er zum Bücherschrank ging, wo er das gute Stück in einer Schublade aufbewahrte, fiel ihm das Buch von Remarque auf, welches sie zurückgestellt hatte. Er drückte es ihr in die Hand.

»Ich möchte es nicht, vielen Dank«, sagte sie und legte es auf dem Fensterbrett ab.

»Warum nicht? Ich denke, Sie sind für Abenteuer!«

»Aber nicht, wenn es mit dem Krieg zu tun hat. Daran will ich mich mein ganzes Leben lang nicht mehr erinnern.«

»Sie waren doch gar nicht an der Front. Oder haben Sie sonst Schlimmes erlebt? Möchten Sie darüber sprechen?«

Sie presste die Lippen aufeinander und schüttelte den Kopf. »Genauso wenig wie Sie.«

Er setzte sich ihr gegenüber aufs Bett und spielte die erste Melodie, die ihm gerade durch den Kopf ging: »Träumerei« von Franz Schubert. Während er spielte, bemerkte er ihren Blick. Sie war hingerissen, das wusste er. Wie sollte er sich verhalten, damit sie sich keine Hoffnung machte? Er müsste gleich das Haus verlassen. Allein. Am besten einen Notdienst vorschieben, irgendetwas Dienstliches.

35. KAPITEL

Bettine, die gerade den Kuchen anschnitt, hörte einen spitzen Schrei aus ihrem Zimmer. Sie stürzte hin und sah Eva auf dem Bett stehen. Ihr Gesichtsausdruck zeigte pures Entsetzen. »Weißt du, dass hier Mäuse sind? Ich habe mich schon über die kleinen Köttel neben dem Schrank gewundert, und eben habe ich etwas vorbeihuschen sehen.«

Bettine fuhr der Schreck in die Glieder. »Das kann nicht sein!«, stammelte sie. »Er hat doch alles weggemacht!«

»Wer? Wer hat was weggemacht?«

Statt einer Antwort begann Bettine zu suchen. Sie bückte sich, schaute unter ihr Bett, unter den Schrank, unter die Schreibtische und die Kommode, schließlich auch unter Evas Bett. Da hockte die kleine Gruppe, drei verängstigte Mäuse. Der Kerl hatte sie reingelegt. Er hatte die Tiere nicht getötet. Er hatte nichts getan, weil er wohl gar nicht imstande war, etwas zu tun. Und weil er es nicht wollte! Er wollte nur sie! Ihre Dankbarkeit, ihre Fotos, auf denen sie aussehen sollte wie eine liebende Ehefrau. Die Mäuse mussten die ganze Zeit über in ihrem Zimmer gewesen sein. Wahrscheinlich hatten sie sich aus Angst ruhig verhalten, sobald sie den Raum betreten hatte. Vielleicht auch nicht, und sie hatte nur nicht mehr darauf geachtet, weil sie zu sehr mit sich beschäftigt gewesen war. Dieses Ekel, dieses Schwein. Sie hatte ihn bezahlt mit ihrem Körper, die widerlichste Art der Bezahlung, die es gab, auch wenn es zum Glück nicht zum Äußersten gekommen war. Kurz überlegte sie, ob sie sich Eva anvertrauen sollte. Aber die Scham verbot es ihr. Es war ihr unmöglich, über das Erlebte zu sprechen. Es war das Demütigendste und Verrückteste, was sie jemals erlebt hatte.

Eva war schon aus dem Zimmer gestürmt, um Großmutter Wilma zu holen. Bettine wollte Eva hinterhergehen. Sie war fast in der Küche angelangt, als ihr eine plötzlich aufsteigende Übelkeit die Kehle zuschnürte. Fast gleichzeitig begannen die Bauchkrämpfe. Das Zeug wirkte, sie hätte nicht gedacht, dass es so schnell gehen würde. Und sie hatte es sich nicht so schlimm ausgemalt, nicht so schmerzhaft. Sie schaffte es gerade noch rechtzeitig zur Toilette. Dann wurde alles schwarz um sie herum.

Im Marienhospital wachte Bettine auf. Stunden mochten vergangen sein. Regentropfen prasselten gegen die Fensterscheiben. Sie hatte diffuse Schmerzen im Unterleib und fühlte sich elend und schwach. Als sie sich aufsetzen wollte, wurde ihr schwindlig. Im Zimmer lagen fünf andere Frauen. Zwei von ihnen hielten ein Baby im Arm und lächelten glücklich.

*

Gibt es etwas Schöneres?«, fragte Karl und blinzelte gegen die Sonne an. »Wir liegen im warmen Gras, die Sonne scheint, alles grünt und blüht, die Vögel zwitschern, und der Bach plätschert leise vor sich hin. Könnte ich doch nur die Zeit anhalten und für immer hierbleiben!«

»Mir geht es ebenso«, sagte die junge Stimme neben ihm. »Es ist perfekt, wie es ist, es ist einfach perfekt!«

Karl sah zur Seite, betrachtete das ebenmäßige Gesicht neben ihm und streichelte es. »Du bist sehr schön«, sagte er zärtlich, »liebevoll, sanft, einfach wunderbar. Ich liebe nicht nur dein Aussehen, sondern auch deinen Charakter und deinen außergewöhnlichen Humor, deine Art, das Leben zu lieben.«

Sie küssten sich, hielten sich engumschlungen, bis sich eine Gruppe Kinder in Begleitung einer Erwachsenen, vermutlich der Lehrerin, näherte. Da rückten sie auseinander, weil sie wussten, dass sich Zärtlichkeiten in der Öffentlichkeit nicht gehörten.

»Ich muss jetzt gehen«, sagte Karl und drückte die weiche Hand, die die seine hielt. »Hoffentlich hat uns niemand gesehen.«

»Du immer mit deiner Angst. Was soll schon passieren? Hier kennt uns doch keiner!«

»Weißt du das genau? Als wir uns vorhin so lange geküsst haben, hättest du da mit Bestimmtheit sagen können, wer an uns vorbeiging, vielleicht sogar stehen geblieben ist, um uns zu beobachten?«

»Nein, natürlich nicht. In dem Moment haben wir die Welt um uns herum völlig vergessen, das ist mir bewusst. Aber wo sollen wir uns sonst treffen? Bei mir zu Hause geht es nicht, meine Eltern würden das niemals erlauben. Zärtlichkeiten gibt es für sie nur unter verheirateten Eheleuten. Alles andere darf nicht sein. So steht es schließlich im Kupplungsparagrafen.«

»Bei mir geht es auch nicht, das ist schon klar. Ich habe aber weniger Angst als du. Ich glaube nicht, dass es die Leute groß interessiert. Jeder hat seine eigenen Sorgen und sein Päckchen zu tragen.«

»Du widersprichst dir. Eben warst du derjenige, der sich vor Angst fast in die Hose gemacht hätte, Karlchen.«

»Mag sein. Ich versuche, es locker zu sehen, schaffe es aber nicht so recht.« Er lachte verunsichert.

»So geht es mir auch. Leider. Ich wünschte, ich könnte die Zeit hier mit dir mehr genießen. Aber manche Menschen sind so unzufrieden mit sich und ihrem kleinen erbärmlichen Leben, dass es ihnen Spaß macht, die Schwächen anderer aufzudecken und ihnen damit zu schaden. Es gibt böse Leute.«

Karl dachte einen Moment nach. »Ich habe eine Idee«, sagte er schließlich, »sie ist noch unausgegoren. Ich muss erst genauer darüber nachdenken.«

»Was meinst du damit?«

»Nun, wir könnten uns bei mir im Hotel treffen. Das ließe sich irgendwie arrangieren. Ich habe ein kleines Zimmer, in dem ich ab und zu übernachte, wenn es später wird. Wäre das was? Endlich wären wir mal für uns allein, ohne Beobachtung, können machen, was wir wollen, wozu wir gerade Lust haben. Ich träume seit Langem davon.«

»Wenn ich ehrlich bin, ich auch, ich halte es aber für außerordentlich riskant«, sagte Karls Verabredung. »Und unmoralisch obendrein!«

»Das Leben selbst ist ein Risiko. Jeden Tag gehen wir eins ein. Schon morgen könnte uns ein Dachziegel auf den Kopf fallen, und das war es dann. Aber sollen wir uns deswegen das Leben schwermachen? Risiken sind dazu da, dass man sie eingeht. Wer nicht richtig lebt, verpasst etwas.«

»Dann sollten wir es probieren. Allerdings nicht in einem Dienstbotenzimmer. Wir leisten uns etwas Schöneres.«

*

Ernestine hatte Tee aufgesetzt und holte den Kuchen aus dem Ofen. Ein herrlicher Duft zog durch die Küche, aromatisch, fruchtig, süß.

»Ich bin froh, dass du mir heute Nachmittag Gesellschaft leistest«, sagte sie und lächelte glücklich. »Du weißt gar nicht, wie gut du es bei mir hast, Winni. Lass uns unsere heile Welt nicht zerstören. Das wünsche ich mir.«

Er grunzte und setzte sich zu ihr. »Ich bin froh, dass du das alles für mich machst«, brummte er. »Könnte schlechter sein.«

Sie lachte auf. »Und ob es das könnte! Gute Entscheidung, dass du mich zurückgeholt hast, mein Lieber. Du weißt, wo du hingehörst, nicht wahr?« Sie tätschelte seine stoppelige Wange.

Er nickte und sah zu, wie sie ihm ein großes Stück auf den Teller schaufelte. »Allerdings hast du ein bisschen übertrieben mit der Einrichtung, meinst du nicht? Vorher war es ein normales Haus, jetzt sieht es aus wie das Glitzerreich einer Zirkusprinzessin. Billiger Tand und Protz, wohin das Auge reicht. Wir sind hier doch nicht beim fahrenden Volk!«

»Genug jetzt, Winni! Jedes Mal, wenn wir gemütlich zusammensitzen, kommst du mir mit diesen Nebensächlichkeiten. Das ist mein Geschmack, ein Mädchengeschmack vielleicht, lass mich doch, aber du musst zugeben, dass wir es schön haben!«

Er seufzte tief und betrachtete mit einer Mischung aus Abscheu und Belustigung ihre Kitschwelt aus bunten Porzellanfiguren, Kristallleuchtern und Engelchen. »Was soll das nur mit diesem Puppenkram? Ist es, weil du kein eigenes Kind hast?«

Lächelnd schenkte sie ihm Tee ein, gab mit der Zange ein Stück Würfelzucker hinein und kleckste dann mit dem Kännchen einen Schuss Sahne hinzu. »Mir gefällt es einfach, Winni. Früher hast du dich nicht beklagt.«

»Ich beklage mich ja nicht, frage mich nur, was eine Frau dazu sagen könnte, falls ich mal wieder eine finde.«

»Du hast doch mich!«

»Ja, Stine, ich habe dich. Hauptsache, das Essen kommt pünktlich auf den Tisch.« Er wusste, dass sie es gut meinte. Ernestine meinte es immer gut mit ihm. Sie bekochte ihn, wusch seine Wäsche, stopfte seine Hemden und Strümpfe und hielt das Haus rein. Nur ein Raum war für sie tabu, da durfte sie nicht hinein, und das war sein Schlafzimmer. Da gab es dieses Trödelzeug von ihr nicht, nur Dinge, die ihm wichtig waren, die sein Herz erwärmten. »Du hast schon lange keine Patientin mehr gehabt, oder täusche ich mich?«

Wieder lächelte sie und riss mit der Gabel ein Stück von ihrem Kuchen ab. »Im Moment möchte ich das nicht. Du verdienst genug, mein Schatz, das Geschäft läuft doch, oder nicht?«

»Ich fände es schön, wenn du dich beteiligen würdest. Dein Zubrot haben wir immer gut gebrauchen können. Ich möchte zum Prothesenmacher, damit ich wieder beweglicher werde. Immer nur mit den Krücken, das ist nichts, Stine. Dann möchte ich mir einen neuen Lastwagen kaufen, einen richtigen. Das würde die Sache vereinfachen.«

»Aber wozu denn, Winni? Der alte tut es doch noch.«

»Außerdem würde ich gerne mal eine Reise machen.«

Erstaunt sah sie auf. »Eine Reise? Du? Ja, wohin wollen wir denn fahren?«

»Zunächst muss ich geschäftlich nach Holland, ein paar Dinge erledigen, die möglicherweise viel Geld einbringen. Wenn ich genug verdient habe, will ich in den sonnigen Süden, nach Italien, dahin hat es mich schon immer gezogen. Im Neckermann-Katalog gibt es ein Angebot. Keine 200 Mark kostet das mit Hotel, ohne viel weniger. Sie fahren mit dem Bus, neun Tage insgesamt, einen Tag sind sie unterwegs und eine Nacht. Das wird schon gehen. Ich könnte mein Klepper-Zelt mitnehmen, um Hotelkosten zu sparen. Auf einem Campingplatz fühle ich mich sowieso wohler. Und dann erwartet mich das Land, in dem die Zitronen blühen, das möchte ich gerne einmal sehen. Das ist mein großer Traum, weißt du?«

Sie runzelte die Stirn. »Mir wird schlecht auf so einer langen Busreise, Winni. Lass uns doch lieber in Deutschland bleiben, Bad Füssing oder so, oder Heidelberg, da soll es auch schön sein. Nach Holland würde ich dich allerdings begleiten.«

Er wand sich. »Lieber nicht. Das Geschäftliche erledige ich allein. Da stört eine Frau nur.«

»Und da verdienst du so viel?«

Er lächelte. »So viel, dass für dich zu Weihnachten ein Pelzmantel herausspringt.«

»Und wenn du wieder da bist, fahren wir gemeinsam nach Heidelberg.«

»Nach Italien. Aber ohne dich, Stine.«

Entrüstet starrte sie ihn an. »Das meinst du nicht ernst! Das kannst du nicht ernst meinen. Du weißt gar nicht, was du an mir hast. Ohne mich bist du aufgeschmissen! Entweder ich komme mit oder du bleibst hier!« Sie tätschelte seine Hand, die von der vielen Arbeit Schwielen hatte.

Er entriss sie ihm. »Lass mich. Ich will noch etwas anderes vom Leben, weißt du? Ich erwarte noch ein bisschen was. Ich denke an eine andere Frau, die für mich sorgen soll und mit der ich diese Reise machen will. Eine junge Frau, Stine, eine sehr junge!«

Sie wurde blass. »Eine junge Frau? Wer ist sie? Kenne ich sie?«

»Kümmere dich um deine Kundinnen, dann wirst du wieder zufriedener mit dir selbst. Du warst mal eine erfolgreiche Engelmacherin, warum machst du nicht weiter?«

»Weil ich nicht mehr will, Winni!«

»Warum hast du es dann gelernt?«

»Weil ich selbst keine Kinder mehr bekommen konnte, nachdem ich bei einer Engelmacherin war. Die hat alles bei mir unten kaputt gemacht. Ich wollte es besser machen!«

»Hast du auch! Du warst gut, Stine, mach weiter, hilf anderen Frauen in Not!«

»Ich will nicht mehr, ich kann nicht mehr! Schluss jetzt! Und morgen schließe ich mit allem ab und werfe meine Puppen in den Müll. Keine Kinder mehr! Nie mehr!« Sie warf ihre Serviette auf den Tisch und verschwand nach nebenan in ihr Schlafzimmer, ein vollgestelltes Glitzerparadies aus Plüsch und Pomp. Dort hörte er sie theatralisch weinen.

*

Als Pauline Hubschmied mit dem eigentümlichen Ansinnen ankam, einen Spaziergang zu unternehmen, sagte Johann

Conradi nach kurzem Überlegen zu. Warum nicht? Das Wetter schien ausnahmsweise einmal trocken zu bleiben und die Temperaturen waren angenehm. Sie schlug vor, mit der Straßenbahn zum Piesberg zu fahren, um dort die Natur zu genießen. Später könnten sie im Gesellschaftshaus einkehren und sich ein wenig bekannter miteinander machen, denn sie arbeiteten ja nun zusammen, und es konnte nicht schaden, gut auszukommen, meinte Pauline, und da hatte sie sicher recht. Ohnehin zog er ihre Gesellschaft dem Alleinsein an einem Sonntagnachmittag vor. Besser ein Spaziergang in der Natur als die ewige Grüblerei in seinem Bett oder seinem alten Ohrensessel.

Sie nahmen die Straßenbahn um viertel nach vier. Pauline hatte sich hübsch gemacht. Sie trug ein dunkles Kostüm mit einer funkelnden Brosche am Revers, dazu ein Hütchen mit einer kecken Feder und eine lächerlich kleine Handtasche. Die Pumps hatten einen etwas höheren, spitzen Absatz und sahen nicht gerade wandertauglich aus. Auch schien sie es nicht gewohnt zu sein, sie anzuhaben, denn sie wackelte bedenklich hin und her, und er befürchtete schon, sie irgendwann tragen zu müssen.

»Und Sie denken, dass Sie darin von der Haltestelle bis zum Lokal gehen können?«, erkundigte sich Conradi vorsichtshalber.

»Warum nicht? Ich kann in allen Schuhen laufen«, meinte Pauline selbstsicher, als sie am Piesberg ausstiegen.

Mit stolzem Gang stöckelte sie neben ihm her, das heißt, sie versuchte es. Eher schwankte sie, sodass er sich schließlich überwand und ihr seinen Arm anbot. Der Himmel war bewölkt, es roch nach feuchter Erde und nach Rosen. Vögel zwitscherten in den Bäumen und dichten Büschen. Die Spazierwege waren ein wenig matschig vom vielen Regen der letzten Tage, Paulines Pumps wurden dreckig, ihre Seidenstrümpfe ebenfalls, aber es schien sie nicht zu stören. Conradi konnte nicht verhehlen, dass er sich neben ihr wohlfühlte. Lange war er nicht mehr neben einer Frau hergegangen, einfach so, um die Natur zu genießen und die Seele baumeln zu lassen. Nur wenige Spaziergänger begegneten ihnen. Die Frauen nickten freundlich und die Männer zogen ihren Hut. Conradi war stolz auf die Frau, die sich bei ihm eingehakt hatte, als wären sie ein Paar.

Im Piesberger Gesellschaftshaus hatten sie Glück, einen hübschen Platz am Fenster zu bekommen. Der Blick führte ins Grüne. Hohe Kastanienbäume und Trauerweiden säumten eine frisch gemähte Wiese, auf der Schafe grasten. Als der Kaffee gebracht wurde, dazu für jeden ein Stück Erdbeerkuchen mit Schlagsahne, lächelten sie sich an und sahen sich für einen Moment glücklich in die Augen.

»Jetzt weiß ich, was ich vermisst habe all die Jahre«, sagte Johann Conradi und ließ sich das erste Stück Erdbeerkuchen auf der Zunge zergehen. »Hm, köstlich. Ich mochte Obstkuchen immer schon sehr gerne, viel lieber als Buttercremetorte.« Er hoffte, dass sie die Sache mit dem Vermissen nicht allzu wörtlich nahm. Man musste achtgeben, was man einer Frau gegenüber äußerte, sie bildeten sich schnell etwas ein, und ehe man sich versah, kam man aus dem Schlamassel nicht mehr heraus.

Sie lachte. »Das geht mir genauso. Meine Tante meint es gut mit ihrer vielen Butter, aber ich vertrage sie nicht.«

»Wie kommt es eigentlich, dass Sie bei Ihrer Tante einmieten konnten? Ich dachte, sie vermietet kein weiteres Zimmer.«

»Ich habe eine Unterkunft gesucht und sie gefragt. Das war alles. Im Übrigen haben Sie mich das schon mal gefragt. Sie scheinen mir ein wenig vergesslich zu sein. Obwohl … dazu wollte ich noch etwas sagen. Vielleicht sollte ich es jetzt tun.«

Conradi griff nachdenklich nach der Kaffeetasse. »Nehmen Sie es mir nicht krumm, dass ich manchmal nachfragen muss. Ich bin gedanklich oft bei der Arbeit.«

»Das glaube ich Ihnen. Sie wirken manchmal ein wenig traurig«, bemerkte Pauline Hubschmied, »wollen Sie mir nicht erzählen, was Sie mit sich herumtragen? Vielleicht kann ich Ihnen helfen, vielleicht habe ich sogar Ähnliches erlebt und wir können uns austauschen.« Ihr Hals verfärbte sich rot.

»Das glaube ich nicht«, sagte Conradi, dann steckte er sich ein Stück Erdbeere in den Mund.

»Sie erwähnten, dass Sie im Krieg etwas verloren haben.«

Conradi verschluckte sich. Er hustete und vermied Blickkontakt.

»Meine Frau und meine kleine Tochter«, sagte er schließlich doch. »Sie haben es aus irgendeinem Grund nicht rechtzeitig in den Luftschutzbunker geschafft. Unsere Wohnung wurde von einer Bombe getroffen, und sie wurden verschüttet. Leider war ich zu der Zeit – es war am 23. September 1944 – nicht in Osnabrück. Ich war im Afrikafeldzug unter Generalfeldmarschall Rommel in Tunis. Aber das wissen Sie ja bereits.«

»Das erwähnten Sie, ja. Es war aber nicht der 23.«, sagte Pauline leise, »es war der 13. September.« Sie schluckte.

Verblüfft sah er sie an. »Woher wollen Sie das wissen? Glauben Sie, ich täusche mich? Mir wurde gesagt, es sei der 23. September gewesen.«

Pauline schwieg betreten.

»Haben Sie auch jemanden verloren?«, fragte Conradi irritiert.

Sie konnte nicht gleich antworten, schien weit weg zu sein. »Ja, meine Mutter und meinen kleinen Bruder«, sagte sie schließlich. »Seitdem bin ich Vollwaise und dauernd auf der Suche nach einer Bleibe.«

»Sie wollten mir eben etwas dazu sagen?«

Ratlos sah sie ihn an.

»Es ging um das Zimmer, das Sie bei Ihrer Tante gemietet haben.«

»Ach das«, sagte sie leichthin. »Damit ist alles in Ordnung. Wenn ich meine Arbeit bei der Polizei behalten kann, werde ich mir eine richtige Bleibe suchen. Mit Badezimmer und Zentralheizung, einem Wohnzimmer mit großem Südfenster, in dem ich den ganzen Tag über Licht habe. Und einmal in meinem Leben möchte ich das Meer sehen. Das muss schön sein, barfuß über den warmen Sand zu laufen. Ich möchte Muscheln sammeln und mich in den Dünen sonnen.«

»Vielleicht können wir so eine Reise ja mal zusammen machen«, überlegte Conradi. »Ich würde auch gerne wieder das Meer sehen, in Friedenszeiten. Was halten Sie davon?«

»Viel«, sagte Pauline und lächelte.

Er lächelte auch, denn er war viel weiter gegangen, als er sich vorgenommen hatte. Diese Pauline hatte ihn mit ihrer unbekümmerten und gleichzeitig nachdenklichen Art ganz schön eingewickelt!

»Wissen Sie, was wir jetzt verpasst haben?«, fragte er zwei Stunden später, als sie sich im Treppenhaus des Wohnhauses in der Lotter Straße gegenüberstanden und nicht wussten, was sie mit dem Rest des Sonntags anfangen sollten.

Lächelnd schüttelte sie den Kopf.

»Das Viertelfinale Deutschland gegen Jugoslawien. Erlauben Sie, dass ich das Radio einschalte, um den Spielstand zu erfahren? Hätten Sie Lust, mit mir noch ein Bier zu trinken?«

»Natürlich«, sagte sie, schien aber, ihrer Miene zufolge, enttäuscht zu sein, dass Conradi sich nun für Fußball interessierte und nicht für sie.

»Unglaublich, wir sind im Halbfinale«, sagte er kurz darauf. »Mit 2:0 gegen Jugoslawien sind wir tatsächlich im Halbfinale! Hätten Sie das gedacht?«

»Darauf einen Eierlikör«, sagte sie im Originalton ihrer Tante und ging los, um Gläser zu holen.

36. KAPITEL

Montag, 28.06.1954

»Fräulein Eva Korittke ist da«, kündigte Pauline Hubschmied an. »Sie wartet draußen im Flur. Soll ich sie hereinbitten?«

Johann Conradi, der gerade im Begriff war, einen Briefumschlag mithilfe eines angefeuchteten Schwamms zuzukleben, sah von seiner Arbeit auf. »Ich bitte Sie darum!« Etwas freundlicher fügte er hinzu: »Gerne, liebes Fräulein Hubschmied.«

Seine neue Sekretärin verließ mit einem Knicks den Raum. Conradi hatte beim Nachmittagsspaziergang nicht erwähnt, dass ihm der Fall entzogen worden war. Sollte Drescher ihn doch in sein Büro bitten und den Mut haben, es ihm von Angesicht zu Angesicht zu sagen.

Eva Korittke trat ein. Sie trug ein gestreiftes Kleid mit breitem Gürtel, dazu eine kurze Jacke und eine kleine Handtasche mit Henkel.

»Fräulein Korittke, verstehen Sie mich bitte nicht falsch«, sagte Johann Conradi, nachdem er die Ausweispapiere der jungen Frau gesichtet und sie zur Abschrift an Pauline Hubschmied weitergereicht hatte. »Ich muss Sie vernehmen, weil Sie Herrn Schmalstieg kannten und mir möglicherweise weiterhelfen können. Zur Tatzeit, als der Bekannte Ihrer Mutter ermordet wurde, hielten Sie sich nicht in Osnabrück auf, sondern in Hamburg, ist das richtig?«

»Ja, ich studiere da«, sagte Eva Korittke stolz.

»Dennoch muss ich Ihnen als Familienangehörige einige Fragen stellen. Nach derzeitigem Stand der Ermittlungen gehe ich davon aus, dass den Mord an Rolf Schmalstieg nur jemand begangen haben kann, der ihn kannte. Sie kannten ihn gut und können mir zumindest weiterhelfen, in welcher Richtung ich ermitteln sollte. Sie müssen sich doch Gedanken gemacht haben. Wen könnten Sie sich als Täter vorstellen?«

»Das fällt mir nicht schwer. Mein Stiefvater hatte einen Feind«, antwortete sie, ohne zu zögern. »Mit diesem Menschen kam er gar nicht zurecht. Er verabscheute ihn zutiefst.«

Johann Conradi hob den Kopf. Er glaubte, die Antwort bereits zu kennen. Erwartungsgemäß erzählte Eva Korittke dann die Geschichte über Erwin Bartsch. Allerdings mit einem neuen Detail.

»Erwin Bartsch lebt nicht allein?«

Sie schüttelte den Kopf. »Nein, das tut er nicht. Er lebt mit seiner Schwester zusammen.«

»Mit seiner Schwester? Woher wissen Sie das?«

Eva Korittke hob die Augenbrauen und senkte den Kopf.

»Das ist mir wirklich neu«, sagte Conradi. »Kennen Sie Herrn Bartsch näher?«

»Ihn nicht.«

»Ihre Mutter hat nichts davon erwähnt. Warum?«

»Weil sie nichts davon erfahren darf.«

»Sie darf nichts davon erfahren?«

»Seine Schwester hilft Frauen, die in Schwierigkeiten geraten sind, wenn Sie verstehen, was ich meine.«

Er sah sie prüfend an. Eva Korittke wirkte sehr überzeugend, eine selbstbewusste, moderne junge Dame.

»Man nennt sie auch Engelmacherin«, fuhr Eva leise fort. »In einem Hinterzimmer betreibt sie Schwangerschaftsabbrüche.«

»Ich verstehe«, sagte Conradi und bot Eva eine Zigarette an. »Und ich nehme an, Sie waren bei ihr?«

»Genau so ist es. Ich flehe Sie an, Herr Kommissar, behalten Sie das für sich. Insbesondere meine Mutter darf es nicht wissen, denn ich möchte nicht, dass sie mir Vorwürfe macht.«

Conradi nickte.

»Bettine hat gestern ihr Kind verloren.«

Er hob die Augenbrauen. »Durch diese Engelmacherin?«

»Nein, auf natürlichem Wege.«

»Das tut mir leid.«

»Mir auch, aber ich glaube, das ist besser für sie. Sie ist noch so jung, und Edmund Kettler war sowieso nicht der Richtige für sie. Als ledige Mutter hätte sie es sehr schwer gehabt.«

»Sie waren in der gleichen Lage, nehme ich an?«

Eva nickte.

»Möchten Sie darüber sprechen?«

»Das muss ich doch nicht, oder?«

»Wenn es nichts mit dem Mordfall zu tun hat, dann nicht.

Und Sie vermuten, dass Erwin Bartsch Ihren Stiefvater getötet hat?«

»Kein anderer kommt für mich infrage.«

»Was ist mit Ihrem Bruder? Die beiden hatten oft Streit, habe ich gehört. Auch handgreiflichen, Ihr Bruder soll sich zuletzt nichts mehr gefallen lassen haben.«

»Lassen Sie bitte Karl aus dem Spiel. Er hat genug durchgemacht. Mein Bruder kann keiner Fliege etwas zuleide tun. Glauben Sie, dass so jemand es fertigbringt, einen Menschen zu töten?«

»Es gibt leider nichts, was es nicht gibt, Fräulein Korittke. Manche Straftaten leuchten uns ein, andere können wir nicht verstehen. Manchmal rastet selbst der harmloseste und friedlichste Mensch aus und weiß hinterher nicht mehr, was er getan hat und wie es dazu kommen konnte. Er bereut zutiefst, kann es nicht ändern. Wir alle können in eine solche Situation geraten, wenn wir mit dem Rücken an der Wand stehen, auch wenn wir es uns nicht vorstellen können.«

»Das mag sein, doch auf Karl trifft es nicht zu. Er kann kein Blut sehen und hat eine sehr sensible, feine Seele.« Sie presste ihre Lippen aufeinander. »Lassen Sie ihn in Ruhe, Herr Kommissar. Bitte! Vernehmen Sie stattdessen Erwin Bartsch. Mein Gefühl sagt mir, dass er der Täter ist!«

»Sie erwähnten vorhin seine Schwester. Käme auch sie für die Tat infrage?«

»Seine Schwester liebt ihn abgöttisch. Sie leben zusammen wie ein Ehepaar, zumindest wirkt es so auf Außenstehende. Sie würde alles für ihn tun.«

*

»Womit kann ich dienen?« Der Verkäufer der Tier- und Samenhandlung Lange & Lehners war damit beschäftigt, einen Kaninchenstall auszumisten. Er trug einen grauen Kittel und seine lichten Haare waren in der Mitte gescheitelt.

»Ich hätte gerne einen Wellensittich. Blau muss er sein.«

»Dann kommen Sie mal mit, wir wollen schauen, was wir gerade dahaben.«

»Welcher darf es sein? Suchen Sie sich einen aus«, sagte der Verkäufer. Er stotterte leicht und bekam beim Sprechen rote Ohren. »Blau ist im Moment sehr gefragt und daher kaum vertreten. Ich könnte Ihnen die beiden grünen Wellensittiche empfehlen, das sind Jungtiere, die haben wir Freitag erst reingekriegt. Oder gefällt Ihnen der gelbe? Ist auch noch jung, vom letzten Monat. Ein sehr schönes Tier, fast zahm und putzmunter.«

»Ich möchte gerne den blauen.«

Der Händler runzelte die Stirn. »Den blauen? Das Tier ist schon älter. Jemand hat ihn gestern Abend vorbeigebracht, konnte ihn leider nicht behalten.«

»Wie alt?«

»Hm, schwer zu sagen, einige Jahre wird er schon auf dem Buckel haben. Da muss ich ehrlich sein. Ist ein ruhiges Tier. Sie sehen es ja, bewegt sich kaum! Ansonsten aber kerngesund!«

»Dann nehme ich ihn.«

Erstaunt sah der Händler ihn an. »Wirklich? Ich hätte ihn sonst meiner Mutter geschenkt, bei ihr ist einer gestorben.«

»Ich würde ihn gerne nehmen.«

Der Verkäufer blickte ihn über die randlose Brille hinweg misstrauisch an. »Kennen Sie sich mit der Haltung von Sittichen aus? Wellensittiche sollte man mindestens zu zweit halten, es sind gesellige Tiere.«

»Ja, ja«, sagte Otto Korittke schnell.

»Haben Sie schon einen Käfig?«

»Ja, ja.«

»Prima, und bitte an den täglichen Freiflug denken! Der Käfig sollte kein Gefängnis, nur eine Zuflucht sein. Wenn Sie weitere Fragen haben, bin ich stets zu Ihren Diensten.« Er deutete eine Verbeugung an.

»Nein, nein.«

»Dann ist ja alles prima.«

»Was soll der kosten?«

»Zehn Mark, der Herr.«

Die Türglocke bimmelte und ein Kriegsversehrter humpelte herein. »Haben Sie endlich Nachschub reingekriegt?«

»Mäuse?«, fragte der Verkäufer.

»Jawohl, und Ratten. Haben Sie?«

»Einen Augenblick, Herr Bartsch, ich bediene noch.«

»Zehn Mark, sagten Sie?« Otto Korittke hatte es eilig.

»Gut, machen wir acht. Der Vogel ist ja schon älter.«

*

»Starnke, haben Sie schon einmal in einem Hotel übernachtet?«, wollte Conradi wissen, kaum dass Eva Korittke das kleine Büro verlassen hatte. Conradi ging zum Fenster, um frische Luft hereinzulassen, denn die kalte Zigarettenluft legte sich auf die Atemwege. Kurz sah er hinaus. Auf dem Marktplatz standen Autos und Fahrräder kreuz und quer. Passanten schoben sich mit Einkaufskörben und Taschen in Richtung Dom. Der Montag war ein beliebter Einkaufstag.

»Ehrlich gesagt, nein.«

»Dann werden Sie das jetzt tun. Packen Sie nach Dienstschluss eine Kleinigkeit für etwa drei Tage ein. Ich werde in der Zwischenzeit ein Zimmer auf den Namen buchen.«

Die Tür wurde aufgerissen und Albert Drescher baute sich vor ihm auf. »Was fällt Ihnen ein! Was veranstalten Sie hier? Himmeldonnerwetter, haben Sie mein Telegramm nicht erhalten?«

Conradi sah ihm fest in die Augen. »Doch, aber ich hielt es offen gestanden für einen Witz.«

»Sind Sie wahnsinnig? Einen Witz? Kommen Sie mal mit in mein Büro, dann zeige ich Ihnen, was ein Witz ist. Auf der Stelle!«

Conradi wechselte einen vielsagenden Blick mit Starnke und folgte dem kleinen, dünnen Mann über den Flur.

Noch bevor er an seinem wuchtigen Schreibtisch Platz genommen hatte, zündete sich Drescher einen Longfiller an. Im Büro roch es, als sei dies nicht die erste Zigarre des Tages. Die Luft war zum Schneiden. Conradi hätte auch hier am liebsten ein Fenster geöffnet, traute sich aber nicht. Das kaputte Fenster war mit Pappe zugetackert und das andere geschlossen. Der Geruch von herbem Simi-Rasierwasser mischte sich unangenehm mit dem Tabakqualm von Stunden oder sogar Tagen.

»Sie wissen, was ein Telegramm ist, nehme ich an? Es ist ein Schriftstück, das durchaus eine juristische Bedeutung hat. Das dürfte selbst für Sie nicht so schwer zu verstehen sein.«

»Ist mir bekannt«, sagte Conradi gelassen.

»So, und warum ermitteln Sie dann weiter in dem Fall?« Albert Drescher lief vor Wut feuerrot an. »Ich bin enttäuscht von Ihnen. Ich habe Sie gebeten, in der Schmugglersache zu ermitteln. In der Autofirma kommt immer noch in großem Stil Werkzeug abhanden. Mehr muss ich nicht dazu sagen.«

»Die Sache ist nicht vergessen, nur aufgeschoben«, sagte Conradi. »Der Friseurmord ist dazwischengekommen, wie Sie ja auch wissen. Eins nach dem anderen.«

»Und jetzt das andere! Den Mordfall übernehmen Ihre Kollegen. Sie kümmern sich um die Schmuggler! Ich habe mehr von Ihnen erwartet, wesentlich mehr.«

»Ich möchte mich nicht rechtfertigen, aber ich verfolge eine erfolgversprechende Spur.«

»Das sagen Sie immer. Lassen Sie mich meinen Eindruck schildern, den ich in der kurzen Zeit von Ihnen gewonnen habe«, sagte Drescher und presste Qualm zwischen den Zähnen hervor. Sichtbar erregt paffte er zwei, drei Züge, bevor er seine Gedanken sortiert hatte. »Sie sind hierhergekommen, um mich vorzuführen und meine Person infrage zu stellen. Sie haben im Kollegenkreis herumgefragt, ob ich ein Nazi gewesen sei. Nein, war ich nicht, auch wenn ich in der Partei war. Ich habe mir nie etwas zuschulden kommen lassen. Die Stelle, auf der ich sitze, habe ich auch nicht meinem Onkel zu verdanken, wie Sie glauben, sondern allein meiner Erfahrung und meiner Klugheit. Hingegen haben Sie nicht viel zu bieten, Conradi. Sie haben die ungesunde Attitüde eines Menschen, der zu viel Bier und Wein trinkt und seinen Körper nicht stählt. Straftäter lachen sich tot, wenn sie Ihnen begegnen. Nicht mal die von mir geforderte Durchsuchung bei Kohlenhändler Bartsch haben Sie hinbekommen. Haben Sie in Ihrem Leben irgendein Ziel? Wo geht die Reise hin? Sie eignen sich eher als Postbeamter denn als Polizist. Das hier ist eine Polizeiwache, kein Sanatorium.« Er streifte die Asche seiner Zigarre ab.

»Ich habe mir erlaubt, einen Blick in Ihre Personalakte zu werfen. Ursprünglich stammen Sie aus Osnabrück, sind dort geboren und zur Schule gegangen, haben am Realgymnasium Ihr Notabitur abgelegt. Dann kamen Sie zu uns, um in einer verkürzten Ausbildung den Beruf des Polizisten zu erlernen. Viel Wissen können Sie sich nicht angeeignet haben in der kurzen Zeit.« Er warf Conradi einen zweifelnden Blick über seine kleinen runden Brillengläser hinweg zu. »Erst am Ende des Krieges wurden Sie eingezogen, gerieten kurz in amerikanische Gefangenschaft, sind entlassen worden und nach Ostfriesland gezogen. Ein paar Jahre haben Sie in der Landwirtschaft gearbeitet, bei einem Onkel, bis Sie wieder Anstellung bei der Polizei fanden. Zuletzt waren Sie in Emden bei der Streife eingesetzt. Korrigieren Sie mich, wenn ich etwas Falsches sage.« Drescher nahm die Zigarre wieder auf. Rauchschwaden waberten durch die Luft.

»Warum überhaupt Landwirtschaft? Sie waren doch vor dem Krieg schon Polizist.«

Conradi fragte sich, warum Drescher plötzlich Interesse an seinem Privatleben zeigte und warum er ihm früher im Präsidium nie begegnet war. Aber wahrscheinlich waren sie in völlig unterschiedlichen Abteilungen eingesetzt gewesen, räumlich voneinander getrennt. »Das kann ich Ihnen genau sagen, Herr Drescher. Da ich nicht in der NSDAP war, wie Sie, und auch der Partei nicht beitreten wollte, wurde ich ab 1933 strafversetzt und durfte mich von da an ausschließlich mit Sittendelikten beschäftigen. Und nach dem Krieg hatte ich keine Verbindungen, die mir geholfen haben, wieder aufzusteigen. Ich musste meine Rehabilitation abwarten. Das ging allen so. Oder besser gesagt, fast allen.« Er wusste, dass er sich mit seinen Worten weit aus dem Fenster lehnte.

»Das ging nicht allen so, nein«, sagte Drescher betont ruhig. »Wer eine weiße Weste hatte und dies den Alliierten beweisen konnte, der musste nicht warten, bis er an der Reihe war, sondern konnte gleich als Polizist weiterarbeiten. Ich für meinen Teil musste jedenfalls keine Schweineställe ausmisten, Schafe und Rinder hüten.« Er zwirbelte an seinem Schnurrbart.

»Glückwunsch«, presste Conradi hervor.

Für ein paar Sekunden sahen sich die beiden Männer feindlich an. Keiner wollte als der Schwächere aus dem Gespräch herausgehen.

Schließlich machte Drescher eine Wischbewegung mit seiner Zigarre und wendete sich einem Schriftstück zu. »Auf Wiedersehen, Herr Conradi!«

»Bin ich wieder dabei?«, fragte Conradi. »Ich verfolge gerade eine heiße Spur. Lange wird es nicht mehr dauern und der Fall Schmalstieg ist aufgeklärt. Das dürfte auch Ihnen zugutekommen. Es heißt, die Aufklärungsquote in puncto Kapitalverbrechen sei niedrig in Osnabrück. Wollen wir das nicht ändern?«

»Was ist mit den Schmugglern?«

»Bin ganz nah dran!«

Drescher stierte aus dem Fenster, ließ ihn zappeln. »Gut, letzte Chance«, brummte er. »Allerletzte.«

Conradi war froh, dem miefigen Büro zu entkommen. Halb im Gehen hörte er, wie Drescher mit sich selbst redete: »Was für ein dummer Mensch. Wenigstens sind wir im Halbfinale. Wenigstens das.«

37. KAPITEL

»Was wissen Sie über den Chef?«, fragte Conradi, als er wieder Starnke gegenübersaß. »Ich wollte mich da raushalten, habe bisher extra nicht nachgefragt, trotzdem unterstellt er mir, dass ich hinter dem Getuschel stecke. Denn ich habe neulich gehört, wie in der Kantine über ihn gesprochen wurde.«

Starnke senkte den Blick. »Viel ist da nicht, wirklich nicht.«

»Aber Sie haben mit dabeigesessen, ich habe einzelne Fetzen mitbekommen, NS-Vergangenheit und so. Da war doch was.«

»Ich darf eigentlich nicht darüber reden.«

Conradi sah ihn schief von der Seite an. »Das dürfen wir nie, oder? Also: War er ein Nazi?«

Starnke drehte sich mit dem Stuhl von ihm weg und fuhr sich durch die kurzgeschnittenen Haare. Es war ihm anzumerken, wie sehr er mit sich rang. Im Hintergrund lief leise Musik im Radio. Caterina Valente hauchte mit ihrer rauchigen Stimme »Wenn es Nacht wird in Paris«. Eine Strophe später wandte sich Starnke Conradi zu. »Na gut«, meinte er, »von einer blütenweißen Weste können wir gewiss nicht reden. Am 3. Mai 1948 fand der Entnazifizierungsprozess in München statt. Albert Drescher verdankt es seinem Anwalt Herbert Elsmann, dass er in die Kategorie IV eingestuft wurde. Es handelte sich um die Kategorie der Mitläufer, nicht der Verantwortlichen. Er konnte von Glück sagen, dass er mit einer Geldbuße von 600 Mark davonkam.«

»Mitläufer, soso«, murmelte Conradi.

»Wir können nicht das Gegenteil beweisen, auch wenn wir Zweifel haben. Wenn sein Anwalt ihn da rausgehauen hat, dann ist das so. Sein Verhalten den jüdischen Mitbürgern gegenüber soll stets korrekt gewesen sein.«

Conradi tastete nach seiner Brusttasche. Sie war leer. »Hätten Sie eine Zigarette für mich?«

Fritz reichte ihm eine halbvolle Packung.

»Er wirft mir vor, dass ich ungesund lebe. Ausgerechnet er.«

Der Kollege zog die Stirn kraus. »Kommen Sie, machen Sie keine Staatsaffäre daraus. Ich brauche Sie hier! Wir alle brauchen Sie!«

»Bis auf Drescher, ich weiß. Ich schließe diesen Fall ab und dann packe ich meine Sachen. Es ist besser so, glauben Sie mir!«

»Ich hoffe, Sie meinen das nicht wirklich. In Rage redet man oft dummes Zeug, sagt meine Mutter.«

Die Tür ging auf und ein Bote brachte einen geschlossenen braunen Umschlag. Als Conradi ihn aufriss, erhellte sich seine Miene. »Ah ja«, sagte er, »wenigstens etwas.«

»Was ist das?«

»Post vom Staatsanwalt. Die Durchsuchung bei Bartsch ist genehmigt.«

»Na endlich.«

*

Otto Korittke hatte sich Mut angetrunken, bevor er vorsichtig das Geschenk zum Friseursalon hinübertrug. Der Karton, in dem sich der zappelnde Vogel befand, hatte genügend Luftlöcher. Der blaue Wellensittich würde die kleine Odyssee überstehen, auch wenn er sich bereits in einem fortgeschrittenen Alter befand. Die leuchtenden Kinderaugen würden alles wettmachen. Mit Coco in der Hand würde er Herzen im

Sturm erobern! Aber noch mehr freute er sich auf Lieselottes Reaktion. Seit Tagen hatte er nichts anderes im Sinn gehabt als seine Frau. Nachts lag er lange wach, dachte an sie und zählte die Autos, die übers Kopfsteinpflaster ratterten. Früher waren sie ein Herz und eine Seele gewesen, er hatte alles für seine Familie getan. Wenn sie auch nicht begütert gewesen waren, so hatte es doch gereicht. Einmal waren sie sogar mit dem Zug im Schwarzwald gewesen und hatten dort drei Nächte gezeltet, da waren Gerd und Eva noch klein gewesen.

Otto Korittke hatte nur auf den passenden Moment gewartet. Der war gekommen, als er Wilma und Eva mit den Kindern in eine Straßenbahn einsteigen sah. Lieselotte war also allein in der Wohnung. Er überquerte die Straße, klingelte an der Eingangstür, einmal, zweimal, dann wartete er. Oben wurde ein Fenster geöffnet. Lieselottes hübscher Kopf mit dem rotblonden Haar tauchte auf. Sie rief ein paar unverständliche Worte zu ihm hinunter.

Er trat einen Schritt zurück. »Ich bin's, Lieselotte, ich möchte mit dir reden und dir etwas bringen.«

Sie zögerte. »Was ist es denn?«

»Ich zeige es dir, wenn du mir die Tür aufmachst.«

Sie ließ qualvolle Sekunden verstreichen, ehe sie sich zu einer Antwort durchrang. »Sag mir, was es ist, vorher öffne ich nicht.«

»Ich bringe euch etwas, das ihr schmerzlich vermisst.« Er hielt den Karton mit dem Vogel hoch. »Ich glaube, darüber werdet ihr euch sehr freuen. Und ich habe ein Foto für dich, das dir gehört. Ich hatte es noch bei meinen Sachen.«

»Du kannst es in den Briefkasten werfen.«

»Bitte, Lotte!«

»Verschwinde, es hat keinen Sinn. Es ist besser, wenn du hier nicht noch mal auftauchst, das habe ich dir bereits gesagt und ich bleibe dabei!«

»Ein letztes Mal, bitte, dann gehe ich für immer, ich verspreche es dir! Schau doch, was ich hier habe!« Erneut hielt er den Karton hoch.

Sie schloss das Fenster mit einem Ruck.

Lange stand er vor dem Haus, ohne zu wissen, was er tun sollte. Er fühlte sich klein, kläglich, ausgeschlossen. Das hatte er nicht erwartet. Je länger er über seine Situation nachdachte, desto wütender wurde er. Er klingelte Sturm. Wieder wartete er, spürte das Blut in seinen Schläfen rauschen. Auf einmal vernahm er einen langen Summton. Er konnte es nicht fassen, dass die Tür tatsächlich nachgab, als er dagegen drückte. Otto Korittke durchquerte den Friseursalon, ging zum Hintereingang und sah Lieselotte oben an der Treppe stehen. Sie trug ein wunderschönes flaschengrünes Kleid, das hervorragend mit ihren rötlichen Haaren harmonierte.

»Du kannst den Karton und das Foto unter die Briefkästen legen«, rief sie kalt. »Dann verschwinde oder ich rufe die Polizei.«

Er stieg langsam mit dem Paket die Stufen hoch. »Lass mich bitte mit dir reden, Lieselotte. Bitte! Ich habe dir etwas zu sagen. Es wird nicht lange dauern!«

Sie verschränkte die Arme und blieb auf dem oberen Absatz stehen. Mit stolzer Miene sah sie zu ihm herunter.

»Ich habe einen Wellensittich gefangen und glaube, dass er euch gehört. Euch ist doch einer abhandengekommen, ein blauer, habe ich recht?«

»Du lügst. Das ist ein Trick. Wie sieht er aus?«

»Wie gesagt, er ist blau. Er sagt dauernd: ›Coco, Coco.‹ Er saß bei mir auf der Fensterbank. Ich habe ihn mit Vogelfutter angelockt. Schließlich ist es mir tatsächlich gelungen, ihn einzufangen.«

»Du lügst, er kann nicht sprechen.«

»Willst du ihn dir nicht wenigstens mal ansehen?«

»Stell den Karton da ab, dann sehe ich ihn mir an. So einen Karton bekommt man im Tiergeschäft, ich bin doch nicht blöd.«

»Ich habe ihn von meiner Vermieterin, die hat Kanarienvögel. Sie hat mir geholfen, den Wellensittich einzufangen. Glaub mir doch, Lotte!«

»Ich glaube keinem Mann mehr.«

»Du könntest wenigstens danke sagen.«

»Danke. Und nun geh!«

In panischer Verzweiflung erklärte er, dass er verfolgt werde und man ihm gedroht habe, ihm den Hals umzudrehen, sobald er nach Hause käme.

»Ich glaube dir kein Wort.«

»Es ist aber so.«

»Warum?«, wollte sie wissen.

»Eine alte Geschichte«, sagte er, »aus dem Krieg.«

Ihre Miene verfinsterte sich, sie stellte sich so in den Gang, dass er nicht an ihr vorbeikam. Statt Mitleid mit ihm zu haben, lachte sie ihn aus und behauptete, sie wünschte, sie würden ihm auch noch den Schädel einschlagen, damit sie für immer Ruhe vor ihm hätte.

Da bewegte sich etwas in ihm. Er stellte den Karton im Treppenhaus ab. Mit einer wahnsinnigen Wut ging er auf sie zu, packte sie am Arm und schleifte sie in die Wohnung. Sie konnte sich befreien, flüchtete ins Schlafzimmer und zerrte an einer Nachttischschublade. Er umklammerte sie von hinten und versuchte, sie von dem Möbelstück wegzureißen. Sie war unerwartet stark und er ausgezehrt und zu schwach, um mit ihr mithalten zu können. Mit wenigen harten Griffen befreite sie sich aus seiner Umklammerung.

»Was hast du vor?«, fragte er heiser. Plötzlich hatte sie eine Schusswaffe in der Hand und richtete sie mit zittrigen Händen auf ihn. Ihre Augen waren kalt und hasserfüllt. So kannte er sie nicht.

»Du und Waffen«, sagte er verächtlich. »Du weißt ja nicht einmal, wie man eine Pistole bedient.« Er war völlig aus dem Atem. Die Rangelei hatte ihm einiges abgefordert.

»Sie ist geladen. Sie war es immer«, sagte sie, schubste ihn zur Seite und zielte an ihm vorbei auf den Kleiderschrank, dessen Milchglasscheibe mit einem lauten Knall zerbarst. Sie fluchte. Das hatte sie wohl nicht gewollt.

Er fuhr zusammen und schrie ihren Namen. Gleichzeitig packte er ihren Arm. Sie fielen im Kampf um die Pistole zu Boden und rollten übereinander. Schließlich gelang es ihm, die Waffe zu fassen und wegzuschleudern. Er lag über ihr, hielt ihre Handgelenke fest und drückte sie zu Boden. Plötzlich gab sie nach. Ihr Gesichtsausdruck veränderte sich, wurde weicher. Sie sahen sich in die Augen, erkannten sich. Erkannten den Funken, der sie vor einem Vierteljahrhundert verzaubert hatte und nun unerwartet wieder aufglühte. Langsam näherte er sich ihrem Gesicht, verharrte darüber und blickte sie fragend an. Als sie zaghaft lächelte, wagte er, sie auf die Nase zu küssen. Er fand ihren Mund, küsste sie erst zart, dann wild und ungestüm und begann damit, sie auszuziehen. Sie half mit, öffnete die Klammern ihrer Strumpfbänder und streifte in Windeseile ihre Seidenstrümpfe ab. Dann zog sie sich das Kleid über die Schultern und schleuderte es weg. Er zog sie ins Bett, in ihr Bett, und liebte sie auf den weißen kühlen Laken. Er hatte nichts verlernt. Alles war wieder da, die Nähe, die Zärtlichkeit, die Vertrautheit, das Verlangen. Lotte roch, wie sie immer gerochen hatte, und sie fühlte sich an, wie sie sich immer angefühlt hatte, nur etwas runder und weicher. Die Zeit dazwischen, all die Jahre, Monate, Wochen und Tage, war auf einen Punkt zusammengeschmolzen. Sie waren wieder eins.

Erschöpft blieben sie schließlich nebeneinander liegen. Er legte seinen mageren Arm um sie, schmiegte sich an sie und küsste ihren Nacken. »Danke, Lieselotte«, raunte er in ihr Ohr. »Was war das schön! Wie früher!«

Sie schnurrte wie eine Katze, die sich in der Sonne räkelte. »Bleib, wenn du willst.«

»Bietet sich an, oder?«, sagte er und küsste sie wieder. Eine Weile blieben sie noch engumschlungen liegen, schlossen die Augen und dachten an nichts. Irgendwann setzte sich Lieselotte auf die Bettkante und erinnerte ihn daran, dass die Familie bald zurückkehren werde.

»Wo sind sie denn?«, wollte er wissen.

»In der Stadt und dann im Krankenhaus. Bettine hat ihr Kind verloren.« Ihre Stimme klang plötzlich spröde und schwer. Die Realität hatte sie wieder.

»Oh, das wusste ich nicht. Das tut mir leid.«

»Es ist schade, aber besser für sie. So vergibt sie sich nichts, hat alle Chancen, einen guten Mann zu finden, der sie heiratet und mit dem sie Kinder bekommen kann. Sie ist noch jung.«

»Was ist mit dem Mann, der sie geschwängert hat?«

»Edmund? Das wird nichts. Er ist zu weich, ein verwöhntes Muttersöhnchen, fast noch ein Kind. Die beiden haben ohnehin nicht zusammengepasst.«

Er stieg aus dem Bett und griff nach der Pistole, die vor der Kommode lag. »Du solltest sie aus dem Haus schaffen«, sagte er atemlos und sicherte sie. »Nicht, dass sie aus Versehen den Kindern in die Hände fällt. Ist sie …?« Er sah sie fragend an.

Sie schüttelte den Kopf. »Ich weiß es nicht«, sagte sie und schluckte. »Ich weiß es wirklich nicht. Ich habe nichts damit zu tun.«

»Und wenn die Polizei sie findet? Sie könnte eine Durchsuchung anordnen. Wenn es die Pistole ist, mit der Rolf getötet wurde, sind doch Fingerabdrücke drauf. Dann seid ihr dran, Lieselotte. Ich will nicht daran glauben, dass es Karl gewesen sein könnte. Ich will das nicht!« Nervös betrachtete er die Waffe in seiner Hand. »Nun sind auch meine drauf«, sagte er leise.

Lieselotte hob die schmal gezupften Augenbrauen. »Ich kann sie abwischen.«

»Das wird nichts nützen, fürchte ich. Aber du kannst es probieren.«

»Was soll ich dann damit machen? Sie gehörte Rolf.«

»Ich nehme sie mit und schaff sie weg. Ich muss sowieso langsam zurück in meine Wohnung. Mir wird schon was einfallen.« Er legte die Pistole weg, zog sich an, küsste sie auf die Stirn und ging. Die Pistole steckte er in die Innentasche seiner Jacke. Kurz darauf klingelte er erneut.

»Tut mir leid«, murmelte Otto und deutete auf das Kästchen in seiner Hand. »Habe ich völlig vergessen.« Er folgte ihr ins Wohnzimmer, wo sich der Käfig befand. Sie öffnete die Pappschachtel mit den Luftlöchern und ließ den Vogel heraus. Verwundert blickte sie ihm hinterher, wie er wild durch die Wohnung flatterte und schließlich auf dem Kronleuchter sitzen blieb. »Du bist ja seltsam«, sagte sie zu dem Wellensittich, »reagierst gar nicht auf mich. Erkennst du mich nicht mehr? Ich bin doch deine Vogelmama!«

»Er muss sich erst wieder an dich gewöhnen«, sagte Otto, »wer weiß, was er durchgemacht hat, so allein in der fremden Welt! Er ist ein wenig scheu geworden, lass ihm Zeit!«

Sie schien seine Worte nicht gehört zu haben und verschwand in der Küche. Kurz darauf kehrte sie zurück. »Coco, warum kommst du nicht? Hier, Kerlchen, nimm das Salatblatt, das ist ein Leckerbissen, das magst du doch, komm auf meine Hand!«

»Gib ihm Zeit!« Otto wurde langsam ungeduldig. »Du könntest dich eigentlich bedanken, dass ich ihn zurückgebracht habe.«

»Danke, Otto«, sagte sie schließlich. »Rührend von dir, ihn zu retten! Die Kinder werden Augen machen. Auch wenn es ein anderer Coco ist«, sagte sie mit einem Augenzwinkern.

38. KAPITEL

Auf dem Weg zu Erwin Bartsch trat Conradi in eine Pfütze und merkte, dass er nasse Strümpfe bekam. »Oh weh, jetzt hat sich die Sohle endgültig verabschiedet«, sagte er. »Ich hoffe, es macht Ihnen nichts aus, mal eben in ein Schuhgeschäft zu gehen und das Ding da besohlen zu lassen?« Er hob seinen Fuß hoch, damit sein Kollege die Situation erfassen konnte.

Starnke zog die Stirn in Falten. »Hm, wenn Sie gleich drankommen, schaffen wir es noch, andernfalls müssten wir die Kollegen warten lassen.«

»Versuchen wir es. Ich möchte nur ungern in Strümpfen ermitteln.«

Es begann leicht zu regnen. Conradi hatte einen Regenschirm dabei, der fast für zwei Leute reichte. Das Wetter war so unbeständig, dass kaum jemand ohne Regenschutz das Haus verließ.

Im Schuhgeschäft war nicht viel Betrieb. In den Regalen, deren obere Fächer sich nur mit einer langen Leiter erreichen ließen, stapelten sich Kartons bis zur Zimmerdecke. Schuhe waren keine zu sehen, abgesehen vom Schaufenster.

»Sie wünschen?«, fragte eine junge Dame hinter dem Verkaufstresen.

»Ich würde gerne meine Schuhe besohlen lassen. Wie lange würde das dauern?«

»Nun, übermorgen könnten Sie sie wieder abholen.«

Conradi verzog den Mund. »Ich bin im Dienst, habe leider nicht viel Zeit. Wäre es unter Umständen sofort möglich?«

»Ich bedaure. Vielleicht kaufen Sie einfach ein neues Paar und lassen die alten zur Reparatur hier?« Sie lächelte kokett.

Conradi wechselte einen kurzen Blick mit Starnke. Der nickte. Die Verkäuferin wirkte erleichtert und führte ihn zu einer von zwei langen Sitzreihen. »Was stellen Sie sich vor?«

»Straßenschuhe bitte, in braun. Robustes glattes Leder, möglichst pflegeleicht, damit ich sie nicht jeden Tag putzen muss.«

»Gerne. Ihre Schuhgröße? Falls Sie sie nicht wissen, nutzen wir doch einfach das Fluoroskop.« Sie deutete in eine Nische, in der sich ein Maßapparat für Füße befand. »Sehen Sie, dort drüben haben wir ein Fluoroskop, auch Pedoskop genannt, das ist ein Röntgenapparat zum Durchleuchten der Fußknochen. Kennen Sie das? Viele Schuhgeschäfte können sich so eine teure Anschaffung nicht leisten. Wir hingegen haben es schon seit Jahren. Der Apparat misst Ihre Füße so präzise, dass wir passgenau die richtigen Schuhe für Sie finden. Bei der Kleinen dort drüben haben wir das auch gerade gemacht. Sie war entzückt! Sie hatte noch nie ihre Füße von innen gesehen.«

»Nicht nötig, ich kenne meine Schuhgröße, 42 habe ich«, sagte Conradi, der sich nicht aufhalten lassen wollte.

»Oh, das ist prima, probier das ruhig mal aus«, rief eine helle Kinderstimme hinter ihm. »Die Füße leuchten innen knallgrün! Man sieht die Knochen und alles, richtig gruselig! Ich hatte erst ein bisschen Angst, weil ich dachte, dass es wehtut, aber es tut überhaupt nicht weh.« Die Kleine entblößte ihre Zahnlücken und lachte unbefangen.

Er erkannte das Kind. Es war Karin, die Tochter des Friseurs. Auf der anderen Seite, fast Rücken an Rücken, saß Eva mit ihrer Großmutter und dem kleinen Jungen.

Eva drehte sich um und lächelte. »Meine kleine Schwester hat recht«, sagte sie. »Probieren Sie es ruhig aus, dann wissen Sie alles über Ihre Füße. Ein Röntgengerät kannte ich bisher nur vom Krankenhaus. In einem Schuhgeschäft habe ich das noch nie gesehen!«

»Nein danke«, sagte Conradi. »Meine Füße wachsen nicht mehr, vermute ich.«

Während die Verkäuferin auf der hohen Leiter stand und diverse Kartons aus den oberen Regalen herunterangelte, fragte er Eva nach ihrer Schwester. Er erfuhr, dass Bettine im Marienhospital lag und sich von den Strapazen ihrer Fehlgeburt erholte. Ihr ginge es den Umständen entsprechend gut und sie habe bereits wieder Appetit. Ihre Mutter müsse sich zu Hause um die Buchhaltung kümmern und wäre deswegen nicht mitgekommen.

Karin kam vertrauensvoll auf ihn zu und stellte sich direkt vor ihn hin. »Weißt du was?«, fragte sie aufgeregt. »Wir gehen gleich zu Lengermann & Trieschmann, da kann man mit dem Fahrstuhl bis nach oben fahren. Ein Mann fährt mit, aber der hat eine schwarze Lederhand. Die hat er im Krieg bekommen, sagt Mama. Und oben gibt es ein Karussell. Das dreht sich ganz schnell, bis einem schwindlig wird. Peter und ich dürfen damit fahren.«

»Nur, wenn ihr artig seid«, fügte Eva hinzu.

»Sind wir doch!«

»Fängt schon mal damit an, dass du Fremde nicht duzen sollst!«, drohte sie mit dem Zeigefinger.

Die Verkäuferin kam mit drei Kartons zurück, setzte sich auf den Schemel vor Conradi und zog ihm mithilfe eines Schuhlöffels das erste Paar an. Es waren Budapester mit dunkelbraunem Lochmuster, rahmengenäht. Sie passten auf Anhieb, waren bequem und er behielt sie gleich an.

*

Mindestens ein Dutzend Kollegen von der Dienststelle Rosenplatz warteten im Hof. Sie hatten Behälter mitgebracht, die sie umgedreht hatten, damit sie innen nicht nass wurden, denn mittlerweile schüttete es wie aus Eimern. Conradi hatte ein etwas schlechtes Gewissen, dass er mit zehnminütiger Verspätung in der Bierstraße eintraf. Er murmelte eine Entschuldigung und drückte auf die Türklingel. Dann passierte erst einmal nichts. Erst auf sein wiederholtes Klingeln hin erschien eine Frau im geblümten Kittel und mit Lockenwicklern im Haar. Conradi erkannte in ihr eine Zeugin, mit der er es kürzlich zu tun gehabt hatte.

»Inspektor Conradi, wir kennen uns bereits«, sagte er und hoffte, dass sie ihrerseits ihren Namen nennen würde.

»Richtig, wir hatten erst vorgestern das Vergnügen. Ich war bei Ihnen auf dem Revier!« Ihre Miene blieb kontrolliert, aber ihre raue, monotone Stimme verriet ihre Anspannung.

Er brauchte einen Moment, um die Verbindung herzustellen. Durch die Lockenwickler und fehlende Schminke sah sie anders aus. Leider fiel ihm immer noch nicht ihr Name ein.

Sie erfasste die Situation mit einem Blick. »Mit Ihrer ganzen Kompanie sind Sie gekommen? Allerhand! Warum, wenn ich fragen darf?«

»Wohnt hier ein Erwin Bartsch?«

Sie nickte kühl.

»Ist er zu Hause?«

»Was wollen Sie denn von meinem Bruder?«

»Erwin Bartsch ist Ihr Bruder?« Er tat so, als höre er die Information zum ersten Mal.

»Ja, und er ist nicht da. Kommen Sie ein anderes Mal wieder.« Schon wollte sie ihnen die Tür vor der Nase zuschlagen, als Johann Conradi blitzschnell seinen Fuß dazwischen stellte. Der neue Budapester wurde dabei eingedrückt, was er mehr bedauerte als den Schmerz, den er im Ballen wahrnahm. Aus der Diele strömte der Geruch von kaltem Bratfett und einem süßlichen Parfüm.

»Und wo finde ich Ihren Bruder?«, wollte Conradi wissen.

Sie funkelte die Beamten trotzig an. »Er ist unterwegs, beliefert Kunden.«

»Dann muss er ja bald wiederkommen, oder? Wie lange dauert das normalerweise, Frau Kaufmann?«

»Das ist unterschiedlich. Manchmal kommt er nach einer halben Stunde zurück, manchmal erst nach mehreren Stunden. So ist er nun einmal, mein großer Bruder.«

Conradi runzelte die Stirn. »Nach mehreren Stunden? Warum das? Was dauert so lange?«

Ernestine Kaufmann zuckte mit den Schultern. »Weiß ich nicht so genau. Er antwortet nicht, wenn ich ihn frage.

Und Männer sollte man in Ruhe lassen, dann lassen sie einen auch in Ruhe. Meine Erfahrung.«

»Na, dann werde ich wohl ein bisschen nachbohren müssen. Mir gegenüber ist er hoffentlich gesprächiger.«

Sie stemmte die Hände in die Hüften. »Was wollen Sie denn von ihm?«

Conradi zückte den Durchsuchungsbefehl. »Es tut mir leid«, sagte er ernst. »Ich habe einen richterlichen Beschluss zur Durchsuchung der Wohnung von Herrn Bartsch. Übrigens haben Sie mir bei der Vernehmung verschwiegen, dass es sich bei Herrn Bartsch um Ihren Bruder handelt. Sie sprachen von ihm, als sei er ein flüchtiger Bekannter.«

»Ich habe Sie nicht wegen meines Bruders aufgesucht.«

»Dürfen wir hereinkommen? Das ist mein Mitarbeiter Fritz Starnke.« Er deutete mit dem Arm in Starnkes Richtung. »Die anderen Herren sind vom Revier Rosenplatz.«

Sie nahm sich Zeit, den Durchsuchungsbeschluss gründlich durchzulesen:

In dem Ermittlungsverfahren gegen Erwin Bartsch, geboren am 29.11.1904 in Osnabrück, wegen Verdachts des Mordes an Rolf Schmalstieg, geboren am 13.03.1911 in Melle, beschließt das Amtsgericht Osnabrück, Abteilung 111, durch den Richter Dr. Alfons Brösemann: Auf Antrag des Polizeikommissariats für Kapitalverbrechen wird die Durchsuchung der Wohn- und Nebenräume des Beschuldigten Erwin Bartsch angeordnet …

39. KAPITEL

»Eine Unverschämtheit«, sagte Ernestine Kaufmann und rührte sich nicht vom Fleck. »Ich habe gerade erst geputzt. Dann war ja alles umsonst, wenn Sie wie ein Rudel nasser Köter in meine Wohnung strömen.« Als sie Conradis hochgezogene Augenbraue bemerkte, ging sie schließlich doch seufzend vor in ihr Glitzerreich. Die Beamten folgten ihr und staunten nicht schlecht. Püppchen, Häkeldeckchen und rote Herzchen, so weit das Auge reichte.

Ratlos ließ Conradi die Schultern sinken. »Hier können sich nicht mehr als zwei Leute gleichzeitig bewegen, ohne den Bauch einzuziehen. Wir teilen uns auf, Leute«, murmelte er. »Sonst stehen wir uns nur im Weg.« Von Ernestine Kaufmann wollte er den direkten Weg zur Kohlenhandlung wissen und schickte die Hälfte der Kollegen dorthin.

Conradi und Starnke drängten sich in die winzige Küche. Sie war blitzblank sauber, aber auch hier fand sich allerhand Jahrmarktnippes. »Tja, das ist mein Reich«, sagte sie stolz. »Hier sitze ich immer mit Erwin zusammen, wenn er von der Arbeit kommt. Er ruht sich aus, wir plaudern ein wenig. Er hat es gut hier!«

Conradi sog die abgestandene Luft ein. »Sicher hat er das.«

»Erwin weiß, was er an mir hat. Er würde mich nie verlassen für eine andere Frau wie meine anderen Männer. Auch Waldemar war ein Untreuer. Ein Unmensch. Er kann mir gestohlen bleiben. Selbst wenn er eines Tages in einem dieser Züge sitzen sollte, werde ich ihn nicht abholen. Und wenn er hier anklopft, mache ich nicht auf. Er soll bleiben, wo der Pfeffer wächst. Dieses Haus ist nun mein Haus. Kein Zutritt für Männer, außer für Winni.«

Conradi begann widerstrebend, Schranktüren und Schubläden zu öffnen. Die vielen Sinnesreize überforderten ihn.

Ernestine Kaufmann sah vom Herd aus zu. »Darf ich fragen, wonach Sie suchen?«

Conradi antwortete nicht. Er nickte Starnke zu, der sich in den Flur verzog und dort die übervolle Kommode in Beschlag nahm. Als Conradi mit der Küche fertig war, folgte er Fritz Starnke in Ernestines Schlafkammer. Sie war in verschiedenen Blautönen gehalten und erinnerte an das Märchen Tausendundeine Nacht mit der himmelblauen Seidentapete, der schimmernden königsblauen Tagesdecke über dem Doppelbett und den türkisblauen Zierkissen mit eingenähten Glitzersteinen. Inmitten des Bettes thronte eine Porzellanpuppe mit einem gehäkelten babyblauen Kleid, das fächerförmig ausgebreitet war. Um das Bett herum hatte sie einen Teppichvorleger mit azurblauem Orientmuster drapiert. Glänzende dunkle Schränke und Kommoden mit auffälligen Verzierungen in Goldtönen standen dicht an dicht. Es war nicht zu übersehen: Hier residierte eine selbsternannte Königin in ihrem Königreich.

»Mit wem teilen Sie sich das Bett?«, fragte Conradi.

»Früher mal mit meinem Ehemann, Waldemar. Ist lange her. Er ist fort und ich habe mehr Platz.«

Conradi nickte verständnislos. Nach nichts sehnte er sich so sehr wie nach seiner Frau. Alles würde er dafür geben, wenn sie wieder da wäre. Alles. Für einen kurzen Moment fragte er sich, ob sie ihn ebenfalls nicht vom Zug abgeholt hätte, wenn sie noch lebte. Doch, das hätte sie getan. Sie hat sich sicher ebenso sehr nach ihm gesehnt wie er nach ihr. Plötzlich fiel Conradis Blick auf einen Riss in der Tapete. Bei dem Kuddelmuddel, das im Zimmer herrschte, war er ihm zunächst entgangen. Der Riss befand sich genau im Muster und war nicht auffällig.

»Und wo geht es da hin?« Conradi nickte in die Richtung und machte zwei Schritte auf die Wand zu.

»Da? Ach, da ist nichts. Eine Abstellkammer. Man weiß ja nicht wohin sonst mit dem ganzen Plunder, nicht wahr?«

Conradi verkniff sich ein Grinsen. Warum hast du den Plunder dann nicht da reingesteckt, dachte er. Er ignorierte die Rufe der Frau und stieß die versteckte Tapetentür auf, um dann verwundert an der Schwelle stehen zu bleiben. Hinter dem Schlafzimmer verbarg sich ein etwa gleich großer Raum, der im Gegensatz zum Rest der Wohnung völlig nüchtern und steril eingerichtet war und an ein Sprechzimmer beim Arzt erinnerte. Ein gynäkologischer Stuhl, eine Untersuchungsliege, ein drehbarer Hocker, ein Metallschrank, ein großer Abfallbehälter, ein Arztkoffer, Utensilien aus glänzendem Metall, die in einer Nierenschale auf einem kleinen runden Tisch bereitlagen. Es roch nach Desinfektionsmittel. Aber auch in diesem Raum war die Luft abgestanden. Offenbar war das Versteck lange nicht mehr benutzt worden.

»Was hat das zu bedeuten?«, fragte Conradi und hüstelte, weil sein Mund plötzlich trocken war.

»Es ist nicht verboten«, sagte Ernestine Kaufmann schnell.

»Was ist nicht verboten?«, fragte er mit klopfendem Herzen, obwohl er bereits von dem illegalen Handwerk der Frau gehört hatte.

»Ich meine, dass ich Heilpraktikerin bin, oder? Ich behandle hier meine Patienten nach dem Heilpraktikergesetz. Das ist mein Untersuchungszimmer.«

»So versteckt? Draußen hängt kein Schild. Wenn Sie nichts zu verbergen hätten, dann gäbe es doch einen Hinweis auf diese Praxis.«

»Ich möchte den Kreis meiner Patienten klein halten. Auf Werbung bin ich nicht angewiesen.«

»Ach ja? Haben Sie eine Genehmigung zur Ausübung Ihres Berufes? Soviel ich weiß, gibt es ein bestehendes Verbot, den Heilpraktikerberuf auszuüben, an Fortbildungen teilzunehmen und junge Menschen auszubilden. Das gilt seit dem Krieg und ist meines Wissens nicht aufgehoben worden.«

Ernestine Kaufmann bedachte ihn mit einem verächtlichen Blick. »Da irren Sie sich aber gewaltig, Kommissar. Seit zwei Jahren schon gilt dieses Verbot nicht mehr. Die Beschränkung der Kurierfreiheit ist per Gesetz aufgehoben, und auch das Ausbildungsverbot, mit dem man unseren Beruf austrocknen wollte, besteht nicht mehr.«

Conradi fühlte sich für einen Moment verunsichert. »Dann zeigen Sie mir bitte mal Ihre Zulassung.«

»Ich habe eine staatliche Erlaubnis.«

»Kann ich die sehen?«

»Selbstverständlich.« Sie verließ den Raum, um nach dem Dokument zu suchen.

Mit dem Zeigefinger lockte Conradi Starnke zu sich heran. »Bleiben Sie hier und suchen Sie nach belastendem Material. Ich hefte mich der Dame an die Fersen.«

Während Starnke sich den Schrank vornahm, wartete Conradi im Flur geduldig auf die Aushändigung des Dokuments. Vergebens, aber das war für ihn keine Überraschung. Mit hochrotem Kopf stammelte Ernestine etwas von »verlegt«, »verloren gegangen beim Umzug« und so weiter. Sie redete sich um Kopf und Kragen, bis Conradi ihrem Geschwätz ein Ende bereitete, indem er sie mit der Vermutung konfrontierte, sie besäße gar keine Bescheinigung, habe nie eine besessen, und was sie hier treibe, sei nichts anderes als ein illegales Abtreibungsgeschäft mit verzweifelten Frauen.

»Und jetzt?«, fragte sie entmutigt und kratzte sich am Kopf zwischen den Lockenwicklern.

»Wie lange machen Sie das schon?«

»Ich habe vor dem Krieg damit begonnen.«

»Und in den letzten Kriegsjahren sogar die Todesstrafe oder 15 Jahre Zuchthaus dafür riskiert?«

»Todesstrafe?«

»Ja, auf ein abgebrochenes Leben, das die Nazis als wertvoll erachtet hätten, stand die Todesstrafe. Das galt für Sie als Abtreibungshelferin und die jeweilige Mutter!«

Sie zuckte mit den Schultern. »Ich bin eben hilfsbereit, Herr Kommissar.«

»Sie werden sich dafür verantworten müssen, werte Frau. Auch heute noch.«

»Und dann?«

Conradi hörte einen Kollegen rufen. Der stand plötzlich im Flur und winkte ihn heran.

»Kommen Sie mal bitte, ich habe etwas gefunden«, sagte der Polizist und ging vor.

»Wo befinden wir uns hier?«, wandte sich Conradi an Ernestine Kaufmann, die ihm gefolgt war.

»Es ist das Zimmer meines Bruders.«

Es war größer als alle anderen Räume. Vielleicht schien es auch nur so, weil er als einziger Wohnraum ein relativ großes Fenster hatte. Ein seltsamer Geruch strömte heraus, nach Ammoniak und Muff. Beim Eintreten entdeckte Conradi etwas, das ihn irritierte. »Was ist das?«, fragte er und deutete auf einen offensichtlich selbstgebauten Kasten mit einer schmutzigen grünlichen Glasscheibe, hinter der bei genauer Betrachtung Pflanzen und Steine zu sehen waren. »Ein Terrarium?«

Ernestine nickte. »Ja, mein Bruder hat ein eigenartiges Hobby. Reptilien.«

»Was für Reptilien?«

»Schlangen.«

»Schlangen?« Conradi schüttelte sich. »Das ist wirklich ungewöhnlich. Wo hat er die her?« Er trat näher und klopfte an die Scheibe, sah aber nichts.

»Nicht, das mag sie nicht! Es ist nur noch eine, die andere ist tot. Schlangen fühlen sich durch das Klopfen gestört.«

»Ich habe sie noch nicht entdeckt.«

»Sie versteckt sich. Da, hinter der Pflanze bewegt sich etwas. Sehen Sie?«

Conradis Blick folgte ihrem ausgestreckten Zeigefinger.

Fritz Starnke traute sich jetzt auch näher heran. Er gab Conradi ein Zeichen, dass er etwas in seiner Aktentasche habe. Außerdem hatte sich der Beutel, den er mit sich trug, unförmig verformt.

»Was frisst die? Was für eine Schlange ist das?«, erkundigte sich Conradi, um zu verhindern, dass Frau Kaufmanns Aufmerksamkeit auf Starnke und die Taschen gelenkt wurde.

»Eine Kornnatter. Mehr kann ich nicht dazu sagen. Sie müssten meinen Bruder schon selbst fragen. Ich weiß nur, dass er ihr alle paar Tage eine Maus bringt. Im Sommer ist Erwin viel draußen im Feld und fängt Insekten. Besonders Heuschrecken mag die Natter, aber Mäuse noch viel lieber. Ich mag das eigentlich nicht, aber was soll man machen? Winni ist beschäftigt, und ich bin froh, wenn er mich in Ruhe lässt.«

Conradi hatte genug über Schlangen und ihre Vorlieben gehört. Energisch nahm er sich weitere Schränke und Schubläden vor. Fehlanzeige wie in den übrigen Räumen auch. Es wurde keine Schusswaffe gefunden.

Nachdem sie die Wohnung mehr oder weniger auf den Kopf gestellt hatten, ließen sie sich die Kohlenhandlung, die Scheune und die Ställe zeigen. Zum Teil kannte sich Conradi schon aus. Im Stall döste die alte Paula vor sich hin. Müde hob sie den Kopf, als sie an ihr vorbeigingen. Ihrem Schnauben nach zu urteilen, war sie entspannt. Neben ihr stand eine Ziege, die ihr wohl Gesellschaft leisten sollte, und meckerte laut, als sie die Fremden bemerkte. Zwei weitere Kollegen kamen ihnen achselzuckend und mit leeren Behältern entgegen. Kaum zehn Minuten später war klar, dass sie ohne nennenswertes Ergebnis wieder abziehen mussten. Weder hatten sie die Pistole noch dazugehörende Munition gefunden. Eigentlich hatte Conradi nichts anderes erwartet. Aber doch bewegte sich etwas in ihm – der seltsame Zeitvertreib Bartschs, der Broterwerb der Schwester – es schien keine Verbindung zu ihrem Fall zu geben und warf doch Fragen auf.

*

Bevor sie auf das Revier zurückkehrten, beschloss Conradi, die Besuchszeit im Krankenhaus, die bereits angefangen hatte, zu nutzen. Starnke begleitete ihn. Die Stationsschwester wollte die beiden Herren erst nicht vorlassen. Conradi musste sich ausweisen und den Grund seines Besuchs nennen. Selbst da sah die etwas ältliche Schwester in ihrer steifen Tracht kein bisschen freundlicher aus, ging aber dann doch voraus und klopfte an eine der Türen. »Fünf Minuten«, ermahnte sie streng. »Höchstens. Für Herren ist das hier eigentlich nicht gestattet, wenn Sie kein nahestehender Angehöriger sind. Da mache ich auch für Polizisten normalerweise keine Ausnahme.«

»Selbstredend«, sagte Conradi und verbeugte sich übertrieben. »Ich weiß Ihre Zuvorkommenheit zu schätzen. Fünf Minuten. Höchstens.«

Bettine Korittke teilte sich ein Zimmer mit fünf Frauen, die zum Teil wesentlich älter waren als sie. Sie saß blass in ihrem Krankenbett bei einer Tasse Kamillentee und war sichtlich erschrocken, als sie die beiden Kommissare bemerkte, denn sie stellte schnell die Tasse auf ihrem Nachttisch ab, wobei sie Tee verschüttete. Drei der anderen Frauen hatten ebenfalls Besuch und versuchten sich gegenseitig in der Lautstärke ihrer Gespräche zu übertreffen. Eine hielt ihr Baby an der üppigen Brust. Conradi musste nicht flüstern. Er war sicher, dass die Damen nichts mitbekommen würden.

Er trat näher, blieb aber in respektvollem Abstand stehen. »Guten Abend, Fräulein Korittke, erschrecken Sie bitte nicht, aber Ihre Schwester sagte mir, dass wir Sie hier finden. Wie geht es Ihnen?«

Sie zog die Bettdecke bis zum Kinn hoch und lächelte verschämt. »Wieder recht gut«, sagte sie.

»Das freut mich zu hören. Ich hatte mir schon Gedanken um Sie gemacht.«

»Gedanken? Sie? Warum?«

»Ja, Sie haben in der letzten Zeit ziemlich viel durchgemacht. Der Tod Ihres Ziehvaters, davor die Belastung wegen Ihrer ungewissen Zukunft, dann die Einlieferung ins Krankenhaus …«

»Auch ich habe mir Sorgen gemacht«, sagte Fritz und wurde plötzlich rot.

Erstaunt sah Bettine ihn an. »Bitte sagen Sie nichts meiner Familie«, sagte sie leise.

Conradi zog die markanten Augenbrauen zusammen. »Was sollen wir nicht sagen?«

»Nun, dass ich mir das nur ausgedacht habe. Dass ich alle angelogen habe!« Sie konnte weder Conradi noch Starnke in die Augen blicken. »Es geht nicht mehr, die Wahrheit muss endlich raus. Ich wollte das nicht, es ist einfach nacheinander passiert. Erst das eine, dann das andere, dann noch mehr. Wenn man einmal anfängt zu lügen, kann man nicht mehr aufhören. Am Ende ist es ein einziges Lügengebilde. Es tut mir leid, es tut mir so unendlich leid!«

Conradi runzelte die Stirn, sagte aber nichts. Er wechselte einen Blick mit Starnke, der wie vom Donner gerührt zu sein schien.

Bettine Korittke schnäuzte sich in ein Taschentuch, bevor sie weitersprach. »Ich dachte, er liebt mich«, sagte sie mit tränenerstickter Stimme. »Edmund liebt mich, dachte ich, und heiratet mich, wenn er hört, dass ich ein Kind von ihm erwarte. Ich hätte nie gedacht, dass er mich einfach sitzenlässt.«

»Und da haben Sie die Schwangerschaft einfach erfunden«, schlussfolgerte Conradi. Erst während er die Worte aussprach, wurde ihm ihre Bedeutung richtig bewusst. »Sie dachten, Sie könnten ihn damit an sich binden.«

Bettine nickte.

»Sie waren nicht schwanger. Zu keiner Zeit?«

»Ich war nicht mal wirklich mit Edmund zusammen. Ich habe ihm eine Flasche Sekt von Rolf mitgebracht. Die haben wir zusammen in seinem Zimmer geleert, als seine Eltern nicht da waren. Das heißt, hauptsächlich Edmund hat ihn runtergekippt. Dann haben wir ein bisschen geschmust. Ich wollte mehr, aber Edmund ist eingeschlafen. Ich habe ihm die Hose ausgezogen, sogar die Unterhose, und beides zusammengeknüllt auf den Boden geworfen. Mehr ist nicht passiert. Als ich Geräusche im Haus gehört habe, habe ich ihn so liegen gelassen und bin gegangen. Er hat geschnarcht und nichts gemerkt. Edmund verträgt keinen Alkohol, nicht einmal kleine Mengen! Ihm fallen schon nach einem Glas

Rotwein die Augen zu. Ich habe mir die Geschichte ausgedacht, um ihn für mich zu gewinnen. Er sollte denken, dass wir richtig … nun ja, zusammen waren. Er sollte denken, dass er mich geschwängert hat. Ich wollte, dass er Verantwortung übernimmt. Doch das hat nicht funktioniert. Er wollte nicht, wurde immer seltsamer. Ich glaube, er hat mich nach der Sache richtig gehasst. Ich schäme mich so, mir ist das entsetzlich peinlich!«

»Seien Sie froh darüber, dass Sie nicht wirklich in dieser aussichtslosen Lage gesteckt haben«, sagte Fritz Starnke aufmunternd.

»Ich bin aber nicht froh. Bitte sagen Sie nichts meiner Familie. Die denken immer noch, ich hätte eine Fehlgeburt erlitten!«

Conradi räusperte sich. Er wirkte plötzlich hilflos. »Fräulein Korittke, wie hätten Sie die Lüge denn weitergeführt, selbst wenn Edmund Sie geheiratet hätte?«

»Dann hätte ich auch eine Fehlgeburt erfunden. So etwas erleben viele Frauen, sogar meiner Mutter und Großmutter ist es passiert. Bitte behalten Sie es für sich! Ich schäme mich so!«

»Aber Fräulein Korittke, das können Sie doch nicht länger aufrechterhalten! Lügen kommen früher oder später immer heraus! Und wenn es der Arzt ist, der Ihre Mutter aufklärt. Das wird er sicher tun! Sie sind nicht volljährig! Im Entlassungsbericht wird die Diagnose stehen. Mich würde mal interessieren, weshalb man Sie trotzdem hierbehält.«

»Weil es mir wirklich schlecht ging. Ich habe Salzwasser getrunken, fast eine Limoflasche voll. Danach war mir sterbenselend. Als es nicht besser wurde, hat meine Großmutter einen Krankenwagen gerufen. Ich habe nichts gesagt, weder ihr noch den Ärzten. Ich habe die ganze Zeit geweint, bis ich hier war. Meine Mutter dachte natürlich, ich hätte das Kind verloren. Sie glaubt es immer noch, scheint allerdings nicht besonders traurig deswegen zu sein. Ich glaube, insgeheim ist sie froh, dass sich das Problem von allein gelöst hat!«

»Den Ärzten haben Sie auch nicht die Wahrheit gesagt?«

»Nein, ich habe nur über Bauchschmerzen geklagt. Sie haben mich untersucht und nichts gefunden. Die Ärzte gehen von einer Magen-Darm-Verstimmung aus, von irgendeinem Virus. Ich bin noch zur Beobachtung hier. Da die Bauchkrämpfe aufgehört haben, werde ich morgen entlassen.«

»Sie haben Ihre ganze Umgebung getäuscht, mich eingeschlossen. Wir alle dachten, Sie wären in anderen Umständen! Wie haben Sie das angestellt?« Insgeheim bewunderte Conradi Bettine für so viel Verschlagenheit.

»Das war nicht schwer. Ich habe mir einfach ein paar Wäschestücke unter das Kleid gestopft, erst wenig, dann mehr. Am Ende war es ein kleines rundes Sofakissen, das meine Oma wegwerfen wollte, weil es so zerknautscht war.«

»Und niemand hat etwas gemerkt? Nicht einmal Ihre Mutter?«

Bettine schüttelte den Kopf. »Sie war so mit sich selbst beschäftigt und dem Tod von Rolf. Da hat sie auf mich nicht besonders geachtet.«

»Hat sie Sie wegen Ihrer Schwangerschaft nicht zum Arzt geschickt?«

»Doch, aber ich bin nicht hingegangen, habe mich stattdessen in der Stadt herumgetrieben. Hinterher habe ich ihr gesagt, dass alles in Ordnung sei. Sie hat nicht weiter nachgefragt.«

»Puh, ich möchte nicht in Ihrer Haut stecken.«

Bettine schwieg und starrte an die Decke.

»Und mit Edmund Kettler ist Schluss?«

Sie nickte. »Die ganze Geschichte war ohnehin einseitig. Ich habe ihn geliebt, doch er hat meine Liebe nicht erwidert. Nett war er und zuvorkommend, aber für ihn war ich wohl nur wie eine Schwester. Er liebt jemand anders. Ich weiß es nicht genau, aber eine Frau fühlt so etwas. Ich habe ihn neulich zufällig in unserer Gegend gesehen und bin ihm gefolgt. Edmund ist ins Hotel Hohenzollern gegangen, mit einer Rose in der Hand. Er hat sich fein gemacht, trug seinen guten Zwirn und hatte Pomade im Haar. Bestimmt war er dort zum Essen verabredet.«

»Wie geht es Ihnen damit?«

»Schlecht. Sehr schlecht, aber was bleibt mir anderes übrig? Liebe kann man nicht erzwingen, sagt meine Oma immer. Liebe ist ein Geschenk, das einem in den Schoß fällt, wenn man am wenigsten damit rechnet. Ich habe dieses Geschenk noch nie bekommen, obwohl ich es mir so sehr wünsche.«

»Sie sind jung. Alles ist möglich für Sie. Jetzt erholen Sie sich erst mal, damit Sie recht bald wieder auf den Beinen sind!«

Die Krankenschwester kam herein und deutete mit strenger Miene auf ihre schmale Armbanduhr.

40. KAPITEL

Mittwoch, 30.06.1954

Kurz vor Feierabend tauchte Erwin Bartsch im Kommissariat auf. Er hatte sich weder vom Pförtner noch von Pauline Hubschmied aufhalten lassen, sondern war rasend vor Wut in Conradis Dienstzimmer geplatzt, ausgerechnet kurz vor dem Halbfinalspiel Deutschland gegen Österreich.

Bartsch brüllte und tobte, sprach von einer bodenlosen Unverschämtheit und verlangte nach dem richterlichen Beschluss für die Durchsuchung seines Anwesens.

Conradi schob ihm wortlos das Dokument zu und packte derweil seine Aktentasche.

»Was wollen Sie denn von mir?«, schnaubte Bartsch. »Ich bin unschuldig. Die Wahrheit habe ich Ihnen schon gesagt. Rolf und ich verstanden uns nicht. Gut, ich habe ihn belästigt und bin seiner Tochter nahegekommen. Aber nicht aus Rache, sondern weil ich sie wirklich mag. Ich liebe Bettine. Das ist alles. Dafür brauchen Sie keinen Durchsuchungsbeschluss.«

Johann Conradi lehnte sich zurück und wies dem Verdächtigen einen Sitzplatz zu. »Wenn ich davon überzeugt gewesen wäre, dass Sie die Wahrheit sagen, Herr Bartsch, hätte ich mir den Weg zu Ihnen erspart. Sie sind jedoch momentan der Hauptverdächtige. Soll ich Ihnen sagen, was ich glaube? Ich bin der festen Überzeugung, dass Sie der Täter sind. Warum? Aus Rache. Sie wollten sich an Schmalstieg rächen, weil er Sie im Schützengraben im Stich gelassen hat, sodass Sie fast verblutet wären. Mit dieser Schmach sind

Sie nicht fertiggeworden. Vielleicht spielt auch Neid eine Rolle. Schmalstieg stand gesellschaftlich und wahrscheinlich auch finanziell besser da als Sie. Er hat etwas aus sich gemacht, und Sie glauben, dass er es nicht verdient hatte. Sie gönnten es ihm nicht. Wenn es nach Ihnen ginge, sollte er es schlechter haben als Sie.«

»Unsinn«, warf Bartsch dazwischen, setzte sich und ließ die Krücke fallen.

»Nein, kein Unsinn. Morgen früh hätte ich Sie sowieso zu Hause aufgesucht. Da Sie nun schon einmal da sind, können wir auch jetzt miteinander reden. Sie können schießen, Herr Bartsch. Das ist keine Kunst, Sie waren im Krieg. Auf dem Schießplatz sind Sie ausgebildet worden. Der Umgang mit der Schusswaffe ist für Sie ein Kinderspiel. Sie wissen, wie man gezielt tötet. Gestehen Sie, Herr Bartsch. Sie machen die Sache nicht besser, wenn Sie nicht endlich die Wahrheit sagen. Sie besitzen eine Waffe. Sagen Sie uns freiwillig, wo sie sich befindet, sonst müssen wir mit der Durchsuchung fortfahren, diesmal in stärkerer Besetzung.«

Erwin Bartsch öffnete beide Hände. »Ich habe keine mehr. Sie wurde mir im Schützengraben abgenommen, von irgend so einem Idioten, der glaubte, ich sei tot. Sogar meine Lederstiefel und meine Jacke hat man mir geraubt. Ich hatte nichts mehr, habe um meine nackte Existenz gekämpft und bin froh, dass man mir schlussendlich helfen konnte. Wozu sollte ich mich rächen? Ich habe keinen Grund dazu!«

»Sie waren neidisch, weil Rolf Schmalstieg das vermeintlich bessere Leben hatte als Sie, ein eigenes Geschäft, eine schöne Wohnung, eine hübsche Frau, wohlgeratene Kinder, ein Leben im Wohlstand. Rolf Schmalstieg war Ihnen ein Dorn im Auge. Und Sie leben mit Ihrer Schwester zusammen, mit der Sie es vermutlich nicht immer leicht haben. Um all das haben Sie ihn beneidet, war es nicht so?«

»Ich habe auch ein eigenes Geschäft. Erwin Bartsch & Co., Kohlen, Koks und Briketts, en gros und en Detail.« Er sprach es falsch aus. »Spedition, Fuhrwerk und Lagerung.«

Conradi zog die Lippen zusammen, als wolle er pfeifen. »Oh ja. Wahrscheinlich nicht nur ein Geschäft.«

Verblüfft starrte Bartsch ihn an. »Wie meinen Sie das?«

»Sie sagen es selbst. Spedition. Fuhrwerk. Sie transportieren etwas. Damit verdienen Sie hauptsächlich Ihr Geld. Nicht mit den paar Kohlen.«

Bartsch rappelte sich auf und stöhnte, weil ihm offensichtlich die Knochen schmerzten. Er rieb sich den Stumpf.

»Bleiben Sie sitzen«, fuhr Conradi ihn an. »Starnke, kommen Sie mal her mit der Tüte!«

Fritz Starnke kippte den Inhalt auf dem Schreibtisch aus: Schrauben, Schraubenzieher, Nieten und Nägel verschiedener Größe, außerdem Papierrollen.

»Was bedeutet das?«, wollte Conradi wissen und strich die Rollen auseinander. »Pläne sind das. Was wollen Sie damit? Nun mal raus mit der Sprache!«

Bartsch bekam einen dunkelroten Hals. »Wo haben Sie das her?« Er wollte nach den Schrauben greifen, aber Conradi war schneller, legte die Hände darüber und schaufelte sie zusammen.

»Sie wollen mir nicht antworten, Herr Bartsch? Dann tue ich das an Ihrer Stelle. Ich bin kein Ingenieur, aber das hier sieht nicht gut aus. Mit den Plänen lassen sich Karosserien bauen, das sehe selbst ich als Laie. Man kann die Pläne weiterverkaufen, zum Beispiel nach Holland. Die Grenze ist nicht weit und Sie waren oft stundenlang unterwegs. Ich verdächtige Sie der Spionage und der Hehlerei.«

»Unsinn.«

Conradi blieb ruhig. »Dann sagen Sie es mir. Von wem haben Sie das Material und was hatten Sie damit vor?«

Bartsch faltete die Hände vor dem Bauch. »Davon verstehen Sie nichts als Polizist.«

Conradi sah ihn abwartend an, verzog kaum eine Miene. »Ich würde mal so frei sein zu behaupten, dass das Schmugglerware ist. Sie wollten das Zeug außer Landes schaffen. Industriespionage nennt sich das, Herr Bartsch!«

»Natürlich nicht«, grunzte Bartsch. »Ich wollte mir selbst eine kleine Karre bauen. Meine Paula macht es nicht mehr lange. Die Kraft geht ihr aus. Heutzutage ist es besser, man ist motorisiert. Schließlich habe ich eine Spedition, schon vergessen?«

»Dann zeigen Sie mir mal die Rechnung für die Sachen. Das ist nur ein Teil dessen, was wir gefunden haben. In der Lagerhalle war noch mehr. Meine Kollegen haben es in Kisten gepackt. Also, wo ist die Quittung?«

»Müsste ich suchen.«

Conradi schüttelte den Kopf. »Es gibt keine. Wir haben Ihr Haus auf den Kopf gestellt.«

Erwin Bartsch blickte sich hektisch um. »Ich muss doch auch sehen, wie ich über die Runden komme«, sagte er und wischte sich mit dem Handrücken über die Stirn. »Das Geschäft mit den Kohlen läuft nicht mehr so gut und ich brauche eine Prothese.«

»Und da brechen Sie in eine Automobilfabrik ein und stehlen Pläne und Bauteile?«

»Ich bin nicht eingebrochen, habe nichts gestohlen. Ich habe sie von einem Freund bekommen.«

»Wer ist der Freund?«

»Mann, es ist nur ausgeliehen. Ich wollte es zurückgeben.«

Conradi seufzte und verschränkte die Hände hinter dem Kopf. »Sie reden sich um Kopf und Kragen. So kommen wir nicht weiter. Wir haben holländische Gulden bei Ihnen gefunden. Ich gehe davon aus, dass Sie die Pläne außer Landes nach Holland schmuggeln wollten.«

Conradi sah an Bartschs nachdenklichem Gesichtsausdruck, dass er ins Schwarze getroffen hatte.

»Was Ihre Schwester betrifft, so ist auch ihr Gewerbe nicht angemeldet. Für die illegalen Abbrüche, die sie in Ihrem Haus vornimmt, wird sie sich verantworten müssen. Und jetzt reden Sie. Sonst dürfen Sie für eine Weile hinter schwedischen Gardinen darüber nachdenken, was Sie falsch gemacht haben.«

»Es gibt nichts zu sagen.«

»Sie kommen noch mal in Teufelsküche, Bartsch.«

»Also gut, ich habe das Zeug von einem Freund, der da arbeitet. Ich werde ihn allerdings nicht verpfeifen, er hat mein Ehrenwort. Meinetwegen kriegen Sie mich wegen der Autosache. Aber mit dem Mord an Rolf Schmalstieg habe ich nichts zu tun. Ich schwöre, Herr Kommissar!«

Conradi ließ ihn gehen. Für eine Anklage wegen Diebstahl und Hehlerei hatte er genug gegen Bartsch in der Hand, für eine Anklage wegen Mordes nicht. Noch nicht.

*

»Es tut mir leid«, sagte Pauline Hubschmied und drückte sich mit verschämtem Gesichtsausdruck in Conradis Büro. »Er war so in Rage, dass ich ihn nicht aufhalten konnte.«

»Kein Problem. Diese Vernehmung wäre sowieso fällig gewesen. Und leider wird es nicht die letzte gewesen sein.« Conradi verschränkte die Hände hinter seinem Kopf.

»Sie sehen aus, als könnten Sie den Feierabend gut gebrauchen«, meinte Pauline. »Bei meiner Tante gibt's heute Abend Nudeln mit Rindfleisch und als Nachspeise Vanillepudding mit heißen Kirschen. Nebenbei können wir am Radio das Halbfinale verfolgen.«

»Köstlich!« Er rieb sich den Bauch. »Wenn ich jetzt nicht

den Bericht schreiben müsste, würde ich mich sofort auf den Weg machen.«

»Brauchen Sie mich noch?«

Er überlegte. Eigentlich schon, aber er wollte ihre Mitarbeit nicht überstrapazieren. Sie war noch in der Einarbeitungsphase und brauchte demzufolge mehr Erholungszeiten als er. »Ist in Ordnung, Fräulein Hubschmied, Sie können gehen. Ich bin mit Ihrer Arbeit sehr zufrieden.«

»Das freut mich. Würden Sie heute Abend eventuell mit mir darauf anstoßen? Ich habe im Kolonialwarenladen einen guten italienischen Landwein bekommen. Ich würde auch bleiben, wenn Sie nichts dagegen haben. Ablage ist immer zu erledigen. Danach könnten wir gemeinsam die Bahn nehmen. Vielleicht schaffen wir es bis zur Halbzeit.«

Er schenkte ihr ein Lächeln. »Sehr freundlich von Ihnen, dann versuchen wir es.«

Kurz vor der Halbzeit waren sie zu Hause angekommen, saßen nun bei Rotwein und Hausmannskost in Hedwig Westermanns gemütlicher Küche. Das Radio lief und alle drei lauschten gespannt der Stimme des Fußballkommentators. Es stand bereits 1:0 für Deutschland. In der 31. Minute hatte Hans Schäfer für das erste Tor gesorgt. Niemand sprach, nicht einmal Frau Westermann, die sonst nicht auf den Mund gefallen war.

In der Halbzeitpause servierte sie den Nachtisch und kochte Kaffee.

»Wenn das so weitergeht, kommt Deutschland am Ende ins Finale und wird Weltmeister«, meinte sie und setzte sich an ihren Platz in der Nähe des Herdes.

Conradi wiegte den Kopf. »Lieber nicht übermütig werden! Das Spiel ist noch lange nicht vorbei. Eine gute Stunde noch. Ins Finale schaffen wir es vielleicht schon, aber mehr auch nicht. Gegen Ungarn haben wir keine Chance. Die haben die weltbesten Spieler. Gegen die kann man nicht gewinnen, wie man bereits gesehen hat. Aber trotzdem ist es schön, vom Sieg zu träumen. Träumen ist immer gut.«

»So ist es!«, sagte Hedwig Westermann.

»Der Nachtisch ist übrigens ein Gedicht«, fügte er hinzu und strahlte seine Wirtin an.

Die strahlte glücklich zurück und begann damit, das Geschirr zu spülen. Das nächste Tor wäre fast im Plätschern des Wasserhahns untergegangen.

»Toooor!«, schrien Pauline Hubschmied und Johann Conradi wie aus einem Mund.

Die Wirtin stellte das Wasser ab. »Wer war das? Wer hat das geschossen?«

»Max Morlock«, sagte Conradi. »Famoser Junge, fantastisch, der wurde tatsächlich unterschätzt!«

Hedwig Westermann drehte am Lautstärkeregler. Aufgeregt blieb sie vor dem Radioapparat stehen.

Die Freude währte nur kurz, denn nur fünf Minuten später schoss die gegnerische Mannschaft ein Tor. Alle drei sahen sich betreten an. Die alte Dame setzte sich wieder.

Dann ging es Schlag auf Schlag. Fritz Walter verwandelte zwei Elfmeter in Tore und sorgte in der 54. und in der 64. Minute für ein 3:1 und ein 5:1. Dazwischen schoss Ottmar Walter ein weiteres Tor in der 61. Minute.

»Wir sind im Finale!«, jubelte Pauline Hubschmied und riss die Arme hoch. »Habt ihr das kapiert? Wir sind im Finale!«

»Wir sind im Finale«, rief auch Johann Conradi und schüttelte den Kopf.

»Finale«, flüsterte Hedwig Westermann mit glühend roten Wangen. »Darauf einen Eierlikör«, sagte sie und ging zum altdeutschen Wohnzimmerschrank, um die gelbe Flasche und

Gläser zu holen. Sie war gerade rechtzeitig zurück, als kurz vor Schluss noch ein Tor für die deutsche Mannschaft fiel.

»Ist es zu fassen?«, staunte Johann Conradi und hob sein Glas. »6:1, ist es wirklich wahr? Ich glaube, ich träume. Hat es so etwas schon mal gegeben?«

»Niemals!«, sagten die beiden Damen wie aus einem Mund und lachten fröhlich.

Dann prosteten alle drei sich zu.

*

Liebe Frederike,

heute geht es mir besser. Die Sonne scheint und wir sind im Finale! Ich weiß, das hätte dich nicht so sehr interessiert, aber ich bin glücklich wie seit Langem nicht mehr! Ich habe das Gefühl, dass es aufwärts geht, in jeder Beziehung! Ich fange von vorne an. Du wirst mir für immer fehlen, aber ich werde es ohne dich schaffen, das fühle ich ganz deutlich.
Und doch möchte ich dir noch eins sagen. Mir liegt etwas auf der Seele.
Es gibt zwei, drei Sachen, die ich bereue. Ich bereue, dass ich dir meine Liebe nicht genug gezeigt habe. Manchmal sehe ich noch dein enttäuschtes Gesicht vor mir, wenn ich dir nicht das geben konnte, was du dir in dem Moment ersehnt hast. Ich habe deine Liebe oft nicht gesehen. Immer wieder habe ich dich zurückgestoßen, war zu müde, zu abgespannt, zu lustlos. Oft war ich gedanklich woanders, bei der Arbeit, bei meinem Chef, bei den Kollegen, aber nicht bei dir. Fremde Leute schienen mir wichtiger zu sein als du. Das hast du mir einmal unter Tränen vorgeworfen.

Du hattest in dem Moment sicher recht, auch wenn ich das natürlich nicht so gesehen habe. Ich habe dich über alles geliebt, Fredi.
Du hast mir auch vorgeworfen, dass ich mich viel zu wenig um Lilly gekümmert habe, zu wenig Zeit mit ihr verbracht habe. Ich habe dann hinter mir die Tür zugeknallt und bin gegangen – oft ins Büro, wo ich meine Ruhe hatte. Ich hätte bei dir bleiben sollen, mein Engel. Bei dir und bei unserer kleinen Tochter. All meine freie Zeit hätte ich dir und Lilly widmen sollen und weniger meinem Beruf. Das bereue ich zutiefst. Es ist mir ein Bedürfnis, es dir zu sagen. Es tut mir leid, dass ich manchmal so verschlossen war, dass ich dir nicht zeigen konnte, wie lieb ich dich hatte, dass ich deine Zärtlichkeit oft nicht erwidern konnte. Du warst und bist die Liebe meines Lebens, Fredi. Das wirst du bis zu meinem Lebensende sein. Ich empfinde große Dankbarkeit dafür, dass ich dich hatte, für alle Tage und Stunden, die ich mit dir zusammen sein durfte, für jeden Augenblick. Ich habe nie aufgehört, dich zu lieben. Für mich liegt das Glück im Kleinen, im Alltäglichen. Die einfachen Stunden waren die schönsten, und wenn ich mir eines zurückwünschen könnte, dann die. Was für ein schönes Leben wir doch hatten! Wir mussten nicht immer reden, wir konnten auch miteinander schweigen. Wenn wir zusammen waren, war die Welt in Ordnung. Ich bin dankbar für diese große Liebe, die ich erfahren durfte, und hoffe von Herzen, dass es dir da, wo du jetzt bist, gut geht!
Liebe Frederike, ich habe nie jemanden so geliebt wie dich. Und doch wünsche ich mir, dass ich noch einmal etwas Wärme und Liebe erfahren darf, bevor auch meine Zeit gekommen ist. Ich möchte nicht länger

allein durchs Leben gehen, sondern eine Frau an meiner Seite haben, die für mich da ist und für die ich da sein kann. Ich habe jemanden kennengelernt, Fredi. Sie heißt Pauline und tut mir gut. Ich würde gerne öfter mit ihr zusammen sein. Ich würde gerne wieder lachen, leben und lieben, so wie mit dir, wenigstens ein bisschen. Bitte verzeih mir und erlaube es mir!

In unendlicher Liebe
Dein Johann

41. KAPITEL

Donnerstag, 01.07.1954

Die Beerdigung von Rolf Schmalstieg war für 11 Uhr angesetzt. Während sich die Trauergemeinde vor dem offenen Grab versammelte, hielten sich Johann Conradi und Fritz Starnke abseits, um nicht gesehen zu werden. Es hatte zu regnen begonnen, erst tröpfchenweise, dann wurde es stärker. Der Pfarrer spritzte Weihwasser auf den Sarg und die Träger ließen den Sarg hinunter in die Grube.

Neben dem Grab stand ein Totengräber, der missmutig und gelangweilt vor sich hinblickte und mit dem Fuß wippte. Er hielt eine Schüssel voll Erde, in der eine Zinkschaufel steckte. Der Pfarrer murmelte einen Psalm und warf etwas Erde auf den Sarg. Einer nach dem anderen ging zum Grab und warf ebenfalls eine Schippe voll Erde in das Loch, zunächst Lieselotte Korittke, die einen Hut mit einem schwarzen Schleier vor dem Gesicht trug, und als nächster – seltsamerweise – ihr Mann Otto. Er hielt einen Regenschirm und stand so dicht neben ihr, dass sich ihre Schultern berührten. Einmal legte er einen Arm um sie. Lieselotte ließ ihn gewähren. Otto blieb an ihrer Seite, als die Trauergemeinde an ihr vorbeizog, um ihr zu kondolieren. Auffällig war, dass Karl nicht mit dabei war.

Johann Conradi und Fritz Starnke gaben vor, an einem der Nachbargräber beschäftigt zu sein, zupften Unkraut und fegten mit den Händen nasse Blätter beiseite. Fritz hatte sogar eine rostige Gießkanne gefunden, mit der er trotz des Regens eifrig den Efeu an einem Grab goss.

Ihnen war nicht entgangen, dass Lieselotte und Otto sich einander wieder angenähert zu haben schienen. Bisher hatte Lieselotte Korittke behauptet, sie habe mit ihrem Ehegatten abgeschlossen, doch danach sah es nicht aus.

Dann löste sich die Trauergemeinde auf. Lieselotte Korittke hatte sich bei ihrem Mann Otto eingehakt, und die beiden Töchter des Paars folgten ihnen, ebenfalls unter einem schwarzen Regenschirm.

Noch etwa drei Minuten verharrten die beiden Kommissare in ihrer hockenden Position, von der aus sie alles gut im Blick hatten, bis Conradi seinem jüngeren Kollegen das Zeichen zum Aufbruch gab.

Als sie sich erhoben – Starnke auf sehr sportliche Art und Weise und Conradi eher ungelenk und steif –, stand plötzlich eine ältere Dame vor ihnen.

»Verzeihen Sie bitte die Störung, aber Sie waren kürzlich bei mir und haben mich nach dem Friseur ausgefragt«, sagte sie leise. »Vielleicht erinnern Sie sich an meinen kleinen Hund. Ich bin von Beruf Schneiderin, habe meine Werkstatt in der Johannisstraße. Als Sie mich gefragt haben, ob mir etwas aufgefallen ist, habe ich das verneint. Aber so ganz stimmte das nicht. Ich bin an dem Abend, als es mit dem Friseur passierte, mit meinem Hund noch einmal ein paar Schritte gegangen und habe etwas gefunden. Es lag auf dem Bürgersteig in der Nähe des Salons. Das heißt, mein Hund hat es erschnüffelt.« Die Schneiderin zog einen silbrig glänzenden Gegenstand aus ihrer Handtasche und reichte ihn zögernd dem Kommissar. Ein Feuerzeug mit Gravur.

Conradi betrachtete es eingehend. Es war leicht zerkratzt, hatte eine Ziselierung, ein Muster, das wie ein Degen aussah. Darunter waren Initialen eingraviert – OK oder DK, das ließ sich nicht genau erkennen. »Wo genau haben Sie das gefunden?«, wollte er wissen.

»Vor dem Salon, zwei, drei Meter links davon in Richtung Neumarkt. Es könnte etwas mit dem Fall zu tun haben, denke ich mir jetzt. Ich wollte es gewiss nicht stehlen, ich hätte es nicht behalten. Gleich morgen früh wollte ich es ins Fundbüro bringen.«

»Um welche Uhrzeit war das, erinnern Sie sich daran?«

»Das Fußballspiel lief gerade. Mein Hund jaulte, er musste dringend raus.«

Conradi nickte. In der Halbzeit hatte auf dem Präsidium das Telefon geklingelt. Zu der Zeit war Schmalstieg schon tot gewesen. Zeitlich könnte es also passen.

»Trotzdem muss ich Sie fragen, warum Sie nicht früher gekommen sind.«

»Ich weiß«, sagte die Zeugin mit gesenktem Blick. »Ich habe erst gestern vom Tod des Friseurs erfahren, weil ich kaum Kontakte habe. In der ganzen Woche war niemand bei mir, um Maß zu nehmen oder etwas abzuholen. Mein Geschäft läuft nicht mehr gut, seit es die Burda-Moden gibt und die Frauen selbst nähen lernen. Als Sie bei mir waren, habe ich in dem Moment einfach nicht an das Feuerzeug gedacht. Verzeihen Sie bitte.«

Conradi bedankte sich und machte sich gemeinsam mit Starnke auf den Weg zur Straßenbahnhaltestelle, wo Bettine Korittke wartete.

»Sie hier allein?«, fragte Conradi.

»Ich habe Sie gesehen«, sagte Bettine. »Die anderen gehen noch zum Trauerkaffee, ich möchte nicht mit, habe gesagt, dass ich mich nicht wohlfühle und deshalb zurückfahre. Es stimmt auch. Mir ist schwindlig und meine Beine sind schwach.«

Conradi nickte. Er deutete auf eine überdachte Bank, auf die sie sich setzen konnten. Bettine nahmen sie in die Mitte. Sie schwieg bedrückt, presste die Lippen aufeinander.

»Sie haben noch etwas auf dem Herzen«, sagte Conradi leise.

Wieder ein zaghaftes Nicken.

»Weiß Ihre Familie inzwischen von dem Spiel, das Sie gespielt haben?«

»Nein. Der Oberarzt hat mir versprochen, dass er keinen Bericht schicken wird.«

»Damit müssen Sie nun leben, Fräulein Korittke.«

»Bitte behalten Sie es auch für sich.«

»Ihre persönlichen Geheimnisse gehen mich nichts an.«

»Was ist mit Ihnen?«, wandte sie sich an Fritz Starnke.

»Die Ermittlung leitet Herr Conradi«, sagte er und räusperte sich. »Er hat es zu verantworten.« Er tauschte ein warmes Lächeln mit ihr.

»Ich wollte Ihnen noch etwas sagen.«

»Ja?«

»Seit mein leiblicher Vater wieder da ist, fehlt die Pistole im Nachtschrank meines Ziehvaters. Rolf hat sie immer dort aufbewahrt. Sie war in blauem Samt eingeschlagen. Karl und ich haben mal damit gespielt und fürchterlich Ärger bekommen.« Sie senkte den Blick und faltete ihre Hände im Schoß. »Besonders Karl«, fügte sie hinzu und Röte schoss ihr ins Gesicht. »Rolf war ihm gegenüber oft ungeduldig und ungerecht. Er ließ ihn spüren, dass er ihn nicht leiden konnte.«

»Er hat ihn misshandelt, nicht wahr?«

»Oh ja! Manchmal so, dass es Karl tagelang richtig schlecht ging. Einen Tag, bevor das mit Rolf passierte, habe ich zufällig mitbekommen, wie er im Büro telefoniert hat«, sagte Bettine. »Ich hörte Karls Namen und blieb stehen, um zu hören, um was es in dem Gespräch ging. Karl sollte weg. Rolf hat es tatsächlich ernst gemeint. Oft hat er damit gedroht, ihn loswerden zu wollen. Bei jeder Kleinigkeit, bei jedem winzigen Fehltritt von Karl, hieß es, er käme ins Heim. Wir haben das nicht ernst genommen, konnten nicht ahnen, dass er es wirklich so meinte. Rolf hatte alles eingefädelt. Ein Heim für Schwererziehbare in Kassel sollte Karl aufnehmen, viele Bahnstunden von uns entfernt. In meiner Not habe ich mich Otto anvertraut, also meinem wirklichen Vater. Er ist eine Woche vor Rolfs Tod bei uns im Salon aufgetaucht. Ausgerechnet an dem Tag, als Rolf mit dem Heim telefonierte, um Karl anzumelden, sah ich meinen Vater draußen vor dem Schaufenster stehen. Also bin ich rausgelaufen und habe ihm alles erzählt. Mir war das wichtig, ich brauchte jemanden zum Reden.«

»Wie hat er es aufgefasst?«

»Er war schockiert. Hat sich furchtbar aufgeregt, konnte es kaum glauben! Ich habe ihn um Rat gefragt, aber er hat nur fassungslos den Kopf geschüttelt. ›Lass mich nachdenken‹, hat er gesagt, ›lass mich nachdenken.‹ Dann trennten sich unsere Wege und wir haben uns erst nach Rolfs Tod wiedergesehen.«

»Er muss schockiert gewesen sein«, sagte Conradi. »Es muss ihn als Vater enorm getroffen haben.«

»Sie haben das Begräbnis beobachtet, nicht wahr? Also haben Sie auch mitbekommen, dass meine Mutter und mein … ähm … mein richtiger Vater sich wieder gut verstehen. Mein Vater will sogar bei uns einziehen. Mehr oder weniger hat er das schon getan. Viel besitzt er nicht. Seine Zahnbüste steht bereits im Wasserglas.«

»Wie finden Sie das?«

»Für uns ist er ein Fremder. Ich mag ihn schon auf eine gewisse Art, respektiere ihn, aber würde lieber mit meiner Mutter allein leben, ohne Mann im Haus. Die Zeit mit meiner Mutter allein damals war eigentlich am schönsten. Karl sieht das genauso. Auch Eva kann nachvollziehen, wie ich das meine.«

Conradi nickte. »Verstehe.«

»Bevor Rolf in unser Leben trat, war alles friedlicher, harmonischer.«

»Da hatten Sie aber das Geschäft noch nicht.«

»Nein, das nicht. Meine Mutter war Angestellte in einem anderen Salon, und die beiden Kleinen waren noch nicht da. Wir waren zu viert, das heißt zu fünft mit Oma, und kamen gut über die Runden. Oma hat ihre Witwenrente dazugegeben. Wir hatten nicht viel, aber es hat gereicht.«

Amüsiert zog Conradi eine Braue hoch. »Aber Sie müssen zugeben, dass Sie für sich andere Pläne hatten. Sie wollten heiraten, haben sich für diese Ziel sogar eine unglaubliche Geschichte ausgedacht!«

Nachdenklich rieb sie ihr Ohrläppchen. »Ja, Sie haben

recht. Mittlerweile weiß ich es besser. Eine Frau braucht keinen Mann, um glücklich zu sein. Ohne Mann ist es viel leichter.«

Fritz Starnke konnte sich ein Lächeln nicht verkneifen und Bettine schaute grimmig zurück.

»Jedenfalls im Großen und Ganzen«, fügte sie trotzig hinzu.

Die Straßenbahn, die ein Stück weiter an der Endhaltestelle gewartet hatte, während der Fahrer eine Frühstückspause gemacht hatte, nährte sich mit einem Pfiff, und sie nahmen ihre Plätze hinten ein.

»Warum erzählen Sie mir das?«, fragte Conradi.

Sie überlegte. »Vielleicht, weil Sie sowieso schon so viel von mir wissen. Und weil ich in Ihrer Schuld stehe. Wir teilen ein großes Geheimnis miteinander.«

Conradi zog das silberne Feuerzeug aus seiner Jackentasche. »Kennen Sie das?«

Sekundenlang starrte sie es an, dann schaute sie nach links aus dem Fenster.

»Wem gehört das Feuerzeug, Fräulein Korittke?«

Sie zuckte mit den Schultern.

Conradi wartete geduldig.

Die Straßenbahn passierte stadteinwärts die Rheiner Landstraße. Zwischen der Richard-Wagner-Straße und dem Saarplatz bremste sie scharf und kam zum Stehen. Die Passanten wurden gegen die Vordersitze gedrückt. Schuld war ein schwarzer Volkswagen, der mit überhöhter Geschwindigkeit über das Kopfsteinpflaster bretterte. Der Straßenbahnfahrer hupte und brüllte aus dem Fenster.

Johann Conradi wartete ab, bis es weiterging. »Das Feuerzeug wurde von einer Zeugin auf der Straße gefunden, einige Meter vor Ihrem Salon. Wissen Sie, was die eingravierten Initialen zu bedeuten haben?«

»Nein«, sagte sie einfach.

»Sie erfinden gerne Geschichten. Haben Sie sich die über Erwin Bartsch auch ausgedacht?«

»Welche meinen Sie? Dass er sich als Kammerjäger bei uns eingeschlichen hat, um mich zu drangsalieren, und dass er meinen Geschwistern eine Handgranate vor die Füße geworfen hat?«

Conradi rückte ein Stück von ihr ab. »Fräulein Korittke, ich muss doch sehr bitten. Bleiben Sie bei der Wahrheit! Am Ende glaube ich Ihnen kein Wort mehr, und das wäre nicht in Ihrem Sinne.«

Bis zum Markt schwiegen sie. Wortlos stiegen Conradi und Starnke aus, lupften nur den Hut, während Bettine Korittke noch drei Stationen weiterfuhr.

42. KAPITEL

Fritz Starnke hatte noch nie in einem Hotel übernachtet, schon gar nicht in einem Grandhotel. Schon beim Eintreten in die Eingangshalle staunte er über die opulente Eleganz. Die gediegene Vornehmheit schüchterte ihn zunächst ein. Er wusste nicht, wie man sich in so einem Haus benimmt.

Er hatte das Gefühl, dass die anderen Gäste ihn kritisch musterten. Wahrscheinlich sahen sie ihm von Weitem an, dass er mit seinem altmodischen Gepäck und dem abgetragenen Mantel nicht dazugehörte. Alles war seltsam, ungewohnt. Ein Portier in einer dunkelbraunen Livree, der sich verneigte und »Gnädiges Fräulein« zu einer Dame im Pelz sagte, ein Empfangschef, der Gäste zum Lift geleitete, ein Page, der jedem Ankommenden die Tür öffnete und Koffer entgegennahm. Interessiert beobachtete Fritz das Leben und Treiben in der Lobby. »Das teuerste Hotel am Platz«, hatte Conradi behauptet. Selbst Regierungschefs, Politiker und berühmte Schauspieler hätten dort schon genächtigt.

Endlich wagte auch Fritz Starnke sich zur Rezeption vor und wurde überaus zuvorkommend bedient. Der Liftboy, ebenfalls in brauner Uniform mit Kappe, nahm behutsam seinen alten Lederkoffer auf und fuhr mit ihm in den zweiten Stock. Er erkundigte sich, ob er eine gute Anreise gehabt habe, und Starnke bedankte sich lächelnd. Das Zimmer am Ende des Ganges war großzügig geschnitten und hatte sogar fließend kaltes und warmes Wasser. Über dem Bett hing ein Ölgemälde, das den Osnabrücker Dom zeigte. Das Badezimmer und zwei Toiletten befanden sich in nächster Nähe auf dem Flur. Starnke war froh, dass er den üppigen Übernachtungspreis von 30 Mark inklusive Frühstück nicht selbst bezahlen musste. Er fragte nach Karl Korittke.

»Der ist Lehrjunge wie ich«, sagte der Liftboy. »Wir müssen nach und nach alle Abteilungen des Hauses durchlaufen. Ich bin im Moment für den Aufzug zuständig und Karl hilft in der Küche.«

»Und morgen?«

Der Junge zuckte mit den Schultern. »Das weiß ich leider nicht. Manchmal ist er an der Rezeption, manchmal reinigt er morgens Zimmer.«

Starnke bedankte sich und gab ihm eine Mark Trinkgeld. »Weißt du zufällig, ob Karl eine Freundin hat und wie sie heißt?«

Der Page biss sich auf die Lippen. Schließlich schüttelte er den Kopf.

»Das darfst du nicht sagen, stimmt's? Auch nicht, wenn ich dir zwei Mark gebe?«

Der Junge überlegte. »Auch dann nicht.«

»Du bist ein guter Freund.« Starnke zwinkerte ihm zu. »Ich habe noch eine Frage. Weißt du, ob er ein silbernes Feuerzeug besitzt? Ich habe eins gefunden, würde es ihm gerne zurückgeben. Mit Gravur, schau mal!« Er zeigte ihm ein Foto. Das Original befand sich bereits in der Abteilung für Spurensicherung.

»Leider nicht, der Herr. Karl nimmt Streichhölzer, wenn er raucht.«

»Kennst du einen Edmund Kettler? Er soll öfter hier gesehen worden sein.«

»Tut mir leid. Kann ich jetzt gehen?«

»Natürlich.« Starnke wartete, bis der Junge verschwunden war, und nahm dann die Treppe abwärts ins Hotel-Restaurant, um dort eine Rindfleischbouillon einzunehmen. Kaum hatte er sie bestellt, lief ein Page mit einer Tafel herum, auf dem mit Kreide sein Name vermerkt war. Er formte mit Daumen und Zeigefinger einen Telefonhörer, bis er Starnkes Aufmerksamkeit erregt hatte.

»Wo?«, fragte der Polizist.

»Kabine drei bitte, in der Lobby.«

Es war Conradi, der ihm die neuesten Ergebnisse aus der Spurensicherung mitteilen wollte. »Das Feuerzeug wird auf Fingerspuren untersucht. Das Ergebnis kann bereits am Montag vorliegen.«

»Gut«, sagte Starnke.

»Wie läuft es bei Ihnen? Haben Sie Karl schon gesehen?«

»Leider nicht. Ich habe versucht, etwas aus dem Liftboy herauszubekommen, aber der Junge ist darauf gedrillt, die Klappe zu halten und keine Fragen zu stellen. Ich glaube, er wusste, dass ich von der Polizei bin, ich habe es seinem Gesicht angesehen. Diskretion ist in so einem Haus alles. Natürlich werde ich Augen und Ohren offen halten.«

»Davon gehe ich aus.«

»Sie glauben inzwischen, es war Karl, nicht wahr?«

Pause. »Ich hoffe nicht«, sagte Johann Conradi.

*

Fritz Starnke suchte einen Kolonialwarenladen in der Möserstraße auf, weil er Appetit auf Schokolade hatte. Der junge Mann neben ihm fragte nach Champagner, Erdbeeren und Kaviar. Er trug einen schwarzen Pullover und schwarze Samthosen, rahmengenähte Schuhe und hatte einen Haarschnitt nach der neuesten Mode. Sein Eau de Toilette war eine Spur zu aufdringlich.

»Gibt es etwas zu feiern?«, erkundigte sich die Verkäuferin hinter der Theke leutselig.

»Noch nicht«, gab der Mann zur Antwort. »Aber was nicht ist, kann ja noch werden.«

»Na dann wünsche ich Ihnen viel Glück!«

Wie es der Zufall wollte, traf Fritz den jungen Mann später in der Lobby des Hotels wieder. Die eingekauften Delikatessen hatte er vermutlich in seiner Aktentasche verstaut. Und dann passierte etwas, das Fritz sehr erstaunte. Karl erschien in seiner Pagenuniform, erblickte den jungen Mann, nickte ihm zu, der Mann sprang auf und folgte ihm zum Lift. Sekundenlang standen die beiden nebeneinander, ohne sich anzuschauen oder miteinander zu reden. Aber es herrschte eine eigentümliche Spannung zwischen ihnen, die Fritz irritierte.

Der Kommissar wartete, bis sich die Lifttür geschlossen hatte, und nahm die Treppe. Im zweiten Stock beobachtete er, wie die beiden ausstiegen, sich zunickten und dann in den linken Flügel gingen, um ein bestimmtes Zimmer anzusteuern. Langsam wagte sich Fritz aus seinem Versteck hervor und bekam gerade noch mit, wie die Tür mit der Nummer 211 zugezogen wurde.

Bettine Korittke hatte mit ihrer Vermutung richtiggelegen, er traf sich im Hotel mit jemandem. Aber dieser Jemand war keine Frau.

43. KAPITEL

»Bedaure, der Herr hat bei uns kein Zimmer reserviert.«

Fritz Starnke zeigte dem Angestellten an der Rezeption seine Dienstmarke. »Dann sagen Sie mir bitte, wer das Zimmer mit der Nummer 211 gebucht hat.«

Ein kritischer Blick über die feine Goldrandbrille, auf den ein Blättern und Suchen folgte. »Ein Herr Meier«, sagte der

Portier seufzend. »Meier, Edmund oder Edgar, ich kann das nicht so genau entziffern.«

»Und bis wann hat er es gebucht?«

»Für eine Nacht. Also nur bis morgen früh.«

»Haben Sie sich den Ausweis zeigen lassen?«

»Das war nicht nötig. Der junge Herr hat sofort bar bezahlt.«

Fritz Starnke verlangte nach dem Küchenchef. Er wurde ins Restaurant gebeten und sollte dort warten.

Wenige Minuten später kam ein kräftiger Mann mittleren Alters mit einer blütenweißen Kochschürze und gestärkter Kochmütze durch die Drehtür und begab sich mit ihm in eine ruhige Ecke des Restaurants. Sein Gesicht wirkte ernst und verschlossen.

»Theobald Diefenthal«, stellte er sich mit einer knappen Verbeugung vor. »Sie sind von der Kriminalpolizei. Wie darf ich das verstehen?«

Fritz Starnke wunderte sich, dass der Koch offenbar noch nichts mitbekommen hatte. Kurzerhand klärte er ihn über die Zusammenhänge auf.

»Der Ziehvater von Karl wurde umgebracht?« Der Koch runzelte die Stirn. »Ich wusste nicht einmal, dass er einen Ziehvater hat. Davon hat er mir nie etwas erzählt, auch nicht, dass die Verhältnisse bei ihm zu Hause so ungeordnet waren. Allerdings habe ich mich gewundert, dass er oft bedrückt wirkte. Manchmal hatte er eine verkrustete Lippe oder Augenbraue. Na ja, ich dachte mir, er ist halt in einem Alter, in dem man sich schon mal um ein Mädchen prügelt, habe ich früher auch gemacht. Das gehörte einfach dazu. Aber hier sieht die Sache wohl anders aus.«

»Was halten Sie von Karl? Kommen Sie gut mit ihm zurecht?«

»Ein netter Junge, nur ein wenig übermütig manchmal.

Gerade scheint er zudem verliebt zu sein. Wie sagt man so schön, ist die Suppe versalzen, dann ist der Koch verliebt. Nun, bei ihm ist sie in letzter Zeit ziemlich oft versalzen.«

Starnke schmunzelte. »Wie lange geht das schon? Also, dass die Suppe versalzen ist?«

»Da fragen Sie mich was. Nun, ich würde sagen, bestimmt einen Monat, vielleicht zwei. Man bekommt den Anfang dieser Liebesgeschichten ja oft nicht mit. Aber ich könnte schwören, da ist ein Mädel im Spiel. Wobei ich bisher nicht herausgefunden habe, ob es sich um eine Bedienstete unseres Hauses handelt. Das würde nicht gehen. Dann werden beide sofort gefeuert. Techtelmechtel unter dem Personal dulden wir nicht. Sollte ich da was mitbekommen, wird nicht lange gefackelt.« Er blickte den Kommissar fragend an. »Wissen Sie da mehr? Sind Sie hier, um mir etwas mitzuteilen?«

Starnke schüttelte den Kopf. »Eher, um Ihnen ein paar Fragen zu stellen. Wo befindet sich Karl derzeit? Ist er im Dienst?«

»Er hat zwei Stunden Pause. Dann muss er Salate für das Abendessen vorbereiten.«

»Erinnern Sie sich an den 23. Juni? Das war ein Mittwoch. Ich möchte wissen, was Karl Korittke in der Zeit von 18 Uhr bis 19 Uhr gemacht hat. War er noch im Hotel?«

Theobald Diefenthal schien sich unsicher zu sein. »Mittwoch, 23. Juni, zwischen 18 Uhr und 19 Uhr«, wiederholte er. »Moment, ich schaue mal nach.« Er verschwand mit kurzen, rudernden Armen durch die Drehtür und kam kurz darauf mit einem Kalender zurück. Dann feuchtete er seinen Zeigefinger an und blätterte die entsprechenden Seiten zurück. »Karl Korittke war an dem Tag von 8 Uhr bis 19 Uhr in der Küche eingeteilt«, sagte er. »So steht es zumindest im Kalender.«

»Haben Sie gesehen, wann er gegangen ist?«

Diefenthal runzelte die Stirn. »Wenn ich mich doch erinnern könnte. Es war viel los an dem Tag. Die Gaststube war voll, ein Fußballspiel lief an dem Abend, das weiß ich noch.«

»Wer arbeitet denn eng mit Karl zusammen?«

»Der Louis. Aber der hat heute frei. Louis Blessmann, er ist im zweiten Lehrjahr. Die beiden sind oft in einer Schicht.«

»Wann ist er wieder da?«

Diefenthal klappte den Kalender zu. »Morgen ab 8 Uhr.«

»Sagen Sie ihm bitte nicht, dass ich hier war.«

*

Aus Zimmer 211 drang kein Laut. Fritz Starnke sah jedoch durch das Schlüsselloch, dass Licht brannte. Er drückte sich gegen die Flurwand, mit dem linken Ohr zur Tür. Die Wände in diesem Geschoss schienen recht hellhörig zu sein, selbst aus den Nebenzimmern bekam er Geräusche mit, Gesprächsfetzen, Radiomusik, Wasserplätschern.

Die WC-Tür mit dem Zylinder-Mann auf der gegenüberliegenden Seite ging auf und er sah, dass Karl Korittke heraustrat und sich im Gehen den Reißverschluss seiner Hose zuzog. Rasch wandte sich Starnke ab und tat so, als studiere er einen Stadtplan. Karl klopfte an der 211. Die Tür ging auf und er verschwand im Inneren.

Fritz Starnke faltete den Plan zusammen und presste sich neben der Tür mit dem Rücken an die Wand.

Im Innern des Raums war es augenblicklich mit der Ruhe vorbei.

»Das ist nicht dein Ernst, ich habe das Zimmer bis morgen bezahlt.«

»Ich weiß.«

»Und was soll ich so lange noch hier?«

»Es war deine Idee«, sagte eine knabenhafte Stimme. Sie klang nach Karl.

»Nein, deine. Schon vergessen?«

»Es war deine Idee, extra ein Zimmer zu mieten. Wir hätten auch meine Kammer nehmen können.«

»Und Gefahr laufen, dass uns jemand sieht?«

»Es war sowieso das letzte Mal, dass wir uns heimlich treffen.«

»Das Gefühl hatte ich eben auch. Den Grund würde ich aber gerne erfahren.«

»Es war ein Irrtum, Edmund. Genauso wie es dein Irrtum war, Bettine zu lieben.«

»Ich habe sie nie geliebt.«

»Ich weiß. Aber Bettine wusste das nicht! Du hast ihr das Herz gebrochen!«

»Hör auf, ich bin nicht dafür verantwortlich, dass sie sich da so reingesteigert hat.«

»Bettine hat ihr Kind verloren.«

Für ein paar Sekunden war Stille im Raum.

»Traurig, aber vielleicht das Beste. Was wäre aus ihm geworden? Was wäre aus Bettine geworden?«

»Du bist herzlos.«

»Manchmal geht es nicht anders.«

Pause. Fritz Starnke hörte ein dumpfes Geräusch, als wäre ein Gegenstand heruntergefallen. Er konnte aber nicht orten, von wo es kam, dazu war es zu schnell vorbei. Für einen Augenblick war es still.

»Ich gehe jetzt, Edmund. Meine Pause ist sowieso gleich vorbei. Was du machst, ist deine Sache. Du hast das Zimmer bis morgen, also kannst du auch bleiben.«

»Soll das ein Witz sein? Wofür haben wir dann den Plan geschmiedet? Du hast nun deine Ruhe, musst vor niemandem mehr Angst haben! Bleib doch noch für ein paar Minuten. Oder komm heute Abend noch einmal.«

»Nein, Edmund. Die Ruhe haben wir teuer erkauft.«

»Was soll das heißen?«

»Wir werden uns in der nächsten Zeit nicht sehen. Und wenn, dann nicht mehr allein.«

»Das meinst du nicht ernst, oder? Bitte, bleib hier! Karl! Bitte!«

Die Tür wurde so ruckartig aufgerissen, dass Fritz Starnke aus Versehen einen Laut von sich gab. Schnell wandte er sich ab und hielt seinen Stadtplan vors Gesicht. Karl schien nicht auf ihn zu achten. Mit den Händen in den Hosentaschen ging er auf die geschwungene Holztreppe zu und verschwand.

44. KAPITEL

Freitag, 02.07.1954

Je weiter sich der Zug von Osnabrück entfernte, desto unruhiger wurde Eva. Diesmal hatte sie Werner nicht den Zeitpunkt ihrer Ankunft am Hauptbahnhof mitgeteilt, zunächst, weil sie ihn überraschen wollte, und dann, weil sie sich seiner Gefühle nicht mehr sicher war. In ihre Vorfreude mischte sich ein anderes Gefühl, ein unangenehmes, so etwas wie Unbehagen. Den Grund dafür konnte sie sich zunächst nicht erklären. Vielleicht lag es an seinem Verhalten. Er hatte seit Tagen nicht mehr geschrieben, da sah sie nicht ein, ihm zu telegraphieren.

Sie zog das Abteilfenster herunter und blickte hinaus. Landschaften flogen vorbei, die immer platter wurden. Die Grenze nach Holland schien nur einen Steinwurf entfernt. Grasende Kühe, Schafe, vereinzelte Höfe, teilweise verfallen und verlassen. Wohnhäuser wie Puppenstuben mit niedrigen Fenstern und Türen, Heide- und Moorlandschaften, Bahnhöfe mit teils kriegsbedingten Behelfsbauten. Sie fragte sich, wie er reagieren würde, wenn sie ihn in seiner Wohnung überraschte. Seine Bedenken, die Nachbarn würden seine Liebe zu ihr nicht billigen und er könnte ins Gerede kommen, nahm sie nicht ernst. Es konnte nicht sein, dass er die Meinung anderer Menschen über ihre Beziehung stellte. Es konnte nicht sein, dass er nicht allmählich das Bedürfnis hatte, ihr sein Zuhause zu zeigen, dort mit ihr zu speisen, zu plaudern, zu lachen, sie zu lieben. All das konnte und durfte nicht sein. Sie waren doch ein Paar, oder nicht?

Ihr wertvollster Besitz war die Fotografie von ihm. Sie schloss das Fenster, setzte sich auf ihren Platz am Gang und zog das zerknitterte Schwarz-Weiß-Foto mit dem gezackten Rand aus ihrer Handtasche. Ein intelligentes Gesicht mit Geheimratsecken und scharfen Linien, die von einem bewegten Leben zeugten und ihn älter erschienen ließen, als er tatsächlich war. Die dunklen Augen hatten immer einen melancholischen Ausdruck, selbst wenn er lachte. Sie würde ihn nicht unbedingt als schön bezeichnen, aber als interessant und feinsinnig. Sie liebte dieses Gesicht. Sie liebte ihn.

Sie schloss die Augen und stellte sich vor, wie er reagieren würde, wenn sie plötzlich an seiner Haustür klingelte. Über das Vorlesungsverzeichnis der Universität hatte sie herausgefunden, wo er lebte. Es war eine feine Adresse in Blankenese, von ihrem Stadtviertel Uhlenhorst aus mit Umsteigen mehr als eine halbe Stunde mit der U-Bahn zu fahren.

Mit jedem Kilometer wuchs ihr Bauchgrummeln, sie bekam feuchte Hände und Füße, starken, unregelmäßigen Herzschlag und hatte einen Kloß im Hals. Sie freute sich unbändig auf ihn, war aber gleichzeitig auch fast krank vor Angst.

*

Er humpelte auf die Kinder zu, die vor dem Friseursalon spielten. Der Kleine in seiner grauen Lederhose saß ein Stück abseits auf dem Bürgersteig und beschäftigte sich mit zwei Blechautos. Erwin Bartsch tastete in seiner Jackentasche nach der Brausepulvertüte, die er gekauft hatte.

»Na«, sagte er und beugte sich zu dem Jungen herunter, »lassen sie dich wieder mal nicht mitspielen?«

»Macht nix«, sagte der Kleine, »ich spiele auch laleine. Hast du wieder Mäuschen für mich?«

»Natürlich, wenn du magst. Was hast du denn mit den kleinen Mäuschen gemacht, die ich dir geschenkt habe?«

»Zu Tine in sein Zimmer detan.«

»Brav, mein Kind.« Er streichelte dem Jungen über die lichtblonden Haare. »Du hast sie in ihr Zimmer getan. Hat sie sich darüber gefreut?«

»Weiß nicht, hat nix desagt. Nich mal dedankt hat Tine sich. Peter will auch mal!«

»Du willst auch eine Maus?«

Er nickte eifrig. »Grei für mich laleine!«

»Drei Mäuschen gleich? Warst du denn auch immer brav?«

»Immer bav.« Treuherzig blickte der Kleine zu ihm auf.

»Dann bringe ich dir mal wieder ein paar mit. Jetzt habe ich was anderes für dich, schau her. Wie heißt du noch mal?«

»Peter.«

»Ach ja. Peter. Du, ist die Bettine da?«

»Arbeiten. Haare sneiden da grin.« Er deutete mit seinem kleinen Zeigefinger zur Eingangstür des Salons.

»Wenn sie Mittagspause hat, gibst du ihr dann etwas von mir?«

»Was denn?«

Er zeigte ihm einen Briefumschlag.

»Papier?« Der Kleine runzelte enttäuscht die Stirn.

»Da drin ist ein Brief von Edmund. Ein Liebesbrief. Wiederhol das mal!«

»Bief von Eddi.«

»Genau. Den gibst du deiner Schwester Bettine und sagst ihr, dass es ein wichtiger Brief von ihrem Freund Edmund ist. Und dass er sich unbedingt mit ihr treffen will, um sich mit ihr zu versöhnen. Er wartet morgen Mittag um halb eins am Löwenpudel. Was sagst du ihr?«

»Bief von Eddi. Wartet auf Tine.«

»Fein, mein Junge. Und jetzt bekommst du eine Tüte Brausepulver vom netten Onkel. Magst du lieber Waldmeister, Himbeere oder Zitrone?«

Die Augen des Kleinen strahlten. »Krün«, sagte er.

»Na siehst du, dann also Waldmeister. Hat der Onkel dir doch das Richtige gekauft, hm? Und wenn du alles fein gemacht hast und deine Schwester wirklich um halb eins am Löwenpudel erscheint, bekommst du noch eine Packung Himbeere.«

»Jetz!«

»Nein, jetzt nicht. Erst musst du tun, was der Onkel sagt.«

»Morgen?«

»Ja, sicher, morgen. Aber nur, wenn du alles richtig gemacht hast!«

»Janaeanwort.« Peter hob drei schmutzige Finger in die Höhe.

Erwin Bartsch verstrubbelte die hellen Haare des Jungen, tippte sich an die Schiffermütze und ging weiter.

45. KAPITEL

Die Adresse in Blankenese war noch feiner, als Eva gedacht hatte. Eine Villa im Gründerzeitstil, mit Schmuckornamenten, Erkern und einer weißen Holzveranda wie in amerikanischen Filmen. Im Vorgarten spielten drei Mädchen in hellen Sommerkleidern Kricket. Sie trugen weiße Lackschuhe und Sandalen. Die sattgrüne Wiese hinter dem hohen Metallzaun war gesprenkelt mit Gänseblümchen und gelben Butterblumen. Am Rande blühten Rosen und Lilien. Hier wohnte Werner also. Eva stellte ihren kleinen karierten Koffer ab und suchte am schmiedeeisernen Eingangstor nach dem Klingelschild. Es gab nur ein einziges, aus glänzendem

Messing: »Prof. Dr. Dr. Werner Möninghoff«. Eva erstarrte innerlich vor Ehrfurcht. Sie hatte nicht damit gerechnet, dass er allein eine riesige Villa bewohnte. Und er hatte sie in ihrer schiefen Bruchbude in Uhlenhorst besucht! Was dachte er nur von ihr? Vielleicht fand er es gerade besonders reizvoll, eine arme Kirchenmaus als Freundin zu haben, vermutlich gab es ihm ein Gefühl von Macht, von Überlegenheit. Ihr Herz klopfte zum Zerspringen. Sollte sie es wagen zu klingeln?

Eines der Mädchen, kaum älter als ihre kleine Schwester, wurde auf sie aufmerksam. Die Kleine trug eine große himmelblaue Schleife in ihren langen Locken. »Zu wem wollen Sie denn?«, rief sie neugierig über den Zaun.

»Wohnt hier vielleicht ein Herr Professor Möninghoff?«

»Ja, das ist mein Vater. Soll ich ihm Bescheid sagen, dass Sie da sind?«

»Dein Vater?« Evas Stimme krächzte vor Aufregung. »Und die anderen? Sind das deine Geschwister?«

»Nur die eine«, antwortete das Mädchen. »Die Brigitte. Die andere, Ingeborg, ist meine Freundin.«

Eva nickte stumm und sah zu den Fenstern empor. Hinter der Gardine bewegte sich etwas. Eine großgewachsene, schlanke Gestalt, das könnte er sein. Mit einer eiligen Bewegung wischte er sie einfach weg, als wolle er eine lästige Fliege verscheuchen. Das hätte er wohl gerne, sie einfach aus seinem Leben zu entfernen. Noch immer stand Eva regungslos vor dem schmiedeeisernen Tor, unfähig, einen klaren Gedanken zu fassen.

»Soll ich meine Vater holen?«, fragte das Mädchen.

»Nein, lass ruhig. Ich glaube, ich gehe wieder.«

»Soll ich Vati etwas ausrichten?«

»Ja, du kannst ihm sagen, warte, sag ihm … nein, ich weiß nicht. Sag ihm nichts.«

»Wie heißen Sie denn?«

»Ich heiße … nein, ist egal. Ich bin nur eine Studentin und wollte ihm ein Buch zurückgeben, nichts weiter.«

»Das kann ich ihm ja auch geben.«

»Das könntest du, ja«, sagte Eva geistesabwesend und bemerkte mit starrem Blick, wie sich die Haustür öffnete und Werner mit eiligem Schritt auf sie zukam. Wie gut sie dieses ernste, hagere Gesicht mit den feinen Linien kannte, wie oft sie mit ihren Händen durch die dunklen Haare mit den Silberfäden gefahren war. Sie wusste genau, wie sie sich anfühlten. Sie wusste genau, wie er roch! Und sie erinnerte sich an seine Stimme, wie sie zärtliche Worte in ihr Ohr sprach.

»Macht, dass ihr reinkommt«, herrschte er die Kinder an. »Geht ins Haus, schnell, Mutter braucht euch in der Küche.«

Irritiert von seinem barschen Ton ließen die Mädchen die Kricketschläger fallen und gehorchten.

Auf seiner Stirn hatte sich eine Zornesfalte gebildet. »Was willst du hier? Habe ich dir nicht gesagt, dass du nicht herkommen sollst?«

Eva nickte und schluckte. Sie hielt sich am Tor fest, weil ihr schwindelig wurde.

»Warum hast du nicht gedrahtet, dass du kommst?«

»Ich wollte dich überraschen.«

»Die Überraschung ist dir offensichtlich gelungen.«

»Ich wusste nicht, dass du … Du hast mir nicht gesagt, dass du verheiratet bist und dass du … Kinder hast!«

»Ja, was denkst du denn? Dass ich mit 41 Jahren noch ledig bin? Wie naiv kann ein Mensch sein!«

»Du hast gesagt, du liebst nur mich!«

»Das war ja auch so. Ich habe dich nicht angelogen. Eine Zeitlang habe ich gedacht, ich sei in dich verliebt. Jedes Mal, wenn wir zusammen waren, warst du mir wichtig und ich habe alles andere ausgeblendet. Aber es geht nicht mehr, Eva. Unsere Zeit ist vorbei. Ich kann nicht mehr, dieses Doppelleben strengt mich zu sehr an. Meine Frau hat mir gestern Abend ein süßes Geheimnis verraten. Sie hat mir die freudige Nachricht überbracht, dass wir noch einmal das Glück haben, einen kleinen Friedensengel zu erwarten. Ich hoffe inständig auf einen Buben! Und ich hoffe, dass er kerngesund, klug und prächtig geraten sein wird! Das wäre das größte Geschenk meines Lebens!«

Sie schluckte und starrte ihn an.

»Du musst verstehen, Eva, die Zeit mit dir war schön, sie war etwas Besonderes, aber ich muss zu meiner Frau halten. Sie braucht mich jetzt, wo sie das dritte Kind erwartet.«

Ihr Kopf war leer, wie ausgepumpt. Sie konnte seine Worte nicht verstehen, nicht fassen, was er gerade gesagt hatte. Er hatte recht, naiv war sie gewesen, so naiv und dumm.

Verloren taumelte sie zurück, stolperte, fiel hin und stand wieder auf. Fast blind vor Tränen fand sie den Weg zurück zur Straßenbahnhaltestelle, stieg ein, presste ihren Kopf gegen die Scheibe und weinte bittere Tränen.

Und dann war plötzlich dieses Bild in ihr, das sie nicht zulassen wollte, sich ihr aber aufdrängte und Besitz von ihr nahm.

Es war Sommer, ein milder Abend, es dämmerte bereits, Grillen zirpten. Sie war auf dem Rückweg von ihrer Freundin, mit der sie im Kino gewesen war. Sie hatten den Film »Feuerzangenbowle« mit Heinz Rühmann gesehen. Diesen Abend würde sie nie vergessen. Harte, kratzende Hände griffen nach ihr, packten sie, zerrten sie in ein Gebüsch, rissen an ihrer Kleidung, taten ihr weh. Rauer Militärstoff, der nach Schweiß und Dreck stank, ein grobes, verzerrtes Gesicht über ihr, triefende Augen, rote, großporige Nase, ein klaffender, sabbernder Mund, aus dem es nach Fisch und Alkohol roch, ein britischer Akzent, das Gefühl, innerlich zerrissen zu werden und sterben zu müssen. Hinterher stellte sie verwundert fest, dass sie noch lebte, aber sie war dennoch tot. Nichts würde mehr sein, wie es mal war. Und dann zwei Monate später diese Frau in der Bierstraße in einem seltsamen, versteckten Raum hinter einer Tapetentür, nicht minder grob. Der Geruch nach Desinfektionsmittel und Essig. Auch sie zerrte an ihr, schimpfte und zeterte, weil sie nicht stillhielt, tat ihr weh, zerriss etwas in ihr, trennte sie von ihrem Kind, das sie nicht haben wollte, aber später doch schmerzlich vermisste.

*

Bettine holte ihr Fahrrad aus dem Hinterhof. Sie trug ihr neues Sommerkleid, hellgelb mit weißen Tupfen, das ihre Mutter während ihres Krankenhausaufenthalts fertig genäht hatte. Die Taille war schmal und der Rock schön weit und glockig geschnitten. Bei jeder Bewegung schwang er mit und umspielte luftig ihre Hüften, ganz nach der neuen Mode, wie sie in den Illustrierten abgebildet war. Eva hatte ihr ihren Lackgürtel geschenkt. Er war eine Wucht! Damit sah das Kleid noch umwerfender aus, Taille und Busen wurden stärker betont. Wie angenehm, ihren Bauch nicht mehr mit Stoffen und Kissen ausstopfen zu müssen und endlich wieder weibliche Kleidung tragen zu können! Am liebsten hätte sie sich für Edmund noch mehr zurechtgemacht, aber die Zeit hatte nur für Lippenstift und etwas Haarspray gereicht.

Es war kurz vor halb eins, als sie verschwitzt am Domhof ankam. Am verabredeten Treffpunkt, dem Löwenpudel-Denkmal, war jedoch niemand zu sehen. Es war typisch für Edmund, dass er erst einen Termin vorgab und sich dann selbst nicht daran hielt. Immer ließ er sie warten. Deprimiert stellte sie ihr Fahrrad ab und blickte sich um.

Von Minute zu Minute fühlte sich Bettine unbehaglicher. Sie zog den Brief von Edmund aus der Handtasche, um ihn zum wiederholten Male zu lesen. Vielleicht hatte sie etwas missverstanden?

Liebe Bettine,

ich bereue zutiefst, dass ich mich so ungeschickt verhalten habe. Sehr gerne möchte ich dich wiedersehen, um mich persönlich bei dir zu entschuldigen. Deshalb schlage ich vor, dass wir uns morgen um 12.30 Uhr am Löwenpudel treffen. Im Haus hält sich niemand auf außer mir, und deswegen können wir die Gelegenheit nutzen, dass wir zwei uns versöhnen und du über Nacht bleibst. Du kannst auch gerne das Gästezimmer beziehen. Dann haben wir wieder Zeit füreinander. Deiner Mutter könntest du sagen, du würdest bei einer Freundin übernachten (keinen Namen nennen, damit du keine Schwierigkeiten bekommst). Nimm bitte eine kleine Tasche mit Übernachtungszeug mit. Ich freue mich auf dich, liebe dich sehr, bis morgen,

dein dich begehrender und über alles liebender Edmund

Nein, es war unmissverständlich, er wollte sie hier treffen und die Uhrzeit war bereits um eine Viertelstunde überschritten. Sie hoffte, dass er einen triftigen Grund hatte, sie so lange warten zu lassen. Ein leichter Ärger stieg in ihr auf. Sie bereute es, sich abgehetzt zu haben und vermutlich ein wenig nach Schweiß zu riechen. Hätte sie doch nur ihr Deo erneuert, bevor sie losfuhr! Nun war es zu spät. Fünf Minuten gab sie ihm noch, keine Minute länger, dann würde sie nach Hause fahren.

Als sie zum gewiss zehnten Mal auf ihre zierliche Armbanduhr sah, hin- und hergerissen zwischen Sorge und Zorn, kam ein schwarzes Taxi vorgefahren. Der Fahrer stieg aus und lupfte seine Kappe. »Fräulein Korittke?«

»Ja?«

»Herr Edmund Kettler schickt mich. Leider ist ihm etwas dazwischengekommen. Er hat mich beauftragt, Sie zu ihm zu bringen. Steigen Sie bitte im Fond ein!« Er ging um den Wagen herum und öffnete die hintere Tür.

»Ist ihm etwas zugestoßen?« Nun nahm die Sorge überhand.

»Nein, er kann nur im Moment nicht selbst kommen. Er freut sich aber auf Sie und erwartet Sie! Ich glaube, er hat eine Überraschung vorbereitet.«

»Also gut«, sagte sie zögerlich. »Und mein Fahrrad? Kann ich das einfach so hier stehen lassen?«

»Sichern Sie es vorsichtshalber, es wird schon nicht wegkommen! Ich kann Sie morgen früh wieder hier abliefern, wenn es Ihnen recht ist!«

Bettine schloss ihr Fahrrad ab und stieg in das Taxi ein. Der Fahrer schlug die Autotür zu und setzte sich ans Steuer.

*

Fritz Starnke konnte seine Enttäuschung kaum verbergen, als er Bettine nicht in der Johannisstraße antraf, sondern mit ihrer Mutter vorliebnehmen musste. Lieselotte Korittke schnitt ihm ein Stück Kuchen ab, den sie kurz vorher gebacken hatte. Dazu gab es Tee.

»Kennen Sie einen Edmund Meier?«, fragte Fritz und führte die Tasse zum Mund.

Lieselotte Korittke legte die Stirn in Falten. »Einen Edmund Meier kenne ich nicht, aber einen Edmund Kettler. Ja, das ist der Freund von Bettine beziehungsweise er war es! Die beiden sind kein Paar mehr, was ich sehr schade finde. Aber man kann den jungen Leuten keinen Vorwurf machen, man darf nicht reinreden, die müssen ihre eigenen Erfahrungen machen, nicht wahr?«

»Das sehe ich auch so. Ich muss Ihnen ein Kompliment aussprechen, der Kuchen schmeckt ausgezeichnet.«

»Danke sehr, es ist ein Rezept meiner Mutter, ich wollte es mal wieder ausprobieren.«

»Es ist Ihnen gelungen. Weshalb ich eigentlich hier bin … Ich würde Bettine gerne persönlich nach ihrer Beziehung zu Edmund befragen. Wann kommt sie wieder?«

»Sie wollte zu einer Freundin. Hat mir eine Notiz dagelassen. Da, bitte, schauen Sie!«

Fritz überflog den Zettel. Bettine schrieb, eine Freundin habe Liebeskummer und wolle, dass Bettine möglichst über Nacht blieb, damit sie nicht so allein wäre. »Ist das die Handschrift Ihrer Tochter?«, fragte er.

Leicht beunruhigt sah sie auf. »Natürlich! Haben Sie daran Zweifel?«

»Ist es häufiger der Fall, dass Ihre Tochter über Nacht wegbleibt?«

»Nein, eigentlich nicht. Aber früher hat sie schon manchmal bei ihrer Freundin übernachtet. Da war sie zehn oder zwölf Jahre alt. Vielleicht wollten die beiden an alte Zeiten anknüpfen.«

Fritz trank einen Schluck Tee. »Und Ihr Sohn?«

»Karl? Der arbeitet noch. Wann er zurückkommt, kann ich Ihnen nicht sagen.«

»Ihr Sohn versteht sich offenbar auch gut mit Edmund. Wissen Sie etwas darüber?«

»Was soll ich darüber wissen? Karl ist mit Edmund befreundet. Er geht hier ein und aus, sie spielen zusammen Schach. Das heißt, in letzter Zeit war er kaum hier.«

»Warum das?«

»Ach, wissen Sie, wenn ich mich jedes Mal fragen sollte, warum meine Kinder dies tun und jenes lassen, dann käme ich zu nichts anderem mehr. Bei sechs Kindern, na ja fünf, meinen Gerd zähle ich immer noch mit, wird man mit der Zeit nachlässiger. Mir ist jetzt erst aufgefallen, dass Edmund uns nicht mehr oft besucht. Vielleicht traut er sich nicht wegen Bettine. Ich muss Karl mal fragen, was los ist.«

»Was sagte Ihr Mann zu Edmund Kettler? Also Ihr … Bekannter? Damit meine ich Herrn Schmalstieg.«

»Rolf? Der war anfangs begeistert von ihm, später änderte er seine Meinung.«

»Woher der Sinneswandel?«

»Ich vermute, es lag daran, dass Edmund unsere Bettine geschwängert hat, aber dann doch nicht heiraten wollte. Rolf hatte seine Prinzipien.«

»Aber Edmund durfte dennoch weiterhin kommen? Oder hat Ihr Bekannter ihm Hausverbot erteilt?«

»Nein, das nicht. Edmund war auch Kunde bei Rolf, genau wie sein Vater. Beide lassen sich einmal im Monat bei uns die Haare schneiden.«

Die Stimmung kippte. Fritz merkte Lieselotte an, dass sie es leid war, ausgefragt zu werden. Nervös lief sie auf und ab und gab vor, das Abendessen für die Familie vorbereiten zu müssen. Mit einem Blick auf die Uhr verabschiedete Fritz sich. Er spürte, dass er im Moment hier nicht weiterkam.

Draußen vor der Tür begegnete er Lieselottes Kindern. »Hast du Bausepulver für mich?«, fragte Peter.

Fritz Starnke lachte. »Leider nicht. Magst du das gerne?«

Der kleine Junge verzog das Gesicht, als wolle er weinen. »Himbeer, hotes Bausepulver.«

»Tut mir leid, ich habe keins. Vielleicht hat deine Mami oben was?«

Traurig schüttelte der Kleine den Kopf. »Nein, Mutti nich. Nur der Mann, aber der kommt heute nich. Der mit den Mäuschen. Wohl nie mehr.«

»Welcher Mann kommt nicht mehr?«

»Der Bausepulvermann.«

»Er meint wahrscheinlich den Eismann«, sagte Karin und fing den Ball, den ihre Freundin gerade warf. »Der hält manchmal mit seinem Wagen in unserer Straße und hat ab und zu auch Brausepulver. Aber eher selten.«

»Gar nich«, schmollte Peter. »Nich Eismann.«

»Wenn du nicht lieb bist, musst du reingehen«, sagte Karin altklug und schoss mit dem Ball ihren kleinen Bruder ab, dass er aufheulte wie eine Sirene.

»Mann, der Mäuschen debacht hat und Bausepulver und Bief«, brüllte er und stampfte mit dem Fuß auf.

»Halt die Gosch, Peter, du gehst mir auf die Nerven!«

*

Auf dem Rückweg zum Hotel hatte sich Starnke in einer Bäckerei mit Hedeweggen und einer Flasche Kakao eingedeckt. Er liebte das süße Hefegebäck mit den Rosinen und war froh, nicht allein im Restaurant das Abendessen einnehmen zu müssen. Das war er nicht gewohnt und er mochte es nicht. Kaum hatte er es sich am Schreibtisch gemütlich gemacht und das Radio eingeschaltet, um die 20-Uhr-Nachrichten zu hören, klopfte es und ein Zimmermädchen mit weißer Spitzenschürze trat ein.

»Ich möchte bitte zur Nacht aufdecken«, sagte sie schüchtern. »Darf ich hereinkommen?«

Starnke, der nicht wusste, was damit gemeint war, ließ sie eintreten.

»Katharina«, stellte sie sich vor. »Ich bin Ihrem Zimmer zugeteilt.« Ihr Name stand auch auf dem Schildchen, das sie an ihrer Uniform befestigt hatte.

»Ich bin neu hier, hatte vorgestern meinen ersten Arbeitstag. Bislang ist jemand mitgegangen, nun soll ich es allein probieren«, erklärte sie. »Wenn es Ihnen nicht recht ist, sagen Sie es mir ruhig, dann hole ich meine Kollegin.«

Irritiert sah der junge Kommissar ihr dabei zu, wie sie die glatte Bettwäsche aus blütenweißem Damast zurückschlug und ein frisches Handtuch vor dem Bett ausbreitete. Dann zog sie eine Praline aus der Tasche ihrer steifen Tracht und legte sie auf sein duftendes Kopfkissen. Mit einem Knicks bedankte sie sich für seine Geduld. »Ist alles recht so?«, wollte sie wissen. »Oder haben Sie noch einen Wunsch, Herr Starnke? Ich kann Ihnen gerne eine Wärmflasche bringen.«

»Danke, Sie machen das ausgezeichnet, Fräulein, als hätten Sie nie etwas anderes getan. Wo waren Sie denn vorher, wenn ich fragen darf?«

»In einem Privathaushalt einer vornehmen Villa.«

»Und dort hat es Ihnen nicht gefallen? Verzeihen Sie meine Neugierde.«

»Keine Ursache. Mir ist gekündigt worden, weil die Herrschaften eine Verwandte einstellen wollten, aber immerhin hat man mir ein ausgezeichnetes Zeugnis ausgestellt, sodass ich mich auf diese frei gewordene Stelle bewerben konnte. Ich habe sie sofort bekommen.«

»Sehr gut, Glückwunsch!«, meinte der Kommissar und kraulte verlegen sein Kinn.

»Es war immer mein Wunsch, in einem großen Hotel zu arbeiten. Ich bin froh, dass er sich so schnell erfüllt hat. Etwas Besseres hätte mir nicht passieren können.«

»Freut mich für Sie. Eine Frage hätte ich noch: Haben Sie auch im Zimmer von Herrn Edmund … Meier aufgedeckt?«

»Bedaure, Herr Meier hat sein Zimmer den ganzen Tag lang nicht betreten.«

»Er ist aber noch nicht abgereist?«

Das Zimmermädchen wirkte unschlüssig. »Ich weiß nicht, ob ich Ihnen das sagen darf.«

»Ich bin die Polizei, mir dürfen Sie alles sagen.«

»Sie sind von der Polizei?« Sie strich ihre kleine Schürze glatt. »Ich glaube, er hat seinen Aufenthalt verlängert. Sicher bin ich mir nicht, ich müsste nachschauen.«

Fritz Starnke gab ihr eine Mark Trinkgeld. »Ein gutes Eingewöhnen«, sagte er augenzwinkernd.

46. KAPITEL

Sonnabend, 03.07.1954

Fritz Starnke hatte das Frühstück im Hotel genossen und sich sattgegessen wie lange nicht mehr. Die Sonne schien durch die großen Fenster in den Speisesaal und versetzte ihn in eine Hochstimmung. Alles war edel und fein. Ein Musiker spielte bekannte klassische Melodien auf dem Flügel wie schon am Abend zuvor. Er hatte es von der Lobby aus gehört, als er sich an der Rezeption die Abendzeitung holte. Ein wenig beneidete Fritz die anderen Gäste um ihren Wohlstand, den Luxus eines noblen Hotels, den sie sich leisten konnten. Vielleicht fuhren sie manchmal sogar in den Urlaub, wo sie jeden Morgen mit einem so herrlichen Frühstück in den Tag starten konnten. Wenn er zwei Jahre eisern sparen würde, könnte er sich vielleicht auch einmal ein paar Tage Erholung am Meer oder in den Bergen mit seiner Mutter leisten. Es musste aber kein so teures Hotel für 30 Mark die Nacht sein, eine einfache Pension tat es auch. Das nahm er sich fest vor, während er das letzte Brötchenstück mit köstlicher Quittenmarmelade verspeiste.

Karl und Edmund hatte er nicht mehr zu Gesicht bekommen. Allerdings hatte er schon beim Servieren des Kaffees nach dem Küchenmeister gefragt. Der erschien wie bestellt, als er gerade mit dem Frühstück fertig war und die Neue Tagespost las.

Fritz Starnke folgte ihm in die Lobby. Es war kurz vor acht.

Gerade kam der Lehrling Louis Blessmann durch die Schwingtür, ein untersetzter Junge mit strohblonden Haaren und Pickeln auf der Stirn. Starnke bat die beiden zu sich an einen Ecktisch. Dort waren sie sicher vor neugierigen Augen und Ohren.

»Herr Blessmann, ich habe Sie eigentlich gestern erwartet. Habe gehört, dass es Ihnen nicht so gut ging?«

Der Junge nickte. »Ich hatte Bauchschmerzen«, stammelte er. »Wohl zu viel durcheinander probiert.«

»Ich hoffe, Sie konnten sich ausruhen und es geht Ihnen nun besser?«

Wieder ein Nicken, diesmal etwas ängstlich.

»Sie arbeiten mit Karl Korittke zusammen?«, wollte Fritz Starnke von dem Lehrling wissen, nachdem dieser stotternd vor Aufregung einige Fragen zu seiner Person hinter sich gebracht hatte.

»Treffen Sie sich auch privat?«

»Klar, manchmal nach Feierabend.«

»Was machen Sie dann so?«

»Wir ziehen um die Häuser, gucken, was los ist, kicken ein bisschen auf dem Bolzplatz oder gehen zu Klute, wo es eine Musikbox gibt. Aber das nur freitags oder sonnabends.«

»Und unter der Woche?«

»Da arbeiten wir. Und gehen früh schlafen. Die Arbeit ist anstrengend«, fügte er mit einem schüchternen Seitenblick auf seinen Chef hinzu. Als dieser warnend die Augen verengte, bekam der Junge rote Ohren.

»Aha. Wie würden Sie Karl beschreiben? Was ist er für ein Mensch? Ist er eher ausgeglichen oder neigt er zu Wutausbrüchen oder gar zu Jähzorn?«

»Na ja, ein Engel ist er nicht gerade. Er kann schon mal wütend werden, wenn man ihn reizt. Mir hat er mal eine gescheuert. Mein Auge war hinterher zugeschwollen und ich hatte einen Bluterguss. Aber er hat sich entschuldigt.«

Der Koch trat ihn unter dem Tisch gegen das Schienbein. Daraufhin verzog der Junge das Gesicht.

»Kommt es öfter vor, dass Karl wütend wird?«

»Im Moment ist er friedlich«, sagte der Junge. »Es geht ihm gut, seit der Alte tot ist. Früher hat er viel Mist gebaut, Bier und Zigaretten gestohlen, all so was. Da war er immer vorneweg. Also er hatte die Idee, nicht ich.«

Der Koch verdrehte die Augen.

Louis sah betreten drein. »Das war früher, jetzt nicht mehr«, sagte er schnell.

»Wie war Karl am Mittwochabend vor einer Woche? Ich rede von dem Tag, als das Spiel Deutschland gegen die Türkei stattfand«, betonte Fritz Starnke. »Wie haben Sie Ihren Freund an dem Abend erlebt?«

»Ich weiß nur, dass er aufgeregt war und viele Fehler machte.« Louis wandte sich an seinen Chef. »Stimmt doch, Sie haben dauernd mit ihm geschimpft, Herr Diefenthal, wissen Sie das nicht mehr?«

»Er war den ganzen Tag über unkonzentriert?«, hakte Fritz Starnke nach.

Beide nickten.

»Noch mal zu meiner Frage: Wann ist er gegangen?«

»Zu früh«, sagte Louis. »Eigentlich darf ich das nicht sagen, ich habe es ihm versprochen.«

»Ich muss Sie darauf hinweisen, dass ein Versprechen bei einer polizeilichen Befragung nicht mehr gilt. Sie müssen mir alles sagen, was Sie wissen, Herr Blessmann, sonst sind Sie am Ende noch selbst dran, und das wollen Sie doch nicht, oder?«

Verunsichert schüttelte der Junge den Kopf.

Der Koch stupste ihn an. »Auf, Louis, hilft nichts, nun mal raus mit der Sprache!«

»Also gut, ich weiß noch, dass ich neidisch auf ihn war, weil er sich einfach davongemacht hat und nicht mit saubermachen wollte. Die Arbeitsflächen und die Herdplatten mussten abgeschrubbt werden und der Boden gewischt. Wir waren noch längst nicht fertig. Ich wollte auch gern das Spiel hören, musste aber bleiben.«

»Die genaue Uhrzeit brauche ich.«

»Ich meine, es war am späten Nachmittag. Ich habe nicht auf die Uhr geschaut, als er plötzlich verschwunden war. Ich dachte nur: Oh Mann, was soll das bloß, das gibt nur wieder Ärger!«

»Können Sie das bestätigen?«, wandte sich Fritz Starnke direkt an Diefenthal. »Am Nachmittag ist er bereits gegangen?«

»Wenn er das so sagt …« Der Koch zuckte mit den Schultern. »Sie können mich totschlagen, ich weiß es wirklich nicht mehr. Es ging hektisch zu, ich habe nicht auf Karl geachtet. Insgeheim war ich froh, dass er irgendwann weg war, denn er hat mich furchtbar geärgert mit seinem bockigen Verhalten.«

»Das stimmt«, bestätigte Louis und grinste. Dann wurde er ernst. »Man kann seine Wut aber auch verstehen. Er hatte mächtig Ärger mit seinem Vater, dem Friseur. Der wollte ihn in ein Erziehungsheim stecken. Ganz weit weg sollte er, wohin, wusste Karl selbst nicht. Mann, hatte er einen Zorn!«

»Ins Erziehungsheim sollte er?«, fragte der Kommissar, der die Geschichte bereits kannte, aber nun Louis' Version hören wollte.

»Ja, weil er Mist gebaut hat. Sein Ziehvater hatte die Nase voll. Er hatte ein geschlossenes Heim gefunden ohne Ausgang. Wie ein Gefängnis, mit Gittern und so. Wenn der Friseur nicht tot wäre, wäre Karl jetzt bestimmt schon da.«

Fritz Starnke zeigte nicht, wie erschüttert er war. Er selbst vermisste seinen Vater, trauerte jeden Tag um die verpassten Gelegenheiten mit ihm, war aber insgeheim froh darüber, dass seine Mutter ihm keinen neuen Mann präsentiert hatte. Das war ihm wenigstens erspart geblieben, es hätte bestimmt Konflikte gegeben. Mit 15 Jahren hätte er keinen neuen Vater mehr akzeptiert, egal, wie nett er war.

Dann wollte Fritz wissen, mit wem Karl Korittke außer ihm noch Kontakt hatte. Die Antwort fiel mager aus.

»Kennen Sie einen Edmund Kettler?«

»Das ist der Freund von Karls Zwillingsschwester«, sagte Louis, ohne zu zögern.

»Hm, haben Sie Edmund im Hotel einmal gesehen?«

»Hier? Nein! Nie!«

»Sie auch nicht?«, wollte Fritz von Diefenthal wissen.

»Ich kenne den nicht einmal«, sagte der Koch. »Über Karls Privatleben weiß ich so gut wie nichts.«

Fritz Starnke massierte sein schmales Kinn. »Besitzt Karl eine Pistole?«

»Karl nicht«, sagte Louis. »Aber er hat mal erzählt, dass sein Ziehvater eine hatte. Im Nachttisch neben seinem Bett. Er wollte sie ausleihen, um Schießübungen zu machen. Darauf folgte eines der berühmten Donnerwetter zu Hause. Am nächsten Tag hatte er ein blaues Auge und konnte sich drei Tage lang nicht mehr richtig hinsetzen.«

»Rolf Schmalstieg hatte eine Pistole? Was für eine?« Auch in diesem Punkt zeigte sich Fritz Starnke unwissend.

»Das kann ich nicht sagen.«

»Wollen Sie nicht oder können Sie nicht?«

»Ich weiß es nicht.«

Fritz Starnke nahm Louis ins Visier. »Kann Karl denn schießen?«

Louis strahlte übers ganze Gesicht. »Auf jeden Fall! Auf dem Jazzer ist er immer der Beste. Karl wird auf jeder Kirmes Schützenkönig! Erst im März hat er den Titel wieder verteidigt.«

Sein Chef stieß ihn in die Seite, woraufhin er verstummte. Nach einigen Sekunden musste er dann noch etwas loswerden. »Sie denken aber nicht, dass er den Friseur erschossen hat, oder? So was würde er nicht machen, dazu ist er am Ende doch zu feige …«

»Eben«, fiel ihm Theobald Diefenthal ins Wort. »Das glaube ich auch nicht. Karl ist schwierig, mitunter sogar jähzornig, hat aber einen guten Kern. Ich glaube an ihn. Er wird seinen Weg gehen, vielleicht etwas später als die anderen.«

»Wo ist er überhaupt? Ich habe ihn heute noch nicht zu Gesicht bekommen.«

»Karl ist zu Hause. Seine Schicht beginnt um 14 Uhr.«

»Darf ich bitte mal telefonieren?«, bat Fritz, dem der kurze Blickwechsel zwischen den beiden Hotelangestellten nicht entgangen war.

»Selbstverständlich, ich melde ein Telefongespräch an.« Theobald Diefenthal erhob sich rasch. Der Lehrling verabschiedete sich ebenfalls mit der Entschuldigung, seine Schicht habe schon begonnen und er müsse Gemüse für das Mittagessen schnippeln. Fritz Starnke begab sich ins Foyer, um auf die freigeschaltete Leitung zu warten. Sein Herz hämmerte in seiner Brust. Karl war Schützenkönig, obwohl er in seiner Vernehmung vom Donnerstag, den 24. Juni, ausgesagt hatte, er könne nicht schießen. Und Karl hatte leicht Zugang zu einer Schusswaffe. Sie befand sich im Haus seines Stiefvaters! Außerdem gab es eine Differenz zwischen seiner Zeitangabe und der Aussage von Louis Blessmann, eine gewaltige Differenz. Karl Korittke hatte ein Motiv und kein Alibi. Eine Spur! Endlich eine Spur, mit der er etwas anfangen konnte! Sein kostspieliger Aufenthalt im Hotel hatte sich bezahlt gemacht. Der Chef würde stolz auf ihn sein!

*

Johann Conradi legte den Hörer auf die Gabel. Aus dem Labor war gerade ein möglicherweise entscheidender Hinweis gekommen. Auf dem Feuerzeug war ein kompletter Fingerabdruck sichergestellt worden, der nicht der Finderin zuzuordnen war. Dieser Abdruck fand sich auch auf der Registrierkasse des Friseursalons, auf dem Verkaufstresen und auf dem Kittel des Friseurs. Tatsächlich konnte er sogar fast vollständig auf der Visitenkarte mit der Adresse des Nervenarztes verifiziert werden. Ein Abgleich mit der niedersächsischen Täterkartei ergab, dass der Fingerabdruck bereits erfasst war. Er war anderthalb Jahre zuvor Edmund Kettler abgenommen worden, dem Sohn des Möbelfabrikanten Walter Kettler, der beim Diebstahl einer Luxuskarosse erwischt worden war. Zusammen mit Karl Korittke.

*

»Ich weiß nicht, was Sie sich davon versprechen«, sagte Dr. Ritter und zog ein bekümmertes Gesicht. »Vor allem weiß ich nicht, was ich damit zu tun haben soll. Sie haben zufällig eine Karte mit meinem Namen gefunden, na schön. Was beweist das schon? Ich habe Hunderte von Patienten in meiner Kartei und bestimmt ebenso viele Visitenkarten verteilt. Stecken Sie Ihren lächerlichen Durchsuchungsbefehl wieder ein!«

»Edmund Kettler ist ein Patient von Ihnen.«

Der Nervenarzt zog fast unmerklich die Schultern hoch.

»So, und nun zeigen Sie mir bitte Kettlers Patientenakte. Ich weiß, dass er hier in Behandlung war.«

»Habe ich eine Chance, mich zu widersetzen?«

Johann Conradis eiserner Blick war Antwort genug. Zögernd ging Dr. Ritter zum Aktenschrank, holte die Patientenakte von Edmund Kettler hervor und warf sie auf den Tisch. »Ja, er war ein Patient von mir, aber nicht lange. Auch wenn es mir schwerfällt und meinem Ehrenkodex als Arzt widerspricht, der mich an die Schweigepflicht bindet, muss ich hier wohl Rede und Antwort stehen. Es tut mir leid für Herrn Kettler, und natürlich hoffe ich auch, dass es mir persönlich nicht schadet. Mein Ruf als Nervenarzt war bisher stets einwandfrei.«

»Seien Sie unbesorgt«, beruhigte Conradi ihn.

»Nun gut. Herr Kettler kam wegen Depressionen zu mir, ein unglücklicher junger Mann, der sogar über Suizid nachgedacht hatte. Erst dachte ich, es läge an seinem strengen Elternhaus. Sein Vater hat ihn von frühester Kindheit an überfordert, in ihm seinen Nachfolger gesehen. Er hat ihn getriezt, zunächst mit geforderten Leistungen in der Schule, später mit seinen überhöhten Ansprüchen, was Edmunds berufliche Laufbahn anbelangte. Edmund hatte ständig das Gefühl, es seinen Eltern nicht recht machen zu können. Er fühlte sich wie ein Tier im Käfig, eingesperrt, beobachtet, kontrolliert. Ständig kämpfte er dagegen an, versuchte, seinem Schicksal zu entkommen und aus dem häuslichen Gefängnis zu fliehen. Dabei kam er kein Stück weiter, tobte sich in der Enge seines kleinen Daseins aus.« Er trank einen Schluck Kaffee, bot Conradi aber nichts an. Nachdenklich stellte er die Tasse ab. »Wie in einem Hamsterrad fühlte er sich, so drückte er sich aus. Ja, und im Laufe vieler Gespräche kam er dann darauf zu sprechen, dass er anders war als andere Männer, dass er bestimmte Neigungen hatte, die ihn von anderen unterschied.« Der Mediziner stand auf und begab sich zum Fenster, das zur Lotter Straße hinausging. Eine Weile stand er da und beobachtete den Autoverkehr, der um diese Tageszeit zunahm. »Edmund Kettler ist homosexuell«, fuhr er fort, noch immer am Fenster stehend und Conradi den Rücken zuwendend. »Er hatte es immer wieder mit Mädchen versucht, spürte ihre Liebe und Zuneigung, konnte sie aber nicht erwidern, was ihn geschmerzt hat, aber es stand nicht in seiner Macht, etwas daran zu ändern. Er fühlt sich vom anderen Geschlecht nun einmal nicht angezogen.« Er setzte sich wieder hinter seinen Schreibtisch. »Bis er dann eines Tages feststellte, dass er sich in den Stiefsohn des Friseurs Schmalstieg verguckt hatte, in Karl Korittke.«

Conradi nickte. »Er wird Schwierigkeiten bekommen haben, fürchte ich.«

»Natürlich. Seine Neigung ist gesellschaftlich in keiner Weise toleriert, sie wird als Abartigkeit angesehen, als Krankheit. Sie wissen sicher besser als ich, dass homosexuelle Handlungen ein Straftatbestand sind und geahndet werden.«

Conradi seufzte. »Oh ja, Paragraf 175 des Strafgesetzbuches. Ihm drohen ein Ermittlungsverfahren und eine Gefängnisstrafe.«

»Und dem wollte er sich natürlich nicht aussetzen. Deshalb war er bei mir und hat Hilfe gesucht.«

»Ich verstehe.«

»Und Sie verstehen hoffentlich auch, Herr Inspektor Conradi, dass ich unter ärztlicher Schweigepflicht stehe und selbstverständlich meinen Patienten schützen will. Sie werden Ihr Wissen nicht missbrauchen, nicht wahr? Kann ich mich auf Ihr Wort verlassen?«

»Selbstverständlich, Herr Dr. Ritter. Ihnen ist bekannt, dass der Ziehvater von Karl Korittke ermordet worden ist und dass ich in dem Fall ermittle.«

Der Arzt seufzte. »Schlimme Sache. Ich glaube jedoch kaum, dass ich zur Aufklärung dieser Straftat beitragen kann.«

»Wann war Edmund Kettler das letzte Mal bei Ihnen?«

»Sie sehen es anhand der Patientenakte.« Der Arzt nahm sie an sich und blätterte darin herum. »Am 5. Mai. Das war ein Mittwoch. Ich erinnere mich sehr gut daran, denn wir haben über das Grubenunglück gesprochen. Im italienischen Grosseto kamen 43 Bergleute ums Leben. Er war sehr aufgewühlt, sprach an dem Tag über nichts anderes, hatte Tränen in den Augen. Das zeigte mir, wie empfindsam er ist, hochsensibel, empathisch. Ich halte Herrn Kettler sogar für hochintelligent. Er durfte nur nie zeigen, was in ihm steckte. Er wäre gerne Schauspieler geworden, hat sich sogar am Stadttheater in Osnabrück beworben, um Unterricht in Schauspiel, Gesang und Tanz zu nehmen, aber sein Vater ist dahintergekommen und hat vehement einen Riegel vorgeschoben.«

Conradi nickte. »Und danach ist er nie wiedergekommen? Hätte es denn weitere Termine gegeben?«

»Auf jeden Fall. Herr Kettler war an jedem Mittwoch und fast an jedem Freitag bei mir. Er hat mir jedoch eine Woche später fernmündlich mitgeteilt, dass er keinen Sinn in einer weiteren Behandlung sehe und diese beenden wolle. Er hätte einen Weg gefunden, mit seiner Homosexualität umzugehen. Sein Vater würde glauben, er habe eine Freundin. Ich fragte ihn daraufhin, um wen es sich dabei handle, und er sagte, es sei die Schwester von Karl.«

»Ah ja. Hat er ihre Schwangerschaft erwähnt?«

»Ihre Schwangerschaft?« Dr. Ritters Ausdruck schwankte zwischen Verwunderung und Belustigung. »Das Kind war doch nicht von ihm?«

»Nein. Bettine Korittke war gar nicht schwanger.«

Dr. Ritter lachte auf. Ungläubig schüttelte er den Kopf. »Das müssen Sie mir erklären!«

47. KAPITEL

»Jetzt also doch dieser Junge?«, bellte Albert Drescher ins Telefon.

»Ich möchte bitte vorab Herrn Conradi sprechen«, sagte Starnke atemlos.

»Bedaure, Herr Conradi ist außer Haus.«

»Wo ist er denn?«

»Was fragen Sie mich, sind Sie nicht auf dem Laufenden? Sie arbeiten doch in einem Stab! Also gut, in einer Zeugenvernehmung befindet er sich gerade.«

»Wann kommt er zurück?« Fritz Starnke vermied es hinzuzufügen, wie peinlich ihm der Umstand war, dass er nichts davon wusste.

»Was denn nun? Lieber Starnke, Sie haben mir eben weismachen wollen, dass Sie den Täter so gut wie in der Tasche haben, jetzt zeigen Sie Mumm und ziehen die Sache allein durch!«

»Wann kommt Herr Conradi denn zurück?«, fragte Starnke kleinlaut noch einmal.

»Zum Donnerwetter, Starnke, ich bin hier der Chef! Sie erzählen mir jetzt genau, welche Beweise und Indizien Sie gegen Karl Korittke ermittelt haben! Seien Sie doch froh, am Ende den Fall gelöst zu haben, anstelle von Conradi! Das ist Ihre Chance, Starnke, nutzen Sie die gefälligst! Nur einer kann demnächst befördert werden. Nur einer wird mein Nachfolger und zieht in mein Büro ein, wenn ich nach Hannover gehe. Wenn … Hören Sie … Noch ist nichts spruchreif! Ihnen würde ich das auf jeden Fall mehr gönnen als Conradi!«

Fritz Starnke war sich plötzlich unsicher. War es ein Fehler gewesen, sofort zum Telefon zu greifen? Hätte er nicht lieber warten sollen, bis er Johann Conradi persönlich antraf? Er wollte nicht im Alleingang handeln, das war er seinem Kollegen schuldig. Conradi hatte ihm viel Vertrauen entgegengebracht, und nun wollte auch er ihm seine Loyalität zeigen. Er hatte nicht damit gerechnet, dass die Sekretärin sofort zu Drescher durchstellen würde.

»Starnke, ich warte!«

Es half nichts, er musste da nun durch. Stockend berichtete er, welche Indizien er zusammengetragen hatte. »Das von Anfang an wackelige Alibi Karl Korittkes, das nun durch Louis Blessmanns Aussage noch mehr ins Wanken geraten war, gibt mir zu denken. Der Junge hatte die Hotelküche bereits am späten Nachmittag verlassen, obwohl er erst um 19 Uhr Feierabend hatte. Keiner aus der Familie hatte ihn während des Fußballspiels zu sehen bekommen, auch nicht davor. Nur die Großmutter behauptete, sie habe ihm Tee gekocht, da er sich wegen einer Erkältung schlafen gelegt habe. Richtig überzeugend wirkte sie nicht. Sie verstrickte sich auch bei der Uhrzeit in Widersprüche – erst sprach sie von 19 Uhr, dann von 18 Uhr. Beide Uhrzeiten stimmen jedoch nicht. Karl Korittke hatte demnach jede Menge Zeit, seine Mordpläne in die Tat umzusetzen. In jedem Fall war er rechtzeitig zu Hause. Gegen 18.20 Uhr wurde sein Ziehvater tot aufgefunden. Davon abgesehen hatte er ein handfestes Motiv, nämlich Rachegefühle sowie Angst vor der Zukunft.«

»Gut, gut, noch etwas?«, unterbrach Drescher seinen Redefluss.

»Warten Sie. Karl ist nach Aussage seines Kollegen Louis Blessmann ein ausgezeichneter Schütze, der regelmäßig auf Volksfesten seinen Titel als Schützenkönig verteidigt. Karl hingegen hat behauptet, er könne nicht schießen und wolle damit nichts zu tun haben. Sie können das im Vernehmungsprotokoll nachlesen, Herr Drescher. Zu seinen Ungunsten wirkt sich außerdem sein Eintrag ins Erziehungsregister aus. Wegen kleinerer Delikte ist er bereits nach dem Jugendstrafrecht verurteilt worden und musste ein paar Sozialstunden in einem Altenheim ableisten.« Die einzelnen ihm zugetragenen Grenzüberschreitungen erwähnte er nicht, auch nicht seinen Verdacht, Karl Korittke könne homosexuelle Neigungen haben. »Für mich steht er unter dringendem Tatverdacht«, beschloss er seine Beweisführung.

»Das sieht ganz passabel aus«, schnaubte Drescher, der den Fall satthatte und auf eine schnelle Lösung drängte. »Ich mach das hier fertig und hole rasch die Unterschrift vom Staatsanwalt ein. In einer Stunde können Sie den Haftbefehl bei mir im Büro abholen. Dann können wir den Jungen bereits Anfang nächster Woche dem Haftrichter vorführen. Gute Arbeit, Starnke! Ich bin sehr zufrieden mit Ihnen. Waren wir doch auf dem falschen Dampfer, was?«

»Wie meinen Sie das?«, fragte Fritz verunsichert.

»Nun, wir dachten doch alle, es wäre dieser Kohlenhändler. Wie heißt er noch, Bartsch? Richtig? Conradi ist ihm auf den Fersen.«

»Ich weiß«, sagte Fritz matt.

»Dann hat sich ja Ihr Luxusurlaub im Hohenzollern vollumfänglich bezahlt gemacht, was? Ich war zunächst dagegen, unnötige Spesen, habe ich gesagt, aber man konnte ja auch nicht damit rechnen, dass der Fall plötzlich eine neue Wendung nimmt.«

»Nein.«

»Manchmal muss man einfach investieren, um einen schnellen Ermittlungserfolg zu haben.«

»Ja.«

»Und ohne Ihren persönlichen Einsatz würden wir immer noch Bartsch hinterherlaufen, der mit der Sache meiner Einschätzung nach nichts zu tun hat. Reine Zeitverschwendung, wenn Sie mich fragen, ich habe es von Anfang an gesagt.«

Starnke schwieg. Er hatte das anders in Erinnerung.

»Machen Sie sich auf eine Zulage gefasst, Starnke! Und wenn die nächste Beförderung ansteht, werde ich mich persönlich für Sie einsetzen, glauben Sie mir das.« Wie üblich beendete er das Telefonat, indem er den Hörer auf die Gabel knallte.

Starnke blieb ratlos zurück. Zwar sprach einiges für Karl Korittke, aber auch dessen Vater Otto war immer noch nicht aus dem Spiel. Einer von ihnen war mit hoher Wahrscheinlichkeit der Täter. Sich ausgerechnet den Jüngeren, Schwächeren der beiden Verdächtigen zu greifen, bereitete Starnke Unbehagen. Dennoch hielt er diesen Schritt für einen unvermeidlichen Schachzug, selbst wenn er sich als Fehler herausstellen sollte. Wenn Karl im Gefängnis säße, würde sein leiblicher Vater Otto, sollte er der Schuldige sein, nicht länger die Füße stillhalten können. Spätestens dann wäre die Tat endgültig aufgeklärt.

Fritz Starnke seufzte tief. Wohl fühlte er sich nicht. Es war Conradis Fall. Er wusste, wie viel ihm daran gelegen war, den Mord aufzuklären und zu beweisen, dass er auch nach vielen Jahren Auszeit bei der Polizei noch etwas draufhatte.

*

Fritz Starnke verfluchte sich, als er mit dem Haftbefehl vor dem Friseursalon stand. Es kostete ihn Überwindung, auf die Klingel der Privatwohnung zu drücken. Sein etwa gleichaltriger Kollege Ackermann begleitete ihn. Starnke schluckte sein schlechtes Gewissen, aber auch seinen Ärger hinunter, weil Conradi ihn nicht in seine weiteren Schritte eingeweiht hatte und er diese unangenehme Aufgabe allein übernehmen musste.

Oben wurde ein Fenster geöffnet. »Augenblick, ich komme runter«, ließ die Großmutter sie wissen, noch völlig ahnungslos.

Starnke rief sich zur Ordnung und nahm Haltung an.

Kurz darauf saßen sie im Wohnzimmer beim Licht der Stehlampe beisammen, denn es war ein trüber Tag. »Kaffee oder Tee?«, fragte Wilma Müller.

»Danke, weder noch.«

In der Küche war Lieselotte Korittke mit den Kindern beschäftigt. Durch die geöffnete Tür hörte man sie schimpfen, weil etwas heruntergefallen und anscheinend zu Bruch gegangen war. Der kleine Junge brüllte. Starnke wartete, bis es ruhiger geworden war, um dann in einem ruhigen und klaren Tonfall den unvermeidlichen richterlichen Beschluss vorzubringen.

»Sie wollen Karl festnehmen? Mit welcher Begründung?« Wilma Müllers kleine Augen funkelten angriffslustig.

»Es wird sich alles aufklären«, sagte Fritz Starnke beklommen. »Karl wird am Montag dem Haftrichter vorgeführt. Es liegen verschiedene Verdachtsmomente und Indizien vor, die gegen ihn sprechen.«

»Wenn das so ist, dann haben Sie Ihre Arbeit schlecht gemacht.«

»Nun, wir werden sehen. Es bedeutet nicht, dass Karl sofort angeklagt und verurteilt wird. So schnell geht das nicht. Wo ist eigentlich Ihre Enkelin Bettine?«

»Bei einer Freundin.«

»Immer noch?«

»Sie übernachtet dort.«

»Das ganze Wochenende?« Hinter seiner hohen Stirn arbeitete es.

Röte schoss der alten Dame in die Wangen. »Himmel, reden wir über Bettine oder Karl?«

Starnke blieb ruhig.

»Karl ist unschuldig«, betonte sie. »Ich kenne den Jungen von klein auf, weiß genau, wenn er lügt. Er hat in der Vergangenheit viele Dummheiten gemacht, aber mit dieser schlimmen Sache hat er nichts zu tun. Mein Enkel bringt keinen Menschen um, nicht einmal, wenn er es verdient hätte.«

»Ich glaube, niemand würde von einem Familienmitglied etwas anderes behaupten. Trotzdem frage ich Sie: Können Sie beweisen, dass er es nicht gewesen ist?«

Wilma Müller zögerte keine Sekunde. »Können Sie beweisen, dass er es war? Wir halten zusammen, sind miteinander durch schwere Zeiten gegangen. Meine Tochter und meine Enkel haben Fürchterliches durchgemacht. Endlich wird es besser, da gibt es keinen Grund, den Ernährer zu töten. Meine Familie bedeutet mir alles. Karl würde seiner Mutter nicht im Wege stehen. Er liebt sie zu sehr und würde ihr nicht schaden wollen. So, und nun werde ich ihn holen. Gehen Sie behutsam mit ihm um, er ist sehr empfindsam.«

Wenig später kam sie mit Karl zurück. Verlegen schaute der pickelige, hochaufgeschossene Junge die Polizisten an und sagte kein Wort.

Fritz Starnke begrüßte ihn mit gedämpfter Stimme. »Ich habe leider schlechte Nachrichten für Sie.«

Ihm stand im Gesicht geschrieben, dass er genau wusste, um was es sich handelte.

»Wir müssen Sie festnehmen, Herr Korittke. Sie stehen unter dem dringenden Tatverdacht, Ihren Ziehvater Rolf Schmalstieg getötet zu haben.«

Karl setzte sich neben seine Großmutter und wurde trotz der Vorahnung plötzlich aschfahl im Gesicht. Wilma Müller nahm seine Hand und tätschelte sie.

Starnke hielt den Haftbefehl auf Augenhöhe. »Sie wissen, was es damit auf sich hat? Wenn nicht, werde ich Sie über Ihre Rechte aufklären. Zum Beispiel können Sie sich einen Anwalt nehmen. Sie haben das Recht zu schweigen. Alles, was Sie sagen, kann gegen Sie verwendet werden.«

Karl wirkte wie erstarrt. Er sagte kein Wort.

»Hören Sie auf! Mein Enkel ist unschuldig!« Die kleine Frau machte sich so groß wie möglich auf dem Sofa.

Starnke öffnete den Blick. »Und das wissen Sie so genau?«

Sie nickte.

»Warum?«

»Weil ich es war«, sagte sie mit unbeweglichem Gesichtsausdruck.

»Wie bitte?«

Karl wendete sich ihr zu und schüttelte fast unmerklich seinen Kopf.

»Sie haben richtig gehört, ich war es, ich habe Rolf umgebracht.«

»Ach.« Verblüfft stützte Starnke seine Hände auf die Oberschenkel. »Wie haben Sie das gemacht, wenn ich fragen darf?«

»Ich habe ihn erschossen.«

»Und womit?«

»Mit seiner eigenen dreckigen Pistole.«

»Wo lag sie denn?«

»In seiner Nachttischschublade.«

Starnke stand der Mund offen. Sagte die alte Dame die Wahrheit? Die Sache mit der Nachttischschublade stimmte, das wusste er inzwischen. Er erinnerte sich daran, was Louis Blessmann gesagt hatte. Karls Ziehvater bewahrte eine Pistole im Nachttisch neben seinem Bett auf. Karl wollte sie ausleihen, um Schießübungen zu machen. »Darauf folgte eines der berühmten Donnerwetter zu Hause«, hatte Louis gesagt. »Am nächsten Tag hatte er ein blaues Auge und konnte sich drei Tage lang nicht mehr richtig hinsetzen.«

Starnke wusste nicht, was er von Karls Großmutter halten sollte. Erzählte sie Märchen, um ihren Enkel zu schützen? Er konnte sie sich nicht mit einer Waffe vorstellen, beim besten Willen nicht.

»Führen Sie mich bitte in Schmalstiegs Schlafzimmer«, sagte er.

»Ich muss meine Mutter um Erlaubnis bitten«, stammelte der Junge.

»Tun Sie das! Sie haben nichts dagegen, dass ich Sie begleite?«

»Sie können sich den Weg sparen«, fuhr die alte Dame dazwischen. »Die Pistole ist längst nicht mehr da.«

»Dann wissen Sie sicher auch, wo sie sich befindet?«

»Ich habe sie weggeworfen. In den … in den See, ich meine, in den Fluss, in die Hase. Entschuldigung, Sie bringen mich durcheinander. Ich habe die Pistole mit zum Herrenteichswall genommen und dort in die Hase geschleudert. Das ist die Wahrheit.«

»Entschuldigen Sie, aber ich glaube Ihnen kein Wort.«

»Es war aber so! Die Pistole liegt in der Hase!«

»Aha. Dann werden wir Taucher hinschicken.« Starnke wechselte einen kurzen Blick mit Ackermann.

Das war Karl nicht entgangen. »Sie lügt«, sagte er dumpf. Und an Wilma Müller gewandt: »Warum tust du das, Oma? Das brauchst du nicht. Ich gehe mit denen mit und fertig. Das wird sich schon aufklären. Hauptsache, wir beide wissen, dass es keiner von uns war.«

»Du nicht. Aber ich.«

Karl zog eine genervte Grimasse. »Großmama, lass das bitte. Darüber macht man keine Scherze. Am Ende nehmen sie dich tatsächlich mit und buchten dich ein. Und für einen Anwalt haben wir kein Geld!«

»Ich scherze nicht. Einmal muss die Wahrheit ans Licht. So, Herr Wachtmeister, ich zeige Ihnen jetzt, dass sich die Waffe nicht mehr an Ort und Stelle befindet, damit Sie mir endlich glauben.«

Sie ging vor in Lieselottes Schlafzimmer. Der junge Kommissar folgte ihr.

»Da, bitte«, sagte sie und deutete auf Schmalstiegs Bettseite. »Die Pistole lag immer in seinem Nachttisch, niemals woanders!«

Starnke zog die Schublade auf. Darin befanden sich lediglich ein paar Autogrammkarten mit den Fotos bekannter Schauspieler, eine Packung Aspirin, eine goldene Taschenuhr, ein Schmuddelblatt mit einer leichtbekleideten Dame in einer aufreizenden Pose auf dem Titelblatt, eine Nickelbrille, ein paar Kondome und mehrere Stofftaschentücher. Fritz Starnke wandte sich dem Schrank und den Kommoden zu, zog weitere Schubladen und Schranktüren auf und suchte mit gezielten Griffen nach der Waffe.

»Wie sieht es aus?«, fragte Wilma Müller, die hinter ihm stand. »Soll ich nun meinen Koffer packen? Was brauche ich im Gefängnis, bekomme ich Anstaltskleidung gestellt? Darf ich mein eigenes Kopfkissen mitnehmen und meine Angora-Unterwäsche? Und ich benötige meine Pillen, Herr Wachtmeister. Eine für den Blutdruck und eine fürs Herz. Und manchmal gegen Sodbrennen. Ohne Ohropax kann ich nicht einschlafen. Ohne Bier mit Zucker und Ei auch nicht.«

»Nichts machst du«, fiel Karl ihr ins Wort. »Ich hole Mutter. Die wird dir sagen, dass du mit dem Unsinn aufhören sollst.«

Starnke streckte seine Hand aus. »Halt, nicht so schnell. Lassen Sie uns ins Wohnzimmer zurückgehen. Und dann erzählen Sie uns der Reihe nach, was sich aus Ihrer Sicht an dem Mittwochabend zugetragen hat.«

Das Gesicht der alten Dame entspannte sich, weil ihr endlich jemand zuhörte.

»Wir wollten Radio hören«, begann sie, nachdem sie in der Sofaecke Platz genommen hatte. »Ich habe mit Bettine zusammen in der Küche kalte Platten vorbereitet. Rolf fehlte, er war noch im Geschäft. Das war meine Chance. Oft habe ich darüber nachgedacht, ihn zu töten, weil er meinen Enkel und auch mich so schlecht behandelt hat. Am Tag zuvor hatte sich alles zugespitzt. Karl hat mir unter Tränen anvertraut, dass Rolf ihn einsperren lassen wollte, in eine Art Gefängnis für junge Männer. Das konnte ich nicht zulassen. Mein Hass auf Rolf wurde so stark. Ich wusste, wo er seine Pistole aufbewahrte. Mit der Waffe in der Hand bin ich runtergegangen in den Laden, habe ihn dort an der

Kasse vorgefunden und ihm einfach in den Kopf geschossen. Peng. Er hat einmal gezuckt und ist dann tot zusammengebrochen. Ging ganz einfach und tat überhaupt nicht weh. Mir jedenfalls nicht. Im Gegenteil, ich habe mich gut danach gefühlt. Ich habe ein unglaubliches Gefühl der Erleichterung verspürt, fast hätte ich hüpfen können vor Freude, dass es endlich vorbei war mit diesem Tyrann von Schwiegersohn. Nie wieder kann dieser Kerl unseren Karl schikanieren. Danach bin ich hinaufgegangen, habe mich ins Wohnzimmer gesetzt und so getan, als wäre nichts. Wenig später hat meine Tochter unsere Bettine hinuntergeschickt, um Rolf zu holen. Am liebsten hätte ich sie daran gehindert, weil sie mir leidtat, dass sie das ansehen musste, aber ich war unfähig, einzuschreiten. Innerlich habe ich gezittert vor Angst, weil ich mich um meine Enkelin gesorgt habe. Wie würde sie reagieren? Ich bin tausend Tode gestorben, das dürfen Sie mir glauben.«

»Ist das alles?«, fragte Starnke und schickte einen hilflosen Blick zu seinem Kollegen. Der nickte.

»Kein Wort davon ist wahr«, sagte Karl tonlos.

Starnke stellte sich vor den Couchtisch. »So, nun erschießen Sie mich mal«, sagte er. »Zeigen Sie uns, wie Sie es gemacht haben. Stellen Sie sich in die richtige Position und zielen auf mich im richtigen Winkel.«

Wilma Müller kam seiner Aufforderung zögerlich nach. »Ist ja wie im Kindergarten«, murmelte sie. Dann zog sie eine Nelke aus der Blumenvase und tat so, als würde sie Starnke ins Visier nehmen.

»War das in etwa die Entfernung, aus der Sie geschossen haben?«, hakte Ackermann nach.

Die Großmutter bejahte.

»Der gleiche Winkel?«

»Auf jeden Fall!«

»Na, ausgezeichnet!«

Wilma Müller lächelte stolz. »Sehen Sie, Herr Kommissar! Und mir haben Sie das nicht zugetraut!«

Starnke wischte sich die Schweißtropfen von der Stirn. »Ich muss Sie beide bitten, mitzukommen«, sagte Starnke seufzend.

48. KAPITEL

»Bedaure, aber der Sohn des Hauses ist nicht da.«

Conradi nahm seinen Hut ab. »Darf ich trotzdem hereinkommen?« Er blickte am Hausmädchen vorbei ins Innere der eleganten Stadtvilla. Auf zierlichen Kommoden im französischen Stil standen Vasen und Porzellanfiguren. Die Bodenfliesen waren im schwarz-weißen Schachbrettmuster ausgelegt. Gisela Kettler erschien im Flur, sorgsam gekleidet und wohlfrisiert. »Guten Abend«, sagte sie förmlich und bat ihn in den Salon. »Bitte, treten Sie ein!«

Wenig später saß er der Hausherrin im Wohnzimmer gegenüber. Im Kamin loderte eine spärliche Flamme.

»Einen Weinbrand?«

»Danke nein, ich trinke nicht im Dienst.«

Das Hausmädchen brachte ein Tablett mit einer Wasserkaraffe und zwei Gläsern aus geschliffenem Bleikristall. Als sie es abstellen wollte, geriet sie ins Straucheln und ein Glas wurde beschädigt.

»Ich muss doch sehr bitten, Christa«, rügte Gisela Kettler sie, und an Conradi gewandt bat sie um Entschuldigung für die Tollpatschigkeit des jungen Mädchens. »Sie muss sich noch eingewöhnen«, sagte sie, »das letzte Mädchen hat uns gerade holterdiepolter verlassen. Sie arbeitet jetzt in einem Hotel. In einem Grand-Hotel, na, ob es ihr da besser gefällt? Wohl kaum. Sie wird da richtig anpacken müssen, der Aufenthalt bei uns erinnert ja eher an eine Erholungskur!«

Conradi nahm ihr ein Glas ab und kam gleich zur Sache.

»Er wollte seinen Fotoapparat zur Reparatur bringen«, antwortete sie auf die Frage nach dem Verbleib von Edmund. »Er ist ein begnadeter Fotograf.«

Conradi zog ein Foto aus der Jackentasche. »Kennen Sie dieses Feuerzeug?«

Ihre Gesichtszüge entgleisten. Schnell fing sie sich wieder. »Nein, warum?«

»Nun, die Initialen, was könnten sie bedeuten, helfen Sie mir! OK, DK oder vielleicht sogar WK?«

»Ich weiß nicht, worauf Sie hinauswollen.«

»Heißt Ihr Mann nicht Walter Kettler?«

»Schon, aber was soll das mit dem Feuerzeug? Wollen Sie ihn belasten?«

»Ist er gerade hier? Dann könnte ich ihn selbst fragen.«

»Natürlich nicht, er ist in der Fabrik. Ich wüsste aber, wenn ihm das Feuerzeug gehören würde. Ich kenne es nicht.«

»Ihr Sohn könnte es sich von ihm ausgeliehen haben.«

Sie schluckte. »Wie kommen Sie darauf?«

»Das Feuerzeug wurde in der Nähe des Friseursalons gefunden, und zwar ausgerechnet am Tatabend.«

»Ja und? Es gehört uns nicht. Jemand anders muss es verloren haben.«

Conradi zwang sie mit seinem Blick, ihm in die Augen zu sehen. Unvermittelt wechselte er das Thema. »Ist Bettine Korittke eigentlich mal hier gewesen?«

Sie wand sich. »Nun, ganz so weit waren wir noch nicht. Da hätte es erst einer offiziellen gegenseitigen Bekanntmachung bedurft. Beide Eltern hätten einverstanden sein müssen, besonders ihre. So gehört es sich in unseren Kreisen. Vor der Verlobung sollten sich junge Paare nicht in Privatwohnungen treffen. Nicht, dass wir uns der Kuppelei schuldig machen!«

»Und das waren sie nicht, Bettines Eltern? Sie waren nicht einverstanden?«

Das Mädchen brachte schüchtern ein neues Glas und bat um Verzeihung. Gisela Kettler nahm es ihr mit einem vorwurfsvollen Blick ab und füllte beide Gläser mit Wasser. »Wie gesagt, wir waren noch nicht so weit. Vielleicht wären wir uns einig geworden.«

»Jetzt nicht mehr? Es klingt ein wenig so, als sei die Sache zu Ende.« Er griff nach seinem Glas, benetzte seine durstige Kehle.

»Soviel ich weiß, gibt es momentan Spannungen zwischen den beiden. Edmund wollte das heute mit ihr klären.«

»Bettine ist aber gar nicht zu Hause.«

»Ach ja?«

Conradi glaubte, einen ängstlichen Ausdruck in ihrem Gesicht zu lesen. »Sie können mir sicher einen Hinweis auf ihren Aufenthaltsort geben?«

»Natürlich nicht.«

»Gibt es einen Ort, an den es Edmund besonders hinzieht? Ein Ort, den er vielleicht aus seiner Kindheit kennt, wo er sich sicher und geborgen fühlt?«

»Ich weiß nicht, was Sie meinen. Im Augenblick bringt er seinen Fotoapparat zur Reparatur.«

»Das will ich nicht wissen. Sie sagten eben, Edmund wollte etwas mit ihr klären. Dann wird er sie aufgesucht haben. Denken Sie in Ruhe nach.«

Conradi lehnte sich vor. »Was halten Sie von Bettines Bruder Karl? War er mal hier?«

»Karl? Ja, der schon. Edmund und er sind miteinander befreundet. Doch, den habe ich öfter bei uns gesehen.«

Johann Conradi beobachtete sie. Sie schien absolut nichts zu wissen oder sie schauspielerte gut. »Ich möchte gern einen Blick in Edmunds Zimmer werfen«, sagte er.

»Das geht doch nicht einfach so. Ohne sein Einverständnis, meine ich.«

»Es ist wichtig. Bitte, Frau Kettler, zeigen Sie es mir!« Er merkte, dass sie mit sich rang.

»Also gut, kommen Sie!« Gisela Kettler ging voran. »Bringen Sie aber nichts durcheinander. Er ist da sehr empfindlich!«

Sie dirigierte ihn aus dem Wohnraum in die geräumige Diele. Eine elegante Eichenholztreppe führte ins obere Stockwerk. An der dunkelgrünen Seidentapete hingen Ölgemälde in verschiedenen Größen. Wenig später betraten sie ein großes Schlafzimmer mit angrenzendem halbrundem Balkon aus Sandstein, der zum Garten hinausführte. Der Garten war im englischen Stil angelegt, sehr grün durch den vielen Regen, mit zahlreichen hohen Bäumen, akkurat geschnittenen Buchshecken und Wegen aus Sandstein, die in der Mitte bei einem Springbrunnen zusammenführten.

Conradi betrachtete ein Porträt in Öl, das einen weißhaarigen Mann mit Pfeife zeigte.

»Mein Schwiegervater«, sagte Gisela Kettler. »Alle behaupten, Edmund sei ihm wie aus dem Gesicht geschnitten. Nur ich finde das nicht.«

»Das Bett sieht unbenutzt aus«, stellte Conradi fest. »War er in der Nacht nicht da?«

»Ehrlich gesagt weiß ich es nicht.«

»Aber Sie können es mir sicher sagen«, wandte sich Conradi an das Stubenmädchen, das gerade damit beschäftigt war, gebügelte Wäsche in Edmunds Kleiderschrank zu legen. Die junge Frau sah schüchtern zu ihrer Dienstherrin hin. Gisela Kettler warf ihr einen eindringlichen Blick zu.

»Also war er in der Nacht nicht hier«, schlussfolgerte Johann Conradi und öffnete ein paar Schubladen. Mit geübten Fingern griff er zwischen die Hemden und Pullover, bis er auf einen harten Gegenstand stieß. »Was ist das?«, fragte er und sah Gisela Kettler fragend an. »Eine Patrone? Was hat das zu bedeuten?«

Sie hob die zarten Schultern. »Er übt ab und zu«, sagte sie, »ist aber ein miserabler Schütze.«

»Sagt wer?«

»Mein Mann. Er hat dafür gesorgt, dass Edmund kurz vor Ende des Krieges nicht zum Volkssturm musste.«

»Das war schwierig. Am Ende musste doch jeder Mann zwischen 16 und 60 ran. Wie hat er das hingekriegt?«

»Zum Glück hatte mein Mann Verbindungen nach ganz oben. Die Nazis haben über ihn Möbel und Teppiche zu sehr günstigen Konditionen bezogen. Das war es uns wert. Vorher hat man Edmund sowieso ausgemustert wegen seines schwachen Herzens.«

»Was hat Edmund dazu gesagt?«

»Wozu?«

»Nun, dass er ausgemustert wurde.«

Gisela lächelte süffisant. »Glauben Sie, er wurde gefragt?«

49. KAPITEL

Sie hörte eine Tür knarren. Die Tapetentür. Er hatte sie auf dem gynäkologischen Stuhl mit Seilen und Klebebändern fixiert, sodass sie nicht imstande war, sich umzudrehen. Nackt fühlte sie sich, obwohl sie immerhin eine Art Nachthemd trug, ein Untersuchungshemdchen, etwas in der Art, wie man es im Krankenhaus nach einer Operation trug. Ihr schönes neues Kleid mit den Tupfen lag zerknittert über einem Stuhl. Sie konnte ihn nicht sehen, erkannte ihn aber am Geruch, einer Mischung aus Schweiß, Tabak und Rasierwasser. Dieses Schnaufen kannte sie, das Schlurfen auf dem Holzboden, das hohle Stampfen mit dem Stock. Die Schritte entfernten sich, er hatte wohl etwas vergessen, wahrscheinlich den Kochtopf, aus dem er sie gleich füttern würde. Sie sah vor ihrem inneren Auge, wie er ging, wie er ein Bein nachzog und Mühe hatte, nicht das Gleichgewicht zu verlieren. Gleich würde er sich wieder über sie beugen und sie mit seinem widerlichen Körpergeruch einhüllen. Bei dem Gedanken daran wurde ihr übel. Sie hasste es, wenn er sie mit seinen bloßen schmutzigen Händen fütterte. Und das tat er nur, wenn sie ihn flehentlich ansah und darum bettelte. Er wollte das so. Sie sollte winseln wie eine devote Hündin, die ihren Herrn anbetet. Zur Belohnung durfte sie eine halbe Stunde Radio hören. Wenn sie nicht parierte, zog er die Jalousien runter, ließ sie in der Stille und Dunkelheit zurück und überließ sie ihrem Schicksal.

Zum bestimmt hundertsten Mal riss sie an den Seilen, die sie an Armen und Beinen festhielten. Ihr Mund war mit einem Band verschlossen. Sie hatte das Gefühl, nicht richtig atmen zu können, weil ihr Mund mit Klebeband verschlossen war.

»Wo ist denn meine kleine Prinzessin?«, hörte sie ihn rufen. Er musste inzwischen hinter ihr stehen.

Er hielt ihr den Kochtopf vor die Nase und nahm den Deckel ab. Sie unterdrückte einen Brechreiz.

»Hunger?«, fragte er und matschte mit seiner Hand im Essen herum. »Meine liebe Schwester hat es gut mit uns gemeint. Sie hat für zwei Wochen vorgekocht und das Essen portionsweise ins Gefrierhaus gebracht. Dort hole ich es ab und brauche es nur noch aufzuwärmen. Heute gibt es Erbseneintopf mit Mettwürstchen. Das magst du doch, hm?«

Eigentlich mochte sie Eintopf sogar sehr gern, aber nicht von ihm, nicht von seinen schmutzigen Fingern, nicht in Verbindung mit seinem Körpergeruch, den er mit reichlich Rasierwasser zu überdecken versuchte. Aber das Radio … ein bisschen Musik, ein Hörspiel vielleicht … »Wir haben Glück«, fuhr er fort, »die liebe Stine besucht eine kranke Cousine und kommt erst Mitte Juli zurück. So lange sind wir beide hier allein.« Er riss ihr das Band vom Mund.

Sie benetzte ihre spröden Lippen mit ihrer Zunge. Dann räusperte sie sich kräftig. »Könnte ich bitte etwas zu trinken haben?«

»Gleich, Süße, gleich, erst musst du essen. Freust du dich schon?«

»Natürlich. Darauf freue ich mich schon seit Stunden!«

»Siehst du? Lächle, Prinzessin, lächle mich an! Schau mir in die Augen! Fein machst du das, hübsch bist du, meine Kleine! So brav, so liebreizend!«

Ihr Verstand arbeitete fieberhaft. Es war wichtig, ihn in ein Gespräch zu verwickeln. Erwin Bartsch war ein Mensch, der viel Aufmerksamkeit brauchte und das Gefühl, geliebt zu werden, dann war er einigermaßen zufrieden und ließ sie in Ruhe.

»Das Essen sieht gut aus. Ihre Schwester ist eine ausgezeichnete Köchin. Und Sie sind ein Feinschmecker, habe ich den Eindruck.«

Er lachte laut.

»Sie wollten mir noch erzählen, wie es Ihnen gelungen ist, mich hierher zu lotsen«, versuchte sie, den Gesprächsfaden von gestern wieder aufzunehmen.

»Du wolltest nicht von mir gefüttert werden. Das wäre die Voraussetzung dafür gewesen, dass ich mich mit dir unterhalte.«

»Erzählen Sie es mir jetzt?«

»Das hängt von dir ab.« Er tauchte seinen dreckigen Zeigefinger tief in den Eintopf ein und hielt ihn ihr hin.

»Zwei Wochen wollen Sie mich hier festhalten? Das ist nicht Ihr Ernst. Ich werde mit Sicherheit gesucht. Es dauert nicht lange und die Polizei taucht hier auf. Da bin ich mir absolut sicher.«

Er ließ sich schwerfällig neben ihr auf dem Behandlungshocker nieder. »Du irrst dich, mein Schatz. Zufällig weiß ich, dass dein Bruder und deine Großmutter abgeführt worden sind. Damit dürfte die Tat an deinem Stiefvater wohl aufgeklärt sein.«

»Niemals! Woher haben Sie das! Das ist eine Falle, ich glaube Ihnen kein Wort!« Sie hätte sich auf die Zunge beißen mögen. Wieder hatte sie ihn gereizt! Das sollte sie nicht tun. Klüger wäre es, ihn auf ihre Seite zu ziehen.

»Keine Falle, Schatz. Osnabrück ist manchmal ein Dorf. Wenn interessante Dinge geschehen, spricht sich das schnell rum. Deine kleinen Geschwister sind außer sich, dass die Oma und der große Bruder im Gefängnis sind. Und deine Mutter erst mal! Sie weint sich die Augen aus dem Kopf. Dich vermutet sie bei einer Freundin. Sie ist froh, dass sie sich um dich derzeit nicht zu kümmern braucht.«

»Sie lügen, Sie Ekelpaket! Sie wissen genauso gut wie ich, dass das nicht stimmt«, sagte sie und vergaß all ihre guten Vorsätze. »Niemals würde die Polizei Oma festnehmen und Karl auch nicht. Sie wollen nur von sich selbst ablenken! Sie waren es, nicht wahr? Sie haben Rolf Schmalstieg getötet, weil er Sie im Krieg zurückgelassen hat, ohne sich um Ihre Verletzungen zu kümmern. Sie sind ein hervorragender Schütze, Herr Bartsch, das haben Sie mir gestern noch erzählt, damit haben Sie geprahlt. Es war ein leichtes Spiel für Sie, meinen Stiefvater zu töten. Sie haben ihn gehasst! Endlich konnten Sie sich an ihm rächen. Nun sind Sie ihn los. Sie sind ein freier Mann! Aber nur innerlich frei. Sie haben die Rechnung ohne mich gemacht. Wenn ich hier rauskomme, werde ich Sie verraten, und Sie wissen, was Ihnen dann blüht. Sie werden den Rest Ihres Lebens im Zuchthaus verbringen. Ihre Schwester wird ohne Sie auskommen müssen. Bald kann sie Sie nicht mehr bekochen.«

Mit schiefem Kopf sah er sie an. »Wenn ich dich nicht so liebhätte, du kleine Maus, dann würde ich dich für deine frechen Worte bestrafen.«

»Apropos Maus, ich weiß, dass Sie die Mäuse in mein Zimmer geschmuggelt haben. Sie haben die Fotos gemacht und mich gedemütigt. Was für eine dumme Idee, sich als Kammerjäger Zutritt zu unserem Haus zu verschaffen!«

»Und wenn schon, es war ein kleiner Spaß, mehr nicht. Und du hast diesen Spaß mitgemacht, wofür ich dir sehr dankbar bin. Mich interessiert meine Zukunft nicht, damit habe ich längst abgeschlossen. Wenn man so viele Jahre seines Lebens in Lagern und Lazaretten verbracht hat wie ich, macht es einem nichts aus, auch noch die letzten jämmerlichen Jährchen hinzugeben.« Er streichelte ihre gespreizten nackten Beine auf dem Untersuchungsstuhl.

»Sie sind ein Verbrecher, ein Peiniger, ein Frauenquäler, wahrscheinlich auch ein Mörder. Damit werden Sie nicht durchkommen«, sagte sie, es klang aber selbst in ihren eigenen Ohren nicht überzeugend.

»In einem Gefängnis habe ich wenigstens einen geregelten Tagesablauf, muss mich nicht mehr mit den Kohlen abmühen und brauche mich nicht von meiner Schwester herumkommandieren zu lassen. Mach dir keine Sorgen um mich, mein Schatz, mir wird es da gut gehen. Die Gedanken sind frei. Ich werde immer an dich denken, meine Prinzessin, meine Angebetete, meine kleine, süße heimliche Frau.«

Mit seiner rußigen Hand griff er in den Kochtopf, schaufelte eine Portion Eintopf heraus und hielt sie ihr direkt unter die Nase. Bettine hatte Mühe, den Brechreiz zu unterdrücken. Sie bekam Angst, er würde ihr das Zeug in den Mund stopfen und sie könne daran ersticken.

»Iss«, befahl er und hielt seine leicht zittrige Hand unter ihr Kinn. »Du hast schön geschlafen, mein Engel. Absolut willenlos warst du. Das hat mir gefallen.«

Sie schluckte. »Was haben Sie mit mir gemacht?«

Er zog seine Hand zurück. »Das möchtest du wohl gerne wissen, was?«

Sie blickte zur Seite. »Vielleicht lieber nicht«, flüsterte sie.

»Wenn es dich beruhigt, ich habe dir nichts getan. Mir genügt es, wenn du bei mir bist. Wenn ich dich in meiner Nähe habe. Ich brauche nur durch Ernestines Schlafzimmer zu gehen und die Tapetentür zu öffnen, schon bin ich bei dir. Ich weiß, wo ich dich finden kann. Ich kann dich streicheln, wann immer ich will. Das habe ich mir schon so lange gewünscht«, sagte er mit rauer Stimme. »Es ist, als wären wir beide verheiratet. Vielleicht sind wir es ja eines Tages, mein Engel. Du musst nur ja sagen, dann gehe ich los und kaufe uns bei Kolkmeyer Ringe. Du bekommst einen teuren, das bist du mir wert.«

»Nennen Sie mich nicht Engel oder Schatz! Nur Edmund darf das zu mir sagen.«

Höhnisch lachte er auf. »Edmund? Der ist schwul, weißt du das nicht? Der liebt deinen Bruder!«

Mit weit aufgerissenen Augen starrte sie ihn an. »Hören Sie auf! Sie lügen!«, stieß sie hervor. »Auch das ist eine Lüge! Lüge, Lüge, nichts als Lügen! Sie lügen, wenn Sie den Mund aufmachen!«

»Leider nicht. Dein geliebter Edmund ist ein 175er. Den kannst du getrost vergessen. Vergebliche Liebesmüh!« Er lachte heiser. »Und nun iss, mein Schatz!« Er streichelte sie mit seiner freien Hand unter dem Nachthemd. »Magst du ein wenig Radio hören?«, flüsterte er in ihr Ohr. »Schön stillhalten, dann darfst du gleich eine Stunde lang. Ich lass dich sogar den Sender aussuchen.«

*

»Wenden Sie bitte«, sagte Fritz Starnke zu Ackermann, der den Wagen lenkte. Soeben hatten sie Funkkontakt mit Johann Conradi gehabt, der sie wegen ihrer voreiligen Aktion gehörig zusammengestaucht hatte. So in Rage hatten sie ihren Kollegen noch nie erlebt. »Sie sind beide unschuldig«, schmetterte Conradi, »Frau Müller sowieso und ihr Enkel Karl auch. Sie entschuldigen sich jetzt auf der Stelle bei den beiden und bringen sie wohlbehalten zurück in die Johannisstraße. Und dann lassen Sie sich von Lieselotte Korittke die Namen und Anschriften sämtlicher Freundinnen von Bettine geben, auch von früheren Schulkameradinnen, selbst wenn sie länger keinen Kontakt mehr hatten.«

50. KAPITEL

»Wir dürfen nicht mehr im Hühnerstall spielen«, sagte Karin und hielt ihre Freundin Mechthild davon ab, ihn zu betreten. »Wenn meine Mutter mich erwischt, kriege ich Hausarrest.«

»Das ist doch gar kein Trümmergrundstück«, widersprach Mechthild und warf ihre langen geflochtenen Zöpfe zurück. »Wir dürfen nur nicht auf Trümmergrundstücken spielen, ist es hier aber nicht, sondern ein zerfallenes Hühnerhaus.«

»Das Dach ist kaputt. Die Fensterscheiben sind zersplittert. Also ist es auch ein Trümmergrundstück. Mutti hat Angst, dass die Mauern einstürzen und die Steine uns erschlagen.«

»Sei nicht so ein Feigling. Hier ist nichts gefährlich. Komm, wir spielen Mutter und Kind. Wir holen noch Peter, der ist unser Kind.« Schon rief Mechthild seinen Namen, und der Kleine rutschte von der Holzschaukel, die an einer Teppichstange hing. Hinter dem Hof schloss sich links und rechts an den gepflasterten Weg eine Wiese mit Gänseblümchen und gelben Butterblumen an. Es folgten Gemüsebeete, die Hausbewohner angelegt hatten. Lieselotte und Wilma bewirtschafteten eines davon mit Kopfsalat, Radieschen, Rüben und Kartoffeln.

Der Hühnerstall, am Ende des Gartens vor einer bröckeligen Sandsteinmauer gelegen, wirkte fast noch intakt. Nur vom Dach fehlten einige Schindeln. Fensterscheiben waren zerborsten und Gras und Efeu wuchs aus den Öffnungen. In einer Ecke befanden sich die beiden Eiernester, zwei schlichte, mit Heu ausgepolsterte Holzkisten. Die Sitzstangen für die Hühner waren heruntergefallen, bis auf eine, die lose auf mittlerer Höhe hing. Darunter war das Kotbrett mit einem Gitterrost befestigt.

»Das ist unser Wohnzimmer«, bestimmte Mechthild und warf ihre Schürze über eine Holzkiste. »Das da ist unser Couchtisch und das Brett unser Sofa. Du hast das Abendbrot gemacht und rufst uns. Peter, setz dich schon mal hin. Nein, warte, kämm dir erst deine Haare und wasch die Hände.«

»Hier ist kein Kamm.«

»Dann nimm eben die Finger, menno!«

»Wo soll ich die wassen?«, fragte Peter und betrachtete seine schmutzigen kleinen Finger.

»In der Pfütze draußen.« Mechthild meinte einen Bombenkrater, einige Meter vom Hühnerhaus entfernt, so groß wie das Kinderbecken des Freibades und notdürftig mit Erde zugeschüttet. Da die Erde versickerte, sammelte sich immer wieder Wasser, besonders bei den starken Regenfällen der letzten Tage. Lieselotte und andere Hausbewohner bedienten sich daran zum Gießen der Gemüsepflanzen.

»Unser Vater ist noch im Krieg und wir Frauen machen den Haushalt«, erklärte Mechthild. Sorgfältig strich sie die Falten ihrer Schürze glatt, die als Tischdecke diente.

»Gut, und ich bin die Mutter, die gerade vom Einkaufen kommt.«

»Nein, du bist die Großmutter, ich bin die Mutter«, stellte Mechthild klar. »Ich habe gerade Eier im Hühnerstall eingesammelt, weil ich einen Kuchen backen will. Kannst du noch mal reingehen und dein Puppengeschirr holen? Dann bereite ich hier alles vor. Pflück ein paar Gänseblümchen und bring eine Blumenvase mit, ein richtiger Haushalt braucht Blumen!«

Karin machte einen ratlosen Gesichtsausdruck. »Wenn ich jetzt ins Haus gehe und das Puppengeschirr hole, sagt Mutti bestimmt, dass ich drinbleiben und ihr helfen soll.«

»Versuche es einfach«, sagte Mechthild, »ohne echtes Geschirr macht es keinen Spaß.«

»Wir können doch so tun als ob.«

»Entweder Geschirr oder ich gehe.«

»Du bist dumm.«

»Mir egal, ich lade dich sowieso nicht zu meinem Geburtstag ein. Damit du's weißt, du Dussel!«

Karin ging mit hängenden Schultern über den Hof zurück zum Haus. Im Vorbeilaufen sah sie Peter, der bäuchlings vor dem Wasserkrater lag und darin mit den Händen herumpatschte.

*

Bettine versuchte, stark zu sein und den Bissen, den sie gerade im Mund hatte, nicht auszuspucken. Vor allem konzentrierte sie sich darauf, nicht daran zu ersticken. Sie kaute langsam und bemühte sich, ruhig zu atmen.

»Was haben Sie mit mir vor?«, fragte sie dann mit vor Wut tränenden Augen. »Werden Sie wieder versuchen, mich zu vergewaltigen?«

»Ich habe dich nicht vergewaltigt.«

»Sie hätten es getan, wenn Sie es geschafft hätten. Pech für Sie und Glück für mich.«

Treuherzig betrachtete er sie und streichelte ihr über das schimmernde, kastanienbraune Haar. »Schöne Haare hast du, mein Engel«, sagte er zärtlich. »Seidenweich. Habe ich dir schon einmal gesagt, dass ich dich liebe? Ich habe mich mein Leben lang nach einer Frau verzehrt, die so aussieht wie du. Ich habe immer nach dir gesucht. Nun habe ich dich gefunden.« Erwin Bartsch drückte ihr einen schmatzenden, nassen Kuss auf den Mund. Er stank nach Tabak und Alkohol. »Du darfst gerne bleiben, und wenn du dich daran gewöhnt hast, hier zu sein, und wenn du deine Familie nicht mehr vermisst, dann darfst du dich frei bewegen und mir den Haushalt führen.« Seine schmutzigen Hände glitten über ihren Bauch und ihre zarteste Stelle. »Meine Schwester werde ich wegschicken, sie hat noch eine andere Cousine in Rheine, zu der sie ziehen kann. Die ist auch alleinstehend und würde sich sicher über ihre Gesellschaft freuen. Ich werde es ihr schonend beibringen. Sie weiß ja, dass ich eine eigene Frau brauche. Du wirst es gut bei mir haben. Wir werden zusammen in der Küche sitzen und Abendbrot essen. Dabei werden wir uns unterhalten und Radio hören. Sonntags können wir mit meiner Kutsche ins Grüne fahren. Und ich lade dich zu Kaffee und Kuchen ein.« Unablässig streichelte er sie weiter, berührte mit den Fingerspitzen ihre Scham, umspielte sie kreisend. »Wir könnten auch mal bei Rampendahl schön essen und ein Bierchen trinken, was meinst du? Du darfst hierbleiben, solange du willst, meine Kleine.« Dann tauchte er seine Hand in den Eintopf.

»Können Sie mich bitte losmachen, meine Beine sind schon ganz taub«, klagte sie. »Ich habe kein Gefühl mehr darin. Alles tut mir weh, bitte, Herr Bartsch!«

»Ein wenig musst du dich noch gedulden, Schätzchen. Ich kann dich gleich massieren, dann hast du weniger Schmerzen. Aber erst musst du essen, damit du gesund und hübsch bleibst!«

Er gab ihr zu essen wie einem Tier. Dabei verzog er seinen schmalen Mund zu einem süßlichen Lächeln. »Ach, entschuldige bitte, du hast ja Durst«, sagte er, stellte den Topf auf einen Schemel und reichte ihr eine Feldflasche mit Wasser, die er unter seiner Arbeitsjacke verborgen gehalten hatte.

Er hielt ihren Kopf, während sie gierig trank. Mit dem Rest wusch er ihr anschließend das Gesicht.

»Jetzt musst du aber essen, du Schöne.« Die Feldflasche ließ er in seiner Arbeitsjacke verschwinden und nahm den Kochtopf wieder auf.

Sie überwand sich, so zu tun, als würde ihr das Gemansche schmecken, denn wenn sie es nicht tat, hörte er sofort auf, sie zu füttern und ging in die Wohnung zurück. Sie wusste nicht, was schlimmer war. Solange er bei ihr blieb, hatte sie die Chance, ihn zu überreden, sie frei zu lassen.

Mit seiner anderen Hand wischte er bedächtig über ihren Mund, während sie kaute.

Ihr wurde speiübel.

»Dreh dich nicht weg«, sagte er, »ich tue dir etwas Gutes, will, dass du dich wohl bei mir fühlst.«

Trotzig suchte sie seinen Blick. »Was versprechen Sie sich davon, mich festzuhalten? Ich empfinde nichts für Sie, das wissen Sie genau. Freiwillig würde ich keine Sekunde bleiben.«

»Du brauchst Zeit«, meinte er, »ich glaub, du weißt, dass ich es gut mit dir meine.« Er stellte den Topf ab und streichelte ihr über die zarten Brüste. »Sobald du dich eingewöhnt hast, wird es leichter. Du wirst schon sehen. Wenn du dich nicht mehr wehrst, befreie ich dich von den Stricken und lasse dich zu mir ins Haus. Wir leben dann wie Mann und Frau, werden glücklich sein zusammen bis an unser Lebensende. Ich verspreche dir, sofort meine Schwester wegzuschicken. Du musst nicht mit ihr unter einem Dach wohnen, wenn du es nicht willst. Ich tue alles, damit du dich wohlfühlst und bei mir bleibst.«

»Ich überlege es mir«, sagte Bettine, gab sich einen Ruck und zwang sich zur Freundlichkeit. »Eins möchte ich zuvor wissen: Wie bin ich hergekommen? Ich kann mich an nichts erinnern.«

»Kannst du auch nicht, mein Engel.«

»Warum nicht?«

Er senkte den Kopf und schwieg.

Reden, sagte sie sich, du musst mit ihm reden, ihm ein sicheres Gefühl geben, ihn bei Laune halten. »Herr Bartsch«, sagte sie mit sanfter Stimme, »haben Sie es vorhin ernst gemeint, das mit den Ringen von Kolkmeyer? Würden Sie mich wirklich heiraten?«

»Ja«, sagte er und strahlte, »natürlich habe ich das ernst gemeint. Du bist die Frau meines Lebens, freilich würde ich dich heiraten, Prinzessin jederzeit! Ich liebe dich! Liebst du mich denn auch ein bisschen?«

»Ich glaube schon. Nun, da Sie mir die Augen geöffnet haben wegen Edmund, würde ich Sie gerne zum Ehemann nehmen. Vielleicht nicht sofort, aber eine Verlobung zu Weihnachten könnte ich mir durchaus vorstellen. So ein Ringwechsel unterm Tannenbaum ist doch romantisch, finden Sie nicht?«

»Oh ja«, sagte er verträumt. »Einen Tannenbaum gab's hier schon lange nicht mehr. Meine Schwester hat's nicht so mit dem Schmücken zu Weihnachten, obwohl sie ja sonst all ihr Erspartes in Ramsch und Kitsch steckt. Wenn du bei mir einziehst, kommt das alles weg, versprochen.«

»Mit mir zusammen werden Sie es schöner haben. Ich werde Ihr Haus schön weihnachtlich dekorieren und dann feiern wir Verlobung. Hoffentlich suchen Sie einen hübschen Ring für mich aus!«

»Was für einen Stein magst du? Smaragd, Saphir, Rubin oder einen Diamanten? Da staunst du, was? Ich war neulich im Schmuckgeschäft und habe mich beraten lassen, was es so gibt!« Glücklich nahm er ihre Hand und lachte sie mit seinem brüchigen Gebiss an.

»Wenn schon, dann einen goldenen Ring mit einem Diamanten. Und jetzt sagen Sie mir, wie ich hierhergekommen bin!«, forderte sie ihn mit einem Zwinkern auf.

»Nun, das war kein Kunststück. Ich habe einen Taxifahrer beauftragt, dich zu mir zu bringen. Ich habe ihn gut dafür bezahlt, sehr gut sogar. Er hat drei Tageslöhne bekommen. Das war es mir wert. Er hat dich betäubt, mit Äther. Du hast während der Fahrt fest geschlafen und nichts gemerkt. Als du wach wurdest, warst du schon hier in Stines Behandlungszimmer. Es war leicht, dich auf den Untersuchungsstuhl zu legen und zu fesseln. Der Taxifahrer hat mir geholfen. Er wird nicht plaudern. Ich habe ihm für den nächsten Winter Kohlen versprochen. Gratis. Er weiß das zu schätzen, hat eine Frau und sieben Kinder.« Er tätschelte ihre Hand, die kalt und feucht geworden war.

Draußen fuhr ein Auto vor, es rumpelte über das Kopfsteinpflaster und hielt schließlich vor dem Haus. Das Motorengeräusch erstarb, eine Wagentür wurde geöffnet und zugeschlagen. Bettine hielt die Luft an. Schritte auf den unebenen Steinen. Eine männliche Stimme rief ein paar Worte, fragte nach Erwin Bartsch. Er horchte nach draußen, starr, stumpf. Mit Blicken und Gesten befahl er Bettine, still zu sein. Langsam rappelte er sich auf und verschwand durch die Tapetentür, die er sorgfältig hinter sich zuzog.

Gedämpft hörte Bettine das Gemurmel auf dem Hof. Sie strengte sich an, mitzubekommen, um was es ging.

»Ich hätte gerne eine Fuhre Kohlen«, sagte eine unbekannte männliche Stimme. »Können Sie heute noch liefern? Es ist ungewöhnlich kühl für die Jahreszeit. Ich dachte, ich brauche die nächste Fuhre erst im Spätsommer, aber ich benötige sie jetzt schon.«

»Kein Problem!« Die Stimme fistelig, heiser, aufgeregt. »Ich mache sie heute noch fertig«, sagte Bartsch. »Sie bekommen die Kohlen am späten Nachmittag. Sind Sie dann zu Hause? Geben Sie mir bitte Ihre Adresse.«

Es folgte ein kurzer Wortwechsel. Bettina blieb nicht viel Zeit zum Überlegen. Sie nahmen all ihren Mut, all ihre Kraft zusammen und brüllte mit Leibeskräften: »Hilfe! Zu Hilfe! Helfen Sie mir!« Das Blut rauschte in ihren Ohren. Ihr Gehirn fühlte sich an wie Watte. Sie konnte keinen klaren Gedanken fassen. Ihre Beine zitterten auf den Schienen, sie spürte sie nicht mehr, auch nicht die Seile, die ihre Haut einschnürten und sonst bei jeder Bewegung schmerzten.

»He, was war das?« Sie vernahm erneut die unbekannte männliche Stimme. »Haben Sie das gehört?«

»Ach, das war nur meine Schwester«, sagte Bartsch nach einer kurzen Pause. »Wahrscheinlich ist ihr wieder ein Missgeschick passiert. Kommt in letzter Zeit öfter vor. Brauchen Sie sonst etwas? Was kann ich noch für Sie tun?«

Der Mann bedankte sich, stieg in seinen Wagen und fuhr davon.

Bettine wartete mit klopfendem Herzen auf die Rückkehr von Erwin Bartsch. Er ließ sich Zeit, wohl, um ihre Angst zu steigern. Vielleicht wusste er selbst nicht, was er mit ihr machen sollte.

Sie fröstelte, dachte an ihre Familie. Ob ihre Lieben sich bereits sorgten? Ob ihre Mutter schon etwas unternommen hatte, um nach ihr zu suchen? Langsam verlor sie jedes Zeitgefühl, wusste nicht, wie lange Bartsch sie festhielt. Eine Decke wäre jetzt schön. Noch schöner wäre es, wenn jemand käme, sie befreite und in den Arm nähme. Nie zuvor hatte sie sich so nach ihrer Familie gesehnt!

Irgendwo schrien zwei Katzen. Eine Kirchturmuhr schlug mehrmals hintereinander zur vollen Stunde. Bettine war zu nervös, um die Glockenschläge mitzuzählen. Eine Frauenstimme keifte, ein Mann brüllte zurück. Plötzlich wurde die Tapetentür aufgerissen. Schlurfende Schritte, Klopfen des Stockes auf dem Holzboden. Bartsch baute sich vor ihr auf. Als sie sein dunkelrotes, versteinertes Gesicht und seine angespannte Körperhaltung sah, wusste sie, was ihr bevorstand. Er fackelte nicht lange, holte aus und schlug ihr zweimal kräftig ins Gesicht. Heißes Blut schoss ihr aus der Nase. Bartsch wischte es mit seinem schmutzigen Taschentuch weg. Dann verklebte er ihren Mund mit Heftpflaster und verschwand ohne ein Wort.

*

Mechthild war es leid, allein im Hühnerstall zu sein. Karin blieb lange weg, verdächtig lange. Vielleicht wurde sie tatsächlich zu Hause festgehalten, um zu helfen. Gelangweilt blickte Mechthild aus der Fensteröffnung. Sie sah Peter am Rand des Bombenkraters bäuchlings mit einem Gegenstand spielen. Sie wollte ihn gerade rufen, da bemerkte sie Karin, die über die Gänseblümchenwiese mit einem Korb in der Hand rannte.

Erleichtert lief Mechthild ihr entgegen. »Wo bleibst du denn? Ich wollte schon nach Hause gehen.«

»Ich sollte Mutti helfen, den Tisch zu decken«, rief Karin atemlos. »Das dauert, wir sind sechs Personen, obwohl ich nicht wusste, ob ich auch für Tine decken soll, sie ist immer noch nicht da.«

»Wo ist sie denn?«

»Bei einer Freundin, aber wir wissen nicht, wann sie wiederkommt, sie hat nichts gesagt. Ich habe aber das Puppengeschirr dabei.« Sie reichte Mechthild den Korb mit den Sachen.

»Darf sie denn so lange wegbleiben?«

»Eigentlich nicht. Mutti ist ärgerlich auf Tine.«

»Oh weh, das gibt bestimmt Stubenarrest.«

»Bestimmt«, sagte Karin mit einem betrübten Gesichtsausdruck, und dann, an Peter gewandt: »Was machst du da?«

»Ich piele.«

»Womit? Was hast du da?«

»Du solltest dir doch nur die Hände waschen«, mischte sich Mechthild ein.

Peter rappelte sich auf, hob einen verschlammten Gegenstand hoch und richtete ihn auf die beiden Mädchen. »Eine Mitole ist das«, sagte er stolz. »Mit der Mitole kann ich euch totssießen, wetten? Hände hoch oder ich ssieße!«

»Spinnst du?«, schrie Karin. »Schmeiß das Ding weg! Ich sag's Mutti, du weißt, was dir dann blüht! Sie hat schon wegen dem kleinen grünen Tannenzapfen so ein Theater veranstaltet.«

»Die hier ist nicht echt, Kakrin«, maulte er. »Eine Pielzeug-Mitole ist das!«

»Die sieht aber echt aus, lass sie fallen, du Idiot!«

»Hände hoch oder ich ssieße!«, sagte er erneut. Peter konzentrierte sich ganz auf sein spannendes Spielzeug. Die kleinen Finger wussten anscheinend genau, was sie zu tun hatten. Im nächsten Moment zerfetzte ein ohrenbetäubender Knall die Luft. Peter wurde durch die Wucht des Rückstoßes zurückgeschleudert, taumelte und fiel rücklinks mit dem Kopf voran in den Bombenkrater. Die beiden Mädchen kreischten. Lieselotte, die gerade mit einem Wäschekorb aus dem Keller kam, ließ ihn fallen und rannte, so schnell sie konnte, zu den Kindern. »Um Himmels willen«, schrie sie, »was, um Himmels willen, macht ihr da? Was war das für ein Schuss? Peter! Wo ist Peter?«

51. KAPITEL

Gisela Kettler wollte Starnke nicht vorbeilassen. »Ihr Kollege hat gerade erst das Haus auf den Kopf gestellt! Wie lange wollen Sie uns denn noch belästigen? Macht bei Ihnen jeder, was er will?« Hinter ihr miaute eine Siamkatze und wollte durch die Tür huschen. Gerade noch rechtzeitig bekam die Hausherrin sie zu fassen und nahm sie auf den

Arm. »Nichts da, Miranda«, sagte sie bestimmt. »Draußen ist es viel zu gefährlich für dich.«

Starnkes Blick blieb an der silberfarbenen Katze mit den grünen Augen hängen. Ein auffallend hübsches Tier. »Sie sagten, mein Kollege war hier, Herr Conradi?«

»Ja, und er hat einen ungeheuerlichen Verdacht ausgesprochen, der meinen Mann und mich sehr verärgert hat. Unseren Sohn als Mörder hinzustellen, ist eine schwere Anschuldigung, eine Verleumdung. Wir werden Ihren Kollegen verklagen!« Die Katze fauchte und fuhr ihre Krallen aus, weil ihr Frauchen sie aus Versehen zu fest angefasst hatte.

»Ich bin nicht deswegen gekommen. Bettine Korittke wird gesucht. Ist sie zufällig bei Ihnen?«

»Natürlich nicht, das wüsste ich aber.« Sie ließ die Katze los, die von ihrem Arm sprang und durch den Flur huschte.

»Darf ich hereinkommen?«

Sie zögerte. »Und wenn ich es Ihnen nicht erlaube?«

»Dann kehre ich mit einem amtlichen Beschluss und mit Verstärkung zurück.«

Fritz Starnke trat ein und hielt Ausschau nach Bettine, rief mehrmals ihren Namen und suchte nach einem Gegenstand oder Kleidungsstücken, die ihr gehören könnten.

Als das Telefon in der Diele klingelte, hörte er Gisela Kettlers Stimme.

»Ja, er ist hier«, sagte sie und rief Starnke, der gerade die Treppe herunterkam. »Ein Gespräch für Sie, Herr Kommissar, Ihr Kollege!«

Mit drei Schritten war er am Apparat. »Herr Inspektor Conradi?«

»Ich habe einen Tipp bekommen, wo sich Fräulein Korittke aufhalten könnte. Ein Kunde von Erwin Bartsch wollte Kohlen bei ihm kaufen und hat auf dem Hof Schreie gehört, die aus dem Haus drangen. Schreie einer Frau. Es könnte sich um Bettine Korittke handeln, die er dort festhält. Ich fahre gleich zu Bartsch. Wie schnell können Sie da sein?«

»Ich bin bereits auf dem Weg.«

»Wir treffen uns unten auf dem Hof.«

*

Wilma Müller stellte eine Kanne mit warmer Milch auf den Küchentisch, dazu Kekse und Schokolade für die völlig aufgelösten Kinder.

»War das die Pistole, die du verschwinden lassen wolltest?« Lieselottes Stimme hatte einen bedrohlichen Unterton. Mit gerunzelter Stirn sah sie Otto an. »Wir hatten besprochen, dass du sie aus dem Haus schaffst. Ich habe mich auf dein Wort verlassen! Fast hättest du zwei Kinder auf dem Gewissen!«

»Habe ich ja getan! Ich dachte, in dem Bombentrichter wäre sie sicher! Wer kommt denn auf die Idee, darin herumzuwühlen? Ich konnte doch nicht ahnen, dass die Kinder darin spielen würden.«

»Das musstest du aber«, sagte Lieselotte, »gerade so ein »Wassertümpel zieht Kinder magisch an. Du müsstest dich doch noch daran erinnern, wie gern unsere Großen im Wasser geplantscht haben. Ich finde das unverantwortlich von dir!«

Otto starrte betreten zu Boden.

»Hört auf zu schimpfen«, mischte sich die Großmutter ein und rubbelte dem kleinen Peter die Haare trocken. »Es bringt doch nichts. Seid lieber froh und dankbar, dass es so gut ausgegangen ist. Peterchen, oh weh, da hättest du ja beinahe was angerichtet!«

»Wusste nicht, dass die Mitole echt ist«, sagte Peter und verzog schmollend den Mund.

»Das konntest du auch nicht wissen. Der Schuldige sitzt am Ende des Tisches.« Lieselotte warf einen ärgerlichen Blick in Ottos Richtung. »Es bleibt uns nichts anderes übrig, wir müssen den Kommissar verständigen. Er hat mehrfach nach der Pistole gefragt. Ich hoffe nicht, dass du doch irgendwas damit zu tun hast, Otto.«

Otto schaute beleidigt zur Seite.

»Du weißt, deine Fingerabdrücke sind darauf. Falls sie nicht vom Wasser entfernt worden sind, aber das glaube ich nicht. Die haben sicher ihre Methode, das festzustellen. Leg dir schon einmal eine gute Begründung zurecht, wenn die Polizei dich darauf anspricht.«

»Du aber auch«, meinte er, »denn deine sind auch darauf.«

»Was sind Fingergrücke?«, wollte Peter wissen.

»Das erkläre ich dir ein anderes Mal«, antwortete Lieselotte. »Vor allem soll der Kommissar nach Bettine suchen. Ich mache mir große Sorgen.«

*

Ein Motorrad knatterte über den Hof. Bettine hielt den Atem an und lauschte. Sie versuchte, ihr Gesicht so zu bewegen, dass sich mithilfe der Muskelkraft ihrer Wangen das Heftpflaster löste, aber es gelang ihr nicht. Der Schmerz brannte immer noch in ihrem Gesicht. Sie hatte Angst vor diesem Mann, dem alles egal zu sein schien, der nichts zu verlieren hatte.

Kaum hielt das Motorrad, hörte sie schon Erwin Bartschs schlurfende und stampfende Schritte im Hof, dazu das Klopfen seiner Gehhilfe und seine schneidende Fistelstimme: »Wer da? Was haben Sie hier zu suchen? Machen Sie, dass Sie fortkommen!«

Ein Mann sagte etwas. Sie konnte es nicht verstehen.

Waren es eine oder zwei Personen, die vom Motorrad stiegen?

»Sie schon wieder! Geben Sie immer noch keine Ruhe? Haben Sie hier nicht längst jeden Stein umgedreht, reicht Ihnen das nicht?« Bartsch klang atemlos, sprach noch höher als ohnehin schon.

»Wir haben einen Hinweis bekommen! Hier soll sich eine junge Dame aufhalten, die um Hilfe gerufen hat!«

»Eine junge Dame? Ich glaube, Sie fantasieren, so etwas haben wir hier nicht, höchstens meine Schwester, aber die ist gerade nicht da. Und eine junge Dame ist sie gewiss nicht mehr.«

»Geben Sie auf, Herr Bartsch, wir suchen nach Bettine Korittke und haben den dringenden Verdacht, dass sie sich auf Ihrem Grundstück aufhält!«

Bettine erkannte die Stimme. Ihr Herz hüpfte vor Freude und gleichzeitig vor Angst.

Durch das Klebeband hindurch gab sie Laute von sich, so schrill und kräftig wie möglich.

Sie hörte Schritte näher kommen und horchte auf. Was geschah nun? Mit aller Kraft versuchte sie, das Pflaster loszuwerden und durch Geräusche auf sich aufmerksam zu machen.

Draußen fiel ein Schuss, zerriss die Stille des Nachmittags. Bettine hielt den Atem an. Ein Hund bellte, Katzen schrien, die wohl gerade einen Kampf ausfochten.

»Legen Sie die Waffe weg!«, donnerte eine tiefe, männliche Stimme. »Haben Sie nicht gehört? Die Waffe weg, legen Sie sie vor sich hin. Und dann kommen Sie mit den Händen über dem Kopf langsam auf uns zu. Die Waffe weg und die Hände über den Kopf, habe ich gesagt!« Das musste der ältere Kommissar sein, Inspektor Conradi, aber was war mit Fritz Starnke?

Ein zweiter Schuss fiel, gefolgt von einem jaulenden Geheul und einem dumpfen Aufprall. Ein Mann brüllte entsetzlich, wer war das, verdammt noch mal? Doch nicht Fritz? Bitte, nicht Fritz, betete sie. Hoffentlich lebte er! War er verletzt?

Draußen breitete sich Hektik aus. Stampfende Schritte auf dem Boden, raschelnde, zischende Geräusche, jemand schrie um Hilfe, mehrere Personen rannten durcheinander. Kurze, unverständliche Kommandos wechselten sich mit dem knarzenden Ton eines Funkgeräts ab. Ein Mann bellte etwas hinein. Ein scharrendes Geräusch, als würde ein Mehlsack über den Boden geschleift. Wieder das mörderische Gejammer eines Mannes. Lass es Bartsch sein, bitte, lass es Bartsch sein, betete sie. Bettine kniff die Augen zusammen. Schritte im Haus. Sie kamen näher. Jetzt waren sie im Schlafzimmer der Engelmacherin. Sie horchte so angestrengt, dass sie das Blut in ihren Ohren rauschen hörte. Ein Kratzen an der Tapetentür, ein Scharren, ein Knarzen. Dann flog die Tür auf. Mehrere Personen stürmten gleichzeitig das Versteck.

»Fräulein Korittke?«, rief atemlos eine männliche Stimme. Endlich. Auf die enorme Anspannung folgte eine grenzenlose Erleichterung. Jemand zog ihr vorsichtig das Heftpflaster vom Mund.

Sie wagte es, die Augen zu öffnen. »Fritz!«, sagte sie, »wie gut, dass du da bist!« Sie lächelte gegen die Spannung ihrer verletzten Wange an. »Ich wollte Sie nicht duzen, wirklich, Entschuldigung, es ist mir einfach so herausgerutscht!« Sie lachte und plötzlich musste sie weinen.

Fritz Starnke befreite sie von den Schnüren und half ihr, die Beine von den Fußstützen zu nehmen. Sie waren taub, wie gelähmt. Dann nahm er sie in die Arme und sprach beruhigend auf sie ein. Hinter ihm tauchte nun auch Inspektor Conradi auf, der ziemlich blass aussah und sich mit dem Hemdsärmel über die hohe Stirn fuhr.

»Gleich kommst du hier raus«, sagte Fritz leise. »Du bist in Sicherheit.«

Vor lauter Schluchzen hatte sie Mühe zu sprechen. »Was ist denn passiert? Wo ist eigentlich Bartsch?«

»Er kann dir nichts mehr tun, Bettine!«

52. KAPITEL

Der Rettungswagen war gerade um die Ecke gebogen, während Bettine Korittke immer noch auf dem Untersuchungsstuhl saß, nun seitwärts, und lautlos weinte. Fritz hatte ihr seine Uniformjacke umgehängt, die ihr viel zu groß war. Sie massierte ihre Beine, die nach wie vor taub waren.

»Für dich kommt gleich auch ein Krankenwagen«, sagte er. »Willst du versuchen, aufzustehen und mit nach vorne zu gehen? Wir können uns draußen auf die Bank setzen und dort warten.«

Heftig schüttelte sie den Kopf. Trotz der Jacke zitterte sie am ganzen Körper.

»Er ist nicht mehr da«, sagte er, »es ist vorbei.«

Sie bemerkte Conradis Blick. »Was ist mit ihm?«, fragte sie ihn, »ist er tot?«

»Nein«, sagte der Kommissar, »nur verletzt. Ich musste ihm ins Bein schießen, es ging nicht anders. Er war bewaffnet und hat das Feuer eröffnet. Zum Glück hat er nur seinen eigenen Kastenwagen getroffen.«

»Wird er überleben?«

»Davon gehe ich aus. Es ist nur ein leichter Streifschuss, vielleicht muss er nicht einmal operiert werden. Er macht trotz seiner Kriegsverletzung einen rüstigen Eindruck auf mich.«

»Es war schrecklich«, flüsterte sie, »so etwas habe ich noch nie erlebt. Ich durfte nicht einmal die Toilette benutzen.«

»Sie waren stundenlang in seiner Gewalt und durften sich nicht erleichtern?«

»Doch. Er hat mir eine Bratpfanne untergeschoben. Daraus hatte ich vorher noch gegessen. Es war einfach furchtbar. Und ich habe mich so geniert.« Sie hielt sich die Hände vors Gesicht. »Ob seine Schwester das bemerken wird, wenn sie das nächste Mal am Herd steht?« Unwillkürlich musste sie grinsen.

Fritz strich ihr verlegen über die Hand. »Er wird dir nie mehr etwas tun. Bartsch kommt hinter Schloss und Riegel. Und da bleibt er wahrscheinlich, bis er eines natürlichen Todes stirbt.«

Sie konnte ihre Gedanken nicht so schnell ordnen. »Ich möchte nicht wieder ins Krankenhaus«, sagte sie nach einer Weile. »Mir geht es gut, wirklich. Ich schaffe das allein.«

»Das mag sein, aber es wäre trotzdem besser, wenn ein Arzt nach Ihnen schaut«, meinte Conradi.

»Er ist der Mörder von Rolf, stimmt's?« Sie blickte in ernste, reglose Gesichter. In dem Moment fuhr der zweite Krankenwagen vor.

»Kommen Sie«, sagte Johann Conradi und reichte ihr seine Hand.

53. KAPITEL

Sonntag, 04.07.1954

Gegen Mittag fuhr Johann Conradi ins Büro, um den nächsten Tag zu planen. Noch einmal prüfte er die Fotos an der Pinnwand und die Erkenntnisse aus der Spurensicherung. Edmund Kettlers Fingerabdrücke waren im Zusammenhang mit einem Autodiebstahl in der niedersächsischen Täterkartei erfasst worden. Er war homosexuell, Karl offensichtlich ebenfalls. Wo lag das Motiv? Johann Conradi stellte sich ans Fenster, um nachzudenken. Durch den wolkenschweren Himmel kam kurz die Sonne durch. Auf dem Marktplatz spielten Kinder, die man sonst unter der Woche nicht zu sehen bekam.

Verlustangst, schoss es ihm auf einmal durch den Kopf. Edmund Kettler hatte Angst, Karl zu verlieren, da der Junge ins Heim abgeschoben werden sollte. Oder war es die Angst, dass seine sexuelle Neigung auffliegen könnte? Vermutlich beides.

Conradi holte ein Dienstfahrrad aus dem Hof und fuhr kreuz und quer durch die fast menschenleere Innenstadt, getrieben von einer seltsamen Vorahnung.

In der Nähe der Johanniskirche entdeckte er ihn tatsächlich beim Abstellen seines Motorrads. Edmund Kettler trug eine schwarze Lederjacke, eine dunkle Hose und schwarzglänzende Lederschuhe. Mit einer Kopfbewegung warf er die langen Stirnfransen zurück. Johann Conradi drückte sich in den nächsten Hauseingang und gab vor, sich eine Zigarette anzuzünden. Von dort aus beobachtete er, wie sich der junge schlaksige Mann vorsichtig nach allen Seiten umsah und eine Weile unschlüssig herumstand. Noch ein zaghafter Blick zu den oberen Fenstern, dann ging er zügig auf den Friseursalon zu. Plötzlich war er nicht mehr zu sehen. Er musste um das Haus herumgegangen sein.

Johann Conradi folgte ihm in den Hof. Der junge Mann schien ein bestimmtes Ziel zu verfolgen. Schnurstracks, ohne sich umzublicken, ging er über den gepflasterten Weg in den Gemüsegarten und von dort aus auf ein zerfallenes Hühnerhaus zu. Am niedrigen Eingang duckte er sich und huschte hinein.

Conradi nahm eine zerbeulte Gießkanne zur Hand und tat so, als wolle er die Blumenbeete gießen. Langsam näherte er sich dem Häuschen, schlich in gebückter Haltung um die Ecken und bemerkte das Fensterloch mit der zerborstenen Scheibe, durch das er einen Blick ins Innere werfen konnte.

Er beobachtete, wie sich Edmund Kettler an einer Holzkiste zu schaffen machte.

Der Kommissar zog seine Dienstwaffe aus dem Halfter und schob sich in den niedrigen Eingang. Edmund Kettler starrte ihn im Halbdunklen mit weit aufgerissenen Augen an.

»Hände hoch und an die Wand!«, rief Conradi.

Völlig überrumpelt kam Kettler der Aufforderung nach. Er taumelte rücklings und stützte sich mit den Händen an der bröckeligen Steinwand ab.

»Umdrehen!«

Eine Pistole fiel zu Boden, die Conradi schnell mit dem Fuß beiseite kickte und dann aufhob. In den Augenwinkeln bemerkte er etwas Dunkles zwischen dem Stroh in der Kiste. Aber zunächst musste der junge Mann außer Gefecht gesetzt werden. Mit geübten Griffen klopfte Conradi ihn ab und fixierte seine Handgelenke hinter dem Rücken mit Handschellen.

»Gehört Ihnen die Pistole?«

Kettler wandte den Blick ab.

»Sie haben nach der Waffe gesucht, nicht wahr? Die Pistole, mit der Sie Rolf Schmalstieg getötet haben!«

Conradi bückte sich nach dem dunklen Gegenstand zwischen dem aufgeschüttelten Strohhaufen. Er fühlte sich weich an, wie die Pelzmütze von Frau Westermann am Garderobenhaken im Hausflur. Er brauchte einen Moment, um zu verstehen, dass es sich um die schwarze Perücke handelte, die am Tatabend im Friseursalon verschwunden war.

*

Sie saßen auf einer Bank in der Nähe des Braunbärgeheges am Schölerberg und sahen bei der Fütterung zu. Es war ruhig im Tierpark, denn das Wetter spielte nicht mit. Keine Familien, die bei diesen Temperaturen gerne den Sonntagnachmittag im Grünen verbrachten. Der Juni war schon zu kühl gewesen und auch der Juli hatte bewölkt und regnerisch begonnen, mit Temperaturen um die 15 Grad. Fritz Starnke hatte Bettine seine Lederjacke um die Schulter gehängt, die in ihrem dünnen Strickjäckchen fror. Lieber hätte er seinen Arm um sie gelegt, doch er traute sich nicht.

»Armer Bär«, sagte Fritz Starnke. »Ich wünsche mir für dich eines Tages ein größeres und schöneres Gehege, mit besseren Lebensbedingungen, mehr Auslauf und Gefährten. Das ist doch kein Zustand, so ein runder, betonierter Käfig ohne jede Anregung. Schau, wie traurig er guckt.«

»Immerhin hat man für die Affen schon etwas getan. Letztes Jahr war das Affenhaus kleiner und langweiliger.«

»Schön, dass du einen Sinn für Tiere hast.«

Bettine nickte. »Ich bin mit Tieren aufgewachsen. Früher hatten wir Kaninchen und Hühner, jetzt nur noch einen Wellensittich«, sagte sie, »den Coco. Ich glaube allerdings nicht, dass es wirklich unser Coco ist. Der war viel zutraulicher und schlanker. Mein Vater hat einfach einen neuen Vogel besorgt und ihn uns untergejubelt. Ich weiß es, aber die Kleinen müssen es nicht unbedingt erfahren.« Belustigt schüttelte sie den Kopf. »Ich glaube, ich bin die Einzige, die es gemerkt hat.«

Sie drehte sich zu ihm hin, sodass er ihre geschwollene Wange sehen konnte. Sie hatte versucht, das Hämatom zu überschminken, doch das Blauschwarze schimmerte durch.

»Herr Conradi bindet gerade den Sack zu«, sagte Fritz ernster. »Wir wissen inzwischen, dass es Edmund Kettler war. Wie geht es dir damit?«

»Nicht gut. Ich war so verliebt in ihn, in sein Aussehen und seine freundliche Art! Er war genau mein Typ Mann! ›Daisy‹ hat er mich immer genannt, es klang so weich und zärtlich. Das hat mir gefallen. Ich konnte nicht verstehen, dass es nicht weiterging. Er war immer nett und charmant, wagte sich aber keinen Schritt vor, obwohl ich es ihm so leicht gemacht und mir sogar diese blöde Geschichte mit der Schwangerschaft ausgedacht habe. Wie hätte ich ahnen können, dass er gar nicht mich meinte, sondern in Wirklichkeit immer nur an meinem Bruder interessiert war. Deshalb kam er so oft in unser Haus, deshalb aß er oft mit uns zu Abend. Er meinte gar nicht mich!« Bettine seufzte. »Als mich Bartsch damit konfrontierte, habe ich ihm zunächst nicht geglaubt. Ich dachte, das wäre eine seiner üblichen Gemeinheiten, die er sich ausgedacht hat, um mich zu ärgern.«

»Du bist sicher sehr enttäuscht«, bemerkte Fritz.

»Ich muss ihn so schnell wie möglich vergessen, muss versuchen, ihn mir aus dem Kopf zu schlagen. Ein Teil von mir kann verstehen, was er gemacht hat, ein anderer Teil auch wieder nicht. Man tötet keine Menschen! Trotzdem bin ich insgeheim froh, dass wir Rolf losgeworden sind. Sonst wäre meine Mutter niemals mehr mit meinem Vater zusammengekommen. Die beiden verstehen sich wieder! Und gestern bekam mein Vater die Zusage von Kampmeyer. Am ersten August kann er dort als Koch anfangen. Mutter ist ganz aus dem Häuschen! Nun habe ich nur noch mit Karl ein Hühnchen zu rupfen. Wie konnte er mir das nur antun, mich so zu hintergehen!«

»Hat er denn gemerkt, dass du in Edmund verliebt warst?«

Lächelnd sah sie zu ihm hin. »Da fragst du mich was! Ehrlich gesagt weiß ich es nicht.«

Er nahm ihre Hand und hielt sie fest.

»Und noch eine Sache«, sagte sie und lächelte. »Eine weitere gute Nachricht. Meine große Schwester kommt zurück nach Osnabrück. Sie bricht ihr Studium ab, um Friseuse zu werden wie ich! Sie hat gemerkt, dass sie nie etwas anderes machen wollte. Das Studium war nur eine Idee ihres Lehrers, hat sie gesagt.«

»Wird sie es nicht eines Tages bereuen? Ich dachte, Lehrerin wäre ihr Traumberuf!«

»Das dachte sie auch. Aber sie hat ein paar Wochen lang als Aushilfslehrerin in einer Volksschule unterrichtet und festgestellt, dass Kinder anstrengend sind. Eigentlich interessiert sie sich viel mehr für Schönheit und Mode. Sie will lernen, wie man sich richtig schminkt, und dann die Damen in unserem Salon beraten.«

Er lachte. »Anstrengend sind sie, das ist wohl wahr. Jetzt würde ich dich gerne zum Eis einladen oder wegen der Witterung vielleicht doch lieber zu Kaffee und Kuchen? Noch schaffen wir es rechtzeitig bis zum Endspiel um 17 Uhr.«

Gleichzeitig standen sie auf, und zum ersten Mal traute Fritz sich, ihr seinen Arm anzubieten. Sie wies ihn nicht ab, was sein Herz zum Hüpfen brachte.

*

»Sie schreiben mit der rechten Hand«, stellte Johann Conradi fest. Das kleine Polizeigebäude am Markt war fast leer, nur wenige Kollegen hielten die Stellung. Pauline Hubschmied arbeitete sonntags nicht, sodass er gerade noch rechtzeitig daran gedacht hatte, das Diktiergerät einzuschalten. Am nächsten Morgen würde sie das Vernehmungsprotokoll abtippen.

»Sie etwa nicht?« Edmund Kettler knetete nervös sein Kinn.

Johann Conradi sah ihn ernst an. »Doch«, sagte er.

»Dann verstehe ich Ihre Bemerkung nicht. Ich finde sie seltsam und irgendwie anmaßend.«

»Geschossen haben Sie mit der linken Hand«, sagte Conradi, der sich nicht aus der Ruhe bringen ließ.

Der junge Mann zog die Augenbrauen hoch. »Ach so«, sagte er, »das können Sie feststellen? Sie haben recht, ich hatte vom Tennis rechts ein geschwollenes Handgelenk und trug an dem Tag einen Verband. Meine linke Hand ist fast so stark wie die rechte.« Er hielt kurz inne und dachte nach. »Herr Kommissar, darf ich Ihnen eine Frage stellen?«

Conradi nickte.

»Wie haben Sie herausgefunden, dass ich es war?«

»Nun, es gab Hinweise«, sagte Johann Conradi. »So wusste ich zum Beispiel, dass Sie Patient bei Doktor Ritter waren.«

Edmund Kettler starrte ihn an. Er konnte nicht gleich antworten. Conradi ließ ihm Zeit. Die Erfahrung sagte ihm, dass es manchmal besser war, keine Fragen zu stellen, sondern einfach zu schweigen.

»Dann wissen Sie ja, was mit mir los ist«, sagte Edmund leise. »Sie wissen, dass ich nicht normal leben und lieben kann wie andere Männer.«

»Was ist schon normal?«, gab Conradi zu bedenken. »Wenn es Sie glücklich macht, finde ich es in Ordnung, es liegt mir fern, das zu beurteilen. Meine persönliche Meinung ist hier nicht gefragt und tut auch nichts zur Sache. Dennoch dürfte Ihnen geläufig sein, dass es sich um einen Straftatbestandteil handelt und dass Sie sogar mit einer Freiheitsstrafe dafür belangt werden können. Sie wissen, dass es einen eigenen Paragrafen dafür gibt?«

»Das ist mir bekannt«, sagte Kettler und räusperte sich.

»Könnte hier der Grund Ihres Handelns liegen?«

Der junge Mann deutete auf seine Kehle. »Darf ich um einen Schluck Wasser bitten?«

Conradi füllte erneut sein Glas.

Hastig trank der junge Mann. »Der Friseur wusste Bescheid«, begann er. »Er hat die Sache über Karl und mich herausgefunden, keine Ahnung, wie er das gemacht hat. Vielleicht hat es ihm ein Kunde gesteckt, in so einem Friseurladen wird ja viel geredet, ich weiß es nicht. Schmalstieg hat mir jedenfalls damit gedroht, meinen Vater davon in Kenntnis zu setzen. Die Folgen wären entsetzlich gewesen. Mein Vater, ein erzkonservativer Mensch, wäre rasend geworden. Für ihn gab es immer nur seine Firma und sein gutes Ansehen in der Gesellschaft. Eine elegante Frau an seiner Seite und ein wohlgeratener Sohn sind ihm enorm wichtig. Obwohl ich das nie war. Ich weiß, dass er sich einen anderen Jungen gewünscht hat, einen, den er als Geschäftsführer einsetzen kann und der eines Tages die Firma in seinem Sinne weiterführen würde.« Er stockte, massierte sich die Schläfen, als habe er Kopfschmerzen.

Conradi verstand ihn. Mit seinem Vater hatte er selbst in jungen Jahren zermürbende Diskussionen über seine berufliche Zukunft geführt. Ihn zog es zur Polizei, was sein Vater, der ein Pazifist war und niemals eine Waffe in die Hand genommen hatte, nicht nachvollziehen konnte. Conradi war auch ein Pazifist und versuchte seinem Vater zu erklären, dass Gesetze streng verteidigt werden mussten, damit Ruhe und Frieden in die Gesellschaft einkehren konnten. Das Gegenteil wäre Anarchie – ein Zustand, mit dem die meisten Bürger nicht umgehen könnten und der sie überfordern würde. Bis zum Schluss hatte sein Vater diesen Standpunkt nicht verstanden.

»Meine Mutter steht ganz auf seiner Seite«, fuhr Edmund fort. »Mit der Tatsache konfrontiert zu werden, dass sein einziger Sohn homosexuell ist, wäre ein Schlag ins Gesicht gewesen, die Enttäuschung seines Lebens. Ich wäre auf verlorenem Posten gewesen, niemand hätte für mich Partei ergriffen. Meine Eltern hätten mich fortgejagt. Mittellos und gesellschaftlich geächtet – das wäre mein Schicksal gewesen. Zudem hätte ich mich im juristischen Sinne schuldig gemacht. Höchstwahrscheinlich wäre ich, wie Sie schon sagten, Herr Conradi, zu einer Gefängnisstrafe verurteilt worden, schlimmstenfalls sogar in der Klapsmühle gelandet, wo Homosexuelle wie ich mit schweren Medikamenten und äußerst schmerzhaften Elektroschocks behandelt werden. Mein Vater hätte mich für unzurechnungsfähig erklärt und dafür gesorgt, dass ich entmündigt und enterbt werde. Alles in allem keine schönen Aussichten. Ich hatte auf einmal eine Riesenangst. Aber es war nicht nur das.« Er verschränkte die Hände hinter dem Kopf, sah gedankenverloren aus dem Fenster, sammelte sich, schluckte heftig, kämpfte gegen Tränen an. »Karl hat mir am Vortag gesagt, dass sein Ziehvater ihn fortbringen wollte, in ein Heim für Schwererziehbare irgendwo in Hessen. Das war für mich der Tropfen, der das Fass zum Überlaufen brachte. Die Vorstellung, ihn nie wiederzusehen, war für mich schlimmer als die Furcht vor Strafe wegen meiner Homosexualität.« Seine Stimme brach.

Conradi nickte. »Sie waren in Behandlung bei Dr. Ritter. Der Arzt sagte mir, Sie hätten anfangs Fortschritte gemacht und wären auf einem guten Weg gewesen, zumindest, was Ihr Selbstwertgefühl anbelangt. Mich würde interessieren, warum Sie die Therapie abgebrochen haben.«

»Für mich gab es keine Fortschritte, keine Veränderung, ganz zu schweigen von Besserung. Die hätte es vermutlich nie gegeben. Ich wollte und konnte nicht mehr. Ich habe auch irgendwann gemerkt, dass ich keine Frauen lieben will. Sie interessieren mich nicht und werden mich nie interessieren. Und dann kam hinzu, dass ich keine Kontrolle über die Situation hatte. Ich wusste nicht, wann Schmalstieg mit meinem Vater reden und die Lawine lostreten würde. Jederzeit konnte es so weit sein. Die Ungewissheit war für mich kaum auszuhalten. Ich konnte nicht schlafen, nichts essen. Meine Zukunft stand auf dem Spiel. Mein Hobby, die Fotografie, die ich zu meinem Beruf machen wollte, die enge Verbindung mit Karl, unsere Seelenverwandtschaft. Alles war im Begriff, zu Bruch zu gehen. Keine Perspektive mehr. Wie ein Kartenhaus stürzte alles in sich zusammen.« Er stand auf und ging zum Fenster. Seine schmalen Schultern im schwarzen Pullover bebten. Conradi war sich nicht sicher, ob er lautlos weinte oder nur heftig atmete.

»Ich betrat den Salon und sah meinen Vater, der von Schmalstieg gerade rasiert wurde«, sagte er mit rauer Stimme. Er hatte sich im Griff, wirkte aber sehr bedrückt. »Ich versteckte mich hinter dem Garderobenständer. Ich zitterte am ganzen Leibe. Ich wusste, jetzt würde es passieren. Ich wollte mithören. Aber nichts geschah, nur die Ankündigung Schmalstiegs, mit meinem Vater am nächsten Tag reden zu wollen. Für 8 Uhr hatte er ihn ins Büro bestellt, vor dem ersten Kundentermin. Es ging um mich und Karl, das wusste ich. Ich konnte nicht anders, mir blieb keine Wahl: Ich musste handeln.« Edmund Kettler kam zurück und setzte sich wieder. Mit einer bittenden Geste hielt er dem Kommissar sein Wasserglas hin.

Conradi ging zum Waschbecken und füllte nach.

»Dann fiel mir die Pistole ein«, sagte Edmund. »Sie lag im Sekretär meines Vaters und war geladen, weil mein Vater nichts so sehr fürchtet wie einen Überfall. Mein Vater hat längst gemerkt, dass die Waffe verschwunden ist. Er hat mich danach gefragt. Ich habe alles abgestritten, was hätte ich sonst tun sollen? Ich glaube, er weiß Bescheid.«

»Uns gegenüber hat er nichts verlauten lassen. Sie haben also die Pistole geholt und sind zurück zum Salon gefahren.«

»So war es. Erst wollte ich noch mit Schmalstieg reden, aber ich hatte nicht den Mut dazu. Ich habe mich in Grund und Boden geschämt, dass er über mich und Karl Bescheid wusste. Ich bekam Panik. Mein erster Impuls war, meinen Vater zu töten. Aber das brachte ich nicht übers Herz. Ich hätte es meiner Mutter nicht antun können. Sie hatte immer Angst davor, vorzeitig zur Witwe zu werden. Seit dem Krieg steckte sie in ihr drin, diese Angst, ihren Mann und ihren einzigen Sohn zu verlieren. Zum Glück war mein Vater schon nicht mehr da, als ich zurückkam. Deshalb nahm ich Schmalstieg ins Visier, fackelte nicht lange und drückte ab.«

»Um welche Uhrzeit waren Sie das erste Mal im Salon und wann das zweite Mal?«

Irritiert sah Edmund Kettler zu ihm hin. »Das Fußballspiel sollte bald beginnen, als ich das erste Mal da war. Ich weiß es nicht mehr so genau.«

»Sie wohnen in der Friedrichstraße. Das ist ein Stück zu fahren. So schnell konnten Sie nicht in der Johannisstraße zurück sein. Dafür brauchen Sie mindestens eine Viertelstunde, wenn Sie schnell sind.«

»Das war ich. Ich habe höchstens zehn Minuten gebraucht.«

»Das soll ich Ihnen glauben? Sie wollen mir weismachen, es sei eine spontane Eingebung gewesen, Schmalstieg zu töten. Laut Aussage der Witwe war ihre Tochter Karin um kurz vor 18 Uhr im Salon, um ihren Vater zu holen. Er hätte noch einen Kunden, wurde ihr gesagt, und wäre bald fertig. Sie wollen, dass es wie Totschlag aussieht, nicht wie Mord. Ich glaube Ihnen nicht. Ich bin der Überzeugung, Sie hatten die Pistole von Anfang an dabei, mit der festen Absicht zu töten. Aber das wird das Gericht klären.«

»Sie sind auf dem Holzweg, Herr Kommissar, ich habe nicht geplant, Schmalstieg zu töten. Ich wollte nur, dass alles wieder gut wird.«

»Alles wieder gut, durch einen Mord?«

»Für einen Moment dachte ich tatsächlich, wir wären gerettet, Karl und ich, aber noch am selben Abend wurde mir klar, dass das eine Illusion war. So oder so verliere ich

Karl. Ich habe einen gewaltigen Fehler begangen, und ich bereue ihn zutiefst.«

»Wirklich? Sie bereuen? Ich habe eher den Eindruck, Sie tun so, als sei nichts geschehen, treffen sich weiterhin mit Ihrem Freund in einem Hotel, gehen aus, kaufen teure Delikatessen ein, wie mein Kollege beobachtet hat …«

»Ihr Kollege? Ein Kollege von Ihnen hat mich beobachtet? Nur mich oder auch …?« Edmund kratzte sich am Kopf.

Conradi antwortete nicht.

»Sie haben recht. Es gab tatsächlich Stunden, da konnte ich verdrängen, was geschehen war, da lebte ich wie immer, aber die Bilder in meinem Kopf wurde ich nicht los. Man kann sich nicht selbst etwas vormachen.«

»Warum sind Sie nicht zu mir gekommen? Sie hätten sich stellen können, haben doch sicher mitbekommen, dass wir Karl verhaftet haben.«

Kettlers überraschter Blick schien echt zu sein. »Nein!«, rief er aus. »Das ist mir völlig neu! Das wusste ich nicht, wirklich! Er wurde verhaftet? Ist er wieder auf freiem Fuß?«

»Natürlich«, sagte Conradi, »denn er ist ja unschuldig.«

»Ich hätte mich gestellt«, sagte der junge Mann. »Spätestens morgen oder übermorgen. Lange hätte ich dieses Versteckspiel nicht mehr ausgehalten. Mit meiner Schuld hätte ich nicht leben können. Ich bin froh und erleichtert, dass es vorbei ist und Sie nun alles wissen. Bitte bringen Sie mich noch heute ins Gefängnis. Ich möchte meinen Eltern nicht mehr unter die Augen treten müssen. Ich möchte auch nicht, dass sie mich dort besuchen. Besser, ich breche mit ihnen als sie mit mir.«

»Warten Sie doch ab. Vielleicht können Ihre Eltern Ihnen vergeben. Lassen Sie ihnen etwas Zeit. Eltern lieben ihre Kinder und verzeihen viel, das ist fast ein Naturgesetz.«

»Bei uns ist Liebe an Bedingungen geknüpft. War es immer. Es ist vorbei. Ich habe meine Eltern enttäuscht. Ich bin ein Mörder und nicht mehr ihr Sohn. Bringen Sie mich bitte von hier weg.«

»Einverstanden. Ich denke, vorerst ist alles gesagt.«

»Zwei Bitten habe ich noch«, sagte Edmund. »Können Sie dafür sorgen, dass Karl meine Fotoausrüstung erhält? Ich brauche sie nicht mehr und Karl hat sich immer dafür interessiert. Er hat ein fotografisches Auge, ich glaube, damit würde ich ihn glücklich machen. Meinen Fotoapparat habe ich zur Reparatur gebracht. Er befindet sich bei Pillmeyer am Domhof, ein Geschäft für fotografische Artikel. Ich lasse Pillmeyer über einen Boten einen Scheck zukommen, wenn ich darf, dann kann Karl ihn dort abholen.«

»Und die zweite Bitte?«

»Ich habe mich so sehr auf das Endspiel gefreut. Gibt es im Gefängnis ein Radio?«

Conradi nickte, plötzlich von Mitgefühl und einer großen Traurigkeit erfüllt. »Ich werde mich dafür einsetzen, dass Sie irgendwo mithören können.«

54. KAPITEL

Pauline Hubschmied hatte Johann zum Tee in ihr winziges Zimmer eingeladen, zwei Stunden vor dem Endspiel Deutschland gegen Ungarn. Sie hatte sogar eine kalte Platte vorbereitet mit ein paar Scheiben Salami, Eiern, Salzstangen, Gewürzgurken und Cocktailtomaten.

»Dich beschäftigt etwas«, meinte sie. »Du bist hier und doch nicht hier.«

Johann Conradi lächelte, wurde aber schnell wieder ernst. »Was soll ich die Sache vor dir geheim halten, spätestens morgen weißt du alles, wenn du das Vernehmungsprotokoll abtippst.«

Ihre Augen wurden groß. »Was sagst du da? Ist der Fall Schmalstieg etwa gelöst?«

»Ja, tatsächlich«, sagte Conradi seufzend. »Merkst du eigentlich, dass wir gerade Du zueinander sagen?«

Sie lächelte. »Stimmt, jetzt, wo du es sagst! Es wäre mir nicht aufgefallen.«

»Belassen wir es dabei?«

»Aber sicher. Sehr gerne.«

»Schön.« Er saß auf einem alten knarrenden Klappstuhl und fürchtete sich davor, dass er jeden Moment unter seinem Gewicht zusammenbrechen könnte. Vorsorglich stemmte er seine Hände auf den Oberschenkeln auf. »Und nun? Möchtest du gerne wissen, wer es war?«

»Ich habe eine Vermutung. Edmund Kettler?«

Er verzog anerkennend den Mund. »Richtig. Wie kommst du darauf?«

»Du hast gesagt, er wäre schon einmal durch kleinere

Delikte aufgefallen und seine Fingerabdrücke waren auf der Visitenkarte des Nervenarztes.«

»Das ist wahr. Der junge Mann ist homosexuell und in Karl Korittke verliebt, den Ziehsohn des Friseurs. Das Motiv war Angst vor Entdeckung, vor Strafe, Ausgrenzung, vor Entmündigung. Das Fass ist wohl übergelaufen, als Edmund erfuhr, dass sein geliebter Karl von der Fürsorge in Obhut genommen werden sollte, und als er mitbekam, dass der Friseur seinen Vater über seine homosexuelle Neigung aufklären wollte. Das war zu viel für ihn.«

»Oh je, der Arme«, meinte Pauline und trank Tee.

»Das Motiv ist nachvollziehbar, er sah sich in einer Sackgasse, wäre bei seinen Eltern auf Granit gestoßen und hätte auch noch seinen Freund verloren. Leider hat er die Tat geplant. Er kam bereits bewaffnet in den Salon. Damit hat er schlechte Karten für ein mildes Urteil. Sehr schlechte Karten. Hätte er sich wenigstens gestellt, aber nicht einmal das hat er getan.«

Pauline seufzte. »Auch das noch! Hat er wenigstens gestanden?«

Conradi strich sich über eine Augenbraue. »Das hat er, macht die Sache aber nicht viel besser.«

»Was ist mit Bartsch?«, fragte sie. »Was hat ihn dazu getrieben, das arme Mädchen zu entführen?«

»So, wie sich mir die Situation darstellt, war es kein Racheakt, obwohl er natürlich einen gewaltigen Hass auf Schmalstieg hatte. Sobald er vernehmungsfähig ist, werde ich Genaueres erfahren. Ich vermute, es war eine Art verrückte Liebe zu dem jungen Mädchen. Er wollte Bettine Korittke besitzen. Und weil er genug Realitätssinn besitzt, konnte er sich ausmalen, dass er nicht die geringste Chance bei ihr hatte. Deshalb hat er sie einfach entführt und festgehalten. Dafür hat er erstaunlich viel kriminelle Energie aufgebracht. Es müssen scheußliche Dinge passiert sein. Er hat ihr Nager ins Zimmer gesetzt und sich anschließend als Schädlingsbekämpfer in ihr Haus geschlichen, um ihr nahe zu sein und sie durch Erpressung an sich zu binden. Als sie für seine erbrachte Leistung die horrende Summe, die er forderte, nicht zahlen konnte, hat er ihre Lage ausgenutzt. Bei den kleinen Kindern hat er sich ebenfalls als Retter aufgespielt. Die Handgranate hat er als Köder ausgelegt. Er hat sich die Neugierde kleiner Kinder zunutze gemacht, auch das nur, um Bettine zu imponieren und sich ihr anzunähern, was ihm in dem Fall nicht gelungen ist. Aber er hat es versucht. Ein übler Bursche.«

»Mit dem habe ich kein Mitleid, im Gegensatz zu dem Jungen.«

Conradi nickte stumm.

»Wie geht es Bettine jetzt?«

»Sie ist zu Hause, in der Obhut ihrer Mutter und Großmutter. Ein bisschen verliebt scheint sie zu sein. Mal sehen, wie sich die Sache entwickelt.«

»Verliebt? In wen?«

Conradi schmunzelte. »Denken Sie nur: in unseren lieben Fritz Starnke. Fast ist er mir zu gutmütig für das Mädel. Die Geschichte mit der erfundenen Schwangerschaft gefällt mir nicht, aber wer weiß, was in so einem Frauenhirn vor sich geht, wenn es verliebt ist. Haben Sie eine Ahnung? Entschuldigung, hast du eine Ahnung?«

»Ich? Nein, da fehlt mir leider gänzlich die Erfahrung.«

Johann lachte. »Das glaube ich nicht, ich sehe den Schalk in deinen Augen!« Lange blickte er sie an. »Morgen Abend gibt es im Ritz einen amerikanischen Film mit Audrey Hepburn und Humphrey Bogart. ›Sabrina‹ heißt er und soll eine wunderschöne Liebeskomödie sein.« Schüchtern lächelte er sie an. »Ich weiß nicht, was ich dir damit zumute und ob du überhaupt Liebesfilme magst, aber …«

Sie stand vom Bett auf, kam auf ihn zu, schlang ihre Arme um seinen Hals und flüsterte ihm ins Ohr: »Ich hasse sie. Damit verdirbst du mich.«

»Auf ewig?«

»Auf ewig«, lachte sie. Er zog sie auf seinen Schoß und küsste sie. Plötzlich veränderte sie ihre Sitzhaltung, sie wurde steif und wirkte ernst.

»Was ist denn?«, fragte er, irritiert von ihrem Stimmungswechsel.

»Ich muss dir etwas sagen«, gestand sie, stand auf, nahm sich einen Stuhl und setzte sich ihm gegenüber. »Ich wollte es schon längst tun. Länger kann ich nicht warten. Ich fühle mich richtig schlecht.«

»Du hast einen anderen!« Er hatte es gewusst. Seine ersten Empfindungen für eine Frau nach mehr als zehn Jahren wurden sofort im Keim erstickt. Sie war nicht frei. Das war es, was sie ihm mitteilen wollte. Aus und vorbei, bevor es angefangen hatte.

»Das ist es nicht.« Sie holte tief Luft. »Ich hätte es dir schon viel früher erzählen sollen, aber ich konnte nicht, habe mich nicht getraut. Bitte sei mir nicht böse!« Tränen traten in ihre Augen.

Nun bekam er es mit der Angst zu tun. Er wollte wissen, was sie so aus der Fassung brachte, und zwar sofort. Diese Hinhaltetaktik von Frauen hatte er noch nie leiden können. »Was ist los? Egal, was es ist, ich werde damit fertig. Nimm keine Rücksicht auf mich, ich bin viel gewohnt und kann es aushalten.«

»Also gut«, begann sie und knibbelte an ihrer Nagelhaut. Sie war sehr blass. »Wir haben darüber gesprochen, dass du deine Frau und deine Tochter verloren hast«, sagte sie atemlos. »Ich habe dir nicht alles gesagt, Johann. Es ist kein Zufall, dass ich hier bin, im Haus meiner Tante, und es ist auch kein Zufall, dass ich für dich arbeite. Aus einem bestimmten Grund habe ich mich als Sekretärin bei der Polizei beworben.«

Ihm wurde kalt. Wovon redete sie? Wer war sie wirklich?

»Ich wusste, dass du wieder in Osnabrück bist, und habe meine Tante angefleht, mir ein Zimmer zu überlassen, denn ich wollte in deiner Nähe sein.«

Seine Nackenhaare stellten sich auf. Höchst aufmerksam hörte er ihr zu, wagte kaum zu atmen. Worauf lief das hinaus? Was wollte sie ihm sagen? War sie eine Spionin? Das wäre noch schlimmer, als wenn sie gebunden wäre. Er hatte keinerlei Verständnis für Spione, fand sie hinterhältig und heimtückisch.

»Ich war damals mit meiner Familie zusammen in deiner Wohnung einquartiert.« Sie sprach schnell, ohne ihn anzusehen. »Wir waren Flüchtlinge und kamen über das Haff aus Ostpreußen. Meine Familie, das war ich, meine Mutter und mein jüngerer Bruder Michael. Er war damals sieben Jahre alt. Das war die härteste Zeit meines Lebens. Einzelheiten erspare ich dir, nur so viel: Die Flucht über Schnee und Eis war grausam. Michael wurde krank. Er lag mit hohem Fieber auf einer Karre, die meine Mutter und ich abwechselnd zogen. Er hustete und bekam schlecht Luft. Meine Mutter hat jeden Abend, wenn wir irgendwo Halt gemacht haben, gebetet. Michael war zäh, er hat es überstanden. Viele andere Kinder, die ähnlich krank waren wie er, sind gestorben. Ihre Mütter mussten sie im Schnee zurücklassen, konnten sie in der gefrorenen Erde nicht einmal begraben. Und dann die Ankunft in Norddeutschland. Keiner wollte uns. Flüchtlinge waren nirgendwo willkommen, wir wurden wie Unrat behandelt. Irgendwann, nach wochenlanger Odyssee, gelangten wir nach Osnabrück. Zunächst hausten wir mit drei anderen Familien in einer Baracke. Es war primitiv und scheußlich kalt, wir hatten nur sehr wenig zu essen, aber wenigstens fühlten wir uns sicher. Dann hatten wir großes Glück, denn man wies uns eine Adresse in der Lotter Straße zu, bei deiner Frau, Johann, bei Frederike Conradi, die von Anfang an nett zu uns war, sehr zuvorkommend und gastfreundlich. Sie war der erste Mensch nach unserer Flucht, der uns Herzlichkeit und Wärme entgegenbrachte, obwohl sie mit unserer Zwangseinquartierung zunächst auch nicht einverstanden gewesen war, wie sie uns später anvertraut hatte. Es war wunderschön dort, so gemütlich und behaglich. Zu dritt lebten wir in Lillys Kinderzimmer, und Lilly schlief bei ihrer Mutter, bei deiner Frau, in deinem Bett, Johann.«

Conradis Augen füllten sich mit Tränen. Er konnte kaum glauben, was er gerade hörte.

»Als der Fliegeralarm losging, am 13. September 1944«, fuhr sie mit brüchiger Stimme fort, »war deine Frau krank. Sie hatte hohes Fieber und war nicht in der Lage, die Wohnung zu verlassen. Meine Mutter blieb bei ihr, legte ihr regelmäßig einen kalten Waschlappen auf die Stirn, maß ihre Temperatur und kochte Tee für sie. Sie wollte Frederike nicht allein lassen, wollte ihr damit ihre Dankbarkeit zeigen, dass sie uns aufgenommen hatte. Vielleicht hat sie auch den Bombenalarm nicht so ernst genommen, weil wir ja bisher verschont geblieben waren. Eigentlich war es verboten, bei Alarm in den Wohnungen zu bleiben. Aber es ging zu jener Zeit so chaotisch zu, drunter und drüber, dass das nicht immer kontrolliert wurde. Mich schickten sie weg, ich sollte die Kinder mitnehmen und so schnell wie möglich den nächsten Luftschutzkeller aufsuchen. Ich wollte nicht, hatte jedoch keine andere Wahl. Lilly wehrte sich mit Leibeskräften, wollte unbedingt bei ihrer Mutter bleiben, und deine Frau war zu schwach, um zu widersprechen. Die Zeit war knapp, ich musste handeln, also ließ ich schweren Herzens meine Mutter, Frederike und Lilly in der Wohnung zurück. Ich nahm nur meinen Bruder Michael mit. Als eine Granate in der Nähe einschlug, riss er sich von mir los und rannte weg. Ich schrie hinter ihm her, er solle stehen bleiben, aber er reagierte nicht. Ich wollte ihm hinterherlaufen, doch jemand packte mich am Arm und zerrte mich in den nahegelegenen Keller. Dort kauerte ich mit etwa 50 anderen Menschen eng an eng. Es stank nach Schweiß, Urin und Dreck, und einige Kinder schrien. Als ich den Keller verließ, war es draußen glühend heiß, ich hatte das Gefühl zu verbrennen. So hatte ich mir immer die Hölle vorgestellt! Häuser brannten lichterloh, viele waren eingestürzt, nur glühende und verkohlte Steingerippe waren von ihnen übrig. Überall herrschte dichter gelber Qualm, es roch nach Feuer, Schwarzpulver und Schwefel, und ich hörte Schreie aus allen Richtungen. Ein einziges Chaos. Ich fand mich nicht zurecht, fand unser Haus nicht wieder, bekam panische Angst. Ein Nachbar brüllte mir zu, dass alle Bewohner unseres Hauses verschüttet seien.« Sie hob den Blick, bekam feuchte Augen, als sie Tränen in den seinen bemerkte. Bevor sie weitersprach, schenkte sie Tee nach. Sie trank dann aber doch nicht, saß eine Weile nur stumm da, mit gefalteten Händen. Sie schien weit weg zu sein.

Conradi wartete mit einem Kloß im Hals.

»Später hörte ich«, sagte sie, »dass der Bombenhagel auf die Stadt nur 14 Minuten gedauert hatte und zahlreiche Tote und Verletzte gefordert hatte. Zehntausende Menschen waren obdachlos geworden. Meine Mutter, mein kleiner Bruder und deine Frederike lebten nicht mehr«, sagte sie fast sachlich, als wolle sie sich selbst schützen. »Später fand man dann Lilly. Ein Wunder war geschehen, denn sie war als Einzige am Leben.«

Johann Conradis Kehle fühlte sich trocken an. Er glaubte, sich verhört zu haben. »Was? Was sagst du da? Meine Lilly? Sie lebt? Bist du sicher?« Ungläubiges Kopfschütteln.

»Ein alter Mann zog sie unter Trümmern hervor. Ihr Bein war verletzt, sie konnte nicht laufen, aber sie war am Leben.« Zaghaft lächelte sie ihn an.

»Was ist mit ihr, wo ist sie jetzt?«, fragte er atemlos und fuhr sich mit dem Handrücken über die nassen Wangen.

»Sie haben sie weggebracht. Ich glaube, irgendwo aufs Land, nach Jeggen oder so. Genau weiß ich es leider nicht. Es war ein heilloses Durcheinander in den Straßen, das kannst du dir nicht vorstellen. Ich musste mich selbst retten. Aber ich gehe davon aus, dass sie in Sicherheit ist und dass es ihr gut geht. Leider habe ich nie wieder etwas von ihr gehört, ich habe mich erkundigt, aber man wollte mir nichts sagen, weil ich keine Verwandte bin.«

»Warum sagst du mir das erst jetzt?«

»Ich habe so oft versucht, mit dir darüber zu reden. Manchmal hast du deine Arbeit vorgeschoben, manchmal deine Müdigkeit. Ein anderes Mal ist es mir selbst zu schwergefallen. Ich habe versucht, es dir zu sagen, war mehrmals kurz davor, aber es ging nicht. Auch jetzt fällt es mir unglaublich schwer. Ich habe meine Tante gebeten, dir gegenüber nichts zu erwähnen, und sie hat ihr Wort gehalten. Hat sie doch?«

Er nickte. Dann räusperte er sich. »Wie hast du mich gefunden?«

»Durch meine Tante. Wir haben darüber gesprochen, und sie hat mir erzählt, dass du hier wohnst. Ich wollte dich kennenlernen und in deiner Nähe sein. Schließlich habe ich ein paar Monate mit deiner Frau und deiner Tochter unter einem Dach gelebt. Meine Tante hat mir das ehemalige Dienstbotenzimmer gegeben. Verzeih mir bitte, dass ich dir gegenüber nicht ganz aufrichtig war.«

Er nickte. Dann faltete er seine Hände, bis die Knöchel weiß hervortraten. »Wir müssen sie suchen, gleich morgen! Morgen ist Montag, da haben die Behörden geöffnet. Wie gehen wir es an? Es gibt doch den Suchdienst des Roten Kreuzes, dahin müssen wir uns wenden. Das wäre ein erster Schritt. Die können uns hoffentlich weiterhelfen. Menschenskinder, Lilly lebt!« Immer wieder schüttelte er den Kopf. »Wie sie wohl heute aussieht? Wie alt ist sie jetzt?« Er rechnete nach. »17 Jahre, eine junge Frau. Wird sie mich wiedererkennen nach all den Jahren?«

Beide standen gleichzeitig auf und fielen sich in die Arme. Sie hielten sich fest und weinten, bis Johann ihre Tränen wegküsste und sich ihre Lippen langsam fanden.

55. KAPITEL

Unter Conradis schwarzem Regenschirm spazierten sie die Lotter Straße entlang. Hatte es mittags noch so ausgesehen, als würde es aufhellen, goss es nun aus Kübeln. Kein schlechtes Omen! Der Sportkommentator hatte sich zum Endspiel ein »Fritz-Walter-Wetter« gewünscht, denn es war bekannt, dass Walter bei Regen zu seiner Bestform auflief. Er schoss dann die meisten Tore. Der Regen hatte noch einen weiteren Vorteil. Adolf Dassler hatte für die deutsche Mannschaft auswechselbare Stollen entwickelt, die sich bei durchfeuchtetem Boden bezahlt machten, da sie griffiger waren. Die ungarischen Spieler trugen hingegen Schuhe mit kurzen Stollen. Mit denen hätten sie bei trockener Witterung die besseren Karten gehabt, weil sie als die haushohen Favoriten galten. Nun aber, kurz vor dem Spiel, regnete es, und laut Wettervorhersage war dies auch in Bern der Fall!

Johann Conradi hielt sorgsam den Schirm über Pauline. Dass er selbst einen nassen Kragen hatte, störte ihn nicht. Morgen früh um acht würde er zum Telefon greifen und sich mit dem Suchdienst des Roten Kreuzes verbinden lassen. Er hatte sich so auf einen schönen Abend mit Pauline gefreut, mit einem spannenden Finale, das sie sogar in Echtzeit sehen konnten, weil er vier Lose gewonnen hatte, wusste aber genau, dass er in Gedanken nur bei seinem Kind wäre, bei Lilly, die er hoffentlich bald wiedersehen würde.

Im Fernsehraum des Hotels Klute war die Luft zum Schneiden. Johann und Pauline fanden nur noch Stehplätze im hinteren Bereich und waren dankbar, dass immer wieder frische Luft hereinströmte, wenn jemand die Tür öffnete. In den vorderen Sitzreihen vermuteten sie Frau Westermann und die fußballbegeisterte Nachbarin aus dem Parterre. Die beiden waren schon eine Stunde zuvor aufgebrochen, glücklich über ihre geschenkten Lose. Auf dem kleinen Bildschirm konnten Johann und Pauline kaum etwas erkennen. Die Schwarz-Weiß-Bilder waren grobkörnig und leicht verwackelt. Ab und zu sahen sie einen Fußballspieler durchs Bild huschen und verließen sich ansonsten auf den Kommentator Herbert Zimmermann, der das Spielgeschehen präzise und lebendig zusammenfasste.

Schon zu Beginn lief es nicht gut für die deutsche Mannschaft. Ungläubige Blicke, Gemurmel und Rufe im Saal, als Ungarn nach wenigen Minuten in Führung ging. Es schien genauso weiterzugehen wie am 20. Juni, als Deutschland haushoch verlor.

Als nach acht Minuten das zweite Tor für Ungarn fiel, verließen die ersten Zuschauer unter wüsten Protestrufen den Saal. Johann und Pauline atmeten auf, als sie etwas mehr Platz bekamen. Gleichzeitig sahen sie sich sorgenvoll an, denn für die deutsche Mannschaft schien es keine Rettung mehr zu geben.

Doch dann kam die Wende.

Zwei Minuten später brach tosender Beifall im Stadion und im Saal aus: Max Morlock sorgte für das erste Tor!

»Heute ist es kein 3:8, heute ist es keine B-Mannschaft«, kommentierte Herbert Zimmermann lautstark und die Zuschauer jubelten vor Begeisterung.

Im Saal strömten die Menschen nach vorn und drängelten sich vor dem kleinen Bildschirm. Für Johann und Pauline war der Blick nun vollends verstellt, aber wenigstens waren sie mit dabei. Das Publikum stand dicht an dicht. Hätte einer das Bewusstsein verloren, hätte er nicht fallen können, so voll war es.

Nach 18 Minuten tobte der Saal ein weiteres Mal, als Toni Turek das zweite Tor schoss. Herbert Zimmermann lobte ihn als Fußballgott der Nation und überschlug sich mit Worten der Begeisterung. Die Spannung brodelte, und man bedauerte die Leute, die schon nach acht Minuten das Weite gesucht hatten.

Es stand nun 2:2.

Aufregende Torszenen folgten, die das Publikum zum Brodeln brachten, aber leider nicht zu weiteren Treffern führten. In den Gesichtern des Publikums wechselte sich Begeisterung mit Ernüchterung, Hoffnung und Enttäuschung ab.

Die 84. Minute sorgte noch einmal für eine nervenzerreißende Spannung. Nach wie vor stand es unentschieden, als Herbert Zimmermann die Situation in wenigen Sätzen zusammenfasste: »Sechs Minuten noch im Wankdorfstadion in Bern. Keiner wankt. Der Regen prasselt unaufhörlich hernieder. (…) Bozsik, immer wieder Bozsik, der rechte Läufer der Ungarn am Ball. Er hat den Ball – verloren diesmal, gegen Schäfer. Schäfer nach innen geflankt, Kopfball – abgewehrt. Aus dem Hintergrund müsste Rahn schießen. Rahn schießt. TOR, TOR, TOR, TOR, Tor für Deutschland!«

Millionen Deutsche lagen sich im Stadion in Bern, in den heimischen Gasthäusern, vor den Rundfunk- und Fernsehgeräten in den Armen, darunter auch Johann Conradi und Pauline Hubschmied in Osnabrück.

»AUS, AUS, AUS, AUS, das Spiel ist aus!«, schrie Zimmermann mit sich überschlagender Stimme. »Deutschland ist Fußballweltmeister, schlägt Ungarn mit drei zu zwei Toren im Finale in Bern!«

»Was für ein Tag!«, sagte Johann Conradi und streichelte Paulines glühende Wangen.

Fragend schaute sie zu ihm auf. Weil es so laut war, konnte sie seine Worte nicht verstehen, nur erraten. Sie hielt sich an ihm fest, um von der brodelnden, jubelnden Menge nicht fortgerissen zu werden.

Später liefen sie eingehakt unter dem Regenschirm zurück zu ihrem Haus.

Vor einem Kolonialwarenladen blieb er stehen, sah Pauline lange mit einem weichen, verträumten Ausdruck an und küsste sie, während der Regen von oben auf den Schirm prasselte und sie erst allmählich registrierten, dass sie nasse Schuhe und Socken bekamen.

»Das ist erst der Anfang«, sagte er, klappte den Schirm zu und ließ ihn einfach fallen. »Vielleicht der beste Anfang unseres Lebens«, lachte er.

Und dann tanzten sie im Regen, bis sie völlig durchnässt waren und beschlossen, in Johanns Zimmer noch einen Eierlikör zu trinken.

ENDE

DANKE

Ein besonderer Dank gilt auch diesmal wieder meiner Lektorin Katja Ernst, die mich seit zehn Jahren bei meinem Schreibprozess begleitet, mich hilfreich unterstützt und meinem Text durch ihre sachlichen, einfühlsamen und kompetenten Hinweise den letzten Schliff gibt!

Ich freue mich auf weitere Bücher mit Ihnen als Lektorin, liebe Frau Ernst!

Vielen Dank auch Mirjam Hecht und dem gesamten Team des Gmeiner-Verlags!

Ich danke meiner Familie und meinen Tanten Almuth Ebel aus Osnabrück und Traute Sack aus Hamburg. Ihr erzählt eure Geschichten so lebendig, dass es mir leichtfällt, mich in die Nachkriegszeit, die ich selbst nicht miterlebt habe, hineinzuversetzen.

Auch Ihnen, liebe Leser und Leserinnen, möchte ich Danke sagen, dass Sie meine Bücher mögen und weiterempfehlen! Ich freue mich über jede Rezension, die mich per Brief, Mail über den Verlag oder auf digitalem Weg erreicht! Hoffentlich sehen wir uns bald mal wieder auf einer Lesung!

Herzlichst,

Ihre Alida Leimbach